계급 이해하기

UNDERSTANDING CLASS

계급 이해하기

UNDERSTANDING CLASS

Erik Olin Wright

에릭 올린 라이트 지음 | 문혜림 · 곽태진 옮김

산지니

일러두기

* 찾아보기는 원서 색인을 역자가 핵심 주제어 중심으로 정리·가공하였습니다.

역자 서문

마르크스주의 사회학자 에릭 올린 라이트(Erik Olin Wright)의 저서들은 영미권을 중심으로 매우 많이 출간되었음에도 불구하고, 국내에는 현재 『계급론』(*Classes*, 2005)과 『리얼 유토피아』(*Real Utopia*, 2012) 두 권만이 완역 출간되어 있다. 하지만 이 두 저작이 한국 진보좌파진영에 미친 영향이 그리 적지만은 않은데, 『계급론』은 소위 '중간계급 논쟁'이라 일컬어지는 마르크스주의 내의 민감한 이론적 난제를 다루었고, 『리얼 유토피아』는 자본주의 사회의 구체적인 변혁전략과 대안사회의 상을 과감하게 제시했기 때문이다. 2015년 출간된 *Understanding Class*(London · New york : Verso)를 번역한 본서 『계급 이해하기』는 이 두 저작에 담긴 이론작업을 총괄하면서, 현대 자본주의 사회에서 계급을 분석하는 일반적 분석 틀과 이에 입각한 사회변혁 전략을 다시금 제시한 저작이다. 한 가지 특기할 점은, 본서에는 이런 분석 틀을 적용한 실증적인 계급분석 자료가 담겨 있지 않다는 사실인데, 라이트는 이보다 비마르크스주의 학자들의 계급이론을 비교적 긍정적으로 개괄하여 그 의미와 한계를 정리하는 작업에 많은 비중을 두고 있다. 따라서 독자들은 본서를 통해 특정한 국가나 시기에 국한된 구체적인 계급 구분보다는, 계급의 개념화 및 분석 방법과 관련된 계급론의 방법론적 측면에 대해 자세히 살펴볼 수 있다.

본서는 총 3부 12장으로 구성되어 있으며, 이 중 9개 장은 이미 발표된 논문이나 단행본 일부를 라이트가 조금 수정·보완하여 실은 것이다. 5장, 6장, 9장이 본서를 출간하며 라이트가 새롭게 집필한 부분인데, 기발표된 연구에 해당하는 장들에 대해서는 각 장 서두의 첫 각주로 게재 저널 및 단행본을 밝혀두었다. 그리고 라이트 자신이 단 각주 이외에, 특정 용어에 대한 번역을 설명하거나 해당 내용에 대한 심층적 설명이 필요한 경우 본문에 [역주]를 달았다. 참고문헌의 경우, 원서에는 별도 목록으로 정리되어 있지 않고 본문 각주로만 표시되어 있는데, 역자는 독자 및 연구자들의 편의를 위해 이를 추려 책 후미에 첨부하였으며, 표·그림 목차도 별도 정리하여 첨부하였다. 그리고 본 역서 맨 마지막 부분에는 라이트의 계급론 전반에 대한 독자의 이해를 높일 수 있는 역자 해제를 첨부하였다. 역자는 이 해제에서 단순히 본서의 내용만을 정리하는 것이 아니라, 몇 차례 거듭된 자기 반성을 통해 변화해온 라이트의 계급분석 틀과 그 속에서 도출된 공생적·틈새적 사회변혁 전략의 의미와 한계까지 폭넓게 다룬다. 따라서 이전에 라이트의 저작이나 논문을 읽어보지 않은 독자까지도 이 해제를 통해 그의 이론 전반을 가급적 쉽게 이해할 수 있기를 기대해본다.

다독가로 유명한 에릭 올린 라이트의 저작은 여러 학문 분야의 용어와 개념을 사용하여 자신의 이론을 발전시키기 때문에 번역이 쉽지 않다. 또 국내에는 번역되지 않았거나, 번역이 되었어도 번역자 간 차이가 존재하는 개념들이 왕왕 사용되어 역자의 확인과 판단이 필요한 부분도 적지 않다. 하지만 계급의 죽음까지 논해지는 현 상황에서 계급론을, 그것도 '마르크스주의' 계급론을 다룬 저작이 국내 독자들에게 소개되고 읽힐 수 있다는 점, 그리고 계급분석에 대한 옹호가 아닌 문제제기와 비판이라도 계급에 대한 토론을 다시금 이끌어낼 수 있다는 점이 역자가 이 책을 번역한 동기이자 힘으로 작용하였다. 역자들의 일정으로 말미암아 예정보다 출간이 늦어졌지만, 편안하게 작업할 수 있게 배려해주신 산지니 출판사의 윤은미, 정선재 편집자님께 감사드린다. 그리고 부족하지만 역서를 통해 많은 독자들과 소통할 기회를 마련해주신 경상대학교 정치경제학 대학원의 정성진 선생님께 다시금 감사의 마음을 전한다.

2017년 1월

문혜림 · 곽태진

서문

이 책에 담긴 논문들은 1995년부터 2015년 사이에 집필된 것이다. 논문들은 다음 세 가지 주제와 연관되어 있다. 첫째, 여러 이론적 전통에 있는 특정 필자들의 계급분석에 대한 접근법 조사, 둘째, 다양한 이론적 전통들의 통찰력을 통합할 수 있게 해주는 일반적인 계급분석 틀 개발, 셋째, 현대 자본주의의 계급갈등과 계급타협 문제에 관한 분석이 바로 그것이다.

이 책 대부분의 장들은 위 주제들 중에서 특히 첫 번째 주제와 관련되어 있는데, 서로 다른 방식으로 계급 개념을 명시한 연구자들—막스 베버(Max Weber), 찰스 틸리(Charles Tilly), 오게 쇠렌센(Aage Sørensen), 마이클 만(Michael Mann), 데이비드 그루스키와 킴 위덴(David Grusky and Kim Weeden), 토마 피케티(Thomas Piketty), 잔 파쿨스키와 말콤 워터스(Jan Pakulski and Malcolm Waters), 가이 스탠딩(Guy Standing)—저작들에 내재하는 이론적 쟁점을 상세히 분석한다. 계급에 대한 나의 접근 방식은 마르크스주의 전통에 확고히 뿌리내리고 있지만, 위 연구자들 중 어느 누구도 마르크스주의 접근법을 수용하지 않으며, 일부는 마르크스주의에 명백히 적대적이기도 하다. 마르크스주의와 비마르크스주의 접근법이 종종 어떤 문제에 관해 서로 맞닥뜨리게 되었을 때 취해지는 기본적 태도 중 하나는 상대와의 논쟁에서 각자 이기려고 하는 것이다. 물론 상대방을 이기는 것이 적합한 지적 토론 상황이 있을 수 있지만, 이 책 논문들에서 나의 목표는 특정 이론가의 저작에 어떤 오류가 있는지 발견해 지적하는 것이 아니라, 그 이론의 가장 유용하고 흥미로운 점이 무엇인지 파악하는 데 있다. 소위 이를 단점 중심이 아닌 장점 중심의 비평이라 부를 수 있을 것이다. 물론 각각의 연구들에서 발견되는 차이와 분석되지 않은 것들을 명확히 하고, 접근 방식들 사이의 핵심적인 차이를 밝히며, 때에 따라서는 더 심각한 이론적 오류를 밝혀내는 것이 필요하다. 하지만 이 모든 작업들도 역시 경쟁하는 접근 방식들의 주장을 단순히 비난하기보다는 가치 있는 것을 밝혀 이를 수용하는 데에 도움이 된다.

이는 적대적인 이론적 전통으로부터도 보충될 수 있는 가치 있는 통찰이 있다는 것을 인식하는 것인데, 그런 가치 있는 통찰들을 더 폭넓은 틀에 체계적으로 통합하는 것은 또 다른 문제다. 이는 본 책의 두 번째 과제인 마르크스주의와 비마르크스주의 계급분석의 핵심 주장들을 통합하기 위한 일반적 전략을 제시하는 부분에 속한다. 이 과제를 달성하기 위한 접근방법은 나와 동일한 문제로 고심하는 다른 연구자들의 주장과 나의 주장 사이의 이론적 차이를 명확히 구별하기 위해 개념 유형학을 구축한 나의 오랜 연구 작업에 그 뿌리를 두고 있다. 예를 들어, 계급구조에 관한 나의 초기 경험적 연구에서는 마르크스주의 계급 개념의 특수성을 밝히고자 다양한 계급 정의 방법들의 계급도식을 고안한 바 있는데, 나는 그 도식에 유형학을 적용하였다.

계급 개념의 종류

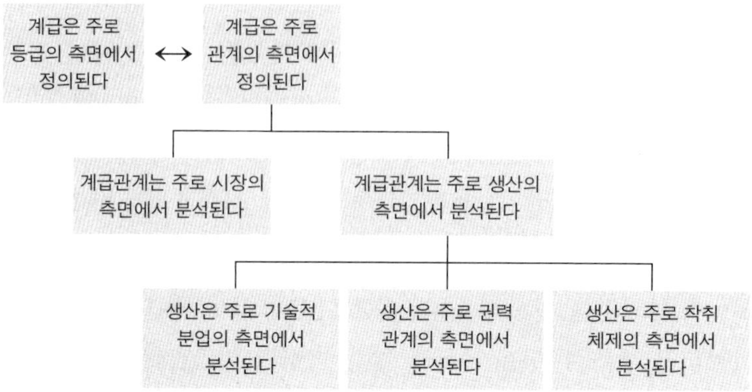

출처: Erik Olin Wright, *Class Structure and Income Determination*, New York: Academic Press, 1979, p. 5.

이런 종류의 유형학을 고안한 나의 최초 목적은 다양한 이론들 및 개념들 사이에 명확한 경계선을 그어, 나의 우선적 선택(마르크스주의-역자)이 갖는 장점을 논하는 것에 있었다. 하지만 최근에 와서 나에게 그런 유형학을 사용하는 대안적인 방법이 좀 더 명확해졌다. 서로 다른 이론들의 초점이 된 메커니즘을 하나의 유형학이 명확히 설명할 때까지는 계급에 대한 서로 다른 접근들 중 일부가 좀 더 일반적인 분석 틀에 통합될 수 있다고 간주하는 방법이다. 이때의 일반적 틀은 상이한 메커니즘들 간의 상호연관성을 중심으로 구성된다. 다양한 접근방법들을 상호 경쟁하는 것으로 간주하기보다 잠재적으로 서로 보완해줄 수 있는 것으로 보는 것이다.

이 같은 작업에서의 나의 첫 결실은 편서 『계급분석에 대한 접근법들』(*Approaches to Class Analysis*, 2005)에 담겨 있다. 그 책은 계급분석에 대해 서로 다른 이론적 접근법을 취하는 사회학자 6인의 논문이 실려 있다. 각 기고자는 계급분석에 대한 특정한 접근법의 이론적 기초를 논문에 상술하도록 요청받았다. 마지막 장의 제목은 "만약 계급이 답이라면 그때의 질문은 무엇인가?"였다. 이 질문의 전제는 계급분석의 서로 다른 흐름은 각기 다른 질문에 입각하고 있다는 것인데, 이는 계급 개념이 왜 상이한 방식으로 정의되었는지 설명하는 데에 도움이 되었다. 그 책의 마지막 문장은 "누구나 계급 이동을 연구하기 위해 베버주의자가 될 수 있고, 삶의 방식을 결정하는 계급적 요인을 연구하기 위해 부르디외주의자가 될 수 있으며, 자본주의를 비판하기 위해 마르크스주의자가 될 수 있다"였는데, 이는 아침에 사냥하고, 오후에는 낚시하고, 저녁에는 목축을 하고, 저녁식사 이후에는 글을 쓰는 것이 가능한 계급 구분 없는 사회에 관한 마르크스의 유명한 구절을 막연하게 떠오르게 하였다.

논리상 다음 단계는 상기와 같은 서로 다른 질문들에 관련되어 있는 메커니즘들을 더 포괄적인 틀로 통합하는 것이다. 이 책에 실린 세 가지 논문은 서로 다른 방식에서 이를 시도하고 있다. 제1장 "거대 패러다임 전쟁부터 실용적 실재론까지"는 원래 2009년 『뉴레프트 리뷰』(*New Left Review*)에 게재된 논문으로, 계급분석의 다양한 전통들이 서로 다른 세 가지 인과메커니즘에 기반하고 있다고 논하고, 계급분석을 위한 통합 모델을 고안한 연구이다. 계급을 계층화하는 접근법은 개인의 특성과 조건 측면에서, 베버주의 접근법은 독점된 다양한 기회 메커니즘 측면에서, 그리고 마르크스주의 접근법은 착취와 지배 메커니즘 측면에서 계급을 정의한다. 이 세 가지 인과메커니즘 각각은 인과과정의 흐름에서 특히 중요한 역할을 담당한다. 이 논문의 과제는 그런 중심 메커니즘들을 명확하게 하여, 그것들을 광범위한 계급분석 설명 모델에 통합하는 것이다. 이런 통합에 있어 핵심은 개인의 특성과 관련된 계급에 대한 미시적 차원의 효과와, 시장과 생산에서의 구조적 위치에 의해 발생하는 거시적 차원의 효과를 연결시키는 일련의 도식이다.

이 책을 위한 애초 계획에서 1장은 단지 분석의 일반적 틀을 제시하는 것이었다. 하지만 이후 드러났듯이, 계급분석의 다양한 전통들을 통합하는 제2의 보완책이 이 책을 위한 새로운 논문, 데이비드 그루스키와 킴 위덴의 "미시계급들" 연구에 관해 집필하면서 (제6장) 등장하였다. 그들의 분석은 나에게 특별한 도전이었다. 이 두 미국 사회학자들의 논문에 담긴 철저한 경험적 연구에 감탄하면서도, 나의 기본적 반응은 그들 연구가 **계급**분석과 관련이 매우 적다는 것이었다. 그들 연구의 핵심 주장은 계급이 생산체제 안에서 인과적으로 중요한 위치라는 것이 확인된다면, 계급은 세밀한 직업 범주로 정의되어야 한다는 것이다. 이는 한 경제구조 안에서 경제활동을 하는 사람들의 삶에서 드러나는 범주들이다. 그들은 이를 마르크스주의와 베버주의 전통의 "거시계급"과 대조되는 "미시계급"으로 불렀다. 이는 미국과 같은 국가에는 수백, 수천의 뚜렷한 계급들이 존재한다는 것을 의미한다.

그루스키와 위덴 논의에 대한 나의 처음 반응은 단순히 말하면 그들이 "계급" 용어를 남용하고 있다는 것이었다. 이는 용어 및 개념 문제에 관한 일종의 방법론적 장을 집필해야 한다는 것을 암시했지만, 그런 논문은 계급에 대한 다양한 접근들 속에서 가장 유용한 것을 찾으려는 이 책의 기본 전략에서 벗어나는 것 같았다. 그래서 나는 그루스키와 위덴의 미시계급 개념을 제1장에서 상술한 틀에 연결시키려고 했지만 그렇게 단순히 맞춰지지 않았고, 양자를 연결해보려던 나의 노력이 인위적인 것처럼 느껴졌다. 이는 나로 하여금 그루스키와 위덴이 계급이라는 용어를 사용함에도 불구하고, 그들의 작업이 계급분석에 속하지 않는다고 다시금 주장하게 만들었다. 만약 내가 계급분석 영역에서 그들의 작업을 배제한다면, 계급분석의 일반적 통합을 이루려는 나의 노력에 그들 개념이 부합하지 않는다고 걱정할 필요는 없었다. 이는 결국 그 장 집필 전체를 포기하게 만들었다.

그 장 집필에 어떤 실질적인 진전 없이 몇 주가 흐른 뒤, 나는 로버트 알포드(Robert Alford)와 로저 프리들랜드(Roger Friedland)가 그들의 저서 『권력 이론: 자본주의, 국가, 민주주의』(*The powers of Theory: Capitalism, the State, and Democracy*, 1985)에서 국가와 권력을 분석하기 위해 사용한 분석 틀을 상기하였는데, 그때 기대치 않게 한 가지 해결책이 떠올랐다. 그 책에서 알포드와 프리들랜드는 권력과 갈등의 세 가지 차원을 구별하기 위해 게임의 비유를 사용하였다. 권력 체제적 차원에서 갈등은 어떤 게임을 할 것인지(자본주의 대 사회주의)에 대한 것이고, 권력의 제도적 차원에서 갈등은 게임 규칙(자본주의의 종류)에 대해, 그리고 권력의 상황적 차원에서 갈등은 게임에서 쓰는 수들(정해진 규칙하에 이익을 실현하는 최상의 방법)에 관한 것이다. 나에게 떠오른 것은 계급분석의 다양한 접근방법들이 권력과 갈등의 이런 차원들 중에서 어느 한 측면에 기반해 계급을 정의한 것으로 볼 수 있다는 것이었다. 마르크스주의 계급 개념은 게임의 체제적 차원에서 정의되고, 베버주의 계급 범주는 게임의 규칙이라는 제도적 차원에서 정의되며, 그루스키와 위덴의 미시계급 모델은 정해진 게임 규칙 내에서 쓰이는 상황적인 수 차원에서만 계급을 정의한다. 이 게임의 비유에 대해서는 제6장에서 살펴볼 것이므로, 구체적인 내용에 대해서는 지금 상술하지 않는다. 여기서의 주안점은 이와 같은 통찰이 그간 고심했던 6장 집필의 어려움을 해결했다는 점이다. 결론적으로 제6장은 포괄적인 틀 내에서 계급분석의 다양한 전통들을 연결하기 위한 제2의 일반적 전략에 관해 다룬다.

두 번째 주제에 관한 또 다른 장에서는 계급분석을 위한 다양한 접근방법들을 연결하기 위한 통합적 틀에 대해 논한다. 마이클 만의 계급 접근법에 관한 장은 계급분석에서 사용되는 세 가지 개념군(群)의 구분을 중심으로 구성되는데, 첫째는 계급관계, 계급위치, 계급구조 개념이고, 둘째는 계급구조화와 계급형성 개념, 그리고 세 번째는 집단적인 계급 행위자들 개념이다. 첫 번째 개념군은 개인들에 의해 채워지는 구조적 위치와 관련되고, 두 번째는 공동체와 사회적 네트워크에 뿌리박고 있는 계급들의 사회적 관계의 특성에 중점을 두며, 세 번째 개념군은 투쟁에 가담하는 계급조직들에 초점을 맞춘다. 마이클 만과 같은 몇몇 이론가들은 계급이 오직 집단적인 행위자로 존재할 때에만 의미가 있다고 주장하는 한편, 또 다른 이론가들은 구조적인 계급 의미에만 거의 전적으로 집중하며, 또 일부는 계급형성의 긴밀한 상호작용을 계급이란 사회적 범주에 필요한 조건으로 간주한다. 나는 이와 같은 세 가지 개념군 모두의 상호 연결을 연구하는 것이 완전히 발전된 계급분석이라고 본다.

이 책의 세 번째 주제는 계급 개념의 다양한 의미와 이런 의미들이 어떻게 정렬될 수 있는가 하는 문제에서 벗어나, 현대 자본주의의 계급투쟁 형태와 권력 균형에 관한 거시적 문제를 어떻게 이해할 수 있는가 하는 문제로 주의를 돌린다. 이 문제를 다룬 세 장 모두는 마르크스주의 계급분석의 기본 변수를 그대로 적용하여 현대 자본주의의 제도적 조건과 권력 균형이 계급투쟁 및 계급타협 방식에 미치는 영향을 이해하는 방법을 제안한다. 제6장에 제시된 일반적 모델에 입각하고 있는 이 장들의 분석은 게임 그 자체의 체제적 차원에서는 전통적인 마르크스주의 방법으로 계급을 정의하고,

계급의 규칙과 게임의 수 차원에서는 이 정의를 이용하여 계급투쟁의 다양한 형태에 관해 분석한다. 따라서 세 번째 주제와 관련된 장들은 마르크스주의 계급 개념이 비록 권력과 갈등의 체제적 차원에서 규정되었지만, 이것이 어떻게 다른 차원의 설명 모델 안에 배치될 수 있는지를 보여줄 것이다.

에릭 올린 라이트

목차

3부 계급투쟁과 계급타협

1

거대 패러다임 전쟁부터 실용적 실재론까지* –통합적 계급분석을 향하여

1970년대 중반 계급에 관해 집필을 시작했을 무렵, 나는 마르크스주의를 실증주의 사회과학에 맞선 포괄적인 패러다임으로 보았다.[1)] 나는 마르크스주의가 주류 사회과학의 지배적 관행들에 근본적으로 반대하는 독특한 인식론적 전제와 방법론적 접근법을 갖는다고 주장하였다. 주류 사회과학과 마르크스주의의 이런 전쟁은 이론적인 영역뿐만 아니라 경험적 영역에서도 진행되어야 한다고 주장하면서, 나는 마르크스주의와 주류 사회학을 근본적으로 다른 비교불가능한 적대적 패러다임으로 보았다. 1980년대 중반에 나는 이런 초기 작업을 다시 보면서 다음과 같이 기술하였다. "나는 영예로운 패러다임 전쟁이라는 환상을 가지고 있었는데, 극적인 마상 창대회에서 용맹한 마르크스주의 기사들이 랜스를 겨누며 라이벌인 부르주아지를 낙마시킨다는 환상이었다. 더 나아가 그 환상은

---

* 제1장은 Erik Olin Wright, "Understanding Class," *New Left Review 2:60, November/December 2009*, pp.101-116에 발표된 논문이다.

1) 마르크스주의와 주류 사회과학에 대한 나의 초기 견해에 대해서는 *Class, Crisis and the State*, London: New Left Books, 1978에서 방법론에 대해 서술한 서론 부분을 참고하라.

패배자가 패배를 인정하고, 말을 갈아타는 것으로 결론지어졌다."[2]

계급에 관한 이런 초기 작업 이후 대략 40년이 지났다. 그 사이 몇 번이고 나는 계급분석에 대한 나의 접근방법이 갖는 기본 논리를 재고하였다.[3] 나는 마르크스주의 전통 내에서 계속 작업을 해왔지만, 더 이상 마르크스주의를 "부르주아" 사회학과 어울리지 않는 포괄적인 패러다임이라고 생각하지 않는다.[4] 그보다 나는 특정 주제에 적합한 설명력을 갖고 있는 다양한 이론적 전통들이 서로 다른 종류의 인과과정 혹은 메커니즘들을 설명한다고 본다. 이런 서로 다른 전통들은 그들의 주장이 정당화되는 정도에 따라 과학적 가치를 가진다. 다양한 이론적 전통들이 고안한 서로 다른 메커니즘들은 우리가 관찰하는 것들을 발생시키면서 서로 교차하고 상호작용한다. 마르크스주의 전통은 광범위한 문제들에 있어 중심이 되는 실재 메커니즘을 성공적으로 밝혀내기 때문에 가치 있고 흥미로운 사상 체계이지만, 모든 것을 완전히 사회적으로 설명하거나 혹은 사회적 메커니즘을 통합적인 틀에 포괄할 수 있는 발전된 "패러다임"으로는 여겨지지 않는다. 또한 마르크스주의는 실재 메커니즘을 밝혀내는 능력을 독점하지 않으므로, 마르크스주의자들의 실제 사회학적 연구는 마르크스주의가 밝힌 메커니즘과 당면한 과제에 적합한 여타 인과과정들을 결합해야 한다. "실용적 실재론"

---

2) "Reflections on Classes," *Berkeley Journal of Sociology*, 1987, reprinted in Erik Olin Wright, *The Debate on Classes*, London: Verso, 1989, p.76.

3) 이런 메타이론적 주제에 관해 논의한 이론적 저서로는 *Class, Crisis and the State*, *Classes*, London: Verso, 1985, *The Debate on Classes*, London: Verso, 1989, *Class Counts: Comparative Studies in Class Analysis*, Cambridge University Press, 1997, 그리고 *Approaches to Class Analysis*, Cambridge: Cambridge University Press, 2005를 들 수 있다.

4) 나는 "마르크스주의"보다 "마르크스주의 전통"이라는 표현을 더 선호하는데, 이는 후자가 포괄적인 패러다임에 좀 더 가까운 의미를 나타내기 때문이다.

(pragmatist realism)[5]이라고 불리는 것이 거대 패러다임 전쟁을 대체한 것이다.

실용적 실재론은 단순히 몇몇 불특정 "사회학" 혹은 사회과학으로 마르크스주의를 분해한다는 것을 의미하지 않는다. 마르크스주의는 다른 이론적 전통에서 간과하거나 주변화하는 근본적인 질문과 문제들에 맞춰 주제를 구성한다는 측면에서 뚜렷하게 유지된다. 이는 계급해방을 위한 마르크스주의의 규범적 헌신에서 명확해진다. 그리고 그런 근본적 질문들과 해방적 이상에 연관되어 있는 구체적인 인과과정들을 밝힌다는 면에서도 마르크스주의는 두드러진다. 이런 요소들은 독특한 해방적 사회과학의 지적전통 기반을 형성하지만, 배제적 패러다임의 기초는 아닌 것이다.[6]

나는 이번 장에서 이런 실용적 실재론이 갖는 계급분석에의 함의를 살펴본다. 1970년대 후반과 1980년대 초에 이루어진 나의 이론 작업에서는 마르크스주의 계급 개념이 주요 사회학적 경쟁 상대들, 특히 베버주의 계급 개념과 주류 계층연구 전통의 계급 [개념]보다 일반적인 우위에 있다고 주장하였다. 지금은 계급에 대한 이런 다양한 접근방법들이 자본주의 사회에 내재한 경제적 불평등의 미시적 · 거시적 측면을 형성하는 여러 인과과정들을 밝힌다고 보는 것이 훨씬 적절한 것 같다. 일부 질문 및 문제들에 있어서는

---

5) [역주] 라이트가 계급을 둘러싼 거대 패러다임 간 대결을 대체한 방법론으로 제시한 'pragmatist realism'을 본서에서는 '실용적 실재론'으로 번역한다. 라이트의 실용적 실재론은 주어진 현상이 발생한 실재 메커니즘을 잘 설명하기 위해서('실재론'의 의미) 다양한 이론적 전통의 방법론을 통합하여 사용하는('실용적'의 의미) 방법을 말한다. 이는 마르크스주의를 중심에 두면서 미시적 차원에서 계층연구 전통과 베버주의를 결합시키는 그의 통합적 분석 틀의 고안 방법으로 이해하면 된다.

6) 마르크스주의를 이런 지적 전통으로 사유하는 방식에 대해서는 Erik Olin Wright, *Interrogating Inequality*, London: Verso, 1994의 제3장을 참고하라.

이런 메커니즘들 중 어느 하나가 훨씬 중요할 수 있지만, 모든 메커니즘은 경제적 불평등과 그 결과를 완전히 사회학적으로 이해하는 것과 관련되어 있다. 계급분석에 대한 이런 접근방법들은 만약 어느 하나가 여타 접근방법들을 무시한다면 불완전하다. 마르크스주의 계급분석은 내가 가장 중요하다고 느끼는 문제들, 특히 자본주의의 본질과 그것의 해악 및 모순, 그리고 변화 가능성 등과 같은 문제들에 있어 다른 전통들보다 뛰어나다고 할 수 있다. 하지만 계급분석의 다른 전통들도 마르크스주의의 이런 핵심적인 문제들에 기여하는 바가 있다.

나는 간결하게 논의하기 위해 서로 다른 사회학 이론 및 계급분석 방법과 결부되어 있는 계급에 관한 세 가지 인과과정들에 집중한다. 첫째, 계급을 개인의 삶의 특성과 물질적 조건 측면에서 분석한다. 둘째, 특정한 사람들이 그들의 사회적 위치를 통해 다른 이들을 배제하면서, 경제적 자원들에 대한 통제를 행사할 수 있게 하는 방식들에 초점을 맞춘다. 마지막 세 번째, 경제적 위치가 일부 사람들에게 다른 이들의 삶과 활동을 통제할 수 있게 만드는 방식에 초점을 맞춰 계급을 분석한다. 나는 이 세 가지 접근방법을 각각 계급에 대한 개인 특성 접근, 기회 독점 접근, 그리고 착취 접근이라고 부른다. 첫 번째 접근은 계층화연구 전통과, 두 번째는 베버주의 전통과, 그리고 세 번째는 마르크스주의 전통과 관련된다.[7)]

7) 모든 계급분석 흐름들이 이런 세 가지 이론적 학파들로 깔끔히 분류되는 것은 아니다. 이어지는 제6장에서는 분해된 직업 범주들에 기반을 두고 있는 또 다른 계급분석 방법에 대해서도 살펴보도록 한다.

개인 특성으로서의 계급

대부분의 사회학자들과 대중들은 개인의 특성과 삶의 조건 측면에서 계급 개념을 이해한다. 사람들은 성, 나이, 인종, 종교, 지능, 교육, 지리적 위치 등을 포함한 다양한 종류의 특성을 갖는다. 이 특성들 중 일부는 선천적이고, 또 일부는 획득되었으나 획득된 이상 매우 안정적이며, 또 다른 일부는 시기에 따른 개인의 구체적인 사회적 상황에 따라 변화할 수 있다. 이러한 특성들은 우리가 설명하기 원하는 다양한 것들, 건강, 투표 행위, 자녀양육 관행 등을 분석하는 데에 있어 중요하다. 또 사람들은 그들이 사는 물질적 조건에 의해 특징지어지는데, 초라한 아파트와 교외의 쾌적한 주택 혹은 외부와 차단된 지역에 위치한 대저택 간의 차이, 비참한 빈곤과 적절한 수입 혹은 사치스러운 부와의 차이, 그리고 의료 서비스 혹은 우수한 건강 보험에 대한 불안정한 접근과 고품질 의료 서비스에 대한 안정적인 접근 사이의 차이 등이 그런 조건에 해당한다. 따라서 "계급"분석은 개인적 특성과 이런 물질적 삶의 조건 사이의 관련성을 밝히는 방법이다. 계급은 시장경제에서의 사람들의 기회와 선택, 그에 따른 물질적 삶의 조건을 만드는, 경제적으로 중요한 개인들의 특성에 따라 규정된다. 계급은 개인의 특성이나 혹은 삶의 물질적 조건 어느 한 측면에서만 단순히 분석되지 않고, 이 양자 사이의 상호관계를 통해 분석되어야 하는 것이다.

이런 접근방법에서는 교육수준이 경제적으로 발전된 사회에 있는 계급들을 구성하는 가장 중요한 개인 특성이지만, 일부 사회학자들은 문화적 자원, 사회적 관계, 더 나아가 개인의 동기 같은 좀 더 포착하기 어려운 특성들을 이에 포함시킨다.[8] 이런 모든 것들은 사람들이 직면하는 시장에서의 기회와 그에 따라 얻을 수 있는 수입, 그들이 살 수 있는 주택의 종류, 그들이 받을 수 있는 의료 서비스와 그 밖에 많은 것들을 결정짓는다.

이런 다양한 개인의 특성과 삶의 물질적 조건을 대략적으로 결합시켰을 때 나타나는 집단들을 "계급"이라고 부른다. 계급을 연구하는 이런 접근법에서 "중간계급"은 대략 경제와 사회의 넓은 중간층에 속한 사람들이다. 그들은 어느 정도 삶의 "주류"방식이라고 일컬어지는 것에 완전히 합류할 수 있는 충분한 교육수준과 돈을 갖고 있다. "상층계급"은 "평범한" 사람들과는 다른 삶을 살 수 있는 부와 높은 수입, 사회적 관계들, 의미 있는 재능을 가진 사람들이다. "하층계급"은 빈곤선 이상의 삶을 살기 위해서 요구되는 교육적, 문화적 자원이 부족한 사람들을 말한다. 그리고 마지막으로 "최하층"계급은 극도로 빈곤하게 사는 사람들로서, 안정적인 고용에 필요한 기초적인 교육과 기술이 결여되어 미국 사회의 주류에서 주변화된 이들을 말한다.

개인 특성 접근에 속한 대부분의 연구가 계급을 상층, 중간층, 하층과 같이 정밀하지 않은 등급적인 용어를 사용해 논의하는 반면, 좀 더 질적인 구별 범주의 배열을 명시한 흐름들이 존재한다. "영국계급 조사(Great British Class Survey)"로 알려지게 된 마이크 새비지(Mike Savage)와 그의 동료들의 분석 작업이 그에 속하는 좋은 예다.[9] 그들은 피에르 부르디외의 작업과 유사하게 추상적인 계급 개

8) 계급과 관련된 개인적 특성들의 범주에 다양한 문화적 요소들을 구조적으로 포함시킨 선도적인 현대 사회학자는 피에르 부르디외(Pierre Bourdieu)이다.

9) 이에 대해서는 Mike Savage, et. al, "A New Model of Social Class? Findings from the BBC's Great British Class Survey Experiment," *Sociology* 47(2), 2013, pp.219-250

념을 개인이 소유하는 경제적으로 유의미한 세 가지 차원의 자원들—경제자본, 문화자본, 사회자본—측면에서 정의한다. 그런 이후 "개인의 특성을 이런 세 가지 차원의 지표들로 결합하는 방식에 기반하여 다수의 계급들을 어떻게 경험적으로 구별할 수 있는가?"라는 경험적인 질문을 던진다. 매우 정교한 귀납적 통계방법을 사용한 그들의 답은 오늘날 영국에는 7개의 계급—엘리트, 안정적인 중간계급, 기술을 보유한 중간계급, 신흥 부유 노동계급, 전통적인 노동계급, 신흥 서비스에 종사하는 노동계급, 그리고 프레카리아트(precariat)—이 있다는 것이다.

계급에 대한 개인 특성 접근방법에서 사회학자들의 주요 관심사는 사람들이 특정 계급에 배치되는 특성을 어떻게 획득하는가를 이해하는 것이다. 사회학자들이 거주하는 국가들에서 대부분의 사람들은 경제적 지위와 보상을 주로 유급 직업에 고용되는 것을 통해 획득하기 때문에, 개인 특성 전통의 연구들에서는 노동시장 안에서 고용되는 직업에 영향을 미치는 문화, 동기, 그리고 교육 자원을 사람들이 획득하는 과정에 주목한다. 이러한 과정에서는 유년기의 삶의 조건들이 상당히 중요하기 때문에, 이런 계급분석 전통은 종종 "계급배경(class background)"—개인의 중요한 특성들이 획득되는 가족의 계급적 성격—이라 불리는 것에 상당 정도 주의를 기울인다. 이와 같은 계급분석 방법의 인과 논리를 불필요한 내용을 제외하고 정리해보면 그림 1-1과 같다.

을 참고하라.

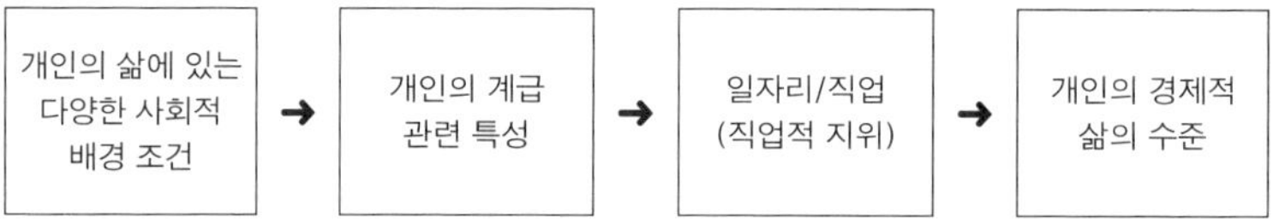

그림 1-1. 계급과 불평등에 대한 개인 특성 접근

물론 기술, 교육, 동기는 개인의 경제적 전망에 있어 매우 중요한 결정 요인이다. 하지만 계급에 대한 이런 접근방법에서 간과된 것은 사람들이 차지하는 위치 자체의 불평등을 진지하게 숙고할 필요가 있다는 점이다. 개인의 교육수준은 사람들이 얻는 일자리의 종류를 결정하지만, 사람들이 자신이 받은 교육 덕분에 채우고 있는 일자리의 성격을 우리는 어떻게 개념화해야 하는가? 왜 일부 일자리가 여타 다른 일자리보다 "더 나은" 것인가? 왜 어떤 일자리들은 해당 재직자에게 상당한 정도의 권력(power)[10]을 부여하는 반면, 다른 일자리들은 그렇지 못한가? 이어서 살펴볼 계급분석의 두 가지 접근법은 개인을 어떤 위치로 분류하는 과정에만 초점을 맞추기보다는, 분류되는 위치 그 자체의 성격을 분석하는 것에서 논의를 시작한다.

기회 독점으로서의 계급

"기회 독점(opportunity hoarding)"[11] 문제는 막스 베버의 연구와 매

10) [역주] 'power'의 경우 '권력'과 '힘' 이렇게 두 가지를 병용하여 번역한다. 공인된 권리나 힘을 의미하는 권력보다 힘의 경우가 좀 더 폭넓은 의미를 갖는데, 라이트는 단순히 상대를 압박하거나 위협할 수 있는 집단의 능력까지도 power로 간주한다. 따라서 두 가지 번역어 중에서 문맥의 의미를 좀 더 잘 전달해줄 수 있는 용어를 택해 번역하고자 한다.

11) [역주] 'hoarding'의 사전적 의미는 '저장, 축적, 비축'이지만, 라이트가 베버나

우 밀접하게 관련된다.[12)] 어떤 일자리에 고소득과 특혜가 주어진다면, 그 일자리를 얻은 사람은 자신의 일자리에 다른 이들이 접근하는 것을 배제할 수 있는 다양한 수단을 가지는 것이 중요해진다. 이는 종종 **사회적 봉쇄**(social closure) 과정이라 일컬어지는데, 이는 한 위치에 대한 접근이 일부 사람들에게만 가능하고, 나머지에게는 제한되는 과정을 말한다. 사회적 봉쇄 방법 중 하나는 그런 일자리를 얻기 위해 사람들이 충족시켜야 하는 매우 고비용의 자격요건을 만드는 것이다. 교육 관련한 증명서들이 종종 이런 성격을 갖는다. 고학력은 어느 정도 고소득을 낳게 되는데, 이는 고학력자의 공급에 상당한 제약이 있기 때문이다. 입학 절차, 등록금, 저소득층 사람들의 거액 대출 위험에 대한 회피, 그리고 그 밖에 여타 요인들은 많은 사람들이 고등교육으로 접근하는 것을 저해하고, 고등교육을 요구하는 직업에 종사하는 사람들에게 혜택을 준다. 만약 교육이 부족한 사람들의 교육수준을 향상시키는 데에 각고의 노력이 경주된다면, 이런 프로그램 자체는 이미 교육을 받은 사람들이 갖는 교육 가치를 떨어뜨리게 되는데, 그런 가치는 교육이 갖는 희소성에 상당히 의존하고 있기 때문이다. 이런 기회 독점 메커니즘을 도식

부르디외를 언급하며 논하고 있는 'opportunity hoarding'은 사회적 봉쇄와 배제를 통해 일부 계급이 기회를 장악하는 불평등 메커니즘을 말한다. 그렇기 때문에 단순히 "만약의 경우를 대비하여 모아 둠" 혹은 "남모르게 비밀리에 모아 둠"이라는 hoarding의 사전적 의미만으로는 이 메커니즘을 정확하게 설명하기 힘들다. 따라서 역자는 기회를 장악하여 타인의 접근을 막는 배제의 의미가 살아날 수 있도록 이 용어를 '기회 독점'으로 번역한다.

12) 미국 사회학자들 중에서 찰스 틸리(Charles Tilly)가 그의 책 *Durable Inequality*, Berkeley: University of California Press, 1999에서 "기회 독점"이란 용어를 가장 명시적으로 사용하였다. 틸리의 접근법은 이어지는 3장에서 심도 있게 논의된다. 사회의 장들과 자본 유형에 대한 부르디외의 작업 역시 기회 독점의 과정들을 중점적으로 다룬다.

화하면 그림 1-2와 같다.

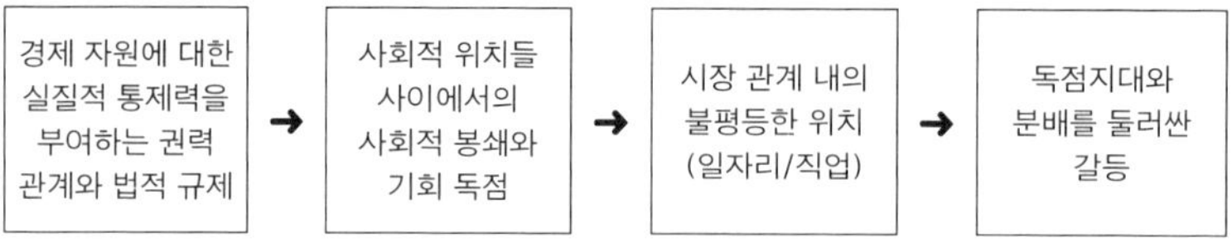

그림 1-2. 계급과 불평등에 대한 기회 독점 접근

혹자는 교육이 개인의 생산성을 향상시키기 때문에 수입에 영향을 미치는 것이라고 주장하면서, 교육증명서를 위와 같이 분석하는 것에 반대할 수도 있다. 예컨대 경제학자들은 교육이 사람들을 더욱 생산적으로 만들어주는 "인적자본"을 형성하여 생산성을 높여주기 때문에, 고용주들은 이에 대해 기꺼이 더 많은 임금을 지불하게 된다고 주장한다. 높은 교육수준을 갖춘 고소득자들 사이에도 생산성의 차이가 나타나지만, 이는 극히 일부에 지나지 않는다는 것이다. 하지만 교육기회를 획득하는 절차가 다양한 메커니즘을 통해 사람들을 배제하고, 이에 따라 고소득 일자리에 적합한 사람들의 공급을 제한하는 방식 역시 동일하게 중요하다. 간단한 사고 실험이 이런 원리를 잘 보여준다. 미국이 국경을 개방하여 세계 곳곳의 의학이나 엔지니어링, 컴퓨터공학 학위를 가진 사람들이 미국으로 들어와 그들의 직업을 갖는다고 상상해보자. 이와 같은 자격증 소유자의 엄청난 공급은 비록 그들의 실제 지식과 기술, 그리고 이에 따른 생산성이 줄어들지 않았음에도 불구하고, 그 자격증을 소지한 사람들의 수입 능력을 잠식할 것이다. 시민권은 노동시장에서 개인의 노동을 팔 수 있는 "자격"의 특별하고 강력한 형태인 것이다.

자격과 면허는 기회 독점에 있어 특히 중요한 메커니즘이지만,

여타의 많은 제도적 장치들이 다양한 시공간에 걸쳐 특정 직종에 대한 접근을 제약하는 데 이용되어왔다. 미국, 특히 남부지역에서는(다른 지역도 마찬가지지만) 1960년대에 이르기까지 인종차별이 다수 일자리에서 인종적 소수자를 배제하였고, 결혼 여부와 성에 따른 차별은 20세기 대부분의 선진자본주의 국가들에서 여성들이 특정 직종에 접근하는 것을 제한하였다. 그 밖에 종교, 문화양식, 관습, 사투리 등의 요소들이 배제 메커니즘을 구성해왔다.

아마도 자본주의 사회에서 특정 직업에 종사하는 사람들의 특권과 이익을 보호하는 가장 중요한 배제 메커니즘은 생산수단에 대한 사적 소유권일 것이다. 사적 소유권은 자본주의 사회에서 고용주라는 "직종"에 접근하는 것을 결정하는 중심적인 배제 형태다. 만약 노동자들이 공장을 인수하여 자체적으로 이를 운영하려 한다면, 그들이 생산수단에 대한 통제로부터 배제된 것에 도전하여 사회적 봉쇄 과정을 깨뜨리는 경우가 될 것이다. 소유주의 이윤 획득 능력은 우리가 "소유권"이라고 부르는 배제를 방어하는 것에 달려 있다. 따라서 사회학의 두 전통, 즉 베버주의와 마르크스주의 전통의 핵심인 자본가와 노동자 사이의 계급 구분은 소유권의 법적 규제를 통해 강제된 기회 독점의 독특한 형태를 반영한다고 이해할 수 있는 것이다.

기회 독점 접근에서 계급구조를 형성하는 배제 메커니즘은 그 구조에서 가장 특권적인 부분에서만 작동하는 것이 아니다. 노동조합 역시 조합원을 미가입한 다른 노동자들과의 경쟁에서 보호하는 배제 매커니즘으로 기능할 수 있다. 그렇다고 이것이 노조가 불평등을 증가시킨다는 것을 의미하지는 않는데, 그들은 불평등을 줄이기 위해 정치적으로 활동하고, 이는 다른 배제 메커니즘들, 특히 생산수단의 사적 소유와 관련된 매커니즘들이 발생시키는 불평등을 효과적으로 약화시킬 수 있기 때문이다. 그럼에도 불구하고 노동조합은 특정 직종에 대한 진입 장벽을 만들 수 있을 정도로 조합원들의 물질적 삶의 조건을 향상시키는 사회적 봉쇄 형태를 창출한다.

계급에 대한 기회 독점 접근법을 택한 사회학자들은 일반적으로 미국 사회에서 세 가지 폭 넓은 계급범주를 찾아낸다. 생산수단의 사적 소유권을 지닌 것으로 정의되는 자본가, 교육과 기술 습득에서 배제 메커니즘을 가진 것으로 정의되는 중간계급, 그리고 높은 수준의 교육과 자본 양측 모두에서 배제된 것으로 정의되는 노동계급이 그것이다. 노동계급 중에서 노동조합의 보호를 받는 사람들은 노동계급 내의 특권층이나, 혹은 중간계급의 일부분으로 여겨지기도 한다.

계급에 대한 기회 독점 메커니즘과 개인 특성 메커니즘 사이의 핵심적인 차이는 다음과 같다. 기회 독점 메커니즘은 사람들이 특권 계급위치에서 얻는 경제적 이득이 그런 계급위치에서 배제된 사람들의 불이익과 인과적으로 연결되어 있다고 주장한다. 개인 특성 메커니즘의 경우, 이득과 불이익은 개인에게만 결부된 과정들에서 발생하기 때문에 서로 독립적이다. 이를 더 단순하게 설명해보면, 기회 독점 메커니즘의 경우는 부자가 부유한 이유는 일정 정도 가난한 자가 가난하기 때문이라는 것인데, 부자들은 가난한 사람들이 직면하는 불이익에 일조하는 자신들의 부를 보호하기 때문이다. 개인 특성 메커니즘의 경우, 부자가 부유한 것은 그들이 유망한 특성을 가지고 있기 때문이며, 가난한 자가 가난한 이유는 그들에게 그런 특성이 부족하기 때문이라고 본다. 따라서 이 두 사실 사이에는 구조적인 인과 관계가 없다. 이런 관점에서는 교육과 문화수준, 인적자본과 같은 특성을 개선하여 빈자들의 빈곤을 제거하는 것이 부자들에게는 아무런 해를 끼치지 않는다. 이와 달리 기회 독점 메커니즘 관점에서는 현 구조 안에서 배제 메커니즘을 제거하여 빈곤을 없애는 것이 잠재적으로 부자들의 이득을 잠식한다고 본다.

착취와 지배로서의 계급

계급을 착취와 지배 측면에서 정의하는 것은 계급에 대한 가장 논쟁적인 입장이다.[13] 대부분의 사회학자들은 계급에 관해 말할 때 이런 메커니즘들을 무시하고, 일부는 명시적으로 착취 및 지배와의 관련성을 부정한다. 계급분석의 이런 메커니즘은 사회학의 마르크스주의 전통과 매우 강하게 연관되어 있지만, 베버로부터 더 많은 영향을 받은 일부 사회학자들 또한 그들의 계급 개념에 착취와 지배를 포함시킨다.[14]

"지배"와 특히 "착취"는 단순히 중립적인 기술이라기보다 일반적으로 도덕적 판단을 내포하기 때문에, 사회학에서 논쟁을 초래하는 용어다. 많은 사회학자들은 이런 규범적인 내용 때문에 지배와 착취라는 용어를 회피하려고 한다.[15] 하지만 나는 착취와 지배가 계

---

13) 현재의 목적을 위해서는 지배와 착취를 긴밀하게 연결된 메커니즘으로 보는 것이 유용하다. 현재와 다른 설명을 할 때에는 둘 중 한 메커니즘이 더욱 부각될 수 있을 것이다.

14) 물론 베버도 지배, 권력 그리고 권위에 대한 정교화된 일반적 논의를 발전시켰지만, 이는 대부분 계급 개념을 구체화하는 과정에서가 아니라 조직과 국가를 분석하는 과정에서 이루어진 것이다. 그는 또한 착취 문제를 완전히 무시하였다. 이런 베버주의 계급분석이 갖는 문제에 대해서는 이어지는 제2장을 참고하라.

15) 이런 입장에서 착취 개념을 명시적으로 반대한 사회학자는 존 골드소프(John Goldthorpe)이다. 오게 쇠렌센(Aage Sørenson)의 지대에 기반한 계급 개념을 논평한 *American Journal of Sociology* 기고논문의 한 주석에서 골드소프는 착취 개념을 "사회학 어휘 목록에서 사라질 한 단어이다"라고 기술하였다. 그는 좀 더 명확하게 "마르크스주의 사상에서 착취 개념은 규범적인 주장과 실증적인 주장을 내가 수용할 수 없는 방식에서 결합하는 기능을 한다."고 부연 설명한다.

급을 이해하는 데에 있어 중요하고, 핵심적인 쟁점들을 명확하게 파악할 수 있게 만든다고 생각한다. 지배와 착취 양자 모두는 사람들이 타인의 삶을 통제하는 방법을 가리킨다. "지배"는 타인의 행위를 통제하는 능력을 말하고, "착취"는 피지배자들의 노동행위로부터 경제적 이익을 취하는 것을 말한다. 그러므로 모든 착취는 지배의 어떤 유형을 나타내지만, 그렇다고 모든 지배가 착취를 포함하지는 않는다. 예컨대 교도관은 수감자들을 지배하지만, 필연적으로 그들을 착취하지는 않는다.

한 집단이 어떤 종류의 자원 혹은 위치에 대한 접근을 제한하는 것을 통해 이익을 얻는 것만이 착취와 지배관계에 해당하는 것은 아니다. 더 나아가 착취하는/지배하는 집단은 그들의 이익을 위해 다른 사람들의 노동력을 통제할 수 있다. 다음과 같은 서로 대조되는 고전적 예를 살펴보도록 하자. 첫 번째는 대토지 소유자들이 공유 목초지의 통제권을 장악하여 이 땅에 대한 농민들의 접근을 배제하고, 그들 자신의 사용을 위해 그 땅에 대한 배타적 통제를 행사하여 경제적 이익을 얻는 경우다. 두 번째는 공유 목초지에 대한 통제권을 장악하여 농민들을 배제한 그 지주들이 여기서 더 나아가 배제된 농민들 중 일부를 농업노동자로서 그 땅에 복귀시키는 경우다. 이 두 번째 경우에서 지주들은 그 땅에 대한 접근을 통제하는 것(기회 독점)에서 이익을 얻을 뿐 아니라, 농장노동자의 노동을 지배하고 착취한다. 이 경우는 이익을 얻는 사람과 불이익을 받는 사

그러면서 그는 "착취를 적용하는 것이 구조적으로 적대적인 계급적 이해관계가 쌍방향 득실 없는 제로섬 갈등으로 약화된다는 것을 보여주는 한 방식이라면, 착취 개념의 사용은 무해하지만 거의 필요가 없는 것이라고 할 수 있다."라고 결론짓는다. 골드소프의 "쇠렌센에 대한 논평"에 대해서는 *American Journal of Sociology* 105(6), May 2000, p.1574를 참고하라.

람들의 조건에서만이 아니라 그들의 행위 사이에 지속되는 관계가 있기 때문에, 단순한 배제보다 관계적인 상호의존성이 더 강한 유형이라 할 수 있다. 착취와 지배는 착취자와 피착취자, 지배자와 피지배자 사이에 끊임없는 상호관계를 필요로 하는 구조화된 불평등의 형태인 것이다.

계급분석에 대한 세 가지 접근법들에서 사회적 관계의 역할 차이를 표 1-1과 같이 정리해볼 수 있다. 개인 특성 접근은 사람들이 사는 경제적 조건뿐만 아니라, 사람들의 행위들조차 직접적으로 사회적 관계를 반영하지 않는다고 보기 때문에 가장 비관계적이다. 기회 독점 접근은 사람들의 경제적 조건을 배제 관계를 통해 형성된 것으로 보지만, 계급을 행위들 사이에 구체화된 관계들로 규정하지 않는다. 착취/지배 접근은 상기한 두 가지 관계 형태 모두를 포괄한다.

계급분석에 대한 접근	경제적 조건	경제 행위
개인 특성	비관계적	비관계적
기회 독점	관계적	비관계적
지배/착취	관계적	관계적

표 1-1. 다양한 계급분석 접근에서 사회적 관계의 역할 비교

계급에 대한 지배 및 착취 접근법은 그림 1-3에 나타나 있다. 기회 독점 접근과 마찬가지로 사회적 봉쇄, 특히 우리가 "생산수단의 사적 소유"라고 부르는 강력한 사회적 봉쇄와, 배제 형태를 강요하는 권력과 법적 규제들은 사회적 위치들의 기본 구조를 정의하는 데 있어 중요하다. 하지만 여기서 기회 독점은 단순히 시

장 이익(market advantage)만이 아니라, 지배와 착취에 주요한 영향을 미친다.

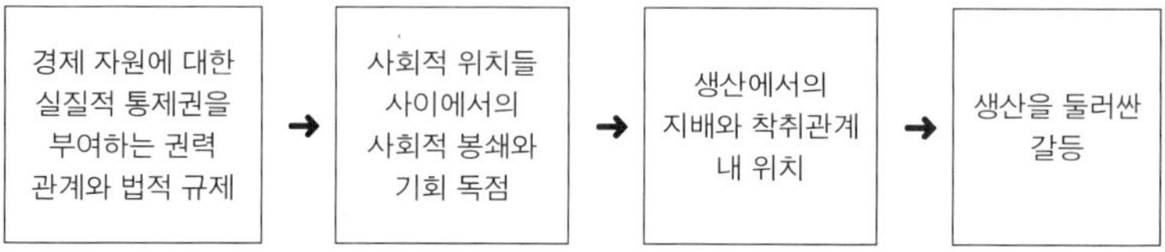

그림 1-3. 계급과 불평등에 대한 착취/지배 접근

지배/착취 접근법에서 자본주의 사회의 핵심적인 계급 구분은 생산수단을 소유하고 통제하는 자본가와, 그런 생산수단을 사용하는 데에 고용되는 노동자 간의 구분이다. 이런 틀에서 자본가는 노동자를 착취하고 지배한다. 계급구조상의 여타 위치들은 이런 기본적인 구분, 즉 자본가-노동자 계급 구분과의 관계를 통해 그 특징이 규정된다. 예를 들어, 관리자는 상당한 지배력을 행사하지만, 동시에 자본가에게 종속되어 있다. 기업의 CEO와 최고관리자는 대개 그들 기업에서 소유권 지분을 상당 정도 늘려, 자본가와 매우 유사하게 될 수 있다. 교육수준이 높은 전문직과 일부 기술직 부문 노동자들은 지식(현재 경제에서의 핵심적인 자원)과 기술에 대한 충분한 통제권을 갖고 있어서, 작업과정에서 가해지는 지배로부터 상당한 자율성을 유지할 수 있고, 그들이 착취받는 정도를 현저히 줄이거나 심지어 중화할 수도 있다.[16)]

계급에 대한 기회 독점 접근과 착취/지배 접근 양자 모두에서 권력은 중요한 역할을 한다. 두 접근법에서 계급구조와 연관된 수입

---

16) 이런 다양하고 교차적인 계급 메커니즘의 복잡성을 파악하는 한 가지 방법은 계급위치들을 양극화된 자본가와 노동계급 위치에서만이 아니라, "계급위치들 내의 모순적 위치"로 특징짓는 것이다. 이에 대해서는 Wright, *Classes*, London: Verso, 1985와 *Class Counts*, Cambridge University Press, 1997을 참고하라.

과 부에서의 불평등은 단순히 개인의 행위에 의해서가 아니라, 권력 행사에 의해 유지된다. 기회 독점에 의해 발생하는 불평등은 배제를 강제하는 권력 행사를 필요로 하고, 착취와 관련된 불평등은 통제, 노동(labor effort)[17]에 대한 감시, 그리고 노동 규율의 적용 등을 필요로 한다. 두 가지 경우 모두에서 이런 권력 형태에 도전하는 사회적 투쟁들은 유리한 계급위치에 있는 사람들의 특권을 잠재적으로 위협한다.

세 가지 계급 메커니즘의 통합

사회학자들은 일반적으로 지금까지 살펴본 계급에 대한 세 가지 접근들 중 하나에 기반하여 연구를 진행하는 경향이 있지만, 세 가지 접근법을 상호 배타적인 것이라고 볼 근거는 없다. 대신 우리는 계급의 실재를 각 접근법에서 파악한 서로 다른 매커니즘들 간의 복잡한 상호작용에 의해 발생된 것으로 볼 수 있다. 세 가

---

17) [역주] 라이트는 착취를 정의하면서 'labor power' 대신 'labor effort'라는 용어를 사용한다. labor power는 노동력으로 번역되는데, 라이트가 착취를 정의하면서 이 단어를 사용하지 않는 것은 그가 가치론을 받아들이지 않기 때문이다. 라이트의 가치론 폐기는 『계급론』(*Classes*, 1985) 시기까지 거슬러 올라가는데 이 시기에는 labor power 대신 fruits of labor(노동의 성과)라는 용어를 사용했으며 (『계급론』, p.111, 각주 18 참고) 이후 착취 중심의 계급 개념을 복원하는 시기에는 주로 labor effort라는 말을 사용한다(*Class Counts*, 1997 참고). 즉, 그는 가치론을 폐기하면서 노동가치 혹은 잉여가치 개념 대신에 노동 산물, 잉여생산물 개념을 독립적으로 사용하며, 노동력의 투입을 가치로 환산할 수 없다고 판단하기 때문에 labor power(노동력) 대신 labor effort를 사용하는 것이다. labor effort는 노동 노력, 노동에 쏟는 힘 등으로 직역할 수 있는데, 본서에서는 주로 '노동'으로 번역하며, 문맥에 따라 필요시 '노동에 쏟는 힘'으로 번역한다. 이전에 출간된 라이트 번역서 『리얼 유토피아』에서도 이 어휘를 노동, 혹은 노력 등으로 문맥에 맞게 선택하여 번역하고 있다.

지 접근을 통합하는 한 가지 방법은 계급구조의 상이한 측면들을 규정하는 핵심 과정을 각각의 접근법이 밝히는 것으로 간주하는 것이다.

1. 착취와 지배 메커니즘은 자본주의 경제의 특성과 근본적으로 관련되어 있는 계급 구분, 즉 자본가와 노동자 사이의 계급 구분을 명시한다.

2. 기회 독점 매커니즘은 각광받는 일자리에 사람들이 공급되는 것을 제한하는 장벽을 만들어, 광범위한 노동계급으로부터 "중간계급"의 직종을 구별해주는 주요 메커니즘을 밝힌다. 여기서 핵심 주제는 대체적으로 누가 배제되는가 하는 문제가 아니라, 중간계급 위치에 있는 사람들의 특권을 유지시켜주는 배제 메커니즘이 단순히 존재한다는 사실 그 자체이다.

3. 개인의 특성과 삶의 조건 메커니즘은 개인들이 계급구조상의 다양한 위치로 분류되거나, 혹은 그런 자리로부터 완전히 주변화 되는 주요 과정을 규명한다. 기회 독점은 중간계급의 직종과 연관된 배제 과정을 명시한다. 개인의 특성과 삶의 조건 접근법은 사람들의 삶에서 누가 각광받는 중간계급의 직종에 접근하고, 누가 안정적인 노동계급 직종으로부터 배제되는가를 설명해줄 수 있는 것이 무엇인지 밝히는 데에 도움을 준다.

이 세 가지 과정은 모든 자본주의 사회에서 작동한다. 국가 간 계급구조의 차이는 이런 메커니즘들이 작동하고 상호작용하는 구체적인 방법에 따라 발생한다. 따라서 이론적 과제는 이런 메커니즘들이 연결되고 통합되는 다양한 방식을 모색하는 것이고, 경험적 과제는 각 메커니즘 및 메커니즘들 사이의 상호 관련성을 연구하는 방법을 고안하는 것이다.

한 가지 적당한 미시-거시 모델을 도식적으로 보여주면 그림 1-5와 같다. 이 모델에서는 생산수단, 금융자본, 인적자본과 같은 경제적 자원을 실질적으로 통제할 수 있게 만드는 권력 관계와 법적 규제가 사회적 위치와 연관된 사회적 봉쇄 구조 및 기회 독점을 발생시킨다. 그다음에 기회 독점은 세 가지 인과적 효과의 흐름들을 창출한다.

1. 기회 독점은 개인들이 계급과 관련된 특성들을 획득해가는 미시적 수준의 과정을 만든다.
2. 기회 독점은 직업 및 일자리와 같은 시장관계 내 위치들의 구조와, 그와 연관된 분배의 갈등을 형성한다.
3. 기회 독점은 생산관계, 특히 지배와 착취관계의 구조와, 그와 연관된 생산에서의 갈등을 형성한다.

그러므로 이런 인과적 흐름의 첫 번째 단계는 시장과 생산 안에 있는 계급위치들로 인적 이동이 생기게 만든다. 개인들의 계급적 특성과 시장 및 생산에서 규정된 그들의 계급위치는 개인의 경제적 삶의 수준에 공동으로 영향을 미친다.

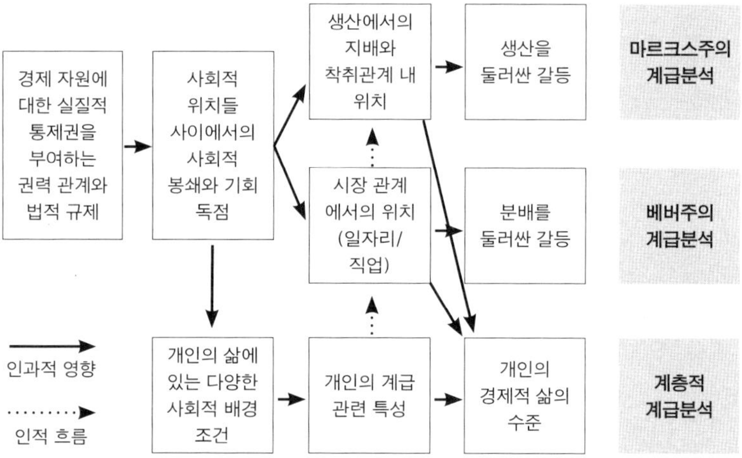

그림 1-4. 통합된 계급분석 : 거시적 · 미시적 과정들

폭넓은 통합 모델에는 하나의 최종 요소가 필요하다. 그림 1-4는 권력 관계와 법적 규제를 외인성(外因性) 구조로 다루지만, 기실 이런 기본적인 권력 관계들은 그 자체로 계급적인 과정 및 갈등에 의해 형성되는 것이다. 이는 불평등의 구조가 동적인 체계여서, 그 체계 속 개인의 운명은 단순히 그들의 삶에서 직면하는 미시적 수준의 과정이나 그들 삶의 사회적 구조들에만 의존하는 것이 아니라, 거시적 과정들이 발생시키는 전체 체계의 궤적에도 의존하기 때문에 문제가 된다. 계급위치 구조를 뒷받침하는 기본적인 권력 관계들을 고정된 변수로 다루는 것은 매우 잘못된 것으로, 이는 개인의 운명이 단순히 그들의 특성과 환경의 작용이라고 보는 잘못된 관점에 일조하게 된다. 그러므로 우리가 필요로 하는 것은 사회적 관계에 의해 발생되는 투쟁들이 사회적 관계 그 자체의 변화 궤적에 하나의 원인으로 작용하는 순환적이고 동적인 거시적 모델이다. 이것을 아주 단순화된 형태로 도식화 하면 그림 1-5와 같다.

여기서 더 나아간 고도로 정교화된 계급분석은 갈등과 변화에 대한 이런 동적인 거시 모델과, 계급화 과정 및 개인의 삶을 거시-미시적으로 분석하는 다수준 모델을 통합한다. 그런 모델에서 계층화 접근, 베버주의 접근, 마르크스주의 접근의 핵심적인 통찰들은 서로 통합된다.

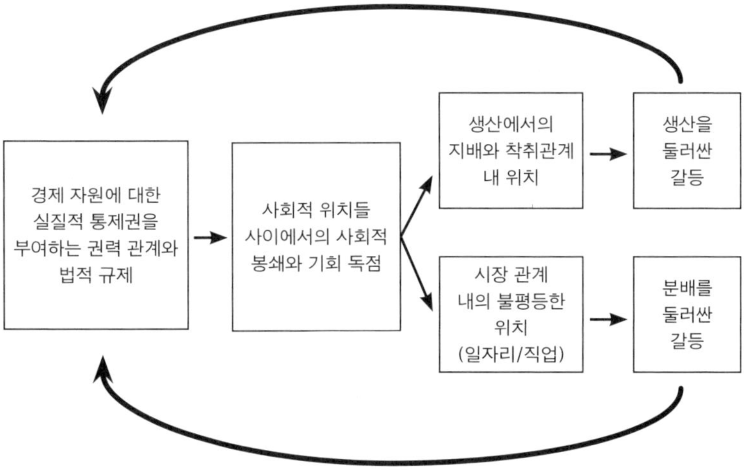

그림 1-5. 동적인 거시-미시 모델

통합적 계급분석으로 본 21세기 미국의 계급구조

경제체제는 생산수단의 사적 소유에 수반되는 권리와 권력이 제한되는 정도, 그리고 그에 따른 자본가와 노동자 간 계급 구분의 성격에 따라 달라진다. 미국은 오랫동안 자본가의 소유에 대해 공적 규제가 약한 자본주의 경제로 특징지어져 왔다. 이는 미국에 대한 다음과 같은 몇 가지 중요한 사실에 반영되어 있다. 높은 착취율을 가능하게 하는 매우 낮은 최저임금, 자본가계급 중에서 가장 부유한 부분이 지나치게 사치스러운 방식으로 생활하는 것을 가능하게 하는 고소득에 대한 낮은 과세, 그리고 생산 내 지배에 대항할 수 있는 노동조합 및 여타 노동조직의 약화 등이 그것이다. 그 결과 미국은 선진자본주의 국가들 중에서도 아마 착취와 지배의 중심축에 가장 가까운 양극화된 계급 구분이 나타날 것이다.

기회 독점 메커니즘, 특히 교육과 관련된 메커니즘을 통해 중간계급이 형성된다는 측면에서 볼 때, 역사적으로 미국은 선진자본주의 국가들 중에서 가장 큰 규모의 중간계급을 가져왔다. 미국은 고등교육을 대규모로 확대한 최초 국가였고, 오랜 시간 동안 고등교육에 대한 접근이 개방되어 있었으며, 대학에 다닐 수 있는 자원이 부족한 사람들도 상대적으로 저렴하게 대학에 다닐 수 있었다. 또한 미국은 지역 단기대학, 전문대학, 인문과학대학, 종합대학 등 다층적인 고등교육 체계를 갖추고 있어서 사람들이 뒤늦게 고등교육기관에 입학을 하거나, 한 대학에서 다른 대학으로 이동하는 것을 가능하게 하였다. 사람들이 젊었을 때 학업을 망쳤을 수도 있는데, 만약 그들이 "마음을 다잡는다"면 적어도 학교로 돌아갈 수 있고, 학위를 취득할 수 있으며, 최종적으로는 중간계급 직종에 접근할 기회까지 가질 수 있었다. 이런 방대하고 다양한 고등교육 체계는 다수의 중간계급 직종을 창출하는 데에 기여해왔다. 이는 제2차 세계대전 이후 수십 년 동안 상대적으로 강했던 노동운동에 의해 보완이 되었는데, 노동운동은 당시 고등교육을 요구하지 않았던 미국 경제 중심부에서 일자리를 위한 경쟁을 완화시켰다. 고등교육을 필요로 하지 않는 일자리에 종사하는 조직된 노동자들은 노동운동을 통해 학위가 있는 중간계급과 유사한 수입과 보장을 받을 수 있었던 것이다.

그러나 이런 일반적인 통설과는 다르게, 미국은 압도적인 "중간계급 사회"였던 적이 없었다. 미국의 고용구조에서 대부분의 직종들은 배타적인 자격에 의해 우위를 점하지 않았으며, 노동운동은 비관리직 노동력의 35% 이상을 조직해본 적이 없다. 게다가 최근 수십 년 동안에는 중간계급의 배제 과정들 중 일부가 약화되어왔다. 1970년대 이후 노동운동은 급격하게 쇠퇴하였고, 중간계급의 많은 일자리들은 안정성 및 고용과 관련된 자격들에 의해 보호받는 경향이 약화되었으며, 2000년대 말엽에 있었던 경제위기는 자신이 여전히 중간계급 일자리를 갖고 있다고 생각하는 다수 사람들의 불안감을 증폭시켰다. 그러므로 미국 경제에서 고등교육과 고학력 학위는 여전히 많은 좋은 일자리에 접근할 기회를 제공하는 중요한 역할을 하고 있지만, 대규모의 안정된 중간계급이라는 미래 전망은 그다지 확실해 보이지 않는다.[18)]

마지막으로, 미국의 계급구조는 개인의 운명과 관련된 개인의 특성들이 그런 계급구조 속에서 형성되어버리는 엄혹한 과정으로 특징지을 수 있다. 미국의 교육체계는 빈곤한 가정의 아이들이 이용할 수 있는 교육의 질이 중간계급과 부유한 가정의 아이들이 받는 교육의 질보다 일반적으로 매우 떨어지게 구성되어 있다. 빈곤층에게 공적으로 제공되는 교육 부족 현상은 적절한 사회적 안전망과 빈곤 가정에 대한 지원 서비스가 부재하여 초래되고 있는 미국 빈곤층의 극심한 궁핍에 의해 더욱 강화된다. 미국 경제의 급속한 산업공동화와, 그에 따라 대체된 사람들이 받을 수 있는 광범위한 직업 훈련 프로그램의 부재는 상당수 사람들이 현재의 직업구조에서 요구되는 종류의 기술을 갖추지 못하고 있다는 것을

18) 최근 수십 년 동안 이루어진 일자리 양극화 양상에 대해서는 Erik Olin Wright and Rachel Dwyer, "Patterns of Job Expansion and Contraction in the United States, 1960s-1990s," *Socio-Economic Review* 1(3), 2003, pp.289-325를 참고하라.

의미한다. 그 결과 미국의 계급구조는 빈곤과 경제적 한계 대중(economic marginality)의 비율이 상대 국가들보다 높은 특징을 보이고 있다. 이런 모든 과정들은 사회적 주변화에 특히 취약한 아프리카계 미국인과, 인종적으로 억압받는 여타 집단들을 양산하는 인종주의에 대한 지속적인 중시 경향에 의해 더욱 강화된다.

이상의 모든 과정을 종합해보면, 21세기 초 미국의 일반적인 계급구조의 상을 다음과 같이 그려볼 수 있다.

- 매우 부유한 자본가계급과 기업의 관리자계급은 그들의 경제적 권력 행사에 상대적으로 약한 제약을 받으면서, 아주 높은 소득수준의 생활을 영위한다. 미국의 계급구조는 선진자본주의 국가들 중에서 최상위층이 가장 양극화되어 있다.

- 역사적으로 대규모이며, 상대적으로 안정적인 중간계급은 다양한 종류의 자격을 요구하는 일자리와 관련된 광범위하고 유연한 고등교육 및 기술 훈련 체계에 기반하고 있었지만, 그런 그들의 안정성과 미래 번영은 현 시점에서는 불확실하다.

- 한때 중간계급과 유사한 생활수준과 안정성을 누렸던 노조에 가입된 비교적 큰 규모의 노동자계급은 현재 이런 보호를 받지 못하고 있다.

- 저임금과 불안정한 고용에 처해 있는 노동자계급의 프레카리아트 부분은 국가로부터 최소한의 보호를 받는 노동시장에서 무제약적인 일자리 경쟁에 시달리고 있다.

- 주변화된 극빈층 인구는 빈곤선 위에서 살아갈 수 있는 일자리에 요구되는 기술과 교육을 결여하고 있으며, 그런 기술을 획득하는 것이 극도로 힘든 조건 속에서 살아가고 있다. 미국의 계급구조는 선진자본주의 국가들 중에서 최하위층이 가장 양극화되어 있다.

- 노동빈곤층과 주변화된 인구 부분에서 나타나는 인종과 계급의 상호작용 양상을 보면, 이 부분에서는 불균형적으로 인종적 소수자가 다수를 점한다.

통합적 계급분석을 향하여

여기서 제안된 통합적 계급분석(integrated class analysis) 틀을 수용하는 것은 사회학의 마르크스주의 전통, 계층화연구 전통, 그리고 베버주의 전통에 입각하여 작업하는 분석가들에게 여러 종류의 도전을 제기한다. 대다수 마르크스주의자들에게 제기되는 도전은 마르크스주의의 최대 강점이 포괄적인 사회과학 패러다임이 되려는 마르크스주의의 열망에 있는 것이 아니라, 인과메커니즘들의 특수한 배열과 관련되어 있다는 점을 인정하는 것이다. 역사적으로, 마르크스주의가 주장하는 메커니즘들의 관련성은 마르크스주의를 경쟁이론들과 확연히 구별해주는 그것의 독특한 인식론 및 방법론, 그리고 이를 포함한 탁월한 패러다임이라는 마르크스주의에 대한 미사여구로 방어되어왔다. 하지만 나는 마르크스주의 주장에 대한 이런 식의 방어가 설득력 있다고 생각하지 않는다. 마르크스주의가 사회과학에서 강력한 전통인 이유는 그것이 다른 모든 사회과학 조류와 구별되는 어떤 독특한 방법을 가지고 있기 때문이 아니라, 일련의 중요한 현상들에 대해 매우 효과적인 설명을 제공해주기 때문이다. 물론 마르크스주의의 열망, 즉 마르크스주의를 특유의 포괄적인 패러다임으로 공식화하려는 끊임없는 노력이 앞으로 충분히 실현될 수 있을 것이다. 하지만 현 시점에서는 마르크스주의를 특정한 문제들과 메커니즘들, 그리고 잠정적 설명을 제공하는 이론들(provisional explanatory theories)에 주안점을 두는 하나의 연구프로그램으로 보는 것이 적절하다고 생각한다.

통합적 계급분석은 아마 계층연구 전통에 입각해 작업하는 사회학자들에게 더욱 큰 도전일 것이다. 마르크스주의 계급분석가들은 기실 하나의 경제구조 내에 위치한 사람들의 개인적 특성과 삶의 물질적 조건에 관한 논의를 항시 다루어왔고, 기회 독점은 생산의 사회적 관계라는 개념에 통합되는 한 부분이다. 반면에 계층화 이론가들은 "불이익"에 관해서만 논의하면서 착취 문제를 무시해왔으며, 심지어 지배는 그들 접근법에 아예 부재한다. 착취와 지배를 계급분석의 중심축으로 인정한다는 것은 사회적 위치를 메우는 사람들과는 구별되는, 그 위치들의 구조를 중시한다는 것인데, 이는 계층연구 전통에서 매우 이질적인 것이다.

어떤 의미에서 이 문제는 베버주의자들에게 가장 쉬울 수 있다. 대부분의 베버주의 사회학자들은 포괄적인 패러다임을 고안하려는 열망을 가지지 않으며, 구체적인 경험적 · 역사적 문제들을 다루는 것과는 다소 느슨하게 연관된 풍성한 개념 목록을 제공하는 이론적 전통에 만족해왔던 것이다. 이는 베버주의 전통을 매력적으로 만드는 이유 중 하나인데, 베버주의는 기본적으로 다른 사회이론들에서 사용되는 개념과 결합하는 것에 관대하다. 다른 한편 베버주의자들은 사회구조 안에서 권력의 중요성을 항상 강조해왔고, 개인들과 구조화된 위치 사이를 구분하는 데에 어려움이 없었다. 물론 착취가 베버주의 계급분석에서 중심적인 것으로 다뤄지지는 않았지만, 착취를 계급연구에 포함시키는 것을 막는 근본적인 장벽이 베버주의 범주들의 논리에 존재하지 않는다.

위와 같은 평가를 통해 우리는 궁극적으로 자신을 단순히 베버주의자라고 선언해야만 한다고 생각할 수 있다. 이는 30년 전, 나와 다른 마르크스주의 연구자들의 작업에 대해 프랑크 파킨(Frank Parkin)이 가한 비난 중 하나인데, 그는 "신마르크스주의자들은 모두 마르크스주의를 벗어나려고 고군분투하는 베버주의자처럼 보인다"라고 기술한 바 있다.[19] 하지만 나는 이런 결론이 내가 여기서 옹호하고 있는 실용적 실재론이 초래하는 결과라고 생각하지 않는다. 마르크스주의는 일련의 명확한 문제들과 규범적인 기초들, 그리고 그것이 발전시킨 독특한 개념 범주 및 메커니즘들에 기반하면서 사회과학 내의 하나의 명확한 전통으로 유지되고 있기 때문이다.

19) Frank Parkin, *Marxism and Class Theory: A Bourgeois Critique*, New York: Columbia University Press, 1979, p.25.

1부

계급분석의 틀

2

베버의 계급분석에서 나타나는 희미한 착취 개념*

만약 어떤 이론적 틀이 그것이 명확하게 드러내는 것만큼이나 드러내지 않는 것에 의해서도 규정될 수 있다면, 체계적인 착취 개념이 부재한다는 사실은 계급분석에서 베버주의 전통을 규정하는 특징 가운데 하나일 것이다. **생활기회**(life chance)라는 문제에 집중하는 베버의 계급 개념과,[1] 착취라는 문제에 뿌리를 둔 마르크스의 계급 개념 사이에 존재하는 차이보다 계급분석에서 마르크스주의 전통과 베버주의 전통 사이의 차이를 잘 드러내는 것은 없다. 그러나 이것이 베버가 착취 문제와 연관된 실질적 문제를 전적으로 무시했다는 것을 의미하지는 않는다. 가령 베버는 마르크스처럼 자본주의적 소유관계가 지닌 속성과, 고용주가 노동자로부터 노동을 추

---

* 제2장은 Erik Olin Wright, "The Shadow of Exploitation in Max Weber's Class Analysis," *The American Sociological Review* 67:6, December 2002, pp.832-53에 발표된 논문이다.

1) [역주] 역자가 '생활기회'로 번역한 'life chance'(독일어로는 Lebenschancen)는 '삶의 기회'로 번역되기도 한다. 이는 생물학적 의미의 생존기회(Überlebenschancen)와 대비되는 용어로서, 개인이 자신의 삶의 질을 증진시킬 수 있는 기회를 말한다. 좋은 음식이나 윤택한 주거환경, 양질의 교육, 탄탄한 의료혜택을 받을 수 있는 기회 등이 이에 속한다.

출하는 데에서 발생하는 문제 사이에 밀접한 관련이 있다고 보았다. 그러나 베버는 이 문제를 착취라는 일반적 개념으로 이론화하지 않았고, 노동을 추출하는 문제를 계급관계의 주요한 특징이라거나 계급갈등의 주된 결정요인으로 간주하지 않았다. 대신 베버는 자본주의에서 노동을 추출하는 문제를 자본주의 경제관계에 존재하는 기술적 비효율성, 다시 말해 형식적 합리성과 실질적 합리성 사이의 긴장을 반영하는 하나의 사례로 다루었다.

이번 장의 기본적 목표는 두 가지이다. 첫째, 베버의 계급 개념이 갖는 내적 구조와 그 개념을 마르크스의 계급 개념과 비교해봤을 때 보이는 유사점과 차이점을 밝히고, 베버의 계급 개념이 착취 문제에 대해 갖는 관련성을 가능한 한 정확하게 이해하는 것이다. 둘째, 베버의 연구를 이렇게 자세히 조사하는 것을 통해, 착취 개념이 사회학 이론에 대해 갖는 중요성을 강조하는 것이다. 아래 이어지는 두 절에서는 계급 문제를 베버의 큰 이론적 기획 속에 위치시켜 보고, 베버와 마르크스의 계급 개념 사이의 두드러진 유사성 몇 가지를 살펴본다. 사회학의 마르크스주의 전통과 베버주의 전통은 대개 서로 경쟁함에도 불구하고, 계급분석이라는 좀 더 구체적인 분야, 특히 자본주의 사회에 통용되는 계급 개념에서는 상당 정도 의견을 같이한다. 이어지는 세 번째 절에서는 "생활기회"와 "착취"를 대조하여, 마르크스와 베버의 계급 개념이 보이는 핵심적인 차이를 밝힌다. 네 번째 절에서는 착취 개념을 좀 더 면밀히 살펴보는데, 특히 마르크스주의자들이 "착취"라고 기술하는 조건하에서 이루어지는 노동 "추출(extracting)"의 문제를 베버가 어떻게 다루는지를 집중적으로 살펴본다. 그리고 마지막 절에서는, 착취 문제를 주변화한 베버의 이론이 사회학적 계급분석 전반에 미친 영향에 대해 살펴본다.

베버의 연구에서 계급분석이 차지하는 위치

마르크스가 그의 광범위한 이론적 의제들 내에서 계급을 기본적인 개념으로 다루었던 것과는 달리, 베버의 작업에서는 계급 문제가 상대적으로 지엽적인 역할을 수행한다.[2] 그의 저작에서 계급은 세 가지 방식으로 등장한다. 첫째, 베버에게서는 계급에 대한 이론적 논의가 아예 분명히 드러나지 않는데, 이는 『경제와 사회』에 실린 베버 사후의 편집 부분에서 특히 두드러진다.[3] 둘째, 베버

---

2) 베버의 저작 전체에서 계급이 차지하는 부차적인 위치를 고려해봤을 때, 계급에 관한 수많은 연구들 중에서 베버가 계급 개념의 주된 원천으로 여겨지는 것은 놀라운 일이다. 오게 쇠렌센(Aage Sørensen)은 계급분석에서 베버가 중시되는 것을 두고, 이는 베버의 계급에 관한 저작이 영어로 번역되었기 때문이라도 주장한다.

"계급분석에 관한 연구들에서 베버의 계급 개념이 중시되는 것은 어느 정도 의심해봐야 한다. 『경제와 사회』에서 베버는 계급을 딱 두 군데에서 제시했지만, 그것도 아주 짧게 서술되어 있다. 마르크스는 하나의 분명한 계급 개념을 발전시키지 못했다고 여겨질 수도 있지만, 마르크스는 그의 모든 저작에서 계급을 분석의 주된 주제로 다루었다. 하지만 베버에게는 계급에 대한 논의도 없고, 계급을 기반으로 한 확장된 분석도 없다. 베버에게 계급은 중요한 개념이 아니었던 것으로 보인다... [계급을 다룬 독일 저술가들 가운데] 마르크스와 베버의 저작만이 영어로 번역되었기 때문에, 베버의 저작에서 계급에 대한 분석이 파편적이고 심지어 계급 개념이 중시되지 않았어도, 베버의 계급 개념이 마르크스의 계급 개념을 대체하는 것으로 발전해갔다." Sørenson, "Toward a Sounder Basis for Class Analysis," *American Journal of Sociology* 105: 6, May 2000, p.1527 n3.

3) 『경제와 사회』에서 베버가 계급 개념을 정의한 장(제1부의 제4장 "지위집단과 계급들Status Groups and Classes")은 미완성 원고이다. 베버가 이 장에 대해 언급하고 있는 그 원고의 첫 번째 부분에 대한 각주를 보면, 영역판 편집자들은 다음과 같이 쓰고 있다. "이 장은... 베버가 다른 장과 필적할 만한 규모로 발전시키려 했던 내용 중의 일부다. 그렇기 때문에 이 노트에서 언급하고 있는 자료의 대부분은 작성되지 않은 것으로 볼 수 있다." Weber, *Economy and Society*, ed. Guenther Roth and Claus Wittich, Berkeley: University of California Press, [1924]

는 초기에 상당수의 상세한 경험적 · 역사적 연구를 수행한 바 있는데, 여기에서는 계급에 관한 수치가 중시된다. 이에 해당하는 주목할 만한 연구로는 동쪽 엘베 유역(East Elbian)에 거주하는 농업 노동자들에 대한 연구(1894)[4]와, 로마 제국의 쇠퇴 원인에 대한 연구(1896),[5] 1890년대 말에 처음 출간되고 1909년에 개정된 고대 문명에 대한 개괄적인 농업사회학적 연구[6]를 들 수 있다. 이 작업들 가운데에서 특히 고대 문명의 노예제도에 대한 연구는 분명 마르크스주의적인 논조를 띠고 있는데, 이런 내용들은 베버주의 사회학이라고 알려진 계급분석에는 거의 영향을 미치지 못했다.[7] 셋

1978, p.210 n45.

4) Max Weber, "Developmental Tendencies in the Situation of East Elbian Rural Labourers," in Keith Tribe, ed., *Reading Weber,* New York: Routledge, 1989, pp.158-87.

5) Max Weber, "The Social Causes of the Decline of Ancient Civilization," in *The Agrarian Sociology of Ancient Civilizations,* trans. R. I. Frank, London: Verso, 1988, pp.387-411.

6) 농업에서의 계급관계를 분석한 베버의 작업에 대한 상세한 해설은 다음 연구에서 볼 수 있다. Dirk Käsler, *Max Weber: An Introduction to His Life and Work,* trans. Philippa Hurd, Chicago: University of Chicago Press, 1989.

7) 고대 문명의 쇠퇴 원인에 대한 베버의 1896년 연구는 특히 마르크스주의적인 성격을 띤다. 그의 주요 주장은 생산을 조직하는 한 방식으로서의 노예제도는 모순을 가지며, 이 모순이 바로 로마 제국을 붕괴시킨 궁극적 원인이라는 것이다. 베버는 이후 합리성의 문제와 경제관계의 예측가능성에 관심을 둔다. 하지만 1896년 연구에서는 노예제도가 노예사냥을 통해 노예들을 포획할 수 없을 때 발생하는 노예기반 경제의 적절한 잉여 추출 문제와, 그로 인해 발생하는 로마 제국의 재생산을 둘러싼 정치적 조건의 변화 문제에 몰두한다. 이 연구가 베버에 의해 집필되었다는 것을 알지 못한다면, 대부분의 사람들은 이를 특정한 계급체제의 발전이 어떻게 그 자체의 재생산 조건을 침식할 수 있는가를 보여준 마르크스주의의 정교한 분석이라고 생각할 것이다. 베버의 초기 저작에서 나타나는 이러한 마르크스주의적 영향에 대한 상세한 논의에 대해서는 다음을 참고하라. Gerd Schroeter, "Dialogue, Debate, or Dissent: The Difficulties of Assessing Max Weber's Relationship to Marx," in Robert J. Antonio and Ronald M. Glassman,

째, 베버의 대부분의 작업들은 자본주의를 하나의 사회질서로 분석하는 것—자본주의의 기원과 내적 논리, 발전 동학, 자본주의가 미치는 영향, 자본주의와 다른 사회질서들과의 대조—에 관심을 두고 있어서 계급 문제는 명백하게 중요한 것으로 다루어지지 않지만, 그가 대개 논하는 것들은 자본주의 사회에서 계급을 이해하는 문제와 관련되어 있다. 예컨대, 베버의 『프로테스탄트 윤리와 자본주의 정신』(*The Protestant Ethic and the Spirit of Capitalism*)은 단순히 근대 자본주의가 세계의 역동적 힘이 될 수 있었던 문화 · 심리학적 조건만을 다룬 저작이 아니다. 이는 자본주의 "정신"이 자본주의에서 서로 다른 계급위치에 있는 사람들의 독특한 성향 속에 어떻게 구현되는가를 다룬 저작이기도 하다. 베버는 이렇게 쓰고 있다. "소유를 소명으로 보는 것이 근대 기업가의 특징이 된 것과 마찬가지로, 노동을 소명으로 보는 것이 근대 노동자의 특징이다."[8)]

---

eds., *A Weber-Marx Dialogue*, Lawrence: University of Kansas Press, 1985, pp.6-7. 이 저작이 마르크스주의적인 특징을 보인다는 주장에 반대하는 관점에 대해서는 다음을 참고하라. Guenther Roth, "The Historical Relationship to Marxism," in Reinhard Bendix and Guenther Roth, eds., *Scholarship and Partisanship*, Berkeley: University of California Press, 1971.

8) Weber, *The Protestant Ethic and the Spirit of Capitalism*, trans. Talcott Parsons, New York: Scribner's, [1904] 1958, p.179. 금욕적인 프로테스탄티즘 윤리가 자본주의 정신에 미친 심리학적 영향에 관한 베버의 주장 역시 이와 유사한데, 두 부분을 더 인용하는 것으로 충분할 것 같다. 베버는 다음과 같이 쓰고 있다. 프로테스탄트 부르주아에게 있어 부(富)는 "소명으로 주어진 의무를 수행하는 것으로서... 도덕적으로 허용되는 것일 뿐만 아니라 실제로 명받은 것이기도 하다... 이윤창출을 신의 뜻으로 해석하는 것은 사업가의 활동을 정당화한다"(p.163). 반면에, 노동자에게 있어 "노동은... 그 자체가 절대적 목적인 소명으로 행해져야 한다... 직업을 필수적인 의무로 느끼는 감정뿐만 아니라 노동에 정신을 집중하는 능력은 노동자들에게 고소득 가능성을 계산하는 엄밀한 경제성과와 작업능력을 상당히 증가시키는 엄격한 자기통제 및 절제와 빈번히 결합되어 나타난다"(p.61, p.63).

베버의 연구에서 계급과 관련된 대부분의 논의는 『경제와 사회』 앞부분에 실린 계급에 대한 간략하고 명료한 개념 분석에 기초하고 있다.[9] 베버로부터 영감을 얻은 계급분석 전통은 주로 이러한 파편적인 발췌에 의존한다. 앤서니 기든스(Anthony Giddens), 프랑크 파킨(Frank Parkin), 존 스콧(John Scott)의 분석 작업을 예로 들 수 있다).[10] 이러한 문헌들에서 나타나는 계급 개념을 베버의 개념 목록 안에 위치시켜보는 것은 "계급"과 "신분" 사이의 익숙한 대조를 발생시키는데, 계급과 신분은 "당"을 포함한 베버의 3가지 계층 도식에서 가장 중요한 개념이다.[11] 두 가지 기본적인 분석 수준이 이 범

9) 베버의 연구가 계층에 관한 문헌에서 인용될 때, 그 문헌에서 말하는 계급은 『경제와 사회』의 제9장(라이트는 제11장이라고 하고 있으나, 해당 참고문헌을 확인해 보면 제9장의 오기인 듯하다.-역자) 제6절 "정치적 공동체에서 권력의 분배: 계급, 신분, 그리고 당"에 제시되어 있는 정의에서 비롯된 것이다(예를 들어 다음을 보라. Reinhard Bendix and Seymour Martin Lipset, eds., *Class, Status, and Power: Social Stratification in Comparative Perspective*, New York: Free Press, 1966; Anthony Giddens and David Held, eds., *Classes, Power and Conflict: Classical and Contemporary Debates*, Berkeley: University of California Press, 1982; David Grusky, ed., *Social Stratification: Class, Race, and Gender in Sociological Perspective*, Boulder, CO: Westview, 2001). 『경제와 사회』의 "신분 집단과 계급들"이라는 장의 두 번째 절도 계급을 정의하는 서술이라는 점을 밝힐 필요가 있다. 이 장은 "계급, 신분, 그리고 당"이라는 장보다 나중에 집필된 것임에도 불구하고 훨씬 더 파편적인데, 아주 일반적으로 설명된 요소들이 개괄적인 윤곽 형태로 제시되어 일련의 허술한 목록을 구성하고 있기 때문이다. 그래서 일반적으로 계급에 관심이 있는 학자들은 이를 거의 주목하지 않았다. 이런 평가는 계급에 대한 베버의 접근과 베버가 착취 문제를 다룬 방식을 분석한 연구들에서 나타나는 보편적 해석과 크게 다르지 않다.

10) Anthony Giddens, *The Class Structure of the Advanced Societies*, New York: Harper and Row, 1973; Frank Parkin, *Class Inequality and Political Order*, New York: Praeger, 1971; John Scott, *Stratification and Power: Structures of Class, Status and Command*, Cambridge: Polity, 1996.

11) 계급에 대한 베버의 접근을 다룬 이후의 논의들에 가장 큰 영향력을 미친 『경제와 사회』의 "정치적 공동체에서 권력의 분배 : 계급, 신분, 그리고 당"이라는 장

주들을 구분하는 기준이 된다. 첫째는 사회적 상호작용이 (경제적, 공동체적, 혹은 정치적으로)[12] 발생하는 "영역" 혹은 "질서"이고, 둘째는 해당 범주가 본질적으로 주체의 정체성과 집단적 행위를 불러일으키는 정도이다. 표 2-1에 제시된 것처럼, 이러한 기준들의 결합으로 계급, 신분, 당은 서로 구별된다.

사회적 상호작용 영역*	권력의 분배 내에서 개인을 위치시키는 범주	권력의 분배 범주에 내재하는 특성		
		객관적 속성	주관적 정체성	집단적 행위
경제적	계급	있음	없음	없음
공동체적	신분	있음	있음	없음
정치적	당	있음	있음	있음

* 베버의 용어에서 사회적 상호작용 영역은 "경제적 질서", "사회적 질서" 혹은 "명예의 분배영역", 그리고 "권력의 영역"이다(Weber, *Ecomomy and Society*, p.938).

표 2-1. 『경제와 사회』에 나타난 베버의 정식화에서 계급 개념의 이론적 위치

이 분석적 도식에서 계급은 경제적 상호작용 영역 내에서 정의되며, 주관적 정체성이나 집단적 행위를 필수적으로 포함하지 않는다. 한 개인은 특별한 형태의 정체성을 발생시키거나 집단적 행위

은 계급과 신분을 구분하는 것에 주된 관심을 쏟고 있지만, "당"에 대해서는 마지막 한 쪽만을 할애하고 있다.

12) 베버가 『경제와 사회』에서 사회적 상호작용의 영역을 구분짓기 위해 사용한 용어들은 "경제적 질서," "사회적 질서" 혹은 "명예의 분배 영역," 그리고 "권력의 영역"(p.938)이다. 이러한 용어법은 다소 혼란스러운 것인데, 왜냐하면 계급, 신분, 당은 모두 권력의 문제에 대한 것이고(그래서 권력은 단순히 "당"과 동일시되어서는 안 된다), 이 모두는 또한 사회적 행위를 포함하고 있기 때문이다(그래서 사회적인 것은 단순히 신분과 동일시되어서는 안 된다). 현재의 맥락에서 경제적, 공동체적, 정치적인 것 사이의 용어 구별이 더 유용해 보이는 것은 바로 이러한 이유에서다.

에 참여하지 않고도, 특정한 종류의 계급상태에 놓일 수 있는 것이다. "우리의 도식에서 '계급'은 공동체가 아니다. 계급은 단지 공동체행위가 일어날 수 있는 토대일 뿐이다."[13] 신분은 공동체적 상호작용 영역(혹은 베버가 "사회적 질서"라고 부르는 것) 내에서 정의되며, "'명예'와 관련된 특유의 긍정적이거나 부정적인 사회적 평가"[14]라고 인식된 정체성 수준을 나타낸다. 신분은 집단의 일원이라는 의식을 갖고 있는 구성원 없이는 존재할 수 없다. "'신분'은 계급과는 대조적으로 보통 공동체이다."[15] 그러나 신분은 어떤 종류의 집단적 행위도 필요로 하지 않는다. 마지막으로, 당은 언제나 집단적 행위를 수반한다. "당에 의한 사회적 행위는 언제나 단결을 내포하지만, 계급과 신분에 의한 행위는 반드시 그렇지는 않다. 왜냐하면 당에 의한 사회적 행위는 언제나 계획적으로 추구된 목표를 향하고 있기 때문이다."[16] 이렇게 봤을 때, 한 계급의 구성원들은 공통의 정체성을 공유한다는 것을 의식하게 되었을 때 하나의 신분 집단이 되며, 한 신분 집단은 그런 정체성에 기초하여 **단결**할 때 하나의 당이 된다.[17]

베버에게 있어 계급과 신분 사이의 개념적 대조는 원래 행위자의 **동기**(*motives*)와 관련된 문제가 아니다. 신분 집단은 단순히 상징

---

13) Weber, *Economy and Society*, p.927.

14) Ibid., p.932.

15) Ibid.

16) Ibid., p.938.

17) 존스(Jones, 1975)는 집단적 행위의 내적 성질 때문에, 베버에 의해 정의된 계급들은 원론적 차원에서도 집단적 행위 주체로서 자신의 계급적 이해관계에 기반하여 행위할 수 없다고 주장한다. 그가 봤을 때 집단적 행위는 단순한 도구적 이해관계를 넘어서는 일체화와 합리성의 형태들을 요구하기 때문이다. Bryn Jones, "Max Weber and the Concept of Social Class," *The Sociological Review* 23:4, pp.729-757, November 1975.

적 동기에서, 계급 범주는 물질적 이해관계에서 비롯된 것이 아니다. 사람들은 부분적으로 이상적인 상징적 이해관계를 중시하기 때문에 신분 범주에 관심을 갖지만, 계급위치 또한 그러한 상징적 이해관계를 수반하며, 신분과 계급 양자 모두 물질적 이해관계를 추구하는 것과 관련되어 있다. 베버가 쓰고 있는 것처럼, "물질적 독점은 신분적 배타성에 가장 효과적인 동기를 제공한다."[18] 동기보다 계급과 신분 사이의 주된 차이점이 되는 것은 각각이 사람들의 물질적 · 상징적 삶의 조건에서 불평등을 야기하는 메커니즘의 성격이다. 계급은 사람들이 시장교환에 가져오는 경제적 자산을 통해 물질적 번영에 직접적인 영향을 미친다. 신분은 사회적 명예가 다양한 강제 메커니즘을 보장하는 방식을 통해, 베버의 표현에 따르자면 "이념적 · 물질적 재화나 기회의 독점화와 함께"[19] 물질적 번영에 간접적인 영향을 미친다.

베버의 광범위한 저작들, 특히 자본주의에 대한 다양한 연구들을 감안하면, 계급 문제는 또 다른 개념 공간에 위치하게 된다. 여기에서 핵심은 계급 개념과, 사회적 관계를 **합리화**하는 이론적 · 역사적 문제 사이의 관계다. 표 2-2는 계급이 이 문제와 관련하여 어떻게 위치하고 있는가를 보여준다.[20] 표 2-1처럼, 이 개념 공간도 두 차원에 의해 규정된다. 첫 번째 차원은 사회적 상호작용 내에 있는 **사회적 권력의 원천**이고, 두 번째 차원은 사회적 관계의 **합리화** 정도이다. 베버의 저작을 관통하고 있는 것은 개인들이 자신

18) Op. cit., p.935.

19) Ibid.

20) 베버가 계급 개념의 특성과 다른 개념과의 차이에 관해 비교적 정확하게 서술한 이론적 진술에 기반하여 도출한 표 2-1과는 달리, 표 2-2는 베버의 분석 작업 전반에 분산되어 있는 다양한 주장들로부터 추론되었다.

의 목적을 성취하기 위해 사용하는 세 가지 권력 원천의 구분—사회적 명예, 물질적 자원, 권위—이다. 이들 각각은 사회적 상호작용 내에서 고도로 합리화된 형태 혹은 상대적으로 비합리화된 형태로 조직될 수 있다. 이러한 측면에서 계급은, 사람들이 물질적 자원에 접근하고 사용하는 방식을 지배하는 매우 합리화된 사회적 관계를 나타낸다.[21] 따라서 자원에 대한 접근을 지배하는 비합리적인 방식, 특히 귀속적 소비 집단에 기반하는 방식과 사회적 권력의 다른 원천들을 포괄하는 사회적 관계의 합리화된 형태는 서로 대비된다.

사회적 권력의 원천	사회적 관계의 합리화 정도	
	합리화된 사회적 관계	비합리화된 사회적 관계
사회적 명예	능력 중심의 명망	귀속적 지위 집단
삶의 물질적 조건	계급 : 자본, 노동	귀속적 소비 집단
권위	합리적-법적 지배 : 관료제	세습적 관리

표 2-2. 합리화에 대한 베버의 분석에서 "계급"의 이론적 위치

물론, 합리화는 베버가 사용한 개념들 중에서 가장 복잡한 다차원적 개념일 것이다. 베버의 합리화 개념을 세분화한 도날드 레바인(Donald Levine)에 따르면, 베버에게 있어 계급 문제는 주로 합리화의 특정한 한 형태, 즉 사회질서의 **객관적인 도구적 합리화** 내에

21) 베버와 마르크스의 차이를 연구한 상당수 이론가들은 베버의 자본주의 분석에서 합리화 문제가 차지하는 중요성을 강조해왔다. (Karl Löwith, *Max Weber and Karl Marx*, trans. Hans Fantel, London: Allen & Unwin, [1932] 1982; Bryn Jones, "Max Weber and the Concert of Social Class"; and Derek Sayer, *Capitalism and Modernity: An Excursus on Marx and Weber*, London: Routledge, 1991을 보라.) 특히 존스와 새이어는 합리화의 문제를 베버의 계급분석과 명시적으로 연결시킨다.

위치한다.[22] 모든 사회에서 사람들이 물질적 자원에 접근하고 그것을 사용하는 방식은, 그들이 살아가는 제도적 환경에 내재한 규칙의 지배를 받는다. 그 규칙이 귀속적 특성에 기초하여 사람들에게 자원을 할당하거나, 그 자원의 사용이 대안을 고려해서라기보다 전통에 의해 결정될 때, 경제적 상호작용은 비합리화된 조건 하에서 일어나게 된다. 규칙이 사람들로 하여금 자원의 대안적 사용에 관해 정확히 계산하게 만들고, 그런 계산에 입각해 자원을 훨씬 효율적인 방식으로 사용토록 규제할 때, 이러한 규칙을 "합리화된" 것이라고 말할 수 있다. 베버의 분석에서 이는 시장관계가 경제적 상호작용에 가장 널리 영향을 미치게 될 때(즉, 완전히 발전된 자본주의 하에서) 발생한다. 따라서 베버의 계급 개념은 사람들이 시장에서 마주하는 경제적 기회라는 측면에서 정의될 뿐만 아니라, 동시에 합리화된 경제적 상호작용으로도 정의된다. 이렇게 봤을 때 베버에게 있어 계급은, 경제적 상호작용이 최대한 합리적인 방식으로 규제되는 조건 하에서 사람들이 삶의 물질적 조건과 관련되는 방식

22) 도널드 레바인은 베버의 저작에 나타난 합리성의 형태를 여덟 가지로 구분한다. 그는 합리성을 **도구**적 합리성(주어진 목적의 달성을 위해 최상의 수단을 적용하는 합리성)과 **가치** 합리성 혹은 **실질적** 합리성(가치 지향과 일치하는 선택을 하는 행위의 합리성)으로 나누는 표준적 구분에, **개념적** 합리성(점점 더 정밀하고 추상적인 개념들의 형성)과 **형식적** 합리성(체계적이고 합리적으로 방어할 수 있는 규칙들의 창출)을 덧붙인다. 그는 이러한 네 가지 유형의 합리성 내에서 **객관적** 합리성(제도화된 규범 속에 기입된 합리성)과 **주관적** 합리성(정신적 과정의 합리성)을 다시 구분한다. 레바인은 베버의 저작에 나타난 합리화의 이러한 형태들을 정교화한 다음, 베버의 저작에서는 그렇게 명확하게 발견되지 않는 한 가지 구분을 추가한다. 레바인은 객관적 합리화의 네 가지 형태 각각에서 **상징적** 합리화와 **조직적** 합리화를 다시 구분한다. 그래서 최종적으로 열두 가지 형태로 구성된 합리화의 유형분류체계를 구축한다(Levine, *The Flight from Ambiguity: Essays in Social and Cultural Theory*, Chicago: University of Chicago Press, 1985, p.210).

을 보여준다는 사회학적인 의미를 갖는다.

두 가지 사례를 통해 베버의 사유 속에서 합리화와 계급관계가 밀접하게 연관되어 있다는 것을 알 수 있다. 하나는 베버의 초기 저작에 나타난 농촌의 계급관계이고, 다른 하나는『경제와 사회』에 담긴 산업사회의 계급관계이다. 베버와 마르크스는 동일하게 전통적인 농민의 권리 파괴가 농업에서 자본주의가 발전하게 만들었다고 인식하였다. 동엘베 지역의 농업 노동에 대해 분석한 초기 저작에서 베버는 이러한 과정이 계급관계에 미친 영향을 합리화의 측면에서 기술하였다. 베버에 따르면, 농촌에 시장관계가 도입되기 이전에 농촌 노동자들은 "'고용주'가 아닌 소규모 영토를 가진 귀족과 마주한 자신을 발견한다. 토지소유자들이 갖고 있는 낮은 수준의 상업적 포부는 노동자들이 무심하게 일을 그만두는 것에 의해 강화된다..."[23] 자본주의의 발전은 이러한 전통적인 노동관계를 파괴한다. 베버는 자본주의의 발전이 계급관계에 미치는 영향을 합리화의 과정으로 기술한다.

> 사회적 특성상 상업 기업가와 비슷한 농업 기업가 계급이 개인의 변화 유무와 관계없이 필연적으로 토지 기반 귀족을 대신해 등장한다.
>
> 농촌의 일반적인 고용주 유형에 나타나는 이러한 변화는 노동자들의 지위에 중요한 영향을 미친다... [가부장적 토지 경제에서] 노동관계는 상업의 원리나 수익성의 목적에 따라 배치되지 않고, 역사상 토지귀족을 적절히 유지시키는 수단으로서 발전하였다. 이러한 조건하에서 나타날 수 있는 최소한의 일탈은 이 질서의 자연적이고

---

23) Weber, "Developmental Tendencies," p.161.

> 공동체적인 경제적 기초로부터 발생한다. 따라서 **공동의** 이해관계를 갖는 농촌 노동계급은 동부의 주요 지역들에는 존재할 수 없었고, 존재하지도 않았다.
>
> 근대적 발전은 본성상 이러한 자연적인 경제적 질서 내에 있는 임금형태에 **경제적 합리성**의 원리를 도입하려고 한다. 그 결과, 공동체의 자취들(공동 부지, 타작의 공유, 목초지)는 초기에 사라졌다...
>
> 이러한 변화와 함께 가부장적 관계의 필수 조건인 **하나의 특정한** 토지와의 관련성이 무너진다. 다양한 노동 범주들 사이의 차이가 감소하면서, 고용주는 이미 산업 노동자들이 그랬듯이 농촌 노동자들도 "대체할 수" 있게 되었다. 이러한 과정은 농촌 노동자들을 삶의 물질적 조건에서 봤을 때 하나의 통합된 계급 형태인 프롤레타리아 유형에 계속 가까워지게 만드는데, 이는 이미 산업 프롤레타리아가 도달한 상태였다.[24)]

따라서 농촌 프롤레타리아의 출현은 전통을 따라 삶의 물질적 조건이 정해지는 형태에서 계산과 순수한 경제적 이해관계에 따라 삶의 물질적 조건이 정해지는 형태로 변화했다는 것을 보여준다.

이와 동일한 논의가 산업 노동계급에 대한 베버의 분석에서도 나타난다. 마르크스에게 그랬던 것처럼, 베버에게도 "노동계급"을 정의하는 주된 특성은 노동계급이 생산수단으로부터 완전히 분리(혹은 수탈)된다는 점에 있다. 마르크스에게 있어 이는 자본가들이 노동자들을 착취할 수 있게 만드는 기제이기 때문에 중요한 반면, 베버에게 있어 이러한 토지 수탈은 생산 내에서 경제적 합리성이 완전히 실현될 수 있게 만들기 때문에 중요하다. 그는 『경제와 사

24) Ibid., p.163, p.172.

회』에서 이런 분리를 더욱 폭넓게 논의하면서 경제적 합리성과 수탈의 이런 관련성을 강조한다.

> 사무직과 기술직을 포함한 노동자들이 생산수단의 소유로부터 박탈되는 것은 **일반적**으로 다음과 같은 **경제적** 이유를 갖는다... 다른 것들이 동등한 상황에서 만약 경영진이 노동자의 선발 및 이용 방식에 대한 광범위한 통제권을 갖는다면, 일반적으로 더 높은 수준의 경제적 합리성이 실현될 수 있다. 이는 일자리의 전용이나 경영에 참여할 권리가 존재하는 상황과 비교해 보아도 그렇다. 도리어 이런 상황은 경제적 비합리성뿐만 아니라, 기술적으로도 비합리적인 장애물을 만들어낸다. 특히, 소규모 예산 경영이나 일자리("생계") 유지와 관련되어 있는 노동자들의 이해관계는 대개 조직의 합리성과 충돌한다.[25]

이와 유사한 논의를 『프로테스탄트 윤리와 자본주의 정신』에서 행한 합리화와 자유 임금노동 사이의 관계 분석과,[26] 노예제도의 비효율성에 대한 그의 다른 연구에서도 찾아볼 수 있다.[27] 어떤 경우이든, 계급 및 계급관계 변화에 대한 분석에서 핵심이 되는 이론적 문제는 경제적 질서의 합리화이다. 베버의 사회학에서 계급 자체는 상대적으로 부수적인 주제였지만, 계급은 그가 이론적으로 가장 몰두한 문제—합리화—와 긴밀하게 연관되어 있다.

---

25) Weber, *Economy and Society*, pp.137-8.

26) "그러나 서구 자본주의의 이런 모든 특성들은 합리성과 자본주의적 노동조직과의 관계 분석에서 자유 임금노동이 차지하는 의미로부터 나온다... 정확한 계산—기타 모든 것의 토대—은 자유노동에 기초할 때만 가능하다." Weber, *Protestant Ethic*, p.22.

27) Weber, *Agrarian Sociology of Ancient Civilizations*, pp.53-6.

이어지는 논의에서는 계급에 대한 베버의 두 가지 이론적 맥락—계층화의 두 가지 형태인 계급과 신분의 대비, 계급의 이론적 타당성을 규정하는 데 있어서의 합리화의 중요성—을 살펴볼 것이다. 베버가 제시한 계급과 신분의 면밀한 대조는, 시장에 기반한 생활기회 측면에서 계급관계를 정의할 때 적용된 실질적 기준들을 명료화하는 데에 특히 유용하다. 그리고 합리화에 대한 폭넓은 분석은 베버가 자본주의 사회의 착취 문제를 다루는 방식을 설명하는 데에 도움이 될 것이다.

베버와 마르크스의 계급 : 수렴 지점

마르크스와 베버의 사회이론이 갖는 관계에 대한 논의는 긴 역사를 갖는다. 이는 베버 자신이 종종 했던 논평에서부터 시작하는데, 이 중 가장 유명한 것이 제1차 세계대전 무렵 오스트리아 관료들에게 했던 『공산당선언』에 관한 연설이다.[28] 베버는 마르크스의 이론적 정식화에는 감탄했지만, 마르크스의 역사이론에 담긴 과한 유물론과 유토피아주의에 대해서는 매우 비판적이었다. 그는 마르크스 역사이론이 자본주의의 초월과, 계급 및 국가의 소멸을 매우 낙관적이고 결정론적으로 예측한다고 보았다. 기실 마르크스와 베버에 대한 상당수의 연구들은, 역사적 변화 궤적을 이해하기 위해 그들 각각이 고안한 일반적인 이론적 틀의 차이를 살피는 것에 주의를 집중하였다. 특히, 유사목적론적 역사이론의 성격을 띠는 마르크스의 역사유물론과, 역사적 발전 및 우연성에 대한 베버의 다

28) Max Weber, "Speech for the General Information of Austrian Officers in Vienna," trans. D. Hÿrch, in *Max Weber: The Interpretation of Social Reality*, ed. J.E.T. Eldridge, London: Michael Joseph, [1918] 1971.

차원적 이론 사이의 대비가 두드러진다.[29] 비교의 초점이 계층화 문제에 맞춰지게 되면, 대부분의 논의에서는 계층화의 한 측면인 계급에 대한 마르크스의 집착과, 계급과 다른 계층화 기초들(특히, 신분) 사이의 관계가 주를 이루는 베버의 복합적이고 다차원적인 관점 사이의 대조가 중시된다.[30] 마르크스와 베버의 전반적인 이론적 의제에서 계급이 중시되는 정도는 다르지만, 이 두 사회이론 전통에서 사용되는 계급 개념 사이에는 상당 정도 유사성이 존재한다. 하지만 이런 사실은 그간 연구자들의 관심을 충분히 받지 못하였다.[31] 따라서 본고에서는 계급분석에서 착취가 차지하는 위치를

29) 베버와 마르크스의 전반적인 틀에 대한 논평 상당수가 그들의 접근법의 차이에 집중하고 있지만, 몇몇 설명들은 중요한 수렴지점을 강조한다. 예를 들어 뢰비트는 베버의 합리화 개념과 마르크스의 소외 개념 사이의 관계를 현대 자본주의 이론 가운데에서 다룬다(Karl Löwith, *Max Weber and Karl Marx*, trans. Hans Fantel, London: Allen & Unwin, [1932] 1982). 새이어는 근대성에 대한 마르크스와 베버의 이해를 분석한다(Sayer, *Capitalism and Modernity*, London: Routledge, 1991). 마르크스와 베버를 비교분석하는 연구로는 다음을 참고하라. Robert J. Antonio and Ronald M. Glassman, eds., *A Weber-Marx Dialogue*, Lawrence: University of Kansas Press, 1985; N. Wiley, ed., *The Marx-Weber Debate*, Beverly Hills, CA: Sage, 1987.

30) 계급에 대한 마르크스와 베버의 접근을 엄밀하게 분석하면서, 베버 접근의 다차원적 특성과 마르크스의 한 차원에 대한 집중을 대조한 최근 연구로는 다음을 보라. Scott, *Stratification and Power.*, Cambridge: Polity, 1996.

31) 몇몇 저자들은 베버와 마르크스의 계급 개념 사이에 존재하는 유사성을 지적했다. 벤딕스는 베버의 계급분석을 "마르크스가 성립해 놓은 기초"에서 출발하는 것으로 간주한다(Bendix, "Inequality and Social Structure," p.152). 홀튼과 터너는 "마르크스와 베버 모두 계급구조에서의 시장관계에 관심을 가졌다"고 본다(Robert J. Holton and Bryan S. Turner, *Max Weber on Economy and Society*, New York: Routledge, 1989, p.181). 기든스는 베버가 마르크스처럼 자본주의를 "계급사회"—계급이 계층의 주된 축이 되는 사회—로 특징지었다고 간주한다(Giddens, *Class Structure of Advanced Societies*, New York: Haper and Row, 1973). 그러나 이러한 연구들에서도 여전히 마르크스와 베버의 계급 개념 사이에 존재하는 유사점은 차이점보다 훨씬 덜 주목받고 있다. 새이어는 계급과 신분에 대

명확하게 하기 위해 이런 유사성을 먼저 살펴보도록 한다.

단계적이기보다 관계적인 계급 개념

마르크스와 베버 모두는 관계적 계급 개념을 사용한다. 양자 모두에게서 계급은 단순히 단계적인 위계체계에 있는 명목상의 층위로 정의되지 않는다. 마르크스와 베버에게 계급은 상호 관계를 맺는 사회적 행위자들의 구조적 상호작용에 대한 설명에서 비롯된다. 따라서 베버와 마르크스에게 계급은 상위, 중상위, 중위, 중하위, 하위 계급과 같은 양적인 명칭에 의해 규정되는 것이 아니라, 자본가와 노동자, 채무자와 채권자 같은 질적인 명칭에 의해 규정된다.[32)]

소유관계의 중심성

마르크스와 베버 모두 소유권을 자본주의에서 발생하는 계급 분할의 근본 원인으로 본다. 마르크스에게 계급은 "생산수단에 대한 관계"에 따라 정의되는데, 여기에서 "관계"는 생산에서 사용되는 자원의 소유와 그에 대한 통제에서 비롯된다. 이와 유사하게, 베버는 "따라서 '소유'와 '무소유'는 모든 계급상태의 기본범주들이

한 마르크스와 베버의 접근법 사이에 존재하는 차이를 부차적인 것으로 여기는 몇 안 되는 저자 가운데 한 사람이다(Sayer, *Capitalism and Modernity*).

32) 계급에 대한 관계적 개념과 단계적 개념에 대한 심화된 논의는 다음을 참고하라. Stanislaw Ossowski, *Class Structure in the Social Consciousness*, London: Routledge, 1963; Erik Olin Wright, *Class Counts*, Cambridge: Cambridge University Press, 1997, pp.5-8.

다."[33]라고 쓰고 있다. 더 나아가 베버는 마르크스처럼 무소유를 본질적으로 강제된 조건이라고 간주한다. "[무산자들은] 제공할 것이 자신의 노동이나 그런 노동의 산물밖에 없고… 생계를 이어가기 위해서는 이것을 처분해야만 한다."[34] 베버는 심지어 마르크스와 마찬가지로, 시장에서 이루어지는 자유로운 선택과 자발적인 상호작용이 노동계급에게는 단순히 형식적 실재이고, 사회적 관계의 강제적 구조(그가 "타율적으로 결정된 행위"라고 언급한)를 감춘다고 인식한다.

> [이기심에 의해 동기화된 행위는] 시장경제[에서] 공식적으로 자발적인 방식을 취하더라도… 실질적으로는 타율적으로 결정[될 수 있다]. 이것은 무소유 집단들이 불평등한 부의 분배, 특히 자본재의 불평등한 분배 때문에 그들이 시장에 내놓을 수 있는 효용에 대한 어떠한 보상이라도 획득하기 위해 다른 집단의 권위를 따르도록 강요받을 때에는 언제나 그렇다… 순수한 자본주의 생산조직에서 이것은 전체 노동계급의 숙명이다.[35]

비록 이 구절은 노동자들이 갖는 본질적 부자유를 설명한 마르크스의 수사학적 힘은 결여하고 있지만, 그 요지는 근본적으로 같

---

33) Weber, *Economy and Society*, p.927.

34) Ibid. 『경제와 사회』 앞부분에서 경제적 동기에 대해 논의하면서 베버는 이렇게 쓰고 있다. "시장경제라는 조건 아래에서 경제적 활동의 동기는… 전적으로 공급 없이 지내는 위험을 감수해야 한다는 사실을 [포함하여] 실질적 소유가 없기 때문에 발생한다"(p.110). 또한 베버가 "기아의 고통이라는 강요"를 다룬 연구를 참고하라. Weber, *General Economic History*, trans. Frank H. Knight, New York, Collier, [1927] 1961, p.209.

35) Weber, *Economy and Society*, p.110.

다. 즉, 생산수단으로부터의 분리는 노동자가 스스로 자본가에게 종속되도록 강제한다는 것이다.

공간으로서의 계급 대 집단적 행위자로서의 계급

베버와 마르크스의 계급 개념에서 중심이 되는 것은 **객관적으로 정의된 공간**으로서의 계급과, **집단적으로 조직된 사회적 행위자**로서의 계급을 구분하는 것이다. 물론 그들이 두 개념을 대비할 때 사용하는 용어는 다르다. 베버는 사회적 관계 속에서 객관적으로 정의된 공간을 가리키기 위해 "계급상태"라는 표현을 사용하는 반면, 마르크스는 "즉자적 계급"이라는 표현을 사용하며, 현대 마르크스주의자들은 맥락에 따라 "계급위치"나 "계급지위" 혹은 "계급구조"라는 표현을 사용한다.[36] 베버는 "의식화된 계급조직"이라는 표현을 집단적으로 조직된 사회적 행위자를 가리킬 때 사용하는 반면,[37] 마르크스는 "대자적 계급"이라는 표현을, 그리고 오늘날 마르크스주의자들은 "계급형성"이나 "계급조직" 같은 다양한 표현을 사용하고 있다. 하지만 이런 용어 차이에도 불구하고, 기본적인 생각은 서로 유사하다. 즉, 구조적으로 정의된 계급은 집단적으로 조직된 투쟁 형태를 발생시킬 수 있지만, 구조적으로 정의된 계급과 집단적으로 조직된 계급은 개념적으로 반드시 구분되어야 한다는 것이다.

---

36) Ibid., p.302, p.927.
37) Ibid., p.305.

계급과 물질적 이해관계

베버와 마르크스에게 있어 계급위치가 사회적 행위에 영향을 미치는 핵심 메커니즘은 바로 객관적으로 정의될 수 있는 물질적 이해관계에서 발생한다. 나는 객관적으로 정의할 수 있는 물질적 이해관계 때문에, 어떤 행위 과정이 사람들의 물질적 삶의 조건을 향상시키는지 여부를 외부 관찰자가 확인할 수 있다고 생각하는데, 그런 개인들의 행위 과정은 사회구조 내에서 그들이 차지한 위치에 따라 달라진다. 마르크스와 베버 모두는 (1) 소유관계에 의해 정의된 개인의 계급위치는 여기서 말하는 물질적 이해관계에 구조적으로 영향을 미치며, (2) 그렇게 정의된 물질적 이해관계는 실제 행동에 영향을 미친다고 주장한다. 마르크스주의에서 말하는 "계급적 이해관계"가 "객관적인" 것인가를 두고 많은 논쟁이 이루어졌지만, 이는 상대적으로 마르크스에게는 문제가 되지 않았다. 반면 베버는 대개 행위자의 주관적 의미를 강조하고, 객관적으로 명시된 조건과 행위자의 주관적 상태 사이의 확정적 관계를 거부한 이론가로 특징지어진다. 그럼에도 불구하고, 그의 계급에 대한 논의에서는 개인들의 객관적으로 정의된 계급상태에 기반한 물질적 이해관계가 그들 행위의 결정요인—개연적인 결정요인이기는 하지만—으로 간주된다. 베버는 다음과 같이 기술하고 있다.

> 우리의 용어에 의하면, "계급"을 만들어내는 것은 명백히 경제적 이해관계이며, 이는 시장과 관련된 그런 이해관계이다. 그럼에도 불구하고, 계급적 이해관계라는 개념은 모호하다. **계급상태에 예속된 평균적인 사람들의 평균적 계급상태에서 비롯되는 일정한 개연성 있는 이해관계의 사실적 방향** 이상의 것을 계급적 이해관계가 의미하는

순간, 그것은 경험적 개념으로서도 모호해진다.[38] (강조는 인용자)

베버는 "계급상태에 예속된 평균적인 사람들"에게는 "이해관계의 사실적 방향"이 계급적 이해관계와 부합되는 "일정한 개연성"이 있다고 단언한다. 그러면서 베버는 계급상태와 관련되어 있는 개인의 행동과 물질적 이해관계 사이에 발생하는 불일치를 인정하지만, 그는 또한 행동은 이러한 이해관계와 적어도 평균적으로 긴밀히 연결되는 경향이 있다고 주장한다.

물론 "일정한 개연성"이라는 표현이 애매해서 개연성 자체가 매우 낮을 가능성, 즉 객관적으로 정의된 계급적 이해관계와 "이해관계의 사실적 방향" 사이의 관련성이 매우 적을 가능성을 열어둔다. 베버는 사실 위 인용구보다 두 단락 앞에서, 순수하게 이기적인 경제적 이익이 오랜 시간에 걸쳐 사람들에게 "사실적 방향"을 동기화시켜줄 가능성이 매우 높다고 기술하였다. 이는 조직의 형성 과정에서 작용하는 경제적 동기를 논의하면서 등장한다.

> 감독할 권한을 가진 사람과 행정 직원이 보수를 받는 것이 거의 기정사실이라면, 경제적 보수는 조직 형성에 대해 매우 일반적인 사회학적 중요성을 갖는다. 이런 경우라면, 비록 조직의 주요한 이데올로기적 기초가 그 사이 소멸되더라도, **압도적으로 강한 경제적 이해관계**가 조직의 존속과 밀접히 관련될 것이다.[39] (강조는 인용자)

베버는 사회주의 사회에서 이루어지는 경제활동을 논하면서, 이

---

38) Ibid., pp.928-9.
39) Ibid., pp.201-2.

사회에 속한 사람들의 동기가 시장사회에서의 사람들의 동기와 유사해질 것이라고 주장한다. 따라서 그는 이데올로기적 믿음이 사회주의에서 매우 중요한 문제가 될 것이라는 예측에 대해 상당히 회의적이다. 베버는 장기적으로 대부분의 사람들이 시장경제에서처럼 이기적인 물질적 이해관계에 의해 동기 부여될 것이라고 본다.

> 또한, 사회주의에서도 틀림없이 이러한 조건 [개인이 경제적으로 적절한 결정을 내릴 수 있는 능력을 가진 조건] 하에 있는 개인은 다른 가능성과 비교해봤을 때, 자신이 할당받은 배급량과 부여받은 노동이 자신의 이해관계에 부합하는지를 따지게 될 것이다... 이는 아마도 다른 이해관계와는 대립하면서 많은 개인들 사이에서 유사한 이해관계로 조직된 것이며, 모든 행위의 기초가 된다. 이해관계의 **구조**와 적절한 상태는 [시장경제와] 다를 수 있고 그에 따라 이해관계를 추구하는 다른 수단이 있을 수 있지만, 이 근본적 요인은 이전처럼 유의미한 것으로 남아 있을 것이다. 물론, 순전히 타인의 이해관계에 부합되는 이데올로기적 토대를 지향하는 경제적 행위가 존재하는 것은 사실이다. 하지만 분명히 **인간 집단은 이러한 방식으로 행위하지 않으며, 그들이 그렇게 할 수 없고 하지 않으리라는 것은 경험으로부터 도출된 사실이다.**[40](강조는 인용자)

이는 객관적으로 정의될 수 있는 물질적 이해관계에서 도출된 주체의 지향이 사실상 우세하다는 강력한 단언이다. 이론적으로 이데올로기적 동기가 중요할 수 있지만, 인간 집단은 순수하게 이데올로기에만 근거해서 행위하지 않으며, "그들은 그렇게 할 수 없고

40) Ibid., p.203.

하지도 않을 것이다." 그러므로 베버와 마르크스에게 있어 계급위치에 의해 구조화된 물질적 이해관계는, 계급위치 내에 있는 사람들의 실제 행동을 만드는 강력한 경향성을 갖는다.

집단적 계급행위를 위한 조건

계급분석에서 마르크스와 베버 사이에 상당한 차이가 있다고 여겨지는 한 측면이 있다면, 그것은 계급투쟁 문제에 대한 그들의 이해일 것이다. 양자 모두 계급상태가 물질적 이해관계를 통해 개인의 계급행동을 형성한다고 생각한다. 하지만 마르크스는 자본주의가 본질적으로 집단적으로 조직된 계급투쟁을 촉발시켜 혁명적 도전으로 막을 내린다고 본 반면, 베버는 이런 예측을 거부한다. 그러나 여기에조차 사람들이 예상하는 것보다 더 큰 유사점이 존재한다.

이런 종류의 주장을 평가하는 데 있어서는 (1) **특정한 예측을 뒷받치고 있는 조건들에 대한 이론적 분석**(가령, 계급투쟁이 발생해 강화될 조건들)을 (2) **그러한 조건들이 실제 발생할 가능성에 대한 경험적 예상**으로부터 구분하는 것이 중요하다. 이렇게 봤을 때, 베버는 전자에 대해서는 마르크스와 공유하는 것이 많은 반면, 후자와 관련해서는 의견 차이가 나타난다.[41)]

베버는 『경제와 사회』의 "계급적 이해관계에서 나온 사회적 행

41) 벤딕스는 베버가 계급 동원이 성공할 수 있는 조건에 대한 많은 이론적 요소를 마르크스와 공유한다는 것을 인식하고 있었다. "**계급조직**들은 당면한 경제적 상대와 관련되고, 조직화가 기술적으로 용이하며(공장에서처럼), 지식인에 의해 분명한 목적이 제시되었을 때에만 발생한다... 베버는 그러한 조직화의 성공에 대하여 마르크스가 제시한 근거들을 받아들인다." Reinhard Bendix, "Inequality and Social Structure: A Comparison of Marx and Weber," *American Sociological Review* 39: 2, 1974, p.152.

위"라는 절에서 집단적으로 조직된 계급투쟁에 도움이 된다고 생각한 조건 일부를 제시한다.

> 한 계급에 속한 구성원들의 대중적 행동으로부터 "사회적 행위"가 발생하고, 경우에 따라 단결이 이루어지는 정도는 문화적 조건, 특히 지적인 종류의 문화적 조건과 관련된다. 또한, 이는 이미 발생한 대조적 차이와도 관련되는데, 특히 계급상황의 원인과 결과 사이의 관련성이 얼마나 명료한가와 관련된다. 서로 다른 생활기회가 존재할 수 있지만, 모든 경험에 따르면 이 사실 자체가 "계급행위"(한 계급에 속해 있는 구성원들의 사회적 행위)를 발생시키지는 않는다. 그러므로 계급상황의 실제 조건과 결과는 뚜렷하게 식별될 수 있어야 한다. 그래야만 생활기회에서의 차이가 절대적으로 주어진 감수 조건으로 간주되는 것이 아니라, (1) 주어진 재산 분배나 (2) 경제 질서의 구체적 구조에서 비롯된 결과로 간주될 수 있다. 그때서야 비로소 사람들은 간헐적이고 비합리적인 저항 행위를 통해서만이 아니라, 합리적인 단결의 형태로도 계급구조에 대항할 수 있을 것이다... 두 번째 범주인 (2)에 해당하는 가장 중요한 역사적 사례는 근대 프롤레타리아트의 계급상황이다.[42]

이 복잡한 단락은 마르크스와 상당히 유사한 명제들을 몇 가지 포함하고 있다. 첫째, 계급 단결은 지적인 조건에 따라 등장한다. 계급 단결은 단순히 불이익적인 계급상황에 놓인 사람들의 직접적이고 자발적인 의식에서 비롯되는 것이 아니다. 이는 계급 조직화를 방해하는 이데올로기적 신비화의 역할과, 노동계급의 의식을 고

42) Ibid., pp.929-30.

양시키는 데 있어 계급의식적인 지적 리더십이 차지하는 중요성을 강조한 마르크스의 관점과 유사하다. 특히 후자의 문제는 그람시와 레닌 같은 후대 마르크스주의자들에 의해서도, 비록 다른 방식이기는 하지만 강조된 바 있다.

둘째, 계급구조가 "절대적으로 주어진 사실"처럼 자연적이고 필연적인 것으로 경험되는 곳에서는 계급 동원이 지연된다. 베버는 여기에서 마르크스가 상품물신화와 자본물신화를 논하면서 밝힌 계급의식의 가장 중요한 지적 장애물을 보여준다. 그것은 바로 현존하는 조건이 당연하고 필연적인 것이어서, 어떤 근본적인 변화도 불가능하다고 여기는 믿음이다. 기실 마르크스의 많은 연구들은 이와 같이 겉으로 "당연해 보이는 것"에 대한 과학적 도전이라고 볼 수 있으며, 이런 탈신비화가 혁명의식을 형성한다고 본다.

셋째, 계급관계의 명료함은 계급 동원을 용이하게 만든다. 마르크스 역시 계급 동원은, 계급구조가 고도로 양극화되어 있어서 계급구조와 사람들의 삶의 조건 사이의 인과관계가 명료할 때, 즉 중간계급—프티부르주아, 농민, 전문가—이 거의 존재하지 않을 때 용이하다고 생각하였다. 이는 모든 전자본주의적 경제관계에 대한 자본주의의 파괴와 프롤레타리아의 궁핍화가 계급갈등의 강화를 이끌 것이라는 마르크스의 예측에서 중요한 부분이다.

마지막 넷째, 계급상황이 상대적으로 명료하기 때문에 근대 프롤레타리아는 "생활기회의 차이가... 경제질서의 구체적 구조[에서 비롯된 결과]"라고 이해하게 된다. 이렇게 봤을 때, 근대 자본주의는 노동자들이 계급 단결을 하는 데 필요한 일종의 명료함을 만들어낸다.

이처럼 베버와 마르크스는 계급 단결이 이루어지기 위한 조건을 이론적으로 설명하면서 많은 부분을 공유한다. 그리고 베버와 마르크스는 이런 조건이 근대 자본주의 경제의 프롤레타리아에 의해 최소한 충족될 수 있고, 따라서 계급 단결과 계급투쟁이 자본주의 경제에서 발생할 것이라는 제한적인 예측에 대해서도 의견을 같이 한다. 양자가 의견 차이를 보이는 지점—그리고 이것이 바로 문제가 되는 하나의 차이점인데—은 경험적 예측으로, 이는 그런 조건들이 시간이 흐름에 따라 점차 강화되는 것이 자본주의의 내적 동학이어서 자본주의의 계급투쟁은 장기적으로 격화되는 구조적 경향으로 이어질 것이라는 예측을 말한다. 만약 이러한 조건에 대한 마르크스의 경험적 예측이 정확하다면, 베버는 자본주의 발전 과정에서 계급갈등은 지속적으로 강화되는 경향을 갖는다는 마르크스의 예측에도 동의했을 것이지만, 그는 동의하지 않았다. 결론적으로, 베버와 마르크스의 의견 차이는 자본주의 내에서 계급의식적으로 조직된 노동계급이 출현하는 필수적 조건에 대해서가 아니라, 자본주의의 장기적 궤적을 예측하는 데에서 발생한다.[43]

43) 베버가 효과적인 집단적 계급 동원의 조건과 관련해서 마르크스의 이론적 분석을 공유하는 또 다른 예는 농민에 대한 분석에서 발견된다. 마르크스는 『루이 보나파르트의 브뤼메르 18일』(*The Eighteenth Brumaire of Louis Bonaparte*)에서 다음과 같이 주장한다. 농민들은 공동적인 계급 이해관계에도 불구하고, 시골에 너무 흩어져 있고 상호의존성을 갖지 않는 분리된 독립체들로—"자루에 담긴 감자"처럼—남기 때문에 집단적 행위 능력을 거의 가지고 있지 않다. 베버는 동엘베의 농민들에 대해 비슷한 지적을 했다. "[농업] 노동자는 이제 비행을 통해서만 탈출할 수 있는 잔혹한 사적 지배 때문에, 거의 알아차리지 못하게 발생한 상업적 착취에 굴복하는데, 이 상업적 착취는 사실 훨씬 더 벗어나기 어려우며 소농으로서의 농민은 이에서 벗어날 지위에 있지 않다. 형식적 평등은 이제 이 노동자들을 자신들의 처지처럼 토지에 흩어져 있는 이해관계의 투쟁에 위치시키는데, 그들은 저항의 수단을 가지고 있지 않다"("Developmental Tendencies," p.171).

계급과 신분

마지막으로, 마르크스와 베버는 사회학자들이 일반적으로 그 둘 사이의 가장 큰 차이라고 간주하는 부분에서조차 이론적 유사점을 갖는데, 그 부분은 바로 계급과 신분 사이의 관계를 다루는 방식이다. 베버주의 사회학의 핵심은, 신분이 정체성과 특권의 원천으로서 지속적인 중요성을 갖는다는 것인데, 그런 의미의 신분 집단은 집단적 행위와 연대의 기초인 계급과 경쟁하는 것으로 간주된다. 마르크스는 베버와 함께 (1) 신분 집단이 자본주의 시장의 작동을 저해하며, 나아가 (2) 이는 계급형성을 대체하는 정체성의 또 다른 기초가 된다는 관점을 공유한다. 그리고 베버는 마르크스와 함께 (3) 자본주의 시장은 신분 집단의 힘과, 이것이 계층화 체계에 미치는 영향을 약화시킨다는 관점을 공유한다.[44] 베버는 다음과 같이 기술한다.

> 재화의 획득 및 분배의 기초가 상대적으로 안정적일 때, 신분에 의한 계층화는 촉진된다. 하지만 모든 기술적 영향과 경제적 변화는 신분에 의한 계층화를 위협하고, 계급상황을 가장 전면에 부각시킨다. 적나라한 계급상황이 우세한 시대나 국가는 통례상 기술적·경

44) 몸젠은 이보다 더 강력한 주장을 하는데, 그는 베버가 자신의 초기 연구에서 자본주의는 전통적인 신분질서를 단순히 약화시키는 것이 아니라 그것을 파괴한다고 간주했다고 주장한다. "이미 1893년에 베버는 몇 세대 안에 자본주의는 모든 전통적인 사회적 구조를 파괴할 것이고, 이 과정은 되돌릴 수 없다고 예측하였다"(Wolfgang J. Mommsen, "Capitalism and Socialism: Weber's Dialogue with Marx," trans. David Herr, in Antonio and Glassman, eds., *Weber-Marx Dialogue*, 1985, p.234). 베버의 개념에 의존하는 대부분의 사회학자들은 신분이 자본주의에서 정체성 및 배제 메커니즘으로서 그 영향력이 현저히 감소함에도 불구하고, 여전히 계층화의 가장 중요한 차원이라고 주장한다.

> 제적 변혁 시기에 속한다.[45]

마르크스와 엥겔스는 『공산당선언』에서 다른 표현으로 이와 유사한 주장을 한다.

> 생산의 끊임없는 혁신, 모든 사회적 조건의 계속되는 불안, 증대되는 불확실성과 동요가 부르주아 시대를 앞선 시대와 구분한다. 모든 고정되고 경직된 관계는 낡고 굳건한 일련의 편견 및 견해와 함께 일소된다.[46]

언급된 "모든 고정되고 경직된 관계"는 베버가 "신분에 의한 계층화"라고 이론화한 범주에 해당하는데, 마르크스와 엥겔스는 베버처럼 이러한 관계가 "생산의 대변혁과... 모든 사회적 조건의 동요" 혹은 베버가 "기술적 · 경제적 변혁 시기"라고 부른 것에 의해 위협받는다고 간주한다. 이런 맥락에서 마르크스와 베버 모두는 동일하게 자본주의가 신분 집단을 잠식하고, 베버가 "적나라한 계급상황"이라고 부른 것의 우위를 가져온다고 본다. 하지만 그들은 이러한 발전이 계급 동원과 계급투쟁에 낳는 장기적 결과에 대해서는 의견을 달리한다. 마르크스는 이러한 발전이 양극화된 계급투쟁으로 향하는 경향을 강화시킨다고 생각한 반면, 베버는 자본주의의 발전이 양극화된 투쟁의 영향을 덜 받는 훨씬 복잡한 계급구조를 만들어낸다고 생각하였다.[47] 하지만 마르크스와 베버 양자 모두는

45) Weber, *Economy and Society*, p.938.

46) Karl Marx and Friderich Engels, *The Communist Manifesto, in Selected Works in One Volume*, London: Lawrence and Wishart, [1848]1968, p.38.

47) 마르크스주의와, 독일에서 사회주의의 전망에 대한 확대된 논의를 제시한

공히 자본주의가 전통적인 신분 집단의 중요성을 구조적으로 약화시킨다고 보았다.

계급에 대한 베버와 마르크스의 주요한 차이

만약 위와 같은 분석이 정확하다면, 베버와 마르크스 모두 관계적 계급 개념에서 중심이 되는 다양한 특성들을 활용하는데, 그중에서도 객관적으로 정의될 수 있는 물질적 이해관계가 계급행위를 설명하는 데 있어 주요한 역할을 한다. 계급구조와 계급투쟁은 구분되고, 집단적 계급행위는 계급의 양극화로 촉진되며, 자본주의의 동학은 계층화 체계에서 계급이 지배적 역할을 하는 데에 유리한 조건을 만든다. 양자가 가장 뚜렷하게 다른 지점은, 그런 특성—상호 관계된 계급들—과 관련되어 있는 인과메커니즘을 이해하는 방식에 있다. 베버에게 있어 핵심적인 주제는 계급이 고도로 합리화된 경제적 상호작용, 특히 계급이 시장 안에서 어떻게 사람들의 **생활기회**를 결정하는가를 살펴보는 것이다. 반면, 마르크스에게 있어 핵심적인 주제는 계급이 생활기회와 **착취** 모두를 어떻게 결정하는가를 살펴보는 것에 있다.[48)]

"Speech for the General Information of Austrian Officers in Vienna"에서 베버는 계급구조의 변화가 많은 사람들의 이해관계와 부르주아지 사이를 어떻게 연결시키는지에 대해 설명한다. "그러나 이렇게 아주 복잡한 과정과 나란히, 사무원 즉 사적인 **관료**의 수가 빠르게 증가하며—수치상 이들의 증가율은 노동자들의 증가율보다 훨씬 더 크다—그들의 이해관계는 분명히 프롤레타리아 독재의 방향과 같지 않다. 이는 오늘날 권력을 유지하고 부르주아지의 질서가 약화되는 것에 직간접적으로 이해관계를 갖는 이들을 상당수 유지시키는 것이 거의 불가능하다는 것을 의미한다."(p.207)

48) 마르크스와 베버의 계급 개념 사이의 주요한 차이는 이 방법에 의해서만 규정되는 것이 아니다. 대략적으로 둘을 대조하는 방법에는 생산과 교환의 대비

계급에 의해 생활기회가 결정된다는 베버의 주장은, 『경제와 사회』에서 주로 인용되는 부분에 제시되어 있다.

> 우리가 "계급"이라는 말을 사용하는 경우는 (1) 수많은 사람들이 그들의 생활기회의 원인이 되는 특정한 인과적 요소를 공통으로 가지고 있으면서, (2) 이러한 인과적 요소가 재화의 소유와 소득의 기회에서 발생하는 경제적 이익을 독점적으로 나타내고, (3) 인과적 요소가 상품시장 혹은 노동시장의 조건 하에 있는 것으로 나타나는 한에서이다. 이를 "계급상황"이라고 한다.
> 가장 기초적인 경제적 사실은, 시장에서 교환을 목적으로 만나고 경쟁하는 다수의 인간들에게 물적 소유권이 분배되어 있는 방식 자체가 이미 특유한 생활기회를 만들어낸다는 것이다...
> 그러나 계급 개념에 있어 언제나 공통적인 사실은, 시장에 존재하는 기회의 종류가 개개인의 운명에 공통적인 조건을 나타내는 심급이라는 점이다. 이러한 의미에서 계급상황은 궁극적으로 시장상황

(Val Burris, "The Neo-Marxist Synthesis of Marx and Weber on Class," in Wiley, ed., *Marx-Weber Debate*, 2, pp.43-64; and Randall Collins, *Weberian Sociological Theory*, Cambridge: Cambridge University Press, 1986), 일차원과 다차원의 대비(Burris, "Neo-Marxist Synthesis"; Scott, *Stratification and Power*), 이분법적 개념과 다원적 개념의 대비(Giddens, *Class Structure of Advanced Societies*) 등이 있다. 베버와 마르크스의 계급 개념을 생활기회와 착취의 측면에서 대비하는 학자에는 크롬프톤과 거베이가 있다(Rosemary Crompton and John Gubbay, *Economy and Class Structure*, London: Macmillan, 1977, pp.3-20). 데렉 새이어(Derek Sayer)도 마르크스와 베버의 계급에 대한 접근법을 착취를 중심으로 삼아 규정하고 있지만, 그는 이 문제가 지나치게 중시되는 것에 대해서는 회의적이다. "각자의 사회학이 토대하고 있는 서로 다른 경제이론—정치경제학과 한계효용이론—을 반영하고 있는 착취 문제에 대해서는 마르크스와 베버 사이에 메울 수 없는 간극이 있다. 이것이 얼마나 중요한가에 대해서는 논란의 여지가 있다고 생각한다... 소위 베버와 마르크스의 차이점을 따지는 문제에 대해서는 이미 너무 많은 논쟁이 이루어져 왔다"(Sayer, *Capitalism and Modernity*, pp.104-5).

이다.[49)]

이 맥락에서 "기회"는, 개인들이 그들의 물질적 조건을 향상시키기 위해 할 일을 결정하는 과정에서 직면하는 실행 가능한 교환을 나타낸다. 베버주의의 주장은, 그런 기회가 하나의 시장사회에서—이 사회에서는 사람들이 합리적인 방법으로 타인과 교환함으로써 생계를 위한 자금을 마련한다—사람들이 교환해야 할 것의 질과 양에 의해 결정된다는 것이다. 시장이 아주 폭넓게 존재할 때, 기회는 대개 경제와는 무관한 귀속적 특성이나 폭력에 대한 통제에 의해 발생하지 않고, 개인이 교환을 위해 시장에 가져올 수 있는 자원에 의해 주어진다. 생산수단의 소유는 자격증의 소유와는 다른 선택권을 제공하는데, 이 두 가지는 단순히 미숙련 노동력을 보유한 것과는 다르다. 더 나아가 시장경제에서는, 시장에서 비롯된 수입이 자기 자신과 자녀들의 광범위한 삶의 경험과 기회에 영향을 미친다. 이렇게 봤을 때, 부모의 시장능력에 기초하여 자녀의 생활기회를 분석한 연구(계급이동 연구)는 베버주의의 계급분석 의제를 구성하는 한 축이다. 그러므로 베버주의 관점에서 봤을 때, 시장에서 사용하는 서로 다른 종류의 경제적 자원과 사람들이 맺는 관계가 중요한 것은, 이런 관계가 사람들의 물질적 이해관계를 형성하는 서로 다른 경제적 기회와 불이익을 제공하기 때문이다.

계급 메커니즘에 대한 이런 생각은 합리화라는 문제와 매우 밀접하게 연결되어 있다. 사람들이 시장에서 교환하기 위해 만났을 때, 그들은 시장에서 직면하는 가격에 기초하여 자신의 선택에 따른 비용과 이득을 합리적으로 계산한다. 이런 가격은 합리적으로

---

49) Weber, *Economy and Society*, pp.927-8.

계산할 때 필요한 정보를 제공하고, 시장관계의 제약은 사람들이 합리적인 방법에 따라 계산하여 의사결정을 하도록 압박한다. 베버는 소위 사람들이 속한 서로 다른 범주에서 비롯된 물질적 궁핍이나 이익, 혹은 그런 이익과 불이익 때문에 발생하는 집단적 투쟁에 대해서는 크게 관심을 기울이지 않았다. 그는 도리어 이런 생활기회를 발생시키는 사회적 상호작용에 구현된 기본적인 규범적 질서나 지적 관행—도구적 합리성—에 대한 관심이 높았다.

마르크스는 시장교환에서 사용되는 서로 다른 자원의 소유가 생활기회에 영향을 미친다는 베버의 주장에 동의한다. 그리고 그는 베버처럼, 시장에서의 교환이 계산과 도구적 합리성에 기초한 상호작용이라고 인식한다.[50] 하지만 마르크스의 분석에서는, 생활기회에 교환이 미치는 영향만이 전부가 아니다. 이와 동일한 정도로, 소유권이 착취 과정을 어떻게 형성하는지가 중시된다. "착취"와 "생활기회" 모두가 여러 자원에 대한 불평등한 접근 때문에 발생하는 불평등한 물질적 번영을 설명한다. 따라서 이 두 가지 개념은 자산분배에 따른 이해관계의 갈등을 강조한다. 착취 개념이 이에 더 덧대는 것은, 계급들 사이의 이해관계 갈등이 시장에서 교환할 때 가져오는 자원의 분배나 가치에 의해서만 단순히 발생하는 것이 아니라, 생산활동에서 그 자원을 사용함으로써 발생하는 상호작용 및 상호의존성에 의해서도 발생한다는 점이다.

마르크스에게 있어 착취는, 하나의 경제행위 집단에 의해 수행

---

50) 『자본』 1권에서 마르크스는 노동과 자본 사이의 교환관계가 "그들을 하나의 관계로 묶어주고 상호 관계 맺게 하는 유일한 힘... 즉 각자의 개별적인 이익이나 사적인 이해"(*Capital*, New York: International, [1867] 1967, 1, p.176)의 영역에서 이루어진다고 서술한다. 비록 마르크스는 합리적인 도구적 행위라는 표현을 사용하지는 않았지만, 이 구절은 베버가 시장교환을 보는 관점과 완전히 맥을 같이 한다.

되는 노동이 다른 집단에 의해 추출되고 전유되는 과정을 보여준다. 그렇게 전유된 노동을 “잉여노동”, 즉 노동자들을 재생산하는 데에 요구되는 것을 넘어선 노동활동이라고 한다. 마르크스에 따르면, 자본주의에서 이런 전유는 고용주들이 노동자들에게 그들의 임금으로 소비할 수 있는 생산물에 체화된 노동보다 긴 시간의 노동, 더 많은 노동 수행을 강요할 수 있기 때문에 발생한다. 노동가치론의 고전적 표현에 따르면, 그들이 생산하는 노동가치가 그들이 소비하는 노동가치보다 큰 것이다. 이 차이(잉여가치)는 자본가에 의해 전유된다. 이 전유가 바로 착취이다.[51)]

마르크스는 이런 방식으로 정의된 착취 개념을 두 가지 일반적 설명에서 사용한다. 첫째, 마르크스는 착취를 자본주의에서 발생하는 이득의 원천으로 간주한다. 자본가들은 노동자로부터 잉여가치를 전유하는데, 그들이 잉여가치가 체화된 상품을 팔 때 잉여가치는 화폐 이득으로 전환된다. 그리고 이런 이득은 투자와 자본축적에 반드시 필요하다. 따라서 착취는 마르크스가 자본주의의 동학을 설명할 때 매우 중요하다. 둘째, 마르크스는 노동자와 자본가 사이에서 발생하는 갈등의 특징을 설명할 때 착취를 중심으로 삼는다. 착취는 한 계급의 이해관계가 다른 계급의 이해관계와 대립하는 동시에, 그 두 계급이 진행 중인 상호작용에 결합되어 있는 사회적 관계인데, 이는 불이익을 받는 집단에게 착취자의 이해관계에

51) 마르크스는 착취 개념을 노동가치론의 측면에서 설명하지만, 사회학 개념으로서의 착취는 이런 기술적 장치에 의존하지 않는다. 이에 대해서는 Wright, *Class Counts*, pp.4-17와 노동가치론 없이 착취 개념을 상술한 본서 제4장을 참고하면 된다. 착취 개념이 논리상 왜 노동가치론에 의존하지 않는지를 다룬 예리한 철학적 논의에 대해서는 G. A. Cohen, “The Labour Theory of Value and the Concept of Exploitation,” in G. A. Cohen, *History, Labour, and Freedom: Themes from Marx*, Oxford: Clarendon, 1988, pp.209-38을 참고하라.

도전할 수 있는 힘을 부여한다. 이는 중요한 지점이다. 착취는 진행되고 있는 사회적 상호작용에서 발생하는 노동의 전유에 의존한다. 인간은 의식적 주체이기 때문에, 항상 자신의 노동 소모에 대한 상당 수준의 지배권을 유지코자 한다. 따라서 착취관계 내에서의 노동 추출은 항상 그것의 재생산을 위해 작동하는 제도적 장치를 필요로 할 만큼 불안정하고 불확실하다. 감독, 감시, 제재 등에서 발생하는 비용 때문에, 그런 장치들은 착취자에게 값비싼 것이 될 수 있다. 그런 비용을 부과할 수 있는 능력이 바로 피착취자들 사이에서 발생하는 권력의 한 형태이다.

생활기회를 형성하는 교환관계는 또한 이해관계의 갈등을 포함한다. 하지만 교환과정 자체에 직접적 강제가 없는 이상화된 경쟁시장에서는, 이런 갈등이 교환행위의 명확한 자발성(voluntariness)에 의해 약화된다. 베버가 언급하였듯이 "'교환'은 당사자 측에서 상품이나 여타 이득이 상호 보상으로 통용되는 과정에서 맺는 이해관계의 타협이다... 모든 합리적인 교환은 사전에 공개되었거나 혹은 잠재되어 있는 이해관계의 갈등을 타협이란 수단을 통해 해결하는 것이다."[52] 마르크스의 『자본』 1권에서 잘 알려진 구절을 보면, 이와 유사하게 이해관계의 상호성과 공통성이 노동자와 자본가 사이에서 이루어지는 시장교환에 어느 정도 포함된 것으로 간주된다.

> [노동과 자본 사이의 교환은] 평등하다. 왜냐하면 이들은 오로지 상품소유자로서만 서로 관계하며 등가물을 교환하기 때문이다... 그들을 하나의 관계로 묶어주고 상호 관계 맺게 하는 유일한 힘은 자신의 이익, 즉 각자의 개별적인 이익이나 사적인 이해이다. 이렇

52) Weber, *Economy and Society*, p.72.

> 듯 그들이 각자 자기만 생각하고 타인을 생각하지 않는 바로 그 이유 때문에 모든 사람은 사물의 예정조화가 빚어내는 결과에 따라, 또는 빈틈없는 섭리의 보호 아래 오로지 그들 상호 간에 이익이 되는 사업(공익의 사업이나 전체에게 이익이 되는 사업)만을 수행하게 되는 것이다.[53)]

반면, 생산 내에서 노동의 수행자와 그 노동의 전유자 사이에 벌어지는 이해관계의 갈등을 방지하기 위해서는 감시나 규율, 노동과정의 통제와 같은 복잡한 형태의 지배가 작동되어야 한다. 착취를 둘러싼 갈등은 계약 시점의 상호 타협으로 해결되지 않는다. 이는 노동이 수행될 때 진행되는 상호작용 내에 계속 존재한다.

따라서 마르크스와 베버의 계급 개념상의 중요한 차이는 다음과 같다. 베버는 전적으로 시장거래를 중심으로 삼아 계급을 설명하는 반면, 마르크스는 시장 교환이 성사된 이후 발생하는 노동의 수행 및 전유를 둘러싼 갈등을 중시한다. 베버의 계급분석은 시장 교환을 통해 작동하는 단일한 인과관계를 중시하지만, 마르크스의 계급분석은 베버가 말한 인과과정뿐만 아니라 생산 그 자체에서 작동하는 인과구조까지 분석한다. 마르크스의 계급 개념은 우리가 이론적 · 경험적으로 교환과 생산의 구조적 상호작용에 관심을 갖게 만들어준다.[54)]

베버와 마르크스 계급 개념의 이런 대조에서 한 가지 눈에 띄는 사실은 베버가 노예를 하나의 계급으로 간주하지 않은 반면(베버가

---

53) Marx, *Capital* 1, p.176.

54) 이런 대조의 도식화는 제1장의 그림 1-4를 참고하면 된다.

그의 개념을 정식화하고 있는 원숙한 저작들을 보면 그렇다), 마르크스는 노예제가 전자본주의 계급관계 형태 중 하나라고 간주했다는 사실이다.[55] 베버는 다음과 같이 쓰고 있다.

> 하지만, 노예와 같이 시장에서 스스로 상품과 용역을 사용하는 기회에 의해 운명이 결정되지 않는 사람들은 엄밀한 의미에서 계급이 아니다. 그들은 오히려 신분 집단이다.[56]

베버에게 있어 노예는 **신분 집단**이라는 일반적인 이론적 범주에 속한 것으로 간주되는데, 신분 집단은 인종 집단, 직업 집단, 그리고 "특별한 생활스타일로 대표되는 상품 **소비**를 기준으로 한 계층들"[57]까지 포괄한다. 이런 집단들은 서로 다른 "생활스타일"에 차등적인 사회적 명예를 부여하는 의미와 기준에 따라 달라지는데, "노예제"는 단지 그런 신분 등급을 만드는 한 가지 방식에 불과한 것으로 여겨진다. 이와 대조적으로, 마르크스주의자들은 대개 노예를 계급이라는 일반적인 이론적 범주에 속한다고 간주하는데, 계급은

55) 마르크스와 베버가 노예제와 봉건제에서 다룬 계급과 신분 사이의 관계를 전혀 다른 각도에서 조명한 학자로는 새이어(Sayer)를 들 수 있다. 그는 『자본주의와 근대성』(*Capitalism and Modernity*)이라는 저작에서 마르크스가 "계급"이라는 용어를 매우 다른 두 가지 방식으로 사용했다고 주장한다. 하나는 생산과 관련된 모든 착취체제를 포괄하는 총칭으로 사용하는 것이고, 다른 하나는 자본주의에만 국한된 특정한 용어로 사용하는 것이다. 새이어는 이 중 두 번째 방식이 마르크스 이론의 본질이라고 간주하면서, 베버처럼 마르크스도 오로지 자본주의 안에서만 완전히 발전된 계급이 존재한다고 믿었다고 주장한다.

56) Weber, *Economy and Society*, p.928. 『경제와 사회』보다 마르크스주의자들의 분석에서 훨씬 많이 나타나는 고대문명의 농업경제에 대해 다룬 베버의 초기 저작에서는 노예가 하나의 계급으로 여겨지고, 노예주와 노예가 맺는 관계는 착취를 내포하고 있는 것으로 간주된다.

57) Ibid., p.937.

자본주의의 자본가와 노동자, 봉건주의의 영주와 농노, 노예제의 노예와 노예주를 포괄한다. 비록 이런 범주들은 생활스타일과 상징적인 등급화를 만드는 문화적 기준에 따라 달라지지만, 그래도 여기에서 중요한 기준은 노동이 한 범주에서 다른 범주로 전유되는 착취 메커니즘의 성격이다. 물론 마르크스도 베버처럼, 전자본주의 사회에서의 사회적 분열은 인신적 예속과 경제 외적 강제를 포함한 신분질서를 따라 형성된다고 생각하였다. 하지만 마르크스에게 있어 그런 신분질서의 가장 두드러진 특징은, 그 질서들이 독특한 착취 형태에 포섭되는 방법에 있었다. 착취에 초점을 맞춘 계급 개념 안에서는 이런 신분질서들이 "계급 관계"의 다양한 추상적 범주들로 다뤄지는 것이 정당화된다.

베버에게서 희미하게 나타나는 착취 개념

비록 베버의 계급 개념이 착취에 대해 명확히 말해주는 것이 없다 하더라도, 그의 『경제와 사회』와 그 밖의 연구들은 마르크스주의에서 노동의 착취를 포함하는 실질적 문제로 간주되는 문제들을 다루고 있다. 베버가 이 문제들을 다루는 방법은 계급분석에 대한 그의 일반적 접근에 내재한 내적 논리를 보여준다.[58]

58) 여기서 다루는 문제에서는 "착취"라는 용어가 직접적으로 사용되지 않는다. 심지어 영어에서조차 이 용어는 "천연자원을 이용하다(exploiting)"와 같이 유리한 기회를 이용하다 정도의 의미를 갖는다. 따라서 착취라는 용어의 실제 의미는 그 용어가 사용된 맥락을 통해 도출해야 한다. 서로 다른 독일어들이 'exploitation'(착취)라는 영어로 충분히 번역될 수 있다. 착취라는 용어는 『경제와 사회』 영역본에는 거의 나타나지 않고, 오히려 노예제를 분석한 베버의 초기 저작에 더 빈번히 나타난다. 『경제와 사회』 독어 원서에서 "착취"로 번역되는 용어는 마르크스주의에서 착취를 설명하며 사용하는 독일어 'Ausbeutung' 혹은 좀 더 윤리적인 의미가 부과된 'Ausnutzung'(이 용어는 부당한 이득을 취할 때

베버는 주로 생산구조 내에서 발생하는 노동의 수행과 전유 문제를 노동규율과 "노동 인센티브", 경제적 효율성 문제와 관련짓는다. 노동의 추출과 기술의 효율성 문제를 이렇게 동일시하는 것은 베버의 『프로테스탄티즘의 윤리와 자본주의 정신』의 주요 테마 중 하나인데, 그는 노동자에게 노동을 더 시키기 위한 전략으로서 성과급을 사용하는 문제를 다룬다. 다음은 이와 관련된 구절이다.

> 고용주가 보통 자신의 노동자들에게서 될 수 있는 대로 최대한의 노동을 얻어내기 위해 사용하는 기술적 방법 중 하나는 성과급이다. 예를 들어, 농업에서는 최대의 노동 강도를 필요로 하는 시기가 바로 수확기인데, 날씨가 변덕스러울 경우 최고 수익과 최대 손실 사이의 차이가 수확을 얼마나 빨리 할 수 있는가에 따라 달라지기 때문이다. 따라서 이런 경우에는 거의 예외없이 성과급 체제가 도입된다. 그런데 수확을 빨리 끝내려는 고용주들의 이해관계가 노동의 산물과 강도 또한 증가시키기 때문에, 고용주들은 성과급 임금률을 높여 노동자들에게 단기간에 더 많은 보수가 생기도록 함으로써 그들이 노동 증대에 관심을 갖게끔 하는 방법을 늘 취해왔다. 하지만 놀라울 정도로 자주 독특한 어려움에 봉착하였다. 즉, 성과급 임금률을 인상했는데도 일정 기간 내에 기대만큼 노동이 늘어나지 않았을 뿐만 아니라, 오히려 감소하는 경우가 나타난 것이다.

사용된다)와는 다르다. 오히려 베버는 기본적으로 "이용하다"라는 의미를 나타내는 'Benutzung'나 'Verwertung'과 같은 용어를 사용한다. 반면에 노예제를 분석한 그의 초기 연구에서는 종종 'Ausnutzung'을 사용하며, 가끔은 좀 더 마르크스적인 용어인 'Ausbeutung'을 사용한다. 한 곳에서 그는 마르크스가 의미한 착취를 직접적으로 환기시키는 'exploitationsrate'라는 표현을 사용한다. 그의 후기 연구에서는 이런 마르크스적인 용어가 전부 사라진다. 이런 언어학적인 주제를 다룰 수 있게 도와준 고르스키(Phil Gorski)에게 감사를 표한다.

> 이는 노동자들이 성과급 임금률의 인상만큼 하루의 노동을 늘리는 것이 아니라 오히려 줄이는 반응을 나타냈기 때문이다... 노동자들을 움직이는 힘은 보수가 많은 쪽보다는 노동이 적은 쪽이었다. 이것이야말로 전통주의라고 부를 만한 생활태도이다. 인간은 태어나면서부터 될 수 있는 대로 많이 돈을 벌려고 하는 것이 아니라, 오히려 단순히 습관적으로 해온 생활을 계속하고 거기에 필요한 만큼의 돈을 벌길 원한다. 근대 자본주의가 인간의 노동 강도를 높여 생산성을 증대시키려 했을 때, 그 목적을 매우 강하게 방해한 것은 바로 전자본주의적 노동의 이런 특성이었다.[59)]

베버는 노동하는 데에 최대의 힘을 쏟아부어야 한다는 도덕적 압박을 만드는 노동지향적 태도—프로테스탄티즘의 노동윤리—를 노동자들이 견지할 때에만, 이런 기술적 문제가 효율적으로 해결될 수 있다고 결론짓는다.

> 이와 대조적으로 노동은 절대적인 자기목적, 즉 소명으로 여겨지면서 수행되어야 한다. 하지만 그런 태도는 결코 인간 본성에 의해 만들어지지 않으며, 고임금이나 저임금을 통해서도 만들어질 수 없다. 이는 오로지 오랜 세월에 걸친 교육의 결과로서만 가능하다.[60)]

---

59) Weber, *Protestant Ethic*, pp.59-60.

60) Ibid., p.61. 『프로테스탄티즘의 윤리와 자본주의 정신』에서 베버는 또한 왜 "저임금이 값싼 노동과 전혀 동일한 것이 아닌지"를 설명하는데, 그는 저임금이 오히려 노력과 근면성의 감소로 이어진다고 주장한다. "단지 경영의 측면에서 보더라도, 숙련노동이나 훼손되기 쉬운 값비싼 기계, 고도로 예민한 주의력과 창의성 등이 필요한 경우에는 저임금이 자본주의 발전에 조금도 보탬이 되지 않는다. 이러한 경우 저임금은 이윤을 가져오는 것이 아니라 의도한 바와는 정반대의 결과를 낳게 된다"(p.61). 여기서 베버는 현재 "성과임금제 이론"이라고 불리는 것과 관련된 주장을 제기한다. 다시금 노동의 추출은 도구적 합리성의 문

베버는 『경제와 사회』에서 "계산 가능한 노동 수행을 최대한 활용하는 데에 영향을 미치는 조건들"을 논하면서 노동자들의 노동하려는 동기에 관해 상당히 길게 서술한다.[61] "계산 가능한 수행을 최대한 활용하는 것"은 경제조직에서 기술적 합리성을 촉진하거나 방해하는 조건들에 대한 폭넓은 논의에 속하는 문제이다. 베버는 이런 최대의 활용이 일어날 수 있는 주요 조건을 다음과 같이 세 가지로 제시한다. (1) 직무에 대한 최적의 소질, (2) 실천을 통해 얻어진 최적의 기술, (3) 일을 최대로 하려는 성향.[62] 이 중 세 번째 조건이 노동의 수행과 관련된다.

> 자신의 계획이나 혹은 타인의 노동을 감시하는 사람들의 계획 집행에 인센티브를 제공하는 방식에서는 [일을 최대로 하려는 성향이] 산출물에 대한 강한 자기 이해나 혹은 직간접적인 강제에 의해 결정되어야 한다. 이 중 후자는 특히 타인의 계획을 집행하는 일과 관련해서 중요하다. 이런 강제는 물리적 힘이나 원치 않는 결과에 의한 직접적 위협, 혹은 불만족스러운 수행이 수입에 부작용을 미칠 것이라는 예측에 의해 작동한다. 시장경제에 필수적인 두 번째 유형은 노동자의 자기 이익에 매우 강하게 호소한다.[63]

그 후 베버는 이런 "간접적 강제"가 효과적으로 작동하는 데에 필요한 다양한 조건들을 논의하는데, 그는 다음과 같은 세 가지 요

제로, 다시 말해 적대하는 이해관계보다는 효율성의 문제로 다루어진다.

61) Weber, *Economy and Society*, p.150.

62) Ibid.

63) Ibid.

소를 제시한다.

(1) **고용주는 노동자를 고용하거나 해고할 자유 재량권을 갖는다.** "비록 노동 수행은 자연스럽게 이익과 관련된 관점에서 이루어지지만, 질적 · 양적인 노동 수행에 따라 노동자를 선택할 자유 또한 필요하다."

(2) **노동자들은 생산수단에 대한 소유권과 통제권 모두를 결여하고 있다.** "소유자가 노동자들의 생산수단을 몰수하는 것이 권력에 의해 보호된다는 점이 전제된다."

(3) **노동자들은 그들 자신의 재생산을 책임진다.** "노동에 대한 직접적 강제와 비교해봤을 때, 이 체제는... (가계 내에서 이루어지는) 재생산의 책임을... 노동자 자신에게 이전시킨다."[64]

이런 조건이 충족되는 곳에서는 노동자가 자본가의 이익에 따라 최대의 노동량을 쏟을 수 있다. 하지만 위와 같은 세 가지 조건이 충족되지 않는 곳에서는 노동이 제한되는 경향이 있어서 기술적 합리성이 감소하는 결과가 초래된다. 특히 베버는 첫 번째 조건이 침해되는 상황, 즉 노동자들이 자신의 노동 배치에 대한 통제권을 상당 정도 갖고 있는 상황에 관해 상술한다.

> 노동서비스를 처분할 기회는 노동자 개인이 아니라, 그런 전유에 중요한 제한을 가할 수 있는 노동자 조직에게 주어진다. 이는 외부

64) Ibid., p.150, p.151.

> 자에 대한 절대적 혹은 상대적 폐쇄와, 노동자의 동의없이 혹은 노동자를 해고하는 힘을 제한하지 못한 채 당하는 해고를 금지하는 것까지 포함한다...
> 영리기업의 일자리가 노동자에게 전유되는 모든 형태는... 경제활동의 형식적 합리화를 제한[하는 결과를 초래한다].[65]

형식적 합리화에 가해지는 이런 제한의 핵심은 노동의 추출이다. 만약 노동자가 그들의 일자리를 전유한 반면 소유주는 여전히 노동 생산물을 전유한다면, 기술적 합리성은 "전통이나 관습, 계약에 의한 노동 제약 때문에, 그리고 노동자가 갖는 자신의 최대 노동에 대한 이해관계가... 감소하거나 완전히 소멸하기 때문에"[66] 제한받게 될 것이다. 베버는 자신의 노동을 통제하는 노동자로부터 노동을 추출할 때 작용하는 기술적 합리성의 확보 문제를, 노예로부터 노동을 추출하는 문제와 동일시한다.

> 그럼에도 불구하고, 전유의 매우 적대적인 형태—노동자의 일자리 전유와 소유주의 노동자 전유—는 실제적으로 매우 유사한 결과를 낳는다. [노동자와 노예가 소유주에게 전유될 때] 노동서비스에 대한 착취는 상당 정도 정형화될 수밖에 없다. 노동자의 노동은 제한될 것이고, 노동자들이 산출물에 대해 갖는 이해관계가 줄어들 것이다... 따라서 전유된 노동자들이 행하는 노동은 거의 보편적으로 제한되는 경향을 보일 것이다... 노동자가 공식적으로 일자리를 전유할 때, 그와 동일한 결과가 더욱 빠르게 일어난다.[67]

65) Ibid., p.128.
66) Ibid., p.129.
67) Ibid., pp.129-30.

그러므로 베버에 따르면, 생산 내에서 노동자들의 노동이 기술적으로 가장 효율적으로 수행되길 원한다면, 노동자들은 생산수단뿐만 아니라 그들의 일자리와 노동과정에 대한 실제적인 통제권도 빼앗겨야 한다.

베버가 노동자에 의한 일자리 전유가 노동의 제한으로 이어지지 않는다고 간주한 한 가지 상황은 노동자가 생산수단의 소유주이기도 한 경우이다. "생산수단의 전유와 노동자의 노동과정에 대한 사적 통제는 무제한적인 자발적 노동을 끌어낼 수 있는 가장 강력한 인센티브다."[68] 하지만 이런 경우는 또 다른 불합리성을 만드는데, 특히 "일자리를 유지하려는('생계') 노동자들의 이해관계가 조직의 이해관계와 대개 충돌을 일으키기"[69] 때문에 불합리해진다. 따라서 비록 노동자가 매우 열심히 일하는 노동자 소유의 협동조합일지라도, 그들은 노동 할당과 시장의 요구에 따라 고용 · 해고하는 것을 거부하는 데에서 기술적으로 비합리적인 행동을 하게 될 것이다.

위와 같은 구절들에서 나타난 노동에 대한 베버의 입장은 현대의 신고전주의 미시경제학 입장과 긴밀하게 연결된다. 대부분의 신고전주의 경제학자들은, 노동자가 노동과 노동과정에 대한 관리적 통제를 제한하는 것이 효율성의 저하를 가져온다고 간주하는데, 기술적으로 차선인 자원 할당과 노동자에 의한 노동 제한이 이루어지기 때문이다. 신고전주의 경제학자들은 베버처럼 노동자가 작업장을 통제하는 것이 노동자들 사이에 기회주의—효율성을 희생하면서 그들 자신의 이해관계에 복무하는 노동자—를 양산한다고 생

68) Ibid., p.152.

69) Ibid., p.138.

각한다. 그런 기회주의를 해결하는 유일한 현실적 방안은, 노동자들이 그들의 일자리를 전유하는 것을 막고, 불쾌한 노동의 성실한 수행이 이루어질 수 있는 길을 찾는 것이다. 그러므로 신고전주의 경제학자들은 베버가 "자유임금노동과 소유주의 전적인 생산수단 전유가 규율을 위한 가장 좋은 조건을 만든다"[70]고 주장한 것을 지지한다.

따라서 베버에게 있어 노동의 수행과 전유를 둘러싼 문제는 무엇보다 경제조직에서 작동하는 합리성의 정도와 형태에 관한 문제라고 할 수 있다. 이것이 곧 베버가 이런 합리성의 형태가 노동자에게 해를 입힌다는 것을 인식하지 못했다는 것을 의미하지는 않는다. "자본 측에서 본 최대의 형식적 합리성은 노동자가 기업가의 지배에 종속되어 있는 곳에서만 확보될 수 있다는 사실은 근대 경제질서에 존재하는 실질적 불합리성을 구성하는 한 요소가 된다."[71] 기실 몸젠(Mommsen), 뢰비트(Löwith), 슈로터(Schroeter),[72] 그리고 그 밖에 다른 학자들이 언급한 것처럼, 베버의 전체 연구 작업에서는 합리화가 부작용을 미치는 것으로, 즉 인간의 존엄과 번영을 구조적으로 위협하는 효과를 미치는 것으로 간주되는데, 이는 합리화가 관료적 지배를 더욱 강화하기 때문이다.[73] 따라서 베버는 자본주의

---

70) Ibid.

71) Ibid.

72) Mommsen, "Capitalism and Socialism"; Löwith, *Max Weber and Karl Marx*; and Schroeter, "Dialogue, Debate, or Dissent."

73) 몸젠은 자본주의에 대한 베버의 입장을 다음과 같이 기술한다. "비록 베버는 좌파들의 비판으로부터 자본주의 체제를 강하게 옹호했지만... 그는 자본주의 체제가 낳는 비인간적인 결과에 대해서는 주저없이 비판하였다... 발달된 자본주의에서 전형적으로 창출되는 사회적 조건(특히 극심한 노동 규율이 존재하고, 산업 노동에서 개인의 윤리적 책임감을 따르는 원칙을 완전히 제거한 조건)하에서 인간의 존엄성을 지키고자 한 그의 노력은, 마르크스가 산업 자본주의 하

와 그것이 수반하는 노동 체제를 거의 호의적으로 보지 않는다. 그럼에도 불구하고, 그는 노동을 추출하는 이런 문제가 자본주의 계급관계와, 그 관계들이 발생시키는 이해관계 갈등의 중심이라고 간주하지 않는다.

결 론

대체적으로 보아, 자본주의 사회의 계급 개념이 갖는 형식적 특성은 베버와 마르크스에게서 서로 비슷하게 나타난다. 하지만 이런 개념 정의가 내재되어 있는 광범위한 이론적 맥락과, 계급관계와 관련되어 있는 주요한 인과메커니즘에 대한 설명에서는 양자가 근본적으로 다르다. 베버에게 있어 이런 메커니즘은 주로 재산 소유가 시장에서 이루어지는 합리적 교환을 통해 생활기회에 영향을 미치는 방식으로 설명된다. 반면, 마르크스에게 있어 이런 메커니즘은 재산 소유가 시장과 생산의 상호작용을 통해 생활기회와 착취에 영향을 미치는 방식으로 설명된다. 비록 베버 역시 다른 문제를 논하면서, 특히 노동의 규율과 지배 문제를 다루면서 착취와 매우 밀접하게 연관된 문제를 다루지만, 그는 이 문제를 일반적인 계급 개념으로 통합시키지 않고 주로 생산체제의 기술적 효율성 내에서 다루었다.

여전히 혹자는 '그래서?' 혹은 '이것이 현실적인 문제인가?'라는

에서 프롤레타리아의 사회적 소외를 극복하는 방법을 찾고자 노력한 것과 일맥상통한다"("Capitalism and Socialism," p.235). 베버가 마르크스와 가장 다른 지점은 사회주의에 대한 판단이다. 베버는 어떤 형태의 사회주의이든 이런 억압을 단순히 강화할 뿐이어서, (기술적 합리성의 극적인 감소를 기꺼이 수용하지 않는다면) 자본주의에 대한 실행 가능한 대안은 불가능하다고 주장한다.

질문을 던질 수 있다. 베버가 노동 추출의 중요성을 그리 중시하지는 않았지만, 이 주제에 대한 접근을 근본적으로 막는 기제가 존재하는 것은 아니다. 그리고 기실 베버주의 전통의 계급분석은 노동 규율, 노동의 추출, 그리고 그와 관련된 제반 문제들에 대해 다양한 각도에서 관심을 기울여왔다.

그럼에도 불구하고, 이는 계급 개념을 착취 문제와 구조적으로 관련짓지 않고 순전히 시장관계와 생활기회 측면에서만 정교화하는 결과를 낳았다. 무엇보다 개념적 틀이 중요한데, 왜냐하면 이런 결과는 연구가 특정 방향을 향하게 만들기 때문이다. 여기서 내가 강조하려는 것은 두 가지이다. 첫째, 착취가 계급 개념과 관련되는 방식은 계급 갈등이 이해되는 방식을 변화시킨다. 둘째, 착취는 계급분석이 특정한 종류의 규범적 관계와 관련을 맺게 만든다.

착취 개념은 계급갈등이 단순히 분배를 둘러싼 이해관계 갈등만을 반영하지 않는다는 점을 강조한다. 착취 측면에서의 계급관계 규정은 오히려 착취계급이 그들 자신의 경제적 번영을 위해 피착취계급에게 **의존한다**는 점과, 이런 의존성 때문에 피착취계급이 그 계급관계에 **저항할 수 있는 능력**을 갖게 된다는 점을 강조한다. 노동자들은 항상 자신의 노동과 근면성의 소모를 통제할 권리를 갖기 때문에, 그들은 그들이 당하는 착취에 저항할 능력을 갖는다. 그리고 자본가는 노동자를 필요로 하기 때문에, 자본가가 이런 저항에 대항할 수 있는 전략에도 제약이 생긴다. 따라서 착취자의 피착취자에 대한 이런 의존성은 착취자가 피착취자의 저항에 대응할 방법, 즉 피착취자와의 상호작용을 파괴하는 것이 아니라 재생산할 수 있는 방법을 찾게 만든다.[74]

74) 이런 상호 의존성의 논리는 이어지는 제4장에서 자세히 논의될 것이다.

이렇게 봤을 때 착취는 이중성, 즉 갈등하는 물질적 이해관계와 실제 저항할 수 있는 능력이라는 이중성을 띤다. 이 이중성은 우리가 노동자 개인이 갖는 힘과, 집단으로서 갖는 힘 양자 모두를 고려하는 데에 영향을 미친다. 노동자가 개인으로서 갖는 힘은, 노동자들이 노동시장에 제공해야 하는 노동력 종류의 부족(노동력의 판매를 통해 자신의 "기술지대skill rents"를 실현하는 능력)과, 노동과정 내에서 개인적으로 소모하는 노동을 통제할 능력 이렇게 두 가지에 따라 달라진다. 반면 노동자가 집단으로서 갖는 힘은 노동시장에서 이루어지는 교환을 (일반적으로 노조를 통해) 집단적으로 규제할 능력과, 노동 체제를 통제하고 생산 내에서 감시와 제재를 할 수 있는 능력에 따라 달라진다. 따라서 착취 개념은 계급갈등과 계급권력의 균형이 교환과 생산 내에서 이루어지는 상호작용 측면에서, 즉 이해관계와 능력 사이의 구조적 상호작용이라는 측면에서 이해되어야 한다는 의제를 제시한다.

노동의 전유가 노동자와 자본가 사이에 맺어지는 기본적인 사회적 관계라는 측면에서 논의되지 않고, "계산 가능한 노동 수행을 최대한 활용하는 데에 영향을 미치는 조건들"이라는 형식적 합리성 측면에서 논의가 되면,[75] 노동 수행이라는 주제는 개인으로서의 노동자가 취하는 전통주의 혹은 기회주의를 극복하는 기술적 문제로 분석된다. 자본가는 경제적 행위에 대한 합리적 계산가능성을 높이는 것과 관련된 수많은 문제들에 봉착하는데, 이 중 하나가 피고용인의 노동 수행 문제다. 이 문제에 대한 가장 근본적인 해결책은 『프로테스탄티즘의 윤리와 자본주의 정신』에 기술된 것처럼, 노동자의 올바른 태도를 계발하는 것이다. 노동자가 노동의 수행을 소

75) Weber, *Economy and Society*, p.150.

명으로 볼 때(즉, 노동자들이 적절한 노동윤리를 가질 때), 계산 가능한 노동 수행을 최대한 활용하는 문제는 분명 감소할 것이고, 더 나아가 아예 없어질 것이다. 이런 윤리가 부재해서 엄격한 감독이 이루어져야 한다면, 최대 한도로 노동을 뽑아내는 것은 영속적인 문제로 남아 있을 것이다. 베버는 자본가와의 계급투쟁에서 노동자가 가질 수 있는 계급적 힘의 원천이 자신의 노동을 통제할 수 있는 노동자의 능력에 있다고 간주하기보다, 이런 통제는 도리어 완전히 합리화된 경제질서의 구축을 방해한다고 보았다.

마르크스와 베버의 개념적 틀은, 계급분석이 연구의제라는 측면을 넘어서서 서로 다른 계급의 물질적 이해관계와 관련된 다양한 규범적 문제들로 이어지게 만든다. 베버는 자신이 견지한 가치에 따라 결론내지 않는 것에 대해 마르크스보다 분명 자의식이 높았지만, 그럼에도 불구하고 두 이론가 모두 그들의 가치에 기반하고 있는 의제를 포착하여 계속 연구해나갔다.[76] 여기서 중요한 것은 그들의 계급 개념이 서로 다른 종류의 규범적 의제에 집중한다는 점이다.

노동을 주로 경제적 합리성의 문제로 다루는 베버의 방식은, 계급분석이 무엇보다 자본가의 이해관계에서 중시되는 규범적 문제를 지향하게 만든다. 물론 그가 자본주의를 비판하지 않는 것은 아니다. 그는 노동자의 관점에서 봤을 때 자본주의에서 이루어지는 노동은 "실질적으로 비합리적"인 것이라고 주장한다. 하지만, 그럼

76) 물론 베버가 사회과학은 객관적이 되어야 한다고 주장한 것은 유명한 사실이다. 이는 연구대상과 그에 맞는 정확한 답의 선택보다 윤리적 문제와 관련된 질문을 제기하는 것을 제한해야 한다는 의미이다. 마르크스도 과학적 객관성이 존재한다고 생각하였지만, 실제 사회분석에서 분석자가 사회세력들과 맺고 있는 관계—특히 계급적 이해관계—의 영향을 받지 않고 연구하는 것에 대해서는 회의적이었다.

에도 불구하고 노동에 대한 그의 논의들을 봤을 때, 그는 노동자의 통제와 자율성을 높이는 방식이 얼마나 기술적으로 비합리적인지를 강조하는 것에 치중한다. 베버가 노동자들이 처한 조건에 공감하는지 안하는지에 상관없이 이런 강조는 소유주 및 경영자의 이해관계와 매우 긴밀하게 연결된다. 이와 대조적으로 노동의 문제를 착취와 연결시키는 마르크스주의 전통은 계급분석이 노동자의 이해관계에서 중시되는 규범적 문제를 지향하게 만든다. 이는 단순히 이익의 극대화 측면에서 어떤 방식이 가장 기술적 효율성을 높이는가를 밝히는 것이 아니라, 교환과 생산을 조직하는 특정한 방식이 노동자에게 어떻게 피해를 입히는가를 다루는 것이다. 마르크스주의자들은 착취의 증가가 자본주의 경제조직 입장에서 보면 "효율적"이라는 점에 대해서는 인정하지만, 그들의 개념적 틀은 자본주의 경제체제가 노동자에게 피해를 입히는 방식을 전면에 부각시키면서 "어떤 조건하에서 그런 피해가 도전을 받고 사라지게 되는가"라는 질문을 계속 던지고 있다.

3

찰스 틸리의 『영속적 불평등』의 메타이론적 기초*

찰스 틸리(Charles Tilly)의 『영속적 불평등』(*Durable Inequality*)이 지닌 훌륭한 점 한 가지는 그것이 틀렸을 수 있다는 것이다. 자세히 검토해 보면, 사회학에서 거대이론을 구성하기 위한 시도들은 대체로 동어반복과 공허한 제안들—너무 유연하고 정확히 규정할 수 없어서 세계에 대한 어떠한 관찰도 놀랍지 않을 개념적 틀—로 되어 있다는 것이 드러난다. 그렇다고 해서 틸리 책의 주요 주장들에 그러한 문제가 있다는 것은 아니다. 예를 들어, 틸리가 『영속적 불평등』의 초반부에서 신념이 영속적 불평등에 대한 설명에서 가지는 상대적으로 제한된 중요성을 주장한 부분을 살펴보자.

> 잘못된 신념은 착취, 기회 독점, 경쟁(emulation)과 적응(adaptation)을 강화하지만, 그것들이 발생되는 데에는 독립적인 영향력을 거의 행사하지 않는다... 인종차별적, 성차별적, 혹은 외국인혐오증 같은 태도들의 감소나 증대는 영속적 불평등에 상대적으로 거의 영향을

---

* 제3장은 Erik Olin Wright, "Metatheoretical Foundations of Charles Tilly's Durable Inequality," *Comparative Studies in Society and History* 42: 2, April 2000, pp.458－74에 발표된 논문이다.

> 미치지 않지만, 새로운 조직적 형태들(organizational forms)의 도입은... 매우 큰 영향을 미치게 될 것이다.[1)]

이는 다른 종류의 원인들이 가지고 있는 상대적인 설명적 중요성을 인정하는 솔직한 진술이다. 즉 신념, 태도, 문화를 비롯한 담론적 요소들은 불평등을 안정시키는 데에 기여할 수 있지만, 불평등을 설명하는 데 있어서는 이 요소들이 불평등이 내재된 조직적 구조들(organizational structures)보다 인과적 중요성이 덜하다는 것이다. 많은 사람들은 불평등에 대한 설명에서 착취를 위한 조직적 기초로서의 과정보다 문화가 일반적으로 더 중요하다고 믿기 때문에, 이러한 주장에 반대할 수 있다. 또한 다른 원인의 상대적 중요성에 대한 어떤 폭넓은 초역사적 주장에도 원론적으로 반대하기 때문에, 이러한 주장을 거부할 수도 있다. 물론, 복잡한 다중인과 메커니즘(multicausal system) 안에서, 하나의 원인군(群)이 다른 원인군보다 더 중요해진다는 주장에 경험적 엄밀성을 부여하기는 어려울 수 있다. 그럼에도 불구하고, 그렇게 대담하고 도발적인 주장들을 발전시키는 데에 거침없다는 것이 틸리의 책이 지닌 강점 중 하나이다.

『영속적 불평등』의 강점이 실증적 연구 의제를 계획하는 실제적 명제의 대담함에 있다면, 약점은 대안적 관점 및 접근에 대해 비판할 때 그가 개념과 방법에 관해 개진한 추상적 주장들이 상당히 모호하거나 혼란스럽고, 심지어 부정확하다는 점에 있다. 이렇게 틸리가 추상적인 개념적 문제에 대해 취한 조치에 문제가 있기 때문에, 나는 그가 "불평등에 대한 조직적 관점"이라고 부른 실증적 제안을 많은 사람들이 진지하게 검토하지 않고 그 책의 주장을 거부

---

1) Charles Tilly, *Durable Inequality*, Berkeley: University of California Press, 1999, p.15.

하게 될 것이라고 생각한다.

나는 이런 점에 주목하면서『영속적 불평등』에 대한 이러한 일반적 평가의 두 측면을 명확히 하고자 한다. 1절에서는 틸리가 주장하는 바의 메타이론적 기초를 검토한 후, 내가 그의 이론에서 핵심이라고 본 일련의 기능적 설명을 정교화하여 틸리의 불평등 이론의 주요 주장들을 제시할 것이다. 이러한 기능적 설명의 기본적인 내재적 구조는 틸리가 인정할 수 있는 것보다 그의 주장을 고전 마르크스주의의 핵심적 논리에 훨씬 더 가깝게 만든다. 그리고 나는 이 이론의 한 요소—범주적 불평등(categorical inequality)이 조직 안에서 어떻게 작동하는지에 대한 논의—를 특정한 경험적 가정들로 보여주고자 한다. 2절에서는 틸리가 몇몇 이론적 논쟁과 견해들에 대해 취한 조치들에서 발견되는 개념적 문제 몇 가지를 검토할 것이다.

Ⅰ. 논 의

1. 설명 주제(The Explanandum)

틸리의 책 제목은 책의 설명 주제를 드러낸다. "하나의 사회적 상호작용에서부터 다른 사회적 상호작용에 이르기까지 지속되는... [특히] 전체 직업, 생애, 조직의 역사에 걸쳐 계속되는"[2] **영속적 불평등**이 그 책의 설명 주제다. 그 책의 중요한 중심 주제는 이러한 영속적 불평등이 개인들의 단순한 정도 차에서 나타나는 특성들(gradient attributes)보다는 거의 언제나 사람들 사이의 범주적 구분을

2) Ibid., p.6.

중심으로 만들어진다는 것이다. "인간 존재들 사이의 이익에서 크고 중대한 불평등은, 특성이나 성향 또는 행동에서의 개인적 차이보다는, 주로 흑인/백인, 남성/여성, 시민/외국인, 또는 무슬림/유대인과 같은 범주적 차이에 조응한다."[3)]

이제 남은 이론적 과제는 왜 그렇게 되는 것인가를 설명하는 것이다. 나는 먼저, 이 문제에 대한 틸리의 접근을 뒷받침하는 중심적인 메타이론적 기초를 정교화한 후, 범주적 불평등에 대한 그의 이론이 일련의 기능적 설명을 중심으로 만들어졌다는 것을 보여줄 것이다. 그리고 마지막으로, 보다 체계적인 가설을 만들기 위해 그의 논의에서 중심이 되는 한 부분을 더욱 상세하게 살펴보고자 한다.

2. 메타이론적 기초(Metatheoretical Foundations)

틸리의 접근은 두 가지 메타이론적 기초를 기반으로 하고 있다. 그것은 **반(反)개인주의**(anti-individualism)와 **결합적 구조주의**(combinatory structuralism)라고 부를 수 있다. 『영속적 불평등』에서 틸리는 사회적 불평등에 대한 그의 접근과, 그가 개인주의적 접근이라고 특징지은 것 사이의 차이를 계속해서 강조한다. 그에 따르면, 개인주의적 접근에서는 사회적 불평등의 주된 원인이 개인들의 특성을 통해 작동하는 것으로 간주된다. 이런 접근에서는 빈곤이 가난한 사람들이 살아가는 착취관계에 의해서가 아니라, 가난한 사람들의 특성에 의해 설명된다. 또 젠더 불평등은 남성들이 다양한 종류의 기회를 독점하는 것을 허용하는 조직적 구조에 의해서가 아니라, 개인들의 성차별적 태도에 의해 설명된다. 틸리는 주류 사회

3) Ibid., p.7.

과학뿐만 아니라, 급진적 사회이론의 많은 조류에서도 나타나고 있는 이러한 관점들을 사회적 불평등에 대한 적절한 이해를 가로막는 주된 장애물이라고 보면서 신랄하게 비판한다. 그는 젠더 불평등에 대한 많은 페미니즘적 분석들이 본질적으로 성차별에 대한 개인주의적인 설명에 기초하고 있다고 본다. 틸리는 이와 대조적으로 불평등에 대한 설명이 **사회관계적인 것**(social relational)을 그 핵심에 두어야 한다고 주장한다. 즉 개인적 특성들이 불평등을 설명한다면, 이는 그러한 개인적 특성들이 작동하는 사회관계의 본질 때문에 설명할 수 있다는 것이다. 따라서 틸리에게 있어 분석의 출발점은 관계들 자체에 대한 조사가 되어야 한다.

그렇다면 사회적 관계에 대한 조사에 어떻게 접근해야 하는가? 틸리 자신이 방법론적 원리를 제시하지는 않지만, 그의 이론 구성 양식은 "결합적 구조주의"라고 표현될 수 있다. 이것의 기본적 주장은 다음과 같다. 설명해야 할 어떤 문제라도 기본 형태들의 목록이라고 불릴 수 있는 것을 계획하는 것에서 시작한다. 이 목록은 기본적으로 화학의 주기율표에 상당(相當)하는 것으로, 복합적인 구조적 배치들을 조사하기 위한 구성요소들을 제공한다.

『영속적 불평등』에서 틸리는 이런 기본 목록 두 가지를 정교화한다. 하나는 사회적 관계의 유형에 대한 목록이고, 다른 하나는 불평등 발생메커니즘에 대한 목록이다. 그가 "구성요소(building blocks)"라고 언급한 관계에 대한 목록은 "기본적인 사회적 배치들(basic social configurations)"을 정의한다. 이 가운데 다섯 가지가 강조되는데 연결, 위계, 삼자관계, 조직, 범주적 쌍이 그것이다.[4] 틸리는

4) 틸리는 또한, 위계는 사실 연결의 특수한 종류이고 조직은 그가 "웃자란 범주적 쌍"이라고 부른 것이기 때문에, 더 기본적인 것만 남긴다는 의미에서는 세 가지 기본적 형식들(연결, 삼자관계, 범주적 쌍-역자)이 존재한다고 주장한다. 그래

이 다섯 가지 사회적 관계의 기초 형태들 가운데 영속적 불평등에 대한 연구를 위해 가장 중심적인 것이 조직이라고 주장한다. 그래서 영속적 불평등에 대한 분석에서 중심적인 것은 무엇보다 이 불평등이 조직 안에서, 그리고 조직을 통해 구성된다는 사실이다. 그가 자신의 접근에 대해 "불평등 발생메커니즘에 대한 조직적 관점"이란 별칭을 붙인 것은 바로 이러한 이유에서다.[5)]

두 번째 목록은 범주적 불평등을 발생시키고, 조직에 의해 지속되는 인과메커니즘들의 목록이다. 틸리는 이것을 **착취**, **기회 독점**, **경쟁**, **적응**이라고 부른다. 그는 이 네 가지 인과메커니즘들이 사실상 언제 어디서나 발생하는 영속적 불평등 모두를 설명한다는 대단히 대담한 주장을 발전시킨다.

> 범주적 불평등은 일반적으로 착취, 기회 독점, 경쟁과 적응의 변화하는 상호작용으로부터 발생한다... 제도의 역사적 축적과 사회관계, 공유된 이해가 다양한 유형의 산물들(예를 들어, 토지소유에서 발생하는 부 vs 현금소득)만큼이나 다양한 유형의 범주들(젠더, 인종, 시민성 등)에 차이를 만들어냄에도 불구하고, 궁극적으로 착취, 기회 독점, 경쟁과 적응이 그것들 모두를 설명한다.[6)]

이제 틸리가 이 인과메커니즘들이 어떻게 배치되는가를 설명한 것을 살펴보도록 하자.

서 모든 사회구조는 세 가지 기본적인 형식들이 조합되고 발전된 복합적 형태로 볼 수 있다.

5) Ibid., p.9.

6) Ibid., pp.13-14.

3. 설명 전략(The Explanatory Strategy)

틸리가 적용하는 기본적인 설명 전략은 다양한 **기능적 설명**(functional explanation)에 해당한다. 즉, 『영속적 불평등』에서 틸리는 특정한 유형의 사회구조적 관계가 사회체계 안에서 작동하는 **문제에 대한 해법**이라고 주장하는 것이다. 하지만 그의 이런 주장이 완전히 통합된 사회체계 안에서 모든 사회적 관계가 조직적으로 맞물린다는, 그런 순조로운 항상적 유형의 기능주의와 같은 것은 아니다. 틸리의 논의에서 기능적 설명은 투쟁과 모순, 심화된 분열의 시기를 고려한다. 그는 행위자들 뒤에서 작동하고 있는 사회적 역동성 때문에 기능적 해법이 자연스럽게 갖추어진다고 주장하는 것이 아니다. 그리고 집단적 행위자들의 의도적 전략들이 어떻게 해법이 발견되고 제도화되는지에 대한 설명의 일부라는 것도 아니다. 그럼에도 불구하고 그의 주장은, 사회적 관계에 의해 발생되는 문제를 제기하는 분석단계에 한해서는 기능적 설명에 의존하고 있으며, 이를 토대로 하나의 특정한 사회형태가 그런 사회형태 설명에서 핵심이 되는 문제의 해답이라는 것을 설명한다.[7]

문제 1 : 접근 가능한 자원으로부터 발생하는 수익을 어떻게 보호하고 증가시키는가? 자원은 모든 종류의 가치, 특히 물질적 재화의 생산과 습득을 위해 필수적이다. 그러나 자원은 희소하고 그것을 통

7) 기능적 설명의 본질과, 사회현상을 설명하는 데 있어 기능적 설명이 하는 역할을 다룬 많은 문헌들이 있다. 여기에서 개진된 논의는 특히 다음 책들의 영향을 받은 것이다. Arthur Stinchcombe, *Constructing Social Theories*, New York: Harcourt, Brace & World, 1968; G. A. Cohen, *Karl Marx's Theory of History: A Defense*, Oxford: Oxford University Press, 1978; and Jon Elster, "Marxism, Functionalism and Game Theory," *Theory and Society* 11:4, July, 1982, pp.453-82.

제하기 위한 경쟁이 만연한다. 그래서 사람들이 개인적 · 집합적으로 직면하는 문제는, 그러한 자원에 대한 안정적인 접근을 어떻게 확보할 것인가, 그리고 그러한 접근을 통해 그들이 가진 이익을 어떻게 증가시킬 것인가 하는 것이다.

문제 1에 대한 해법 : 기회 독점과 착취. 가치를 창출하는 자원에 대한 접근으로부터 발생하는 이익을 안정시키고 증가시키는 데에는, 특히 두 가지 메커니즘이 필요하다. 그것은 기회 독점과 착취다. 이 가운데 기회 독점은 자원을 통제하는 사람들이 다른 사람들을 그 자원에 접근하지 못하도록 체계적으로 배제할 수 있다는 것을 의미한다. 그리고 착취는 피착취자들이 "그들 노동에 의해 부가되는 모든 가치"를 받지 못하도록 착취자들이 타인의 노동을 통제하기 때문에 자원 사용에서 오는 수익이 증대된다는 것을 의미한다. 틸리는 보통 영속적 불평등의 사회적 생산에서 착취에 더 근본적인 역할을 부여하는데, 엘리트들이 권력과 특권에 동의하는 데에는 착취가 중심적인 역할을 하기 때문이다. 그에 따르면 기회 독점은 다양한 비엘리트 범주들에게 지속적인 이익을 만들어냄으로써 "착취를 보완한다."

> 엘리트 지위와 착취 사이, 그리고 비엘리트 지위와 기회 독점 사이에는 등식이 아니라 상관관계가 존재한다. 일상적으로 엘리트들은 가치 있는 자원을 통제하고, 이 자원에서 발생하는 수익을 만들어내는 타인들의 노동에 개입함으로써 엘리트가 되고 스스로를 엘리트로 유지한다. 반면 비엘리트들은 흔히 엘리트에 의해 아직 완전

히 착취되지 않은 지위에 머무는 것에 만족해야 한다.[8]

마르크스주의자들처럼 틸리는 분석의 가장 본질적인 수준에서 착취가 뿌리 깊은 불평등의 영속적 형태를 발생시키는 중심 메커니즘이라고 주장한다.

문제 2 : 착취와 기회 독점을 어떻게 유지하고 심화시키는가? 착취와 기회 독점이 자원을 통제하는 사람들에게 이익을 준다고 말하는 것은 매우 그럴듯해 보인다. 하지만 두 메커니즘들 모두가 타인에게 피해를 입히기 때문에, 착취자와 기회 독점자가 되려고 하는 사람들에게는 곧 많은 문제가 발생한다. 무엇보다 그 메커니즘들은 틸리가 "조직적 문제"라고 부른 것에 직면하는데, 이는 **독점과 착취에 이해관계가 있는 사람들 사이에서** 연대와 신뢰, 서로에 대한 기대, 그리고 (착취와 기회 독점을-역자) 강제하는 확실한 방식을 만들어내야 한다는 문제이다.

문제 2에 대한 해법 : 범주적 불평등. 불평등의 범주적 형태를 만드는 것은 이러한 조직적 문제를 해결하는 것을 돕는다. 틸리는 다음과 같이 쓰고 있다.

> 범주들 사이의 영속적 불평등은 가치 있는 자원에 대한 접근을 통제하는 사람들이 범주적 구분이라는 수단에 의해 조직적 문제를 해결하기 때문에 발생한다. 이 사람들은 의도했든 의도하지 않았든 사회적 봉쇄와 배제, 통제 체계를 수립한다. 그러고 나면 다양한 집

8) Tilly, *Durable Inequality*, p.94.

단들(parties)—모두 권력을 가진 것은 아니며, 일부는 심지어 착취에 희생되기도 한다—이 이러한 해법에 이해관계를 갖게 된다.[9]

영속적인 범주적 구분이 존재하지 않는다면 착취자들과 기회 독점자들은 그들의 협력자들을 확인하는 데에, 신뢰해야 하는 사람이 누구이고 배제해야 하는 사람이 누구인지 아는 데에, 그리고 그들의 독점을 확실히 보호하고 예속관계를 강화하는 데에 계속 어려움을 겪을 것이다. 영속적인 범주적 구분은 이 모든 것을 한층 수월하게 만든다. 틸리가 쓰고 있는 것처럼, "조직에서 일어나는 즉흥적인 일들은(organizational improvisations)은 영속적인 범주적 불평등으로 이어진다. 이 모든 경우에서 착취와 기회 독점은 정도의 차이는 있지만 범주적 불평등의 작동을 이끈다..."

비록 틸리가 이 설명을 기능주의적 구조를 가진 것으로 규정하지 않고 있으며, 기실 그가 "목적론적 추론"(자주 기능적 설명과 동일시되는)이라고 부른 것을 명백히 거부하고 있지만, 이 설명은 분명 기능주의적 구조를 갖는다. 그는 상기와 같은 주장의 기본적인 논의를 요약하면서 범주적 불평등의 핵심을 다음과 같은 세 가지 명제로 압축해 설명한다.

1. "조직적으로 자리 잡은 범주적 불평등은 착취를 용이하게 한다." 이는 착취에 미치는 범주적 불평등의 영향을 주장한 것이다. 즉 범주적 불평등은 착취를 용이하게 한다.

2. "그래서 생존이 착취에 달려 있는 조직들은 범주적 불평등을

9) Ibid., p.8.

채택하는 경향이 있다." 이는 선택을 주장한 것이다. 불특정한 과정을 통해 기능적 특성—범주적 불평등—이 채택되는데, 이는 그것이 기능적이기 때문이다.

3. "범주적 불평등을 채택하는 조직들이 그 지배 성원에게 더 큰 수익을 가져다주기 때문에, 그리고 이러한 수익의 일부가 조직적으로 지속되기 때문에, 그러한 조직들은 다른 조직 유형들을 배척하는 경향이 있다." 이것은 왜 기능적 특성들이 일반화되는지를 설명하는, 사실상 유사-다윈주의적 선택(quasi-Darwinian selection)과도 같은 설명이다.[10]

이러한 일련의 주장들은 고전적인 기능적 설명에 해당한다. 더욱이 틸리는 통상적인 기능적 설명에서처럼 기능적 배치가 명확히 의도에 의해 만들어질 필요는 없다고 주장하는데, 이는 그의 "이 사람들은 의도했든 의도하지 않았든 사회적 봉쇄와 배제, 통제 체계를 수립한다."라는 서술에 잘 나타나 있다. 여기서 중요한 것은 특정한 속성들—이 경우에는 범주적 불평등—이 조직의 안정적인 특징이 된다는 점인데, 그 속성들은 그런 속성을 가진 조직들을 더 잘 생존하게 하고, 시간이 흐름에 따라 그러한 속성을 가진 조직들을 지배적 위치에 있게 만들기 때문이다.

문제 3 : 범주적 불평등을 어떻게 안정시키고 재생산할 것인가? 범주적 불평등이 착취와 기회 독점을 용이하게 만드는 한편, 그것은 또한 잠재적으로 지배적 범주에 **반대되는** 연대와 네트워크를

10) Ibid., p.85.

구축하는 기초를 구성하는데, 이는 조직에 새로운 도전을 제기한다. 한편에서 범주적 불평등은 엘리트들을 위해 다양한 정보 및 신뢰 문제를 해결하여, 착취와 기회 독점을 유지하기 위한 거래비용(transaction costs)을 감소시킨다. 또 다른 한편에서 범주적 불평등은 하위층에 의해 잠재적으로 발생할 수 있는 집단적 투쟁을 위한 거래비용을 감소시키기도 한다. 간략히 말하자면, 범주적 불평등은 모순되는 효과들을 작동시킨다.

문제 3에 대한 해법 : 경쟁과 적응. 주어진 범주적 불평등의 형태가 사회 도처에 확산되어 어디에나 존재하고 불가피한 것이 되면("경쟁"), 또 사람들이 이런 범주적 불평등의 관계 안에서 사는 것을 일상화하여 그들이 마주한 조건에 적응하게 되면("적응"), 범주적 불평등 자체가 안정될 것이다. 이는 경쟁과 적응이 이루어낸 것이다. "경쟁과 적응은 그러한 구분(범주적 구분-역자)을 고정시켜 그런 구분들이 착취자들과 피착취자들에게 똑같이 습관적인 것으로, 심지어는 필수적인 것으로 만든다."[11] 따라서 범주적 불평등을 당하는 피착취 집단과 배제 집단이 착취 및 기회 독점 수혜자들에게 중대한 위협을 가하는, 그런 저항적 단결의 가능성은 줄어든다.

따라서 이를 종합해보면, 범주적 불평등은 서로 교차하는 세 가지 기능적 설명들의 도식으로 설명된다. 첫째, 착취와 기회 독점은 자원에 대한 통제로부터 얻는 이익을 유지하고 증가시키는 문제를 통해 기능적으로 설명된다. 둘째, 범주적 불평등은 착취와 기회 독점을 안정화시키는 문제를 통해 기능적으로 설명되며, 셋째, 경쟁

11) Ibid., p.11.

과 적응은 범주적 불평등을 안정화시키는 문제를 통해 기능적으로 설명된다.

이 상호 연관된 설명 구조는 아서 스틴치콤(Arthur Stinchcombe)에 의해 정교하게 만들어진 기능적 설명 도식을 사용하여 나타낼 수 있다.[12] 기능적 설명에 대한 스틴치콤 도식의 기본 구조는 그림 3-1에 제시되어 있다. 그 도식의 중앙은 해법이 필요한 문제다. 이 문제는 스틴치콤이 체계 내 "긴장(tension)"이라고 말한 인과과정에 의해 스스로 작동된다. 몇 종류의 선택 메커니즘—기능적 설명들의 "블랙박스"—을 통해 문제는 해법을 만들어낸다. 어떤 때에는 문제에 대한 해법이 미치는 부정적 영향들이, 해법이 필요한 문제를 작동시키는 긴장의 긍정적 영향들을 상쇄하는 평형 상태에 도달할 수 있다. 기능적 설명의 핵심은 이러한 "피드백의 순환(feedback loop)"에 있다.

그림 3-1. 기능적 설명의 기본 형식

그림 3-2에 나타난 것처럼, 틸리의 영속적 불평등 모델은 위와 같은 기본 형식이 여러 개 서로 맞물리게 되는 일련의 기능적 설명들로 구성된다. 이 모델의 독특한 특징은, 한 문제에 대한 기능적 해법이 연이어 새로운 체계-문제 및 기능적 해법을 낳는 체계적 긴장의 원천이 된다는 점이다.

12) Arthur Stinchcombe, *Constructing Social Theories*, New York: Harcourt Brace & World, 1968.

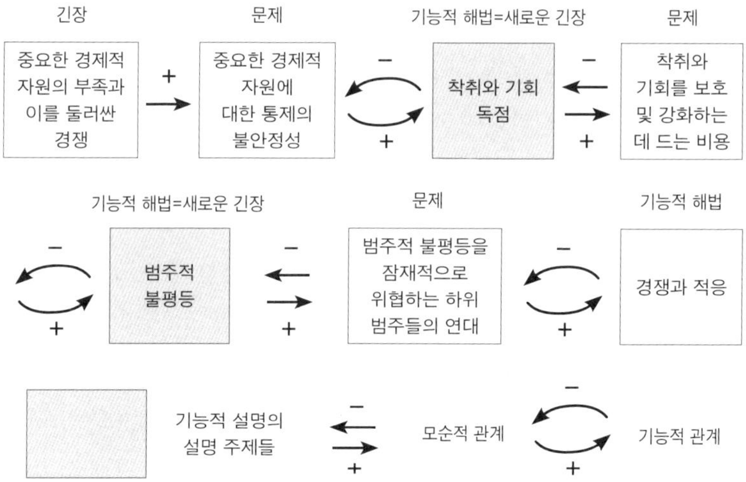

그림 3-2. 영속적 불평등에 내재된 기능적 논리

4. 영속적 불평등에 내재된 마르크스주의 논리 (The Underlying Marxist Logic)

그림 3-2는 틸리의 범주적 불평등 이론에서 가장 기본적인 것만 남긴 형태지만, 나는 이것이 그 논의의 핵심적 설명 구조를 잘 보여준다고 생각한다. 틸리가 『영속적 불평등』에서 마르크스주의 이론을 거의 언급하지 않았다는 사실만 제외한다면, 사회과학에서 이러한 일반적 체계에 가장 가까운 이론적 전통은 마르크스주의라 할 수 있다. 틸리가 그의 이론적 계통을 논한 몇 안 되는 논의들 가운데에는 그가 자신의 접근을 마르크스주의와 베버주의의 주장을 종합한 것으로 규정한 대목이 있다. 그는 자신의 분석이 "막스 베버의 사회적 봉쇄와 칼 마르크스의 착취 및 수탈을 연결한다"고 쓰고 있

다.[13] 기실 그림 3-2에 제시된 것이 대체로 옳다면, 틸리의 분석은 베버의 핵심 논리보다는 마르크스의 논리에 훨씬 더 가깝다.[14] 따라서 틸리의 이론적 틀을 마르크스와 베버의 결합으로 취급하기보다는, 틸리가 마르크스주의 전통에 몇몇 베버주의의 주장을 도입했다고 보는 것이 더 적절하다. 이런 틸리의 방식은 마르크스에 의해서는 체계적으로 논의된 바 없는 범주적 불평등 형태를 계급분석에 포함해 확장함으로써, 마르크스주의 계급분석 형태를 본질적으로 풍성하게 만든다.

틸리의 접근과 고전적 마르크스주의 사이에 이렇게 가까운 개념적 연관이 있다고 단언하는 데에는 몇 가지 이유가 있다.

1. 틸리의 범주적 불평등 이론에서처럼, 착취는 마르크스의 계급이론에서 가장 중요한 부분이다. 마르크스주의에서 계급관계는 착취자들이 주요 경제적 자원에 대한 통제를 통해 피착취자의 노동(labor effort)을 전유하는 사회적 관계다. 이는 사실상 틸리의 정식화와 같은 것이다. 그리고 마르크스와 틸리 양자 모두 기본적으로 동일한 이유에서 착취에 상당한 중요성을 부여한다. 착취는 자원에 대한 접근으로부터 다른 사람들을 배제함으로써(이는 일반적으로 기회 독점에서 더욱 그렇다) 착취자에게 이익을 발생시킬 뿐만 아니라, 가치를 생산하는 노동의 전유까지 포함하고 있기 때문에, 어떤 식으로든 엘리트들이 그들의 권력을 뒷받침하는 데에 사용할 수 있는 자원을 축적할 수 있게 만든다.

13) Ibid., p.7.

14) 제2장에 담긴 베버 작업에 대한 논의를 보라.

2. 틸리의 분석에서 범주적 불평등의 형태는 첫째, 착취를 안정시키는 것을 돕기 위해, 둘째, 기회 독점을 용이하게 만들기 위해 등장하고 유지된다. 마르크스는 명확하게 계급범주가 이와 같은 이유에서 등장한다고 생각했다. 계급범주는 착취가 단지 개인들 사이의 유동적인 관계에 기초하고 있었을 때보다 훨씬 더 큰 정도로 착취의 안정적인 재생산을 가능하게 만든다.

3. 틸리는 문화와 신념이 불평등과 맺고 있는 관련성을 자율적이고 강력한 인과적 힘을 갖는다는 측면에서가 아니라, 거의 전적으로 문화와 신념이 범주적 불평등을 재생산하는 것을 돕는다는 측면에서 분석한다. 이는 문화와 사회구조의 상호관계에 대한 베버의 관점보다는 마르크스의 유물론, 특히 경제적 토대와 이데올로기적 상부구조 사이의 관계에 대한 기능주의적 이론과 더욱 가깝다.

4. 코헨(G. A. Cohen)은 기능적 설명의 사용이 고전적 역사유물론에서 중심적인 역할을 한다고 지적한 바 있다.[15] 이런 기능적 설명은 베버의 사회이론에서는 기껏해야 주변적인 역할을 한다. 마르크스주의에서 계급관계는 생산력 발전 수준에 의해 기능적으로 설명되고, 상부구조는 계급관계를 안정화시키고 재생산하는 필수적인 조건들에 의해 기능적으로 설명된다. 틸리의 분석이 직접적으로 생산력과 생산관계에 대한 분석을 담고 있지는 않지만, 그의 범주적 불평등 개념과 경쟁 및 적응 개념

15) 이에 대해서는 Cohen, *Karl Marx's Theory of History: A Defense*를 참고하라.

사이의 기능적 관계는 이데올로기적 상부구조에 대한 마르크스주의의 기능적 설명과 상당히 유사하다.

5. 고전적 역사유물론에서는 계급관계가 생산력이 계속 발전하는 동안에는 지속되고 안정을 유지하는 반면, 생산력이 속박되면 이러한 계급관계는 약해진다고 본다. 이 주장에 내재한 근거는 생산력이 침체될 때 계급관계를 유지하는 비용이 가파르게 상승한다는 것이다. 위와 마찬가지로 틸리의 분석에는 생산력에 대한 특별한 논의가 직접적으로 담겨 있진 않지만, 그는 범주적 불평등 체계를 침식하는 핵심적 조건으로 존재하는 관계를 유지하기 위한 거래비용의 상승과 대안이 갖는 낮은 비용을 주장한다.

현존하는 사회적 배치는 그에 대한 이론적 대안이 항상 현재의 상황으로부터 벗어나는 이동비용(movement costs)을 수반하기 때문에 지속적인 이점을 갖는다. 변화는 존재하는 배치로부터 오는 수익이 감소하고, 그 배치의 현재 작동비용(operating costs)을 높이며, 대안적 배치 혹은 (훨씬 덜한 정도로) 대안적 배치로부터 기대되는 수익이 이행비용(transition costs)을 훨씬 상회하는 정도로 상승하는 조건 아래에서 발생한다.[16]

가장 넓은 의미에서, 범주적 불평등에 대한 성공적 도전의 조건은 착취와 기회 독점으로부터의 이익이 감소하고/감소하거나, 착취와 기회 독점, 경쟁과 적응 비용이 증가할 때 발생한다. 이러한 환경에서 범주적 불평등의 수혜자들은 분열하는 경향이 있다. 그들 중 몇

16) Tilly, *Durable Inequality*, p.192.

> 몇을 다른 착취자들과 독점자들에 대항하고 있는 약자들의 동맹자로 활용하는 것이 가능해진다... 하위 사람들의 바뀐 구조적 위치는 그들의 영향력이나 내적 유대감을 신장시킨다... 결국, 통제에 저항할 수 있는 능력이 커짐에 따라 그 사람들을 통제하는 데에 드는 비용은 늘어난다.[17]

이는 생산관계의 질적 변혁 조건에 대한 고전 마르크스주의 관점과 매우 유사하다. 이에 따르면 낡은 생산관계는 유지하기에 매우 많은 비용이 들게 되고, 바로 그때 새로운 대안적 관계가 역사적으로 실현 가능하게 되며, 행위주체들의 변혁 수행 능력이 이행비용을 극복할 정도로 충분히 강해진다. 사회변화와 불평등에 대한 베버의 설명에는 이런 정식화가 전혀 존재하지 않는다.

물론 위와 같이 틸리의 논의가 계급분석에 대한 마르크스주의적 전통과 깊은 유사성이 있다고 해서, 이를 틸리가 마르크스주의의 주제를 단지 새로운 언어로 되풀이했다고 봐서는 안 된다. 젠더, 인종, 민족, 그리고 불평등의 다른 모든 형태를 통합적인 개념적 틀로 포괄하려는 틸리의 도전은 마르크스를 넘어서는 것이다. 착취로부터 기회 독점을 구분한 틸리의 시도는 마르크스주의 계급분석들에 대체로 부재한 것이다.[18] 그리고 경쟁과 적응을, 범주적 불평등을

17) Ibid., p.225.

18) 다른 용어들이 사용되고 있음에도 불구하고, 기회 독점과 착취 사이의 구분은 계급분석의 개념적 기초를 정교화한 나의 작업에서 "비착취적인 경제적 억압(nenexploitative economic oppression)"과 "착취" 사이를 구분한 것과 거의 동일하다. 이에 대해서는 특히 다음을 보라. Wright, *Interrogating Inequality*, London: Verso, 1994, pp.39-46; and *Class Counts: Comparative Studies in Class Analysis*, Cambridge: Cambridge University Press, 1997, chapter 1.

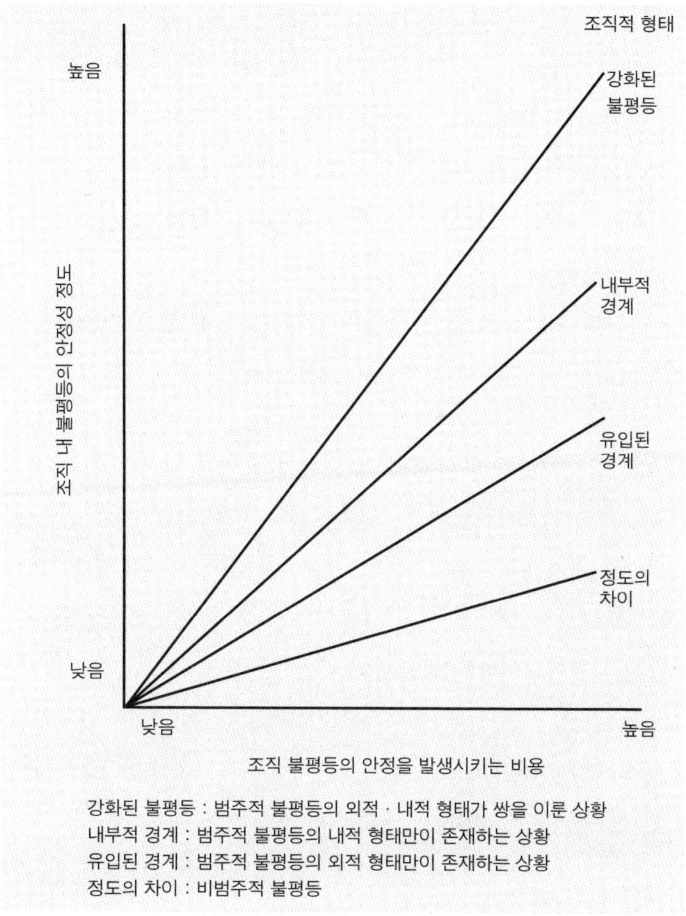

그림 3-3. 선택 가능한 불평등의 조직적 형태 정의

안정시키는 메커니즘들로 정교화한 틸리의 작업은 비슷한 주제에 대한 마르크스주의 논의들에서 명쾌하게 제시된 바 없는 개념들을 보여준다. 그럼에도 불구하고, 틸리의 주장에 대한 나의 설명이 제대로 이루어졌다면, 그의 작업은 다른 어떤 전통보다도 마르크스주의 사회이론의 전통과 훨씬 더 깊게 연관된 것으로 간주되어야 한다.

지금까지 우리는 틸리가 개진한 주장의 넓은 윤곽을 보다 체계적인 용어들로 검증하고 재구성해봤다. 다음 절에서는 이 논의의 한 부분을 더욱 상세하게 살펴보고, 범주적 불평등의 형성과 재생산에 대한 더욱 체계화된 가설을 세워보도록 한다.

5. 조직을 통한 범주적 불평등의 발생(Generating Categorical Inequality Through Organizations): 가설

틸리는 착취와 기회 독점을 향상시키기 위해 조직들이 사용하는 방식을 더 면밀하게 설명하고자 조직들 안에서의 범주적 구분들(예를 들어, 관리자와 노동자 사이의 구분)이 조직 외부에 있는 범주적 구분들(예를 들어, 흑인과 백인, 남성과 여성 등의 구분)과 연결될 수 있는 네 가지 유형 체계를 제안한다.

1. **정도의 차이(Gradients)** : 개인들을 가로지르는 내적 불평등은 존재하지만, 범주적 구획은 존재하지 않는 상황.

2. **내부적 경계(Local frontiers)** : 내적인 범주적 구획들이 어떤 외적 범주들과도 연결되지 않은 채 존재하는 상황.

3. **유입된 경계(Imported frontiers)** : 범주적 구획들이 어떤 내적인 조직적 구획들과도 쌍을 이루지 못한 채 외적 기반만을 둔 상황.

4. **강화된 불평등(Reinforced inequality)** : "내적 · 외적 범주

들이 쌍을 이루고 있는" 상황.

이 네 가지 유형들이 모두 존재하기는 하지만, 틸리는 "잉여추출이 정도의 차이나 내부적 경계를 통해 이미 효과적으로 작동하고 있는" 특정 조건들을 제외한다면 불평등이 이 유형들 중에서 네 번째 것, 즉 강화된 불평등으로 향하는 일반적 경향이 있을 것이라고 주장한다. 만약 착취가 범주적 불평등 없이 효과적으로 발생한다면, 틸리의 말처럼 "중요한 자원을 통제하는 사람들이 좀처럼 외적 범주들을 받아들이지 않을 것"인데, 이는 그렇게 하는 것에 인센티브가 거의 없기 때문이다. 하지만 착취는 범주적 불평등의 부재 속에서는 효과적이지 않고 지속성이 떨어지기 때문에, 조직들은 외적 범주들이 내적 범주들과 쌍을 이룬 체계를 향해 움직이는 경향이 있을 것이다.

네 가지 유형 체계의 배치는 조직에서 불평등의 기존 안정성 수준을 유지하기 위해 요구되는 상대적 거래비용에 달려 있다. 틸리가 주장한 것처럼, 일반적으로 조직 내 불평등 수준을 유지하는 가장 저렴한 방식이 "강화된 불평등"이기 때문에, 조직은 이를 향해 움직이는 경향이 있을 것이다. 즉 "외적 · 내적 범주들이 쌍을 이루고 있는 것이 거래비용을 낮추고 안정성을 높인다."[19] 오로지 정도의 차이에만 기초한 불평등 체계는 일반적으로 가장 덜 안정적이고, 유지하는 데에 가장 많은 비용이 들 것이다. 왜냐하면 틸리가 쓰고 있듯이 "장기적 유동성 혹은 다른 보상에 대한 기대를 갖고 단기적 부당함을 견디게 하는 강력한 인센티브가 없다면, 전복과 소규모 갈등이 정도의 차이를 불안정한 배치로 만들 것"이기 때문

19) Ibid., p.80.

이다. 틸리에 따르면 내부적 경계에 기초한 불평등은 두 번째로 안정적인 것이다. "조직적으로 정의된 범주적 차이들(내부적 경계들)로만 결정되는 불평등은 보상에 있어 차이가 동일하기 때문에 정도의 차이나 유입된 경계보다 더 안정적이다." 이러한 주장을 종합해보면, 소위 "조직들 안에 불평등을 안정시키기 위한 생산 기능"이라 부를 수 있는 것에 관하여 훨씬 복합적인 일반 가설이 만들어진다. 그림 3-3이 이 가설을 그림으로 나타낸 것이다.

이 책에 담긴 틸리의 많은 주장들과 마찬가지로 이는 대담한 가설이다. 분명 이런 주장들이 타당하게 여겨지는 많은 경험적 맥락들이 존재한다. 하지만 이와 같이 범주적 불평등의 서로 다른 배치들의 안정성을 생산하는 데 요구되는 비용을 순위 매기는 것이 왜 보편적인 경향이라고 우리가 믿어야 하는지에 대해서는 명확하지 않다. 예컨대, 왜 우리는 서로 다른 문화, 과학기술, 정치체제를 가진 사회들을 망라하는 광범위한 일반화로 "조직적으로 정의된 범주적 차이들(내부적 경계들)로만 결정되는 불평등은 보상에 있어 별다른 차이가 없기 때문에 정도의 차이나 유입된 경계보다 더 안정적이다."라는 주장을 받아들여야 하는가? 주어진 어떤 불평등 수준에서도, 사회로부터 유입된 범주적 불평등의 안정성 효과가 내적으로 발생한 범주적 불평등의 안정성 효과보다 일반적으로 약해지는 초역사적 경향이 존재한다는 것을 보여주는 일반 메커니즘은 무엇인가? 이와 동일하게 내적·외적 범주들이 긴밀하게 쌍을 이루는 것이 착취 체계를 안정시키는 가장 저렴한 방식이라는 것은 많은 상황에서 확실히 타당한 것으로 여겨지지만, 왜 그것이 초역사적으로 보편화되어야 하는지에 대해서는 분명하지 않다.

이러한 문제제기가 존재하고 경향의 보편성에 대한 논의들이 이 제안에서 더 진행될 필요가 있음에도 불구하고, 그림 3-3은 연구를 위한 도전적이고 시사적인 의제를 제시한다.

Ⅱ. 개념의 부정확성

『영속적 불평등』은 실증적 의제를 정교화할 때, 가장 빈틈없고 흥미롭다. 하지만 추상적인 개념과 방법론적 문제를 명확히 하고자 여타 관점들 및 시도들과 논쟁을 할 때, 『영속적 불평등』은 대체로 만족스럽지 못하다. 이어지는 논의에서는 이런 문제들 몇 가지를 검토해보고자 한다.

1. 불확실한 반본질주의

틸리는 불평등에 대한 그의 접근법이 갖는 특수성을 드러내고자 다양한 사회적 실체들의 **본질**을 가정하는 관점과, 실체들의 **연계**를 가정하는 관점 사이를 날카롭게 구별한다. 그는 다음과 같이 쓰고 있다. "어떤 사회적 과정을 설명코자 하는 사람들은 대부분 그 과정의 동력이 되는 본질들(개인, 집단, 또는 사회)의 실재와 중심성을 상정한다."[20] 이와 대조적으로 틸리는 "본질이 아니라 연계를 가정하는, 즉 사람들 사이의 거래나 유대에서부터 시작하는 사회적 삶의 **관계적** 모델"을 옹호한다.[21] 하지만 틸리의 이러한 "본질"과 "연계" 혹은 "관계" 사이의 대조는 상당 정도 오해의 소지가 있어 보인다. "연계"는 "본질"의 반대가 아니다. 어떤 이론가라도 함께 연계된 실체들, 상호작용하는 사람들, 혹은 함께 묶여 있는 것들에 관해 분석

20) Ibid., p.17.

21) Ibid., p.18.

하면서 연계, 사람들 사이의 거래 혹은 유대에 대해 "본질주의자"가 될 수 있다. 나는 틸리를 이런 사회적 관계에 대한 열성적 본질주의자라고 규정하는 것이 합리적이라고 생각한다. 그는 착취, 기회 독점, 경쟁, 적응이 언제나 상황들을 가로지르는 명확한 "본질적" 특성을 지닌다고 간주하는데, 그는 이런 관계적 용어들을 사용함으로써 매우 일반적인 초역사적 명제를 만들 채비를 갖추게 된다.

사회이론과 관련하여 본질주의 대 반본질주의에서 핵심이 되는 쟁점은, 근본적으로 다른 맥락들을 안정적이고 변함없이 가로지르는 요소들이 어떤 두드러진 속성을 갖는지 갖지 않는지 하는 문제다. 따라서 누군가는 사회적 관계와 이런 관계 내에서의 관계들(relata) 모두에 대해 본질주의자 혹은 반본질주의자가 될 수 있다. 틸리의 용어에 따르면, 개인들과 그들의 심리 상태에 초점을 둔 많은 학자들이 그런 개인적 특성들에 대해서는 비본질주의자일 수 있는 것이다. 그들은 개인적 특성들이 인간 개인에게 내재한다기보다는 전적으로 특정한 문화적 구성에 따라 달라질 수 있다고 간주할 수 있다.

틸리가 사회이론에서 관계가 갖는 일반적인 중요성을 주장한 것이나, 혹은 그가 연구하고 있는 특정 현상을 설명할 때 관계에 중심을 두는 것에 대해 나는 전혀 반대하지 않는다. 또한 많은 사회과학자들이 관계보다는 개인이나 집단들의 비관계적 속성에 더 체계적인 관심을 기울이는 경향이 있다는 그의 주장에도 나는 반대하지 않는다(물론 이런 잘못을 그가 주장한 것처럼 "사회적 과정을 설명코자 하는 대부분의 사람들"이 저지른다고 묘사하는 것에는 회의적이다). 하지만 본질주의에 대해 비판하면서 메타이론에 집중하는 것은 이 문제를 명확하게 하기보다 도리어 혼란스럽게 만든다.

2. 방법론적 개인주의와 원자론의 융합

책 전체에 걸쳐 틸리가 비판한 이론적 대상은 그가 사회과학에서 "개인주의적" 설명이라고 일컬은 것들이다.

> (틸리에게 있어) **방법론적 개인주의**는 사회적 삶이 주되게 혹은 전적으로 스스로 동기 부여하고 이익을 찾는 사람들의 행위로부터 창출된다고 상정하는 이론이다.
>
> 사회적 불평등을 설명하고자 하는 방법론적 개인주의자들은 지금까지 극복할 수 없는 장애물에 직면해왔다. 그들의 인과메커니즘은 결정(decisions)이라는 심리적 사건들로 구성된다.
>
> 이러한 분석들은... 본질적인 인과적 사건이 개인의 머릿속에서 발생하는 것이 아니라, 사람들과 집단들 사이의 사회적 관계 안에서 발생하는 한, 실패하고 만다.[22]

방법론적 개인주의에 대한 이런 정의는 개인주의적 사회이론과 원자론적 사회이론 사이의 구분을 무너뜨린다.[23] 방법론적 **원자론**은 분명히 관계적 속성들을 완전히 무시하지만, 방법론적 개인주의는 일반적으로 그렇지 않다. 방법론적 개인주의를 가장 분명하게 표현하는 대변자 가운데 한 사람인 욘 엘스터(Jon Elster)는 방법론

22) Ibid., p.17, p.20, p.33.

23) 방법론적 개인주의와 방법론적 원자론 사이의 이런 구분에 대한 심층적인 논의는 다음을 참고하라. Wright, Levine, and Sober, *Reconstructing Marxism: Essays on Explanation and the Theory of History,* London: Verso, 1992.

적 개인주의가 개인들의 모든 종류의 관계적 속성, 특히 권력에 대한 설명을 포함하고 있다고 주장한다.[24] 그리고 관계적 속성은 명확히 인과적이고 설명적으로 다루어진다. 엘스터가 거부하는 것은 관계적 분석이 아니라 방법론적 **집단주의**이다. 방법론적 집단주의는 행위자로서의 계급과 같은 집단적 실체를 상정한다. 엘스터는 "계급"은 "선택하는" 류의 실체가 아니기 때문에, "노동계급은 싸우는 것 외에는 다른 선택의 여지가 없었다고 볼 수 있다"라는 형태의 진술을 격렬하게 반대한다.

심지어 신고전주의 경제학과 게임이론의 방법론적 개인주의자들도 틸리가 방법론적 개인주의를 위와 같이 원자론적으로 규정한 것에 대체로 맞지 않는다. 틸리에 따르면, 방법론적 개인주의자들은 원인을 단지 "심리적인 사건들"로 구성된 인과메커니즘에 따라 "개인의 머릿속에서" 작동하는 것으로 간주한다. 그러나 신고전주의 경제학에서 행위자들은 자원에 대한 접근에 따라 예산 제약에 직면하고, 대외자산을 포함한 재산을 소유하고 있으며, 기술에 의해 결정되는 생산함수를 이용해 생산하고, 특정한 규칙에 의해 지배되는 시장에서 상호작용한다. 가령, 신고전주의 경제학자들은 기업이 독점력을 가질 때 시장이 다르게 움직이는 이유를 누군가의 선호나 심리 상태가 다르기 때문이 아니라, 독점이 교환관계를 통해 지대를 뽑아내는 힘을 가지고 있기 때문이라고 인식한다. 지금까지 열거한 것들 가운데 어떤 것도 "심리적인 사건들"에 속하지 않는다. 게임이론에서는 행위자들이 선택한 전략들에서 초래된 이익을 게임이 갖는 본성에 따라 얻게 되는데, 게임의 결과는 단순히

24) Jon Elster, *Making Sense of Marx*, Cambridge: Cambridge University Press, 1985, pp.5-6.

한 명의 특정 행위자가 내린 선택에 의해서가 아니라 많은 행위자들이 내린 선택들이 서로 결합적으로 상호작용하여 발생한 반복적이고 비의도적인 효과에 의해 결정된다. 전략의 선택에서 오는 이익과 공동의 게임 결과는 게임 참여자들의 상호작용 성격을 규정하는 "게임의 규칙"에 의존한다. 이것도 "심리적인 사건"이 아니라 "관계"가 그 핵심에 있다. 분명히 게임이론가들과 대부분의 신고전주의 경제학자들은 특징적으로 "사회적 관계"라는 말을 사용하는 것이 아니며, 몇몇 신고전주의 경제학자들은 행위자들이 전부 원자적으로 행동한다고 상정할 수 있는 모델들(완전한 정보를 갖는 순수한 경쟁시장 등)을 활용하는 것을 좋아한다. 그럼에도 불구하고, 사회적 관계는 하나의 일반적 문제로써 이들 지적 전통 모두에 내재되어 있다.

따라서 방법론적 개인주의를 사회에 대한 설명에 관계가 관련된다는 것을 거부한다거나, 모든 원인이 심리적인 사건들로 환원된다고 보는 관점으로 규정해서는 안 된다. 이는 미시적 차원의 분석이 거시적 차원의 분석에 대해 갖는 우위를 주장한 것으로 특징지어야 한다. 방법론적 개인주의는 미시적 기초에 관한 이론(microfoundationalism)과 욘 엘스터가 주장한 바 있는 미시적 환원주의(micro-reductionism)와 관련될 수 있지만, 원자론은 아니다. 그러므로 관계는 방법론적 개인주의자들이 설명할 수 있지만, 이는 개별적인 개인들 사이의 관계로 한정되어 있다고 봐야 한다.

따라서 틸리의 저작은 방법론적 개인주의에 대한 잠재적 비판이 맞지만, 이는 방법론적 개인주의가 관계 개념을 거부했다거나, 앞서 언급한 것과 같은 본질주의를 갖기 때문이 아니다. 그보다는 틸리의 분석이 거시적 구조와 관계들이 미치는 효과에 대한 일련의 주장을 매우 중시하기 때문이다. 사람들의 다양한 네트워크 속에서 개인들이 맺는 미시적 관계가 틸리의 분석에서 특히 중요하지만, 그의 설명 작업은 단순히 개인들 사이의 관계가 아니라 관계들 사이의 관계에 초점을 맞춰 이루어진다.[25)]

3. 잘못된 메타이론적 비판

틸리가 불평등에 대한 자신의 접근과 대부분의 다른 사회과학자들이 취하는 접근 사이의 차이를 강조하기 위해 『영속적 불평등』에서 사용한 예들 중 하나는 여성 및 소수 인종에 대한 "차별"이다. 그는 다음과 같은 방식으로 관습적인 분석들이 개인주의적이라고 특징짓는다.

> 다른 보상에 대해서는 의견 차이가 있음에도 불구하고, 임금 불평등 분석자들은 일반적으로 인적자본과 노동을 변수로 고려하고 난 후 남는 것을 차별로 보는 관습적인 정의를 받아들인다... 신고전주의 경제학자들은 공통적으로 인적자본과 노동 사이의 상호작용을 매우 중시하는 반면, 급진적 페미니스트들은 보통 어떤 형태로든 차별에 근본적인 인과적 역할을 부여한다. 모든 접근들이 불평등에

25) 사회이론에서 미시적 분석과 거시적 분석을 구분하는 한 가지 방법은 미시적 분석을 개인들 사이의 관계에 초점을 맞춘 분석으로, 거시적 분석을 관계들 사이의 관계에 초점을 맞춘 분석으로 규정하는 것이다. 이는 미시적 수준에서 좀 더 거시적인 수준으로 나아가는 계속적인 운동이 이루어진다는 것을 암시하는데, 이 운동은 다음과 같이 설명될 수 있다. 사회의 가장 미시적 수준은 개인들 사이의 관계로 구성된다. 그다음 수준은 개인들이 맺는 관계들 사이의 관계로 구성된다. 그다음 수준은 개인들이 맺는 관계들의 관계들의 관계로 구성된다... 미시적 분석에서 거시적 분석으로 나아가는 이런 방법에 대해서는 Wright, *Class, Crisis and the State*, chapter 10을 참고하면 된다.

대해 본질적으로 개인주의적인 설명을 적용한다.[26)]

> 우리는 차별을 분석하기 위한 관습적 절차를 뒤집어야 한다. 차별을 개인적 변화의 모든 가능한 원천들이 고려되고 난 후 남겨진 범주들의 차이로 간주하는 대신에, 내부적으로 의미 있는 범주들에 조응하는 불평등의 일부로 봐야 한다. 그런 다음 남겨진 것들의 얼마나 많은 부분이 인적자본, 노동, 그리고 그와 비슷한 여타의 개인적 차원의 요인들로 설명될 수 있는지 살펴보아야 한다.[27)]

나는 이런 틸리의 비판이 전적으로 잘못된 것이라 생각한다. 차별을 개인적 특성들이 고려되고 난 후 "남겨진" 범주들의 차이로 명시하는 이유는 불평등의 구조적 원인을 넘어서는 개인적 특성에 어떤 실질적 우선권을 주기 때문이 아니라, 실용주의적 방법론으로 고찰하기 때문에 발생한다. 이 주장의 근거는 기본적으로 다음과 같다. 두 범주—남성과 여성이라고 해보자—사이에서 경험적으로 관찰된 전체 소득 차이는 원칙상 두 가지 주요한 요인으로 나눠 분석할 수 있다. (1) 직업에서의 배제부터 승진 시 작용하는 유리천장이나 주어진 업무에서의 부당한 대우까지 다양한 종류의 체계적·구조적 차별이 낳는 직접적 결과가 한 요인이다. (2) 개인의 직접적인 통제하에 있는 인적자본, 노동, 그 밖에 다른 변수들이 낳는 직접적 결과가 다른 한 요인이다.[28)] 이는 개인적 특성들 자체가 다양한 종류의 구조적 차별에 의해 유발될 수 있다는 주장을 부정하는

26) Tilly, *Durable Inequality*, p.133.

27) Ibid., pp.239-40.

28) 구조적 효과와 개인적 특성이 상호작용하여 발생하는 직접적 결과를 경험적으로 조사하는 데 투입되는 세 번째 요인도 있다.

것이 아니라, 고용 자체에서 발생하는 집단 간 차이를 개인적 특성과 결부된 요인 및 범주적 차별과 결부된 또 다른 요인으로 분해해 볼 수 있다는 주장일 뿐이다. 그렇다면 "이 두 요인을 평가하는 가장 좋은 방법은 무엇인가?"라는 실용적인 질문을 던질 수 있다. 두 요소 각각을 직접 측정하는 방법이 있고, 한 요인을 매우 정밀하게 측정하여 그에 해당하는 변화 이외의 나머지를 다른 요인에 의해 발생한 것으로 간주하는 방법이 있다. 차별의 효과에 대해 직접적으로 명확한 측정값을 얻는 것이 어렵기 때문에, 실용적인 이유에서 후자의 전략이 일반적으로 사용된다. 차별은 그런 연구에서 **실제 측정된** 나머지가 아니라 단지 **방법론적**인 나머지로 간주되는 것이다.

이런 실용적 측면을 차치하더라도, 나는 틸리가 페미니스트들과 주류 사회학자들이 젠더 불평등을 개인적 특성들로, 인과과정을 심리적 사건으로 축소시킨다고 주장하면서 페미니스트들과 주류 사회학자들의 젠더 불평등 연구를 상당 정도 잘못 기술하고 있다고 생각한다. 다수의 젠더 불평등 연구들은 사회적 네트워크, 특히 "인맥(학연, 지연 등-역자)", 가족임금제와 남성가계부양 모델에 대한 투쟁, 배제적인 노동조합 규약, 결혼이 주는 제약 등과 같은 것을 상당히 강조해왔다. 젠더 분석에서의 마르크스주의 연구 흐름은 노동시장에서의 젠더 불평등을 초과착취, 저렴한 노동의 안정적 공급 확보, 계급연대를 약화시키는 분할 및 정복 전략의 메커니즘으로 간주한다. 이 과정들 가운데 어떤 것도 "본질상 개인주의적"이라고 규정할 만한 것은 없다.

틸리의 주된 관심이 개인주의적 설명을 비판하는 것에 맞춰져 있기 때문에 그는 단지 개인주의의 기미가 보인다는 이유로 인과과정에 대한 특정 주장들을 거부하게 되고, 세상에서 작동하고 있는 인과과정에 대한 실질적인 논쟁을 어떤 종류의 설명이 타당한가를 가늠하는 메타이론적인 논쟁으로 바꿔놓는다. 경제학자들 사이에서 통용되는 차별에 대한 설명 중 하나는 "통계에 근거한 차별"이다. 통계에 근거한 차별은 고용주가 개인 간 특성 차이에 기초해 고용을 결정하지 않고, 어떤 범주의 구성원들이 가진 것으로 인식된 평균 특성에 기초하여 고용을 결정할 때 발생한다. 고용주는 엄격하게 개인적 특성에 기초해 사람들을 고용하고 싶지만, 그런 개인적 특성들에 대한 정확한 정보를 얻는 데에는 매우 많은 비용이 들기 때문에, 고용주는 이에 대한 대용으로 집단의 평균 특성을 개인에게 적용한다. 틸리는 이런 설명을 **원칙상** 타당하지 않기 때문에 거부한다고 밝힌다.

> "통계에 근거한 차별"이라는 주장은 집단적 과정을 근본적으로 개별화한다. 이런 설명에서 고용주는 어떤 범주에 속한 구성원을 그 범주에 속한 노동자들이 평균적으로 그 범주 바깥에 있는 집단들보다 생산성이 떨어진다는 믿음이나 정보—하지만 근거가 충분한—에 기초하여 고용을 피한다고 기술한다.[29]

통계에 근거한 차별이 고용주의 차별적인 고용 결정을 만족스럽게 설명하지 못한다는 틸리의 주장은 명확한 것일 수 있지만, 이는 근본적으로 경험적 검증을 거쳐야 하는 경험적인 문제다. 만약 통계에 근거한 차별이 주되게 작용하는 과정이라면, 이는 개인적 차원의 특성들에 관한 양질의 정보 획득 비용이 줄어들고, 누구나 알 수 있는 그런 차별 또한 감소할 것임을 암시한다. 통계에만 근거한

29) Tilly, *Durable Inequality*, p.31.

차별 체계를 제한할 수 있다면, 정보비용을 전적으로 보조한 국가 정책들이 이와 연관된 범주적 불평등을 제거해나갈 것이다. 개인적으로 나는 이런 정보 문제를 해결하는 것이 그와 관련된 범주적 불평등에 큰 영향을 주지 못할 것이라고 예상하지만, 이는 경험적 예측일 뿐이다. 즉 이는 개인적 의사결정을 인과과정 중심에 놓기 때문에 가정들을 선험적으로 거부하여 생긴 그런 류의 예측이 아닌 것이다. 이와 반대로 틸리는 그 가설을 메타이론적 근거에서 거부하고 있다.

『영속적 불평등』은 매우 큰 규모의 책이다. 그 책에 담긴 주장에 동의하는지 여부를 떠나서, 틸리가 실질적으로 개진한 핵심 주장들은 독특하고 연구를 자극한다. 특히, 사회이론의 마르크스주의적 전통에서 대략적으로 정의된 것들을 연구하는 작업을 한다면, 틸리가 착취 개념을 일반적인 범주적 불평등 이론의 일부로 재구성한 시도는 광범위한 경험적 연구조사를 계획하는 흥미로운 방식을 제공해줄 수 있다. 이런 착상은 그 착상에 현재 내재되어 있는 매우 추상적인 방법론적 · 메타이론적 주제들을 떨쳐낸다면, 훨씬 더 건설적이고 연구를 자극하는 역할을 수행하게 될 것이다.

4

계급과 착취, 그리고 경제지대*
-쇠렌센의 논문 "계급분석을 위한 더 바람직한 기초를 향하여"에 대한 검토

착취 개념은 마르크스주의 전통의 계급분석에서 핵심이 되어왔지만, 이제 많은 사람들은 이 개념을 난해하고 부적절한 급진적 용어로 여긴다. 특히 대부분의 마르크스주의자들이 경제적 분석을 위한 논리적 틀로서 노동가치론을 포기한 이후, 착취 개념은 자본주의 사회에서 계급관계의 내적 동학을 이해하기 위한 엄격한 도구라기보다는 낡고 불필요한 미사여구의 하나로 여겨져왔다.

논문 "계급분석을 위한 더 바람직한 기초를 향하여"에서 오게 쇠렌센(Aage Sørensen)은 착취 중심적 계급 개념이 물질적 "삶의 조건"을 계급으로 정의하는 개념보다 불평등을 둘러싼 사회적 갈등의 구조적 기초를 더욱 잘 설명하는 잠재력이 있다고 주장한다. 그러면서 그는 마르크스주의자들이 착취를 계급분석의 중심에 놓는 것을 타당하다고 주장한다.[1] 하지만 그는 또한 존재하고 있는 계급

---

* 제4장은 Erik Olin Wright, "Class, Exploitation and Economic Rents: Reflections on Sørenson's 'Towards a Sounder Basis for Class Analysis,'" *American Journal of Sociology* 105: 6, May 2000, pp.1559-71에 발표된 논문이다.

1) Aage Sørensen, "Toward a Sounder Basis for Class Analysis," *American Journal of Sociology* 105: 6, May 2000, pp.1523-58. 쇠렌센은 계급 개념을 세 가지로 분류해 제시한다. 첫째, 순수하게 **명목적인** 계급 개념으로, 이는 계층 체계에서의

개념들이 엄격한 이론적 기초의 부재로 인해 심각하게 손상되었다고 평가하면서, 이 문제를 해결하기 위해 경제적인 착취 개념과 지대(rents)[2] 개념을 엄밀하게 동일시하여 착취 개념을 복원할 것을 제안한다. 그는 이것이 착취 개념에 이론적인 정밀함과 분석력을 제공하여 착취 개념의 근본적인 사회학적 의미를 유지하게 만드는 길이라고 본다.

나는 착취 중심적 계급 개념을 재구성하려는 이런 쇠렌센의 노력과 뜻을 같이하는 연구작업을 수행한 바 있다.[3] 그리고 쇠렌센처럼 나 역시 엄격한 착취 개념이 노동가치론을 사용하지 않고도 정교화될 수 있으며, 경제지대 개념과 다양한 착취 형태 사이에 밀접

임의적인 구분으로 계급을 정의한다. 둘째, **삶의 조건**으로서의 계급 개념은 존재하는 공통의 물질적 조건을 공유하는, "동일함을 증명할 수 있는 경계를 지닌 관찰 가능한 집단들의 경험적 실존을 주장한다."(p.1526) **착취**로서의 계급 개념은 본질적으로 적대적인 이익을 두고 갈등하는 계급들을 정의한다. 나는 이러한 개념 분류 체계에 두 가지 하위구분을 추가하고자 한다. 우선 삶의 조건으로서의 계급 개념을 삶의 공통적인 물질적 조건을 중심으로 하는 계급 개념과, 삶의 물질적 조건을 **달성하기 위한** 공통적인 **기회**(혹은 때때로 "삶의 기회"로 불리는 것)를 중심으로 하는 계급 개념으로 구분한다. 그리고 착취로서의 계급 개념을 물질적 이익에 대한 적대적 이해관계를 중심으로 하는 계급 개념과, 계급이 갖는 **쌍방향의 상호의존성**을 강조하는 계급 개념으로 구분한다. 이 장은 주로 착취로서의 계급 개념을 위와 같이 하위구분한 것에 대해 다룬다.

2) [역주] 지대는 원래 직접적인 농업생산자에 의해 창출되어 토지소유자가 전유한 잉여생산물을 말하는 것으로, 지대의 전유는 곧 토지 소유에서 발생하는 착취라고 할 수 있다. 하지만 본서에서 라이트가 사용하는 rents는 단순히 토지 소유에만 국한된 것이 아니라 '독과점적 지위를 이용해 이익을 얻는 행위' 전반을 이를 때 사용한다. 그는 이런 지대 개념을 『계급론』(*classes*, 1985)에서 기술자산을 정의하면서 이미 사용한 바 있다. 본 4장에서 다루는 오게 쇠렌센의 논문에서도 지대는 이런 의미로 사용된다.

3) 이와 같은 연구작업으로는 Erik Olin Wright, *Class, Crisis and the State*, London: Verso, 1978; *Classes*, London: Verso, 1985; *The Debate on Classes*, London: Verso, 1989; *Class Counts: Comparative Studies in Class Analysis*, Cambridge: Cambridge University Press, 1997가 있다.

한 연관이 있다고 주장해왔다. 하지만 착취가 단순히 지대발생 과정(rent-generating processes)이라는 측면에서 충분히 정의될 수 있다거나, 그러한 관점에서 수행된 계급분석이 만족스러울 것이라는 주장에는 동의하지 않는다. 이 장의 목표는 내가 왜 지대만으로는 계급분석의 "더 바람직한 기초"를 제공할 수 없다고 생각하는지를 설명하는 것이다.

다음 절에서 나는 쇠렌센이 제안한 주요 주장들을 간략하게 요약할 것이다. 그다음에는 착취를 단순하게 지대를 발생시키는 이익으로 간주하는 것이 아니라, 착취에 대한 대안적인 개념화, 즉 착취자가 피착취자의 노동을 전유하는 것을 포함하는 이익으로 착취를 정의한다. 마지막으로 지대와 착취 사이의 복잡한 관계를 논하면서 이 장을 끝맺고자 한다.

쇠렌센의 지대-기반 착취 모델

쇠렌센은 마르크스의 착취 개념을 지지하면서 자신의 논의를 시작한다. "마르크스와 나의 논문에 있어 착취는 두 계급이 갖는 이익과 불이익 사이의 인과적 관계를 의미한다. 이 인과적 관계는 계급의식의 발전에 따라 행동할 때, 잠재된 적대적 이해관계를 발생시킨다."[4] 이 정의에서 중심은 **적대적 이해관계**다. "한 행위자나 행위집단이 같은 이익을 획득하고자 하는 다른 사람이나 집단을 배제할 때, 그때의 이해관계를 적대적이라고 말할 수 있다."[5] 그래서 착취 중심 계급 개념에서는 인과적으로 적대적인 이해관계를 발생시

4) Sørensen, "Toward a Sounder Basis," p.1524.

5) Ibid.

키는 착취 과정에 의해 구조화된 것을 계급관계로 간주한다.

그렇다면 여기서 핵심적인 문제는 사회관계의 어떤 속성들이 실제로 그러한 적대적 이해관계를 작동시키는가를 이해하는 것이다. 타당하게도 쇠렌센은 노동가치론과 같은 설명에 근거하고 있는 전통적인 마르크스주의 전략이 이런 문제를 이해하는 데에 있어 만족스럽지 않다고 주장한다. 그는 착취를 경제지대와 동일시하는 단순하고 쉬운 대안을 제시한다. 다양한 종류의 자산이 생산에 배치되거나 시장에서 교환될 때, 이 다양한 종류의 자산을 보유하는 것은 사람들에게 지속적인 소득—이는 자산 소유에서 발생하는 수익이라 불린다—을 준다. 한 개인에게 그 자산의 "가치"는 그 사람이 그것을 소유한 기간 동안 그 자산으로부터 획득한 전체 수익을 통해 규정된다. 이제 우리는 "완전경쟁"이라는 조건하에서 발생하는 자산의 수익이라는 반사실적 조건을 설정해볼 수 있다. 이런 반사실적 조건에서 자산의 수익은 모두 지대다. "실제가격과 경쟁가격의 차이는 **경제지대**(economic rent)라고 불릴 수 있다... 지대는 경쟁가격 혹은 비용을 충당하기에 충분한 가격을 초과하여, 그 자산의 이용을 불러일으키기에 충분한 자산에서 오는 보수다."[6]

완전경쟁은 만족되기 아주 어려운 조건이다. 완전경쟁은 **완전한 정보**와, 한 시장 안에서 행위자들 사이에 존재하는 **모든 권력관계의 완전한 부재**를 필요로 한다. 경제학자들은 경쟁시장에 대한 논의에 권력 조건을 포함시키곤 하는데, 이로부터 경쟁과 독점시장 사이의 대조가 이루어진다. 경제학자들은 일반적으로 정보 조건에는 크게 주의를 기울이지 않는다. 만약 행위자들이 교환 및 생산체제 안에서 불완전한 정보를 가지고 있다면, 계약은 비용을 들이지 않고 이

6) Ibid., p.1536.

행될 수 없을 것이다(왜냐하면 계약을 준수하는지 감시하는 데에 자원이 투입되어야 하기 때문이다). 그러한 상황에서는 일반적으로 교환관계에서 경험하는 가격이 완전정보의 조건에서 적용되는 가격에서 벗어날 수밖에 없고, 따라서 거래비용과 관련된 지대가 발생한다.

쇠렌센은 지대에 대하여 이렇듯 표준적인 경제학적 정의를 내린 후, 착취를 지대의 측면에서 정의할 것을 제안한다. "나는… 착취를 **지대생산 자산**의 소유권이나 소유에서 발생하는 불평등으로 제한할 것을 제안한다. 지대생산 자산 혹은 지대생산 자원은 비소유자들의 비용에서 소유자의 이익이 획득되는 불평등을 만들어낸다. 지대생산 자산이 재분배되거나 제거된다면 비소유자들의 형편은 더 나아질 것이다."[7] 따라서 **착취계급**은 "지대생산 자산에 대한 권리를 부여하는 구조적 위치"라고 정의된다.[8]

착취계급에 대한 이러한 정의는 대부분의 계급분석가들이 가지고 있는 관습적인 통찰에 상당히 반대되는 매우 놀라운 몇 가지 결론들을 도출한다.

1. 자본주의적 소유관계 자체는 계급을 발생시키지 않는다. "거래비용이 없는 완전한 경쟁시장에서는 다른 누군가의 비용에서 획득되는 영구적 이익이나, 시장을 넘어서서 얻게 되는 수익은 없다. 따라서 계급위치는 관계가 없는 것이 된다."[9] 엄밀하게 말하면 이 주장은 쇠렌센의 틀 안에서 훨씬 강하게 개진된다. 즉 계급위치는 단순히 관계가 없는 것이 아니라, 아예 존재하지 않는 것이다. 완전경쟁의 자본주의적 시장경제는 하나

7) Ibid., p.1532.
8) Ibid., p.1525.
9) Ibid., pp.1527-8.

의 무계급사회가 될 것이다.

2. 노동조합이 비숙련 노동자들의 임금을 인상시켜 임금격차를 줄이는 "연대임금"을 체결한다면, 비숙련 노동자들은 착취계급이 된다. "노동조합의 주된 효과는 임금 불평등을 감소시키는 것이다. 특히 노동조합은 더 생산적이거나 덜 생산적인 노동자들 사이의 임금 차이를 줄이는 데에 효과적이다. 노동조합은 비숙련 노동자들이나 그 밖에 생산적이지 못한 노동자들에게 상당한 지대를 창출해낼 것이다."[10]

3. 높은 최저임금은 한 사회에서 착취를 증대시키고, 최저임금을 받거나 최저임금 정도를 받는 노동자들을 착취계급으로 만든다. 강력한 복지국가 역시 착취를 증대시키고, 복지 혜택을 받는 사람들을 착취계급으로 만든다.

4. 많은 자본주의 사회에서 지난 20년 동안 증가해온 불평등 가운데 일부는 한 범주의 행위자들과 다른 범주의 행위자들 사이에서 발생한 지대의 재분배를 반영하는 것일 수 있는데(특히 이는 쇠렌센이 "합성지대"라고 부른 것을 자본가들이 높은 비율로 차지할 수 있을 때 발생한다), 이 증대된 불평등은 주로 지대의 감소를 반영한다. "불평등의 증대는 최고소득자의 임금 및 소득은 증가하고, 다른 사람들의 그것은 정체하거나 감소한 것에 상당 정도 기인한다. 임금과 소득이 정체하거나 감소하는 것은 지대

10) Ibid., p.1550.

파괴에 의한 것이다."[11] 이는 노동시장에 대한 규제가 철폐된 신자유주의 체제에서 착취가 덜해지고, 이렇게 하여 무계급사회를 향한 하나의 움직임이 생긴다는 것을 암시한다.

쇠렌센은 이러한 결론들이 상식에서 상당히 어긋난다는 것을 인정한다. 하지만 그는 착취가 감소한 자본주의 사회가 실상은 많은 평범한 사람들에게 나쁜 것이 될 수 있다고 응답한다. 그는 "효율적인 노동시장이 좋은 삶을 만든다는 보장은 어디에도 없다. 현대사회에서 지대는 인구의 가장 가난한 부분에 속한 사람들에게 적당한 삶의 수준을 제공하기 위해 요구된다. 이러한 지대는 국가로부터 소득보조금과 복지재화 형태로 제공된다."[12]라고 쓰고 있다. 그렇다면 역설적이게도 계급과 착취의 제거는 인간의 고통을 증가시키고, 이에 따라 인간적인 자본주의 사회는 특히 국가가 승인한 착취 형태를 강화하는 것을 통해 특정한 종류의 적대적인 계급 이해관계를 발전시킨다.

이와 같이 대담하고, 도발적이며, 상식에 어긋나는 주장들은 내부 논리상 틀린 것이 없다. 기실 뛰어난 사회학의 특징은 일반적 통념에 반하는 사회적 관계의 속성들을 발견해서 "명확한 것에 대한 괴로운 서술"이라는 사회학 정의에 부합하는 것이다. 그렇지만 이와 같이 현저하게 상식에 반하는 주장들이 도출되었을 때에는 그 주장들의 이론적 제안에 어떤 문제가 있거나 간과된 요소들이 있다는 것을 암시할 수 있다. 내가 봤을 때 쇠렌센의 문제는 착취와 지대를 단순히 동일시한 데에서 비롯된다.

---

11) Ibid., p.1552.
12) Ibid., p.1553.

착취에 대한 대안적 정의

내가 상술하려는 착취 정의는 쇠렌센이 제안한 것과 상당 부분 겹친다. 나도 쇠렌센처럼 적대적 이해관계는 착취에 의해 발생한다고 본다. 이러한 적대적 이해관계에서 착취자의 물질적 번영은 피착취자의 물질적 이해관계가 피해를 입는 것에 인과적으로 의존한다. 또 이러한 인과적 의존이 다양한 종류의 생산자산이 소유되고 통제되는 방식에 그 뿌리를 두고 있다고 생각한다. 그리고 쇠렌센과 마찬가지로 나는 단순하게 삶의 물질적 조건으로 계급을 정의하는 것보다 착취 측면에서 계급을 정의하는 것이 물질적 불평등과 사회적 갈등을 연결하여 설명하는 데에 가장 풍부한 개념적 기초가 된다고 생각한다. 그러나 쇠렌센과 나는 두 가지 점에서 다르다. 첫째, 나는 착취의 설명메커니즘을 지대 개념이 완전히 설명한다고 생각하지 않는다. 둘째, 나는 자본주의가 완전경쟁이라는 가상적 조건에서조차 적대적인 계급 이해관계를 발생시킨다고 생각한다. 이 중 첫 번째와 관련해서는 착취가 단순히 "이익"보다는 "노동(labor efforts)"의 전유를 필요로 한다는 점을 설명해야 한다. 두 번째와 관련해서는 자본주의적 소유관계가 어떻게 완전한 경쟁시장에서조차 적대관계를 만들어내는지 증명해야 한다.

착취와 노동의 전유

나의 착취 정의에 따르면, 착취는 다음 세 가지 기준이 충족될 때

존재한다.[13)]

(1) **역(逆) 상호의존적 번영 원리**. 착취자의 물질적 번영(welfare)은 인과적으로 피착취자의 물질적 번영이 줄어드는 것에 의존한다.[14)]

(2) **배제 원리**. 착취자와 피착취자의 이러한 역 상호의존적 번영은 피착취자를 생산자원에 대한 접근에서 배제하는 것에 달려 있다.

(3) **전유 원리**. 배제는 착취자들에게 물질적 이익을 발생시키는데, 착취자들이 배제를 통해 피착취자들의 노동을 전유하는 것이 가능해지기 때문이다.

따라서 착취는 소득 불평등이 생산자원에 대한 권리 및 권력의 불평등으로 발생하는 과정임을 보여준다. 즉 불평등은 착취자들

13) 자세한 내용에 대해서는 Wright, *Class Counts*, pp.9-19를 참고하라.

14) 대개 시장경제에서는 교환에 참여한 두 행위자들이 그들의 교환 전 조건에 비해 상대적 이익을 얻는다고 알려져 있다. 이는 평범한 상품교환시장뿐만 아니라 고용계약에도 적용된다. 노동자와 자본가 양자 모두 노동력을 임금으로 전환하는 교환이 일어날 때 이익을 얻는다는 것이다. 이런 거래로부터 얻는 상호이익은 발생할 수 있으며, 한 집단의 누적된 거래이익 크기가 다른 집단의 비용에 근접하는 경우도 발생할 수 있다. 잘 알려진 것처럼(영국의 경제학자 조앤 로빈슨 Joan Robinson의 표현을 빌리자면), "자본가들에 의해 착취당하는 것보다 더 나쁜 것 한 가지는 자본가들에 의해 착취당하지도 않는 것이다." 이 같은 점은 여기에 제시되고 있는 개념뿐만 아니라 쇠렌센의 지대로서의 착취 개념에도 그대로 적용된다. 즉 자본가들이 시장에서 독점지대를 획득하는 상황에서 독점가격으로 생산물을 구입한다 하더라도 그 거래로부터 여전히 상호이익이 발생한다는 것이다.

이 자원에 대한 그들의 독점적 권리와 권력을 통해 피착취자의 노동을 부분적으로라도 전유할 수 있게 되면 발생한다.[15] 앞에 제시한 원리들 중에서 전유 원리를 제외하고 앞의 두 가지 원리(역 상호의존적 번영 원리와 배제 원리)만 존재한다면, 이는 착취가 아닌 **비착취적인 경제적 억압**이다. 양자의 중요한 차이는 비착취적인 경제적 억압에서는 이익을 보는 사회적 범주가 **그 자체로는** 배제된 범주를 **필요로 하지 않는다**는 점이다. 이익을 보는 사람들의 물질적 번영은 분명 배제 원리에 의존하고 있지만, 이익을 보는 집단과 손해를 보는 집단 사이에 지속적인 상호의존성은 존재하지 않는다. 반면 착취의 경우는, 착취자가 적극적으로 피착취자를 필요로 한다. 착취자들은 그들 자신의 물질적 번영을 위해 피착취자들의 노동에 의존한다.

쇠렌센은 명확히 이 세 번째 기준(전유 원리-역자)을 거부하며, 따라서 착취적 억압과 비착취적 억압 사이의 구분도 거부한다. 그는 다음과 같이 쓰고 있다.

> 라이트(Wright, 1997)는 비록 지대 개념의 측면에서 착취를 정식화하지는 않지만, 이와 관련된 착취 정의를 제시한다. 그는 착취가 존재하기 위해서는 계급들의 이익과 불이익 사이에 인과적 연결이 존재해야할 뿐만 아니라, 이익을 보는 계급이 손해를 보는 계급이 제공하는 노동의 결실(fruits of labor)에 의존해야 한다고 규정한다. 이

15) "노동의 전유"는 다양한 형태를 취할 수 있다. 이는 보통 그 노동의 생산물을 전유하는 것을 포함하지만, 노동서비스를 직접 전유하는 것도 포함될 수 있다. 노동이 전유된다는 주장은 자본가에 의해 전유되는 생산물의 가치가 그 생산물에 구체화된 노동의 양으로 결정된다는 노동가치론 테제에 의존하지 않는다. 이는 자본가들이 생산물을 전유할 때, 그 생산물을 만든 사람들이 쏟아 넣은 노동을 전유한다는 주장에 다름 아니다.

렇게 보면 유럽에서 온 이주민들이 미국 원주민들을 몰아냈을 때, 이주민들은 미국 원주민들의 비용에서 이익을 얻어 착취를 한 것이 아니라, "비착취적인 경제적 억압"을 한 것으로 볼 수 있다(Wright, 1997: 11). 유럽 이주민들은 분명 갈등을 유발하는 적대적 이해관계를 만들었지만, 미국 원주민들의 노동의 결실을 이전하는 요건에 무엇이 추가되어야 하는지가 분명하지 않다.[16]

"노동의 결실을 이전하는 요건에 무엇이 추가되어야 하는지"를 살펴보는 한 가지 방법은 착취가 발생하는 역사적 상황과 비착취적 억압이 발생했다고 특징지을 수 있는 역사적 상황을 대조해보는 것이다. 유럽 이주민들이 북아메리카와 남아프리카 토착민들에게 취한 조치의 차이를 생각해보자. 두 지역 모두에서 역 상호의존적 번영 원리와 배제 원리는 충족되고 있다. 두 지역에서는 이주민들의 물질적 이익과 토착민들의 불이익 사이에 인과관계가 존재하며, 이 인과관계는 중요한 생산자원인 토지로부터 토착민들을 배제한 것에 그 뿌리를 두고 있다. 하지만 남아프리카에는 전유 원리 또한 존재했다. 처음에는 이주민들이 토지를 경작하는 농업노동에서, 나중에는 광산노동에서 토착민들의 노동 과실을 전유했다. 반면 북아메리카에서는 일반적으로 토착민들의 노동이 전유되지 않았다.

이것이 왜 문제가 되는가? 만약 우리가 중시하는 것이 오직 "적대적 이해관계"가 존재하는지 여부에 있다면, 두 가지 경우 모두에 확실히 깊은 적대관계가 존재하기 때문에 문제가 되지 않을 수 있다. 하지만 두 가지 경우에서 나타나는 적대관계의 원동력은 근본적으로 다르다. 북아메리카에서는 이주민들이 원주민들을 필요로

---

16) Sørensen, "Toward a Sounder Basis," p.1541, n21.

하지 않았기 때문에, 토지로부터 원주민들을 축출하면서 발생하는 갈등에 대응하는 방법으로 집단학살 전략을 사용할 수 있었다. 미국 문화에 있는 "좋은 인디언은 죽은 인디언뿐이다"라는 도덕적으로 혐오스러운 민속적 표현이 이런 적대관계의 특성을 반영하고 있다. 노동자, 노예, 혹은 다른 피착취계급들에 대해서는 이와 같은 표현이 존재하지 않는다. 누군가가 "좋은 노예는 유순한 노예뿐이다" 또는 "좋은 노동자는 순종하는 노동자뿐이다"라고 말할 수는 있어도, "좋은 노동자는 죽은 노동자뿐이다" 또는 "좋은 노예는 죽은 노예뿐이다"라고 말하는 것은 납득이 되지 않는다. 왜 그런 것인가? 노예 소유주와 자본가들의 번창은 그들이 착취하는 사람들의 노동소모에 달려 있기 때문이다. 쇠렌센의 착취 정의는 내가 착취적 억압이라고 부른 것과 비착취적 억압이라고 부른 것을 구분하지 않았는데, 이로 말미암아 그는 **착취자들이 피착취자들에게 의존하고 그들을 필요로 한다는 것**에 담긴 중대한 의미를 포착하지 못하였다.

이런 깊은 상호의존성은 두 가지 지점에서 착취를 특별히 파열적인 사회적 관계로 만든다. 첫째, 착취는 한 집단의 이해관계가 다른 집단의 이해관계와 동시에 대립하면서 둘의 계속적인 상호작용을 요구하는 사회적 관계다. 둘째, 착취는 피착취집단에게 착취자들의 이해관계에 도전할 수 있는 실질적인 권력 형태를 부여한다. 이는 중요한 지점이다. 착취는 노동에 대한 전유에 의존한다. 인간들은 로봇이 아니라 의식적인 행위주체들이기 때문에, 자신들의 노동 소모에 대하여 상당한 실질적 통제 수준을 항상 유지한다. 따라서 착취관계 안에서 이루어지는 노동의 추출은 정도의 차이는 있지만 언제나 문제적이고 불안정하며, 그것의 재생산에는 적극적인 제도적 장치들이 요구된다.[17] 그러한 장치들은 감독, 감시, 제재 비용 등의 형태로 착취자들에게 상당한 비용을 요구할 수 있다. 그러한 비용을 부과할 수 있는 능력이 피착취자들 사이에서 형성되는 권력의 한 형태를 이룬다.

따라서 우리가 얻을 수 있는 첫 번째 결론은 다음과 같다. 지대 개념에만 근거한 착취 정의는 착취자들이 단지 피착취자들의 불이익 때문에 이익을 얻는 것이 아니라, 피착취자들에게 의존한다는 사실을 놓치고 있다. 바로 이 의존성이 계급관계의 핵심적 특성이다.

계급, 착취, 그리고 "완전경쟁"

계급과 착취에 대한 쇠렌센의 지대 중심적 개념에서는 자산에서 발생하는 수익이 정확하게 생산비용과 일치할 것이기 때문에, 완전경쟁을 하는 (그리고 또한 완전정보를 요구하는) 자본주의 시장경제는 무계급사회가 될 것이다.[18] 거기에는 지대가 없고, 따라서 착취나

---

17) 착취에 의해 발생하는 물질적 이해관계의 적대적 상호의존성 때문에, 계급관계가 자체의 재생산을 위해 적극적인 제도적 장치를 **필요로 한다**는 주장은 계급 분석의 마르크스주의적 전통에서 중점적인 것이다. 이 주장은 고전적 역사유물론의 토대/상부구조 이론이라는 강력한 형태에서든, 아니면 현대적인 네오마르크스주의의 더 약한 형태들에서든 이데올로기와 국가가 내부적으로 어떻게 생겨났는지 밝히는 이론을 구축하는 데에 기초를 제공한다. 이데올로기와 국가에 대한 이런 이론은 계급관계가 안정적으로 재생산되면, 이데올로기 형태들은 착취를 은폐하는 경향이 있고, 국가 형태들은 이러한 계급관계에 도전하는 것을 막는 경향이 있을 것이라고 예측한다.

18) 이 맥락에서는 "생산비용" 개념에 "더 많은 미래의 소비를 위해 현재의 소비를 미루는 비용"까지 포함된다. 따라서 완전한 정보를 갖춘 완전히 경쟁적인 시장에서는 대출에 대한 이자율과 투자에 대한 이윤율이 둘 다 이전의 소비 "비용"을 보상하기 위해 자산 소유자에게 정확하게 보상되어야 하는 자산에 대한 필수적 보상이라 할 수 있다.(위험이라는 주제를 도입하게 되면 문제가 더 복잡해지지만, 기본적인 주장은 이와 동일하다.)

계급도 없을 것이다.

고전적 마르크스주의의 계급 및 착취 개념은 이런 진단과 뚜렷하게 상충한다. 노동가치론의 틀에서는 노동자들이 완전경쟁이라는 조건에서도 착취당한다는 사실이 쉽게 설명된다. 그런데 우리가 노동 가치의 측정을 포기하게 되면 어떤 일이 발생하게 될까?

앞서 제시한 착취의 세 가지 기준들(역 상호의존적 번영 원리, 배제 원리, 전유 원리-역자)을 오직 두 가지 범주의 경제적 행위자—자본가와 노동자—만 존재하는 완전경쟁의 자본주의 경제에서 검토해 보도록 하자. 자본가는 생산수단을 소유했기 때문에 그런 자산들에 대한 접근에서 다른 사람들을 배제할 수 있는 효과적인 권력을 갖는다. 노동자는 단지 노동력만을 갖는다. 우리는 먼저 착취의 세 가지 기준이 충족되는지를 살펴볼 필요가 있기 때문에, 아직 이들을 "계급"이라고 부르지는 않을 것이다. 단순하게 설명하기 위해 자본가들을 순수한 지대수령자로 가정해보자. 그들은 자신의 자본을 생산에 투자하고 이 자본자산에 대한 수익률을 얻게 되지만, 그들 스스로 일하지는 않는다(그래서 이 단순한 가정에서는 경영자들이 노동자의 일부가 된다). 역 상호의존적 번영 원리와 배제 원리는 충족되는가? 자본가들의 물질적 번영은 인과적으로 노동자들을 자본자산에 접근하지 못하도록 하는 것에 의존하고 있는가? 이에 대해서는 소유권이 재분배되어 노동자들이 더 이상 자본으로부터 "배제되지" 않으면, 노동자들의 형편은 더 나아지고 자본가들의 형편은 더 곤궁해질 것인가를 검증해보면 된다.[19] 이런 검증이 적합하지 않다고

19) 이것은 존 뢰머(John Roeme)가 자본주의적 착취라고 부른 것의 존재를 판단하기 위해 제안한 검증이다(*A General Theory of Exploitation and Class*, Cambridge: Cambridge University Press, 1982). 노동자들이 동일하게 자본을 나누어 갖고 자본주의라는 "게임"에서 철수한다면, 노동자들의 형편은 더 나아지고 자본가들

주장하기는 힘들 것이다. 처음 주어진 조건에서 자본가들은 그들의 자본을 소비할 것인지 아니면 투자할 것인지를 선택할 수 있고, 소득을 위해 일을 할 것인지 아니면 하지 않을 것인지 선택할 수 있다. 노동자들은 오직 후자의 선택만 할 수 있다. 물론, 노동자들은 자본을 빌릴 수 있지만(그리고 완전정보의 세계에서는 거래비용이 없고, 감시비용도 없고, 기회주의의 가능성도 없기 때문에 담보가 필요하지 않을 것이지만), 자본을 빌리는 것보다는 자본을 완전하게 소유하는 것이 형편을 더 나아지게 할 것이다.

지대-기반 착취에 대한 분석에서 쇠렌센은, 지대생산 자산이 존재하는 곳에서 "지대생산 자산이 재분배되거나 제거된다면 비소유자들의 형편이 더 나아질 것"이라고 주장한다.[20] 우리는 여기서 자본자산이 사적으로 소유되고 불평등하게 분배되는 곳, 특히 한 행위자 집단이 자본자산을 가지고 있지 않고, 다른 집단이 일을 할 필요가 없을 정도로 충분한 자본자산을 가지고 있는 곳에서는 이 자산이 지대를 발생시키지 않더라도, "소득생산 자산이 재분배되면 비소유자들의 형편은 더 나아질 것"이라는 부동의 사실에 주목해야 한다.[21]

의 형편은 더 나빠질 것인가? 이에 대해 뢰머는 노동자들의 형편은 일반적으로 더 나아진다고 답한다. 이는 자본주의 안에서 이루어지는 자본가들의 번영 자체가 노동자들의 비용으로 발생한다는 것을 보여준다.

20) Sørensen, "Toward a Sounder Basis," p.1532.

21) 우리가 완전정보의 조건만 빠진 경쟁시장을 가지고 있다면, 자본의 소유는 쇠렌센이 말한 의미에서의 지대를 발생시킬 수 있다는 점에 주목해야 한다. 즉 스티글리츠와 와이스(Stiglitz and Weiss), 보울즈와 진티스가 보여주었던 것처럼, 불완전한 정보 조건에서는 신용시장에서의 이자율이 "시장청산율" 밑으로 떨어지게 될 것이다(이는 신용이 엄격하게 가격에 기초하여 할당되기보다는 금융기관이나 정책당국이 수요자에게 한정된 기금으로 지급하는 신용할당credit rationing이 이루어진다는 것을 뜻한다). 그렇게 할당된 신용을 사용하여 발생하는 이윤은 지대요소를 포함하게 되고, 이는 불투명한 노동시장에서 발생하

착취의 세 번째 기준인 전유 원리에 대해서는 어떠한가? 완전한 정보와 균형가격을 지닌 완전경쟁 체제에서 지대수령 자본가들은 노동자들의 "노동"을 전유하는가? 쇠렌센이 정확하게 지적하고 있는 것처럼, 그러한 가상적인 체제에서는 더 많은 노동을 들인 노동자들은 돈을 더 받고, 태만한 노동자는 돈을 덜 받는 균형이 이루어진다. 그리고 (한계효용학파의 기본적 논리에 따르면) 노동자들이 그들의 노동 수준에 따라 지불받는 양은 그 노동으로 그들이 생산한 생산물의 가격을 정확하게 반영할 것이다. 이는 신고전주의 경제학자들이 언제나 자본주의 내에 착취가 존재한다는 것을 부정하게 만든 논리이기도 하다.

그럼에도 불구하고 다음 제시하는 것들은 이러한 조건하에서도 성립한다. (1) 완전경쟁 체제에서 노동은 오직 노동자들에 의해서만 수행된다. (2) 자본가들은 그런 노동으로 만들어진 생산물을 전유하는데, 이는 노동자들이 행한 "노동의 결실"을 전유하는 것이다.[22] (3) 어떤 주어진 임금 수준에서도 자본가들은 노동자들이 자

는 고용지대와 기능적으로 동일하다고 볼 수 있다. 자신의 자본을 생산에 배치하는 자본가들도 이러한 지대를 받는다. 불완전한 정보는 신용시장에서 보편적인 조건이고, 따라서 이윤은 언제나 지대요소를 포함하게 된다. 그러므로 쇠렌센의 틀에서도 순수한 자본의 소유가 지대에 기반한 이해관계의 적대를 발생시키게 된다. 이에 대한 자세한 설명은 Joseph E. Stiglitz and Andrew Weiss, "Credit Rationing in Markets with Imperfect Information," *American Economic Review* 71, 1981, pp.393-410; Samuel Bowles and Herbert Gintis, "Contested Exchange: New Microfoundations for the Political Economy of Capitalism," *Politics & Society*, 18:2, June 1990, pp.165-222를 참고하라.

22) 이 주장은 자본가들이 전유한 것의 총가치가 그 생산물에 구체화된 노동량과 함수관계에 있다는 강력한 주장(노동가치론-역자)에 의존하지 않는다. 코헨은 노동의 결실에 대한 전유가 착취가 된다고 보는 관점을 세밀하게 잘 방어한다. 이에 대해서는 G. A. Cohen, "The Labour Theory of Value and the Concept of Exploitation," in Cohen, *History, Labour and Freedom*, Oxford: Clarendon Press, 1988, pp.209-38을 참고하라.

발적으로 노동하려는 것보다 더 많은 노동을 쏟게 만드는 데에 이해관계를 갖고 있다. (4) 노동자들이 그들 자신의 생산수단을 소유한다면, 자본가들은 노동자들이 주어진 임금 수준에서 열심히 일하게 만드는 데에 더 어려움을 겪게 될 것이다. 따라서 순수하게 경쟁적인 자본주의적 경제에서도 노동의 소모와 전유를 둘러싸고 발생하는 적대적 이해관계는 계속해서 존재하게 될 것이다.

계급, 착취, 지대

만약 위에서 개진된 주장들을 받아들인다면, 착취와 경제지대의 단순한 동일시는 계급분석의 만족스러운 기초가 되지 못한다. 하지만 이것은 경제지대 개념이 계급분석에 부적절하다는 것이 아니라, 경제지대가 착취 문제와 더욱 복잡한 관계에 있다는 사실을 의미한다. 구체적인 두 가지 예를 살펴보자. 고용지대(employment rents)는 고용계약에서 발생하는 거래비용으로부터 유래하고, 연대지대(solidarity rents)는 노동조합이 갖는 힘으로부터 발생한다.

쇠렌센의 분석에서는 노동자들이 받는 고용지대가 고용관계에서의 거래비용으로 인하여 노동자들을 착취계급으로 만드는 하나의 착취 형태로 간주된다. 하지만 여기서 제시하려는 분석에서는 고용지대가 일반적으로 노동자들이 그들 자신의 착취를 완화시킬 수 있는 한 방식으로 여겨진다.

기본적 논의는 이렇다. 불완전한 정보가 존재하는 곳—일상적인 노동계약 상황—에서 자본가들은 일반적으로 충분한 노동을 뽑아내기 위해 고용지대를 노동자들에게 지불할 준비가 되어 있다. 보울즈와 진티스는 여기서 작동하고 있는 메커니즘에 대해 면밀히 연구한 바 있는데, 이는 애커로프와 옐렌(Ackerloff and Yellen), 그리고 그 밖에 다른 연구자들이 수행한 능률급에 관한 연구를 발전시킨 것이다.[23] 자본가들은 노동시장과 노동과정에 대한 불완전한 정보 때문에 노동자들의 태만을 알아내고자 감독과 감시 등을 행하게 된다. 이는 자본가들이 노동계약을 실행하는 데에 자원을 사용하도록 강요받고 있다는 사실을 보여준다. 노동자들의 태만을 포착하는 것은 노동자들이 처벌받는 것을 우려할 때, 특히 직업을 잃게 될 수 있다는 것을 의식하는 경우에만 자본가들에게 유용하다. 노동자들에게 직업상실 비용이 커지면 커질수록 태만으로 인해 해고당할 수 있다는 위협 또한 강력해지는 것이다. 노동자들에게 기대임금을 크게 상회하는 고용지대를 지불하는 것은 직업상실 비용을 증가시켜 고용주가 가하는 위협의 힘을 더 강하게 만든다. 이렇게 봤을 때 고용주들이 노동을 추출하는 비용은 두 가지 요소로 구성된다. 첫째, 노동자들의 태만을 알아내는 비용(감시 비용), 둘째, 직업상실이 노동자들에게 해가 되게 만드는 비용(고용지대)이 그것이다.[24] 따라서 "고용지대"는 노동자들이 노동을 추출하는 자본가들의 시도에 대항할 수 있는 능력을 가지고 있기 때문에 획득할 수 있는 임금 프리미엄인 것이다. 완전해서 별도 비용이 필요 없는 정보 조건에서는 노동자들이 이런 저항능력을 잃어버리기 때문에 자본가의 노동 전유 능력은 증가된다. 결론적으로 고용지대는 노동자들이 행하는 착취의 한 형태라고 간주되기보다 노동자들이 착취에

23) George Ackerloff and Janet Yellen, *Efficiency Wage Models of the Labor Market*, New York: Cambridge University Press, 1986.

24) 보울즈와 진티스가 "경합적 교환"을 분석하면서 강조한 것처럼, 이들 두 비용 사이의 관계는 생산과정에서의 "노동 추출 기능"으로 간주될 수 있다. 고용주들은 감시에 더 많은 자원을 할당하거나(이를 통해 태만함을 감지할 개연성을 상승시키거나), 고용지대를 인상함으로써 노동 추출을 증가시킬 수 있다. 그러므로 고용주들은 일반적으로 이 두 비용 사이의 전략적 균형을 추구한다.

저항하여 얻은 결과물로 보는 것이 더 적절한 것이다.

두 번째 예로, 계급에 있어서의 지대와 착취의 관계를 밝히기 위해 비경영 피고용자들 사이의 임금 격차를 감소시키는 노동조합의 역할을 살펴보자. 이 현상을 매우 독특하게 규정한 쇠렌센의 분석에서는 미숙련 노동자들—연대임금의 주된 수혜자들—이 착취계급으로 간주된다. 착취 개념을 '노동'의 전유로 정식화하는 입장에서는 다음과 같은 질문을 던질 수 있다. "그렇다면 이런 미숙련 노동자들에게 착취당하는 사람은 누구인가?"[25] 원리상 세 후보—미고용된 미숙련 노동자, 숙련 노동자, 자본가—를 들 수 있다.

미고용 노동자들이 연대임금에 의해 잠재적으로 피해를 본다는 주장은 분명히 제기될 수 있다. 저임금 노동자들의 임금을 인상시키면 고용주들은 규제가 없는 노동시장에서 미숙련 노동자들을 고용하는 것보다 더 적은 인원만을 고용할 수 있다. 연대임금은 외부자들의 비용으로부터 내부자들이 이익을 얻는 노동시장의 경직을 초래한다(최저임금, 일자리 보장제도, 이와 유사한 다른 제도적 조치들도 마찬가지다). 그러나 이것이 연대임금을 받는 고용된 미숙련 노동자가 고용되지 않은 미숙련 노동자를 "착취한다"라는 주장을 정당화하는 것일까? 지금까지 개진한 착취 정의를 여기에 적용시켜보면 고용된 미숙련 노동자들은 착취하지 않는다. 핵심적인 질문은 이것이다. 실업자들이 단순하게 사라진다면(가령, 그들이 다른 나라로 이민을 간다고 가정해보자) 고용된 미숙련 노동자들의 물질적 번영

25) 여기서 주목해야 할 것은 이 같은 '**누가** 착취당하는가' 하는 문제가 쇠렌센의 논문 전체에서 명쾌하게 논의되지 않고 있다는 점이다. 가장 일반적인 견해는 어떤 한 종류의 지대를 받는 행위주체 범주가 있다면, 그 외 범주에 속한 행위주체들은 착취를 당하고 있다고 간주하는 것이다.

은 증대하는가, 아니면 감소하는가? "실업자라는 산업예비군"이 줄어든다면 고용된 미숙련 노동자들의 물질적 번영은 증대될 것이다. 이런 상황에서 미고용 노동자들은 일자리에 대한 접근이 거부됨으로써 비착취적 억압을 당할 수는 있지만, 착취를 당하지는 않는다.

숙련 노동자들은 어떠한가? 적어도 통계적으로 봤을 때 연대임금의 조건에서 숙련 노동자들의 임금은 노동조합이 임금 격차를 감소시키지 않은 때보다 분명히 더 낮을 것이다. 하지만 이런 맥락 때문에 미숙련 노동자들이 숙련 노동자들을 착취한다고 말하는 것은 두 가지 이유에서 여전히 납득하기 힘들다. 첫째, 노동조합이 연대임금을 주장하는 것은 연대임금이 전반적인 계급연대를 향상시켜 조직된 노동자와 자본가 사이의 권력 균형을 노동자에게 이익이 되는 방향으로 전환할 수 있다고 생각하기 때문이다. 그러한 연대는 장기적으로 숙련 노동자와 미숙련 노동자 모두의 물질적 이익을 향상시킨다. 둘째, 연대임금이 존재하지 않는 상황이라면 숙련 노동자들 자신이 노동조합이 발생시킨 지대의 수령자가 된다. 이런 상황에서 연대임금은 단순히 숙련 노동자들이 획득하는 지대를 감소시키고, 이 지대의 일부를 미숙련 노동자들에게 재분배하는 역할을 할 것이다. 지대 그 자체를 착취의 형태로 간주한다고 해도, 이것은 숙련 노동자들에 대한 미숙련 노동자들의 착취가 아니라, 숙련 노동자들에게 지대를 지불하는 경제적 행위자들(자본가들-역자)을 우선적으로 착취하는 형태인 것이다.

만약 연대임금을 단순히 숙련 노동자로부터 미숙련 노동자에게로 지대를 재분배하는 것으로 간주한다면, 자본가들이 임금을 통해 지대를 지불하고 있으므로 미숙련 노동자들이 자본가들을 착취하고 있는 것으로 볼 수 있을 것이다. 하지만 여기에서 사용한 착취의 정의에서는 자본가 자신이 노동자들의 노동 결실을 전유하기 때문에 그들은 노동자에 대한 착취자다. 따라서 연대임금이 갖는 지대적 요소는 착취의 한 형태라기보다는—훨씬 더 일반적인 고용지대의 임금 프리미엄처럼—자본주의적 착취를 일반적으로 완화하는 것으로 봐야 한다.

지금까지 살펴본 두 가지 예는 노동의 전유가 착취 개념의 기준으로 추가되면 계급, 착취, 지대 사이의 관계가 훨씬 더 복잡해진다는 것을 보여준다. 아직도 몇몇 경우에는 지대가 직접적으로 착취의 한 형태일 수 있다. 예를 들어, 토지 소유주가 소작인에게 부과하는 지대는 그 농부의 노동에 대한 직접적 전유에 해당한다. 또 다른 경우에는 지대 획득이 착취를 완화시키는 방법으로 여겨지기도 한다. 내가 일반적으로 피고용자들은 소득을 통해 다양한 형태의 지대를 수령하기 때문에, 그들을 "착취 관계에서 특권적인 전유 위치를"[26] 차지하는 것으로 간주해야 한다고 주장해

---

26) Wright, *Class Counts*, p.22. 이러한 정식화는 내가 이전에 *Classes*에서 했던 계급과 착취에 대한 작업으로부터 변화가 이루어졌다는 것을 보여준다. *Classes*에서는 기술지대와 충성지대(경영자들이 조직기구를 통제함으로써 전유하게 되는 지대) 모두를 착취의 형태로 간주했다. 이러한 변화가 이루어진 이유에 대해서는 다음을 참고하라. Wright, *The Debate on Classes*, pp.331-40.
[역주] 라이트는 *Classes*에서 경영자를 '직위적 착취'를 통해 '충성 수당'을 얻는 전략적 직업이라고 규정한다. 라이트 자신이 밝히고 있듯이 이때 그는 조직 및 기술자산 보유에서 생기는 이익까지 착취의 형태로 보면서 경영자를 하나의 '중간계급'으로 상정한다. 그러나 *The Debate on Classes*에서 라이트는 경영자를 그의 초기 작업에서처럼 다시 '계급관계 내 모순적 위치'로 분류하게 되는데, 이때 경영자가 소유하는 조직자산은 착취가 아니라 임금 불평등을 야기하는 '충성지대'로 정의된다. 그는 만약 경영자가 조직통제를 통해 착취를 하는 자본주의의 숨은 지배계급이라면, 자본주의 이후 미래사회를 구상할 때에도 일정한 역할을 수행해야 하는데 그렇지 못하다고 진단한다. 즉 생산의 조직자원을 통제한 경영자가 국가주의 생산조직에서는 그런 물질적 이해관계를 갖지 못하는 것이다. 그래서 라이트는 경영자를 착취계급이 아니라 소득 불평등을 야기하는 '계급관계 내의 지대소유자', 그의 표현대로 하면 '착취 관계 내 특권적인 전유 위

왔던 것은 바로 이 때문이다. 그러므로 착취 개념을 불완전한 경쟁과 정보 조건하에서 자산 소유자가 얻는 이익으로 축소하지 않는다면, 경제지대 개념은 계급이론에서 착취가 강화되거나 중화되는 메커니즘들의 범위를 명확하게 하는 유용한 역할을 할 수 있을 것이다.

치'로 규정한다.

5

마이클 만의 두 가지 계급분석 틀

이 장에서는 마이클 만(Michael Mann)의 뛰어난 저작 『사회적 권력의 원천』(*The Sources of Social Power*)[1]에서 사용된 계급 개념의 핵심 원리를 상세히 살펴본다. 나의 주장의 핵심은 만이 자신의 이론적 틀을 개진하고 있는 계급에 대한 일반적인 방법론적 논의와, 계급분석의 특정한 문제들을 구체적으로 탐구하고 있는 경험적 분석 사이에 괴리가 존재한다는 것이다. 만은 자신의 일반적인 방법론을 설명하면서, 계급의 설명적 타당성에 대해 상당히 엄격한 해석을 적용한다. 계급을 거의 배타적으로, 경제적 권력 원천을 둘러싸고 형성된 **조직된 집단적 행위자**로 보는 것이다. 이러한 정식화에서는 계급이 오직 집단적 행위자가 되어야만 사회학적 관심을 받게 된다. 반면, 구체적인 경험적 분석에서는 그가 계급 개념을 시장이나 기업조직 내에서의 이익과 경험, 지위를 형성하는 개인의 위치로 발전시킨다. 이 정식화에서 계급은 개인들의 삶에서 작동하는 인과

---

1) *The Sources of Social Power*, vol. 1, *A History of Power from the Beginning to A.D. 1760*, Cambridge: Cambridge University Press, 1986; *The Rise of Classes and Nation States*, vol. 2, Cambridge: Cambridge University Press, 1993; *Global Empires and Revolution*, 1890-1945, vol. 3, Cambridge: Cambridge University Press, 2012.

적 힘을 밝히는 훨씬 구조적인 개념으로 간주된다. 계급의 설명적 타당성에 대한 이런 두 가지 개념화가 본질상 서로 양립할 수 없는 것은 아니지만, 마이클 만은 양자를 통합하는 이론적 논의를 제시하지 않는다.

이하에서는 먼저 계급분석에 대한 대안적 접근의 원료라고 부를 수 있는 것에 대해 간략히 살펴본다.[2] 이는 만의 작업에서 나타나는 독특한 전략들에 몇 가지 특징을 부여하는 것이다. 그리고 2절에서는 그가 "조직유물론(organizational materialism)"이라고 부른 그의 사회학적 분석의 전반적인 틀에 대해 살펴본다. 그러고 난 후, 3절에서는 계급에 대한 만의 일반적인 방법론적 주장을 개괄하고, 4절에서는 이와 달리 19세기 중간계급을 상세히 분석한 만의 작업에 대해 다룬다. 그리고 마지막 5절에서는 계급분석의 다층 수준에 대한 몇 가지 논의들을 살펴보고자 한다.

Ⅰ. 계급분석에 대한 대안적 접근을 이루는 원료

계급분석에 대한 대부분의 이론적 접근은 상호 연관된 세 가지 개념군—계급관계, 계급위치, 계급구조 / 계급구조화와 계급 형성 / 집단적 계급 행위자—을 포함하고 있다.[3] 이 세 가지 범주는 실제

2) 나는 "계급분석"이라는 용어를 계급과 관련된 현상—가령 계급관계, 계급구조, 계급 형성, 계급투쟁 등—에 대한 연구와, 이런 현상이 미치는 효과에 대한 연구 모두를 포함하는 포괄적인 의미로 사용한다.

3) 이들 세 가지 개념군의 명칭에 대해서는 계급분석가들 사이에 명확한 합의가 이루어지지 않았다. 때때로 "계급 형성"이라는 용어는 구조적으로 결합된 거시적 집단의 형성과, 집단적 행위자들의 형성 모두를 포괄하는 것으로 사용된다. 그리고 때때로 "계급위치(class position)"나 "계급상황(class situation)"이 "계급지위(class location)" 대신에 사용되기도 한다.

인과과정과 그 효과를 확인하려고 한다는 점에서 모두 "실제적인" 개념이다. 원칙상 이 세 범주 가운데 어느 하나를 반드시 연구주제로 선택해야 하는 것은 아니지만, 계급분석가들은 실제로 이 범주들 중 하나에 집중하여 분석하는 경향을 보인다.

계급관계, 계급위치, 계급구조

계급의 구조적 개념이 갖는 중요성을 강조하는 사회이론가들 사이에서는, 계급관계를 어떻게 정의하는 것이 가장 적절한가에 대한 논쟁이 다수 이루어졌다. 이 가운데 일부를 우리는 제1장에서 다룬 바 있다. 베버주의자들은 시장교환의 사회적 관계를 강조한다. 이에 따르면, 계급관계 내에서의 위치—혹은 베버가 "계급상황"이라고 부른 것—는 사람들이 교환관계에서 사용하는 자산의 성격에 의해 정의된다. 마르크스주의자들은 일반적으로 계급관계를 생산의 사회적 관계라는 보다 폭넓은 측면에서 정의하는데, 이는 노동시장에서의 교환관계뿐만 아니라 생산 내에서의 관계까지 계급관계에 포함시킨다. 존 골드소프(John Goldthorpe)는 계급위치를 정의할 때에, 노동시장에서의 교환을 위해 행위자가 가지고 나온 자산뿐만 아니라, 이 교환으로부터 야기된 고용계약의 성격에도 주의를 기울여야 한다고 주장한다.[4] 이러한 개념화들은 모두 하나의 기본

4) 골드소프는 그가 "노동계약"이라고 부른 것과, "서비스계약"이라고 부른 것을 구분한다. 노동계약은 노동자들이 특정한 양의 노동을 임금(wage)과 교환하는 것이고, 서비스계약은 피고용자들이 급여(salary)를 위해 미정(未定)의 서비스를 교환하는 것이다. 이 논의를 가장 잘 설명한 텍스트는 John Goldthorpe, "Social Class and the Differentiation of Employment Contracts," in John Goldthorpe, *On Sociology*, vol. 2, *Illustration and Retrospect*, 1st edn., Oxford: Oxford University Press, 2000, pp.206-29이다.

적인 착상을 공유하고 있는데, 그것은 바로 계급관계 내의 위치가 그 위치를 차지하고 있는 사람들의 삶에 체계적인 영향을 미친다는 것이다.

계급위치는 미시적 수준의 개념이다. 이는 개인들의 삶에 영향을 미치는 인과과정을 확인할 수 있게 해준다. **계급구조**는 좀 더 거시적 수준의 개념이다. 이는 적절한 분석단위 내에 있는 계급관계에 의해 정의된다. 따라서 한 기업의, 한 경제적 단위의, 한 사회의, 심지어는 세계의 계급구조에 대해 논의할 수 있다. **계급관계**는 미시적·거시적 수준 모두에 공통적인 개념이다. 계급위치는 계급관계 안에서 결정되며, 계급구조는 여러 계급관계들로 구성된다.

계급 형성과 구조화

계급관계와, 그것이 결정한 위치 자체는 어떤 실질적인 정체성이나 단결력을 지닌 하나의 사회집단을 나타내지 않는다. 계급관계 안에서 공통의 위치를 점하고 있는 사람들은 어떤 중요한 것을 함께 공유—베버의 유명한 표현에 따르자면, 이 사람들은 "삶의 기회를 구성하는 인과요소"를 동일하게 부여받는다—하며, 이는 그들을 사회적으로 연관된 하나의 **범주**(category)로 간주하는 것을 정당화한다. 하지만 그들은 실제적인 **집단생활**을 필히 공유하지 않으며, 실질적인 사회적 경계로 나누어진 **실제 사회집단**도 아니다.[5] 그

5) "집단"이라는 말은—사회이론의 다른 많은 어휘들처럼—그 의미가 매우 모호하다. 여기에서는 집단 내 사람들을 둘러싼 실제 경계를 형성하고, 그에 따라 외부자로부터 내부자를 구분하는 사회적 과정이 존재한다는 것이 중요하다. 어떤 집단에 속한다는 것을 묘사하기 위해 "소속감(멤버십)" 같은 말의 사용을 정당화하는 것이 바로 이런 경계 형성 과정이다. 한 무리의 개인들이 공통의 인과과정에 복속되는 것은 그들이 한 **범주**라는 것을 경험했기 때문이지만, 한 집단이 필

렇게 잘 경계 지어진 사회집단이 만들어지지 않더라도 계급관계와 위치는 사람들의 삶에 여전히 실제적이고 체계적인 영향을 미치지만, 계급이 이와 같은 강력한 사회집단이 될 때 계급이 미치는 영향은 분명 더욱 증대한다.

사회적 형성 정도에 영향을 미치는 집단으로서의 계급과 같은 핵심적인 인과과정—혹은 앤서니 기든스(Anthony Giddens)가 계급**구조화** 과정이라고 언급한 것—은 다음과 같은 것들을 포함한다. 세대 간 혹은 세대 내 계급 이동성, 계급에 따른 결혼과 친분 형성 패턴, 이웃과의 계급 동질성 정도, 계급 경계를 강화하는 학교교육의 계급화, 그리고 같은 위치에 있는 사람들에게 두드러진 공통의 계급 상황/위치를 만드는 다른 많은 과정들이 그것이다.

몇몇 계급분석가들이 계급분석의 결정적인 문제로 여기는 것은 이런 의미로 정의된 집단으로서의 계급 형성이다. 피에르 부르디외(Pierre Bourdieu)는 계급이 분석가들에 의해 만들어진 명목상의 범주일 뿐이라고 비유하면서, "계급"을 실제 집단이 아닌 단지 "이론상의 계급"이라고 간주한다. 우리는 그가 언급한 "주지주의적 환상, 즉 사회학자에 의해 구성된 이론적 계급을 실제 계급으로, 그리고 효과적으로 동원된 집단으로 간주하는 것"을[6] 깰 필요가 있다. 폴 킹스턴(Paul Kingston)은 여기에서 더 나아가 계급이 높은 수준의 내적 동질성을 가진 결합된 집단으로 형성되지 않으면, 계급은 존재하지 않을 것이라고 주장한다. 결론적으로 그는 오늘날의 미국을

연적으로 이런 강력한 의미를 띨 필요는 없다. 어떤 한 범주 안에 있는 사람들의 공통성을 정의하는 인과과정이 실재하는 한에서는 하나의 "범주"가 실제 과정을 나타내지만, 그 범주는 경계 형성 과정이 덧붙여질 때까지는 여전히 공통의 특징을 갖는 분리된 개인들의 한 무리일 뿐이다.

6) Pierre Bourdieu, "The Social Space and the Genesis of Groups," *Theory and Society* 14: 6, November 1985, p.723.

"계급 없는 사회"라고 주장한다.[7] 잔 파쿨스키와 말콤 워터스(Jan Pakulski and Malcom Waters)는 그런 상황을 "계급 없는 불평등"이라고 말한다.[8] 여기에 놓여 있는 중심적 생각은, 수많은 불확실한 특성들이 한 사람의 사회적 "위치"를 규정하는 것을 확인할 수 있고, 그 특성들이 "실제 사회집단들"로 구체화되지 않으면, 그중 어느 하나에 특별한 중요성을 부여할 이유가 없다는 것이다. 이런 관점에서는 가정된 "실제 인과과정"을 계급관계와 동일시하는 것만을 실재론으로 간주한다.

계급 행위자들

계급은 사회집단의 이익에 따라 전략적으로 행위하는 집단적 조직들 없이도 상대적으로 일관된 사회집단을 형성할 수 있다. 몇몇 역사적 맥락에서는 그러한 조직된 집단적 행위자들이 억압에 의해 존재하지 않았다. 또 다른 맥락에서는 상쇄하는 다양한 과정들—예컨대 민족적, 인종적, 언어적, 국가적, 종교적 분열—이 집단적인 계급 행위를 일으키는 조직이 형성되는 것을 방해하였다. 그리고 모든 역사적 상황에서는 무수한 부문적 · 부분적 힘들—마이클 만의 정식화를 사용하자면—이 일관되고 광범위한 계급조직의 형성을 약화시키는 경향이 있었다.[9] 그럼에도 불구하고 몇몇 이론가들

---

7) Paul Kingston, *The Classless Society*, Stanford, CA: Stanford University Press, 2000.

8) 잔 파쿨스키와 말콤 워터스의 관점은 본서 제7장에서 심화 논의된다.

9) [역주] 마이클 만이 계급과 구분하면서 사용한 'sections'와 'segments'를 각각 '부문'과 '부분'으로 번역한다. 통상 부문(sections)은 이미 상위구조와 하위구조가 정해진 상황에서 하위구조를 일컬을 때 쓰는 말이고, 부분(segments)은 위계구조와 상관없이 전체와 대비하여 전체가 아닌 특정한 일부를 가리킬 때 주로 사용한다. 이런 사전적 의미에 비춰봤을 때, 만이 계급과 대비해서 사용한 두 용

은 계급의 설명적 타당성이, 사회구조가 생산되고 변형되는 다양한 장소에서 계급을 기반으로 하는 "권력 행위자들"이 출현해 서로 대립하는 정도에 달려 있다고 주장한다. "역사는 계급투쟁의 역사다"라는 마르크스의 유명한 진술이 이러한 주장의 가장 극단적인 형태이다. 이러한 정식화에 따르면, 인류 역사의 전반적 궤적에 대한 설명에서 핵심적인 부분은 집단적 행위자로서의 계급 형성인데, 그들의 투쟁은 사회구조를 변형시키는 효과를 갖는다. 그러나 집단적 계급 행위자들이 갖는 초역사적 중요성을 주장하는 이런 매우 강력한 가정을 거부하더라도, 권력을 위해 경쟁하는 계급 행위자들의 형성을 계급분석의 중심축으로 삼는 것은 여전히 가능하다.

2. 계급분석에 대한 마이클 만의 일반적 접근 : 조직유물론

만은 계급분석에 대한 접근법들 가운데 상당히 극단적인 입장을 취하여 이 세 가지 개념군(① 계급관계, 계급위치, 계급구조, ② 계급 형성과 구조화, ③ 집단적 계급 행위자들-역자)을 다룬다. 그의 관점에 따르면, 계급분석은 거의 전적으로 집단적인 권력 행위자로서의 계급 형성에 초점을 두어야 한다. 이러한 관점을 이해하기 위해서는, 먼저 만이 "조직유물론"[10]이라고 부른 사회구조와 사회변화 연구에 대한 그의 일반적 접근법을 간략히 살펴볼 필요가 있다. 조직유물론은 권력 연구를 위한 개념 목록과, 내가 권력과 사회에 대한 만의 기본적 제안이라고 부르는 것으로 구성되어 있다.

어를 위와 같이 번역하는 것이 가장 적확하다고 사료된다.

10) Mann, *Sources of Social Power*, 1, p.36.

개념 목록

권력 연구를 위한 만의 틀은 두 가지 개념군을 포함한다. 첫 번째는 **사회적 권력의 실질적 원천**에 대한 유형화이고, 두 번째는 **조직들의 변형 형태**에 대한 목록이다. 사회적 권력의 네 가지 원천은 이데올로기적, 경제적, 군사적, 정치적 권력이다(이를 각 수식어의 영단어 첫 자를 따서 IEMP 모델이라고 부른다). 이것은 권력의 네 가지 구분되는 원천이고, 만은 이 원천들의 효과가 항상 상호작용의 복잡한 형태—혹은 그가 "얽힘(entwining)"이라고 부른 것—에서 비롯되었다고 주장한다. "네 가지 권력 원천은 자신의 궤적을 따라가다가 서로 부딪혀 방향을 바꾸는 당구공 같은 것이 아니다. 권력의 원천들은 서로 '얽힌다.' 즉, 그것들의 상호작용은 자신의 외적 궤적뿐만 아니라, 다른 것의 내적 형태도 변화시킨다."[11] 이러한 권력 원천과 연결되어 있는 조직의 변형 형태들은 이항 대립으로, 즉 집단적 권력 대 분산된 권력, 외연적 권력 대 내연적 권력으로 표현된다.[12] 이 개념들은 권력조직과, 구체적인 역사적 상황에서 이루어지는 권력조직들의 상호작용을 면밀히 기술할 수 있게 해준다.

만의 조직유물론을 구성하는 기본 테제 : 권력조직들이 사회의 구조와 변혁을 결정한다

『사회적 권력의 원천』 제2권 초반부에서 만은 이렇게 쓰고 있다. "우리의 목적을 추구하다 보면, 우리는 사회의 전반적 구조를 결정

11) Mann, *Sources of Social Power*, 2, p.2.
12) 이 개념 요소들에 대한 정의는 다음을 보라. Mann, *Sources of Social Power*, 2, pp.6-10.

하는... 권력조직들로 들어간다."[13] 이 서술은 아마 사회학 이론에 대한 만의 일반적 접근을 구성하는 기본 주장으로 간주될 수 있을 것이다. 즉, 사회구조는 문화나 가치, 개인적으로 행동하는 개인들의 합리적 선택, 혹은 사람들이 작동시키는 소유관계에 의해 결정되는 것이 아니라, 근본적으로 **권력조직들**에 의해 결정된다.[14] 물론, 그러한 권력조직들은 가치와 신념을 형성해 통제하며, 개인들이 선택할 수 있는 한계 범위를 만들고, 특정한 소유관계 패턴을 강제하는 힘을 통해 권력을 행사한다. 하지만 한 사회의 사회구조를 근본적으로 결정하는 요소는 다른 것이 아닌 바로 이 권력조직이다.

만은 이 관점에 대하여 폭넓은 메타이론적 방어를 하지 않는다. 나는 그가 자신이 행한 역사연구의 경험적 통찰이 이 모델에 대한 최상의 방어라고 여겼다고 보는 것이 적절하다고 생각한다. 물론 그러한 방어의 기본 요소들이 만의 분석 속에 내재되어 있다. 만의 접근은 소위 행위주체 중심의 사회분석적 틀이라 할 수 있다. 그것

---

13) Ibid., p.6.

14) 『사회적 권력의 원천』 제1권에는 미묘하게 다른 정식화가 담겨 있다. 사회의 전반적 구조가 권력조직들에 의해 결정된다고 말하는 대신에, 만은 "사회들은 겹쳐지고 상호작용하는 다층의 사회공간적 권력 네트워크로 구성되어 있다"고 쓰고 있다(*Sources of Social Power*, 1, p.1). 전자와 후자 사이에는 세 가지 수사적 변화가 있다. 첫째, 앞의 정식화는 "사회"를 언급하는데, 뒤의 정식화는 "사회구조"를 언급한다. 둘째, 앞의 정식화는 권력 네트워크에 대한 일반적 견해를 제시하는데, 뒤의 정식화는 권력조직에 초점을 맞춘다. 셋째, 앞의 정식화는 사회를 권력 네트워크에 의해 "구성되는" 것이라고 말하는데, 뒤의 정식화는 권력기관이 사회구조를 "결정하는 것"이라고 말한다. 이렇게 다른 정식화들이 어떤 변화를 의미하는 것인지는 분명하지 않다. 어느 경우든, 나는 사회의 구조가 권력조직에 의해 "결정된다"고 말하는 것이, 사회들이 그러한 조직들에 의해(혹은, 더 광범하게 "권력의 네트워크"에 의해) "구성된다"고 말하는 것과 거의 같은 것이라고 가정할 것이다.

의 주된 착상은 다음과 같다. 사람들은 다양한 종류의 능력을 사용하여 목표를 달성하기 위해 행동한다. 그들은 다른 개인들과 전략적으로 상호작용하는 개인으로써, 또는 집단적 조직에의 참여를 통해서 그렇게 할 수 있다. 사회구조의 발생, 재생산, 변혁은 그러한 전략의 결과물이다. 이렇게 봤을 때 그의 기본적 제안은, 사회구조와 사회변화를 결정적으로 설명해주는 것은 사회관계 안에서의 개인들의 상호작용이 아니라, 권력 행사를 통해 목표를 추구하는 집단적 조직 형태라는 것이다. 우리는 왜 이러한 주장을 받아들여야만 하는가? 이에 대한 만의 대답은, 목표를 추구하는 데 있어 조직이 개인보다 모든 종류의 원천을 훨씬 효과적으로 동원할 수 있기 때문에, 조직은 모든 사회기관들의 재생산과 변혁에 대해 훨씬 강력한 잠재적 효과를 갖는다는 것이다. 마이클 만은 조직에 의해 사용되는 네 가지 권력 원천의 설명적 우위를 다음과 같이 기술한다.

> (사회변화는-역자) 이데올로기적, 경제적, 군사적, 또는 정치적 만족에 대한 인간의 욕망에서 나오는 것이 아니라, 이런 인간의 목적을 획득하기 위해 각각이 가지고 있는 특정한 조직적 수단으로부터 나온다. 조직적 수단이 무엇인지는 관계가 없다... 사회적 권력의 네 가지 원천들은 사회적 통제를 위한 다양한 조직적 수단을 제공한다. 다양한 시공간에 걸쳐서 권력의 네 가지 원천 각각은 조직에게 증대된 힘을 제공하는데, 이 힘은 조직 형태가 한동안 사회의 전반적인 형태에 영향을 미칠 수 있게 만든다.[15]

권력의 네 가지 원천이 갖는 이런 병참(兵站)과 같은 효험 때문에,

---

15) Mann, *Sources of Social Power*, 1, pp.2-3.

> 이데올로기적, 경제적, 군사적, 정치적 권력조직을 통제하려는 투쟁은 사회발전의 중요한 순간을 구성한다. 사회는 주로 서로 얽힌 이데올로기적, 경제적, 군사적, 정치적 권력에 의해 구조화된다... 네 가지 권력 원천은 인간이 자신의 목표를 달성할 수 있도록 확실하고, 잠재적으로 강력한 조직적 수단을 제공한다.[16)]

이렇게 봤을 때 "권력조직들이 사회의 전반적인 구조를 결정한다"는 일반적이고, 추상적인 주장은 사회구조가 목표 지향적인 행위의 결과라는 생각과, 그러한 행위를 위한 조직적 장치들이 가장 포괄적이고 장기적인 효과를 가지게 될 것이라는 주장을 개략적으로 표현한 것이다.

따라서 만의 사회학적 분석의 일반적 틀은 합리적 선택이론과 상당히 유사한 기본 착상에서 출발한다. 즉 사람들은 목표를 가지고 있으며, 그것을 달성하기 위해 자원들을 전략적으로 배치한다는 것이다. 하지만 그는 사회의 구조화된 속성을 형성하는 데 있어 가장 중요한 주요 행위자가 개인주의적 방식에서 설정하는 개인이 아니라 권력조직에 결합된 개인이라고 주장하면서, 이 착상을 개인주의적인 방식으로 정교화하는 것에는 반대한다. 권력의 네 가지 원천을 사용하고, 조직 변화의 세 가지 이항대립에 따라 달라지는 이러한 권력조직들은 개인들이 자신의 삶을 영위하는 원칙적이고 구조적인 특성과, 사회 변화의 대규모 궤적을 구성하는 역동적 과정 모두를 설명한다.

---

16) Ibid., p.122, p.9.

3. 경제적 권력조직으로서의 계급

마이클 만이 제시한 조직유물론이라는 일반적인 틀 안에서 봤을 때, 계급은 사회적 관계 내에 있는 위치들이 아니며, 인구통계학상에서 폐쇄되어 있고, 경제적으로 위계적인 집단도 아니다. 도리어 계급은 경제적 권력 자원을 사용하는 조직들을 구성하는 특정한 종류의 집단적 행위자들이다. 하지만 만이 어디에서도 계급조직에 대한 명쾌한 정의를 제시하지 않았기 때문에, 분명히 누구나 다른 종류의 경제적 권력조직과 대립되는 하나의 특정한 경제적 권력조직이 "계급"조직의 한 예라고 이해할 것이다. 계급조직에 대한 정의에 가장 가까운 것은 만이 계급을 경제적 권력에 기초한 다른 두 종류의 집단적 행위자들, 즉 부문과 부분으로부터 계급을 구분한 간략한 논의 속에 들어 있다. 이어지는 구절은 전체를 인용할 만한 가치가 있다.

> 모든 복잡한 사회는 경제적 자원에 대한 통제권을 불평등하게 분배해왔다. 그렇기 때문에 계급은 어디에나 존재해왔다. 마르크스는 가장 기본적이게 생산수단을 소유하거나 분배 및 교환을 통제하는 사람들과, 자신의 노동만을 통제할 수 있는 사람들을 구분하였다. 그리고 우리는 분명히, 경제적 자원에 대한 훨씬 구체적인 권리로 계급을 더욱 상세히 구분할 수 있다. 그런 계급은 기능직이나 전문직처럼 더욱 작은 부문의 행위자들로 나누어질 수 있다. 계급들은 서로 수직적으로 연관되어 있는데, 계급A는 계급B를 착취하면서 B보다 상위에 존재한다. 하지만 계급이 아닌 집단들은 또 다른 집단과 수평적으로 갈등한다. 인류학의 어법을 따라, 나는 이런 집단들을 "부분들"이라고 부른다. 한 부분적 집단의 구성원들은 다양

한 계급들이 모인 것이다. 마치 부족, 혈통, 후원자-고객관계[17], 지역, 산업체 같은 집단들처럼 말이다. 부분들은 수평적으로 서로 경쟁한다. 계급과 부문, 부분, 이 모두는 인간사회에서 다른 것을 가로지르고 약화시킨다.[18]

이 정식화에서 계급은 경제적 권력조직인데, 이 조직들의 경제적 권력은 "경제적 자원에 대한 권리"에서 나온다. "부문"은 계급의 한 부분이다. 그들은 한 계급조직 안에 자리잡음으로써 "부문"이라는 개념적 지위를 획득한다. 부문 자체가 계급조직의 한 예가 되지 못하는 것은 부문이 계급조직의 일부이기 때문이다. 만일 부문보다 큰 권력조직이 집단적 행위자에 의해 없어진 데 반해 부문적 조직들이 온전히 살아 있게 된다면, 그 부문적 조직들은—짐작건대—"계급"이 될 것이다.[19] 반대로, 부분은 경제적 자원에 대한 서로 다른 종류의 권리를 갖는 집단들이 결합된 경제적 권력조직이다. 이것이 바로 부분이 계급을 가로지른다고 말할 때의 의미이다.

---

17) [역주] 후원자-고객관계(patron-client network)는 처음에 인류학에서 비공식적 구조를 설명할 때 쓰던 용어로, 주로 농촌사회에서 우발적인 사건-사고로 말미암아 발생하는 인간의 불안 심리를 극복하기 위해 친족집단을 벗어나 맺은 관계를 말한다. 이는 사회의 높은 경제적 위치에 있는 사람(후원자)이 낮은 위치에 있는 사람(고객)에게 보호나 이익을 제공하기 위해 자신의 영향력과 자원을 사용하고, 고객은 후원자에게 이에 대한 보답으로 지지와 조력을 제공하는 관계를 말한다.

18) Ibid., 2, pp.7-8.

19) 부문적 권력조직과 계급적 권력조직을 대조한 이런 설명이 옳다면, 마이클 만의 다음과 같은 진술이 의미하는 바는 매우 명확하지 않다. "우리는 분명 경제적 자원을 둘러싼 훨씬 특정한 권리에 따라 계급을 더욱 세밀하게 구별할 수 있다"(*Sources of Social Power*, 2, p.8). "훨씬 특정한 권리"는 "훨씬 일반적인 권리들" 사이에 자리할 것이기 때문에, 이러한 더 "세밀한" 계급은 부문으로서 동등한 지위를 갖게 될 것이다.

이러한 방식으로 이해했을 때, 계급분석의 핵심 주제는 권력조직으로서의 계급이 형성되는 패턴과, 이것이 역사적으로 어떻게 발전했는가를 이해하는 것이다. 만은 대부분의 인류 역사에서 계급은 경제적 권력조직의 주된 형태가 아니었다고 주장한다.

> (근대시대까지) 부분과 부문은… 대체로 계급보다 두드러졌다. 계급은 단지 일반적으로 "잠재되어" 있을 뿐이었다. 소유주와 노동자, 그리고 여타 사람들이 투쟁하였지만, 이는 대개 은연중에 일상의 지역 수준에 집중적으로 국한되었다. 대부분의 대규모 투쟁은 부분들 사이에서 벌어졌다.[20)]

자본주의 발전 과정에서 계급에 대한 주된 논의는 처음에는 자본가들 사이에서, 나중에는 노동자들 사이에서 계급이 지배적인 경제적 권력조직 형태로 점차 나타난다는 것이다. 어떠한 자본주의 사회도 마르크스가 예측한 것처럼 "다른 계급과 정면으로 맞닥뜨리는 변증법적 투쟁"—이러한 권력투쟁에서는 부문들의 분열과 부분 간 경쟁이 언제나 중요한 역할을 한다—에 참여하는 완전히 양극화되고, 대칭적이며, 대규모적인 계급조직까지 도달하지는 않지만, 자본주의 발전은 계급조직의 우위와 대규모의 계급갈등 형태로 나아가는 몇 가지 경향을 최소한 발생시킨다.[21)]

따라서 만의 계급분석은, 앞서 논의된 계급분석의 세 번째 개념군(집단적 계급행위자들-역자)에 확고히 뿌리박고 있다. 그러나 그는 더 나아가 계급구조의 객관적인 관계적 측면에 대한 체계적 분석

20) Mann, *Sources of Social Power*, 2, p.8.
21) Ibid., 2, p.26.

이 전혀 유용하지 않다고 주장한다. 경제적으로 결정된 자본가와 프롤레타리아 계급에 대한 마르크스의 논의에 관한 논평에서, 만은 다음과 같이 쓰고 있다.

> 그러한 계급이 "객관적"이라고 간주될 수 있지만, 우리는 계급을 다른 "객관적" 기준에 따라 정의하는 것을 택할 수 있다. 이른바 산업사회 이론가들은 노동분할 속에서 전문화된 역할에 따라 계급을 구분하는데, 이 방법은 직업과 관련된 수많은 계급을 발생시킨다. 베버주의자들은 시장능력에 따라 계급을 규정하는데, 재산 소유, 희소한 직업기술, 전문가의 권력, 교육수준에 기초하여 많은 계급을 만들어낸다. 이렇게 동일하게 "객관적인" 도식들 사이에서 우리는 어떤 선택을 할 것인가?
> ... 조직적이지 않은 경제적 기준은 내가 "잠재적 계급"이라고 부르는 것—"객관적 계급"이나 "즉자적 계급"이라는 용어와 대체로 대응하는—만을 제공한다. **이러한 잠재적 계급은 그다지 사회학적인 관심 대상이 아니다.** 이론가들은 이념형으로서 잠재적 계급과 같은 분석적 범주를 개발할 수 있지만, 이것들 중 일부만이 실제 세계를 설명하는 데에 도움을 준다. 만약 계급이 실제 세계에서 중요한 권력 행위자들이라면, 그들은 대규모적으로든 정치적으로든 조직화되어야만 한다(강조는 인용자).[22]

---

22) Ibid. 여기에서 만의 입장은 몇 가지 방식에서 아담 쉐보르스키(Adam Przeworski)의 관점과 유사하다. "계급은 정치적 · 이데올로기적 실천에 선행하지 않는다. 사람들을 노동자 혹은 개인, 구교도, 불어 사용자, 미 남부지역 출신자 등으로 정의하는 것은, 존재하는 사회적 관계를 유지하거나 그것을 다양한 방식으로 바꾸기 위한 투쟁에 참여하는 정치세력들의 실천에 필연적으로 내재하는 것이다. 계속되는 투쟁의 결과에 따라 계급은 조직되고 해체된다... 이데올로기적 투쟁은 계급들 **사이**의 투쟁이기에 앞서 계급에 **대한** 투쟁이다." Adam

이는 의미 있는 구절이다. 사실상 마이클 만은 계급과 계층분석가들이 연구하는 것들이 대부분 집단적으로 조직된 권력 행위자들의 효과보다 사회구조 안에서 사람들이 차지하는 위치의 객관적 속성이 지닌 효과에 초점을 두기 때문에, 사회학적인 관심 대상이 아니라고 주장한다. 그러한 연구는 지엽적일 뿐이다. 모든 실제적인 인과적 행위는 집단적으로 조직된 권력 행위자들에 의해 이루어진다.

이런 속성들과 만의 중심적 관심사인 집단적 권력 행위자들의 형성 사이에 체계적인 인과적 관련성이 없다면, 그가 계급관계의 객관적 속성에 대한 분석을 일축하는 것에 주목할 필요가 있다. 사회적 관계의 구조와 집단적 행위자의 형성 사이에 약간의 임의적 관계만이 존재한다면—즉, 사회관계의 구조적 배치가 집단적 행위자가 형성될 가능성에 거의 영향을 미치지 않는다면—"잠재적" 계급에 대한 연구는 만이 다룬 폭넓은 문제들과 거의 관련성이 없게 된다. 하지만 "생산의 사회적 관계"의 객관적 속성이 특정한 종류의 권력조직을 다른 조직들보다 더 유망하고 지속가능하게 만든다면, 계급분석은 이 두 가지 개념군 모두에 관심을 둬야 할 것이다. 사실 이것은 그가, 중간계급이 19세기에 집단적 행위자로 형성되는 것을 설명하는 작업에 착수했을 때 정확히 수행했던 바이다.

Przeworski, *Capitalism and Social Democracy*, New York: Cambridge University Press, 1985, p.70.

4. 중간계급

마이클 만은 19세기 자본주의에서 형성된 중간계급에 대한 자신의 분석을 다음과 같이 요약한다.

> 중간계급은 권력자원과 독특한 관계를 맺으면서 자체의 조직과 집단적 의식을 갖고 출현하는데, 이 관계는 "순수하지 않은(impure)" 두 가지 정식으로 요약된다. 두 가지 정식은 자본의 분산된 순환에 의해 발생하는 조직들에 대한 중간 부분의 참여와, 권위적인 국민국가에 대한 더욱 독립적이고 다양한 참여이다.[23]

만의 이런 정식화에 서술된 것처럼, 여기에서 중심이 되는 기준은 "조직에의 참여"이다. 그 결과로 나타난 계급은 "각각 구분되는 권력조직을 갖는 내부 분파들"을 포함하고 있고,[24] 중간계급의 권력조직들이 그들 스스로 자본가계급의 권력조직 및 국가(계급적이지 않은 정치적 권력조직)와 깊이 뒤엉켜 있기 때문에 순수하지 못하다. 물론 순수 여부와 관계없이, 중간계급은 19세기 동안 정치투쟁의 넓은 범위에서 점점 더 중요한 역할을 수행하는 권력조직을 형성하였다.

따라서 중간계급에 대한 만의 분석은, 그의 설명 계획상 집단적 행위자의 형성 문제에 뿌리를 두고 있는 것이 사실이다. 하지만 그의 계획상의 선언과는 달리, 만은 중간계급의 내부 분파들이 차지하는 경제적 위치의 "객관적" 속성에 대한 조사를 "사회학적인 관

23) Mann, *Sources of Social Power*, 2, p.590.

24) Ibid., 2, p.547.

심 대상이 아닌" 것으로 취급하지 않는다(다시 말해, 사회학적인 관심 대상으로 다룬다-역자). 기실, 이질적인 사회적 범주들이 단일하고 집단적으로 조직된 계급으로 형성되는 것에 대한 그의 설명에서 핵심이 되는 것은, 생산과 교환의 관계적 측면 내에서 중간계급의 위치를 면밀하게 조사한 부분이다.

만은 중간계급을 세 가지 내부 분파로 구분한다. "1. **프티부르주아** : 소규모 사업주. 2. **커리어리스트**(Careerists) : 회사와 관료체계에서 승진한 임금 또는 급여를 받는 피고용자. 3. **전문가** : 국가에서 인증한 직업을 갖는 집단적으로 조직된 '교육받은 사람'."[25] 여기에서 문제는, 이 세 가지 범주에 속한 사람들이 비록 내부 분파들로 나누어지긴 했어도, 왜 하나의 단일한 계급으로 형성되는가를 설명하는 것에 있다. 만의 이러한 작업은 표면적으로 타당해 보이지 않을 수 있다. 프티부르주아는 스스로 고용된 소규모 소유주들이고, 커리어리스트는 대개 회사에서 급여를 받는 피고용자들이며, 전문가는 상당한 자율성을 갖는 고도의 자격을 갖춘 직업군이기 때문이다. 만은 두 가지 과정이 이 범주들을 하나의 단일한 계급으로 만든다고 주장한다. (1) 이들 세 범주에 속한 사람들의 경제적 상황이 가진 객관적 속성은 "자본 순환"에 대한 그들의 삶의 기회와 깊이 연관되어 있다. (2) 이 세 범주가 국가와 맺는 관계는 이 범주들이 특정한 종류의 이데올로기적 · 정치적 시민권을 갖게 만드는데, 이는 그 범주들을 하나의 단일한 중간계급으로 더욱 통합시킨다. 여기에서는 이 가운데 첫 번째 인과과정에 초점을 맞추고자 한다.

만은 이 세 분파를 하나의 단일한 계급으로 통합시키는 세 가지 경제적 과정을 다음과 같이 규정한다.

---

25) Ibid., 2, p.549ff.

1. **경제적 위계와의 관계**. "세 부분은 경제적 위계와 관계되어 있다."[26] 이는 특히 커리어리스트의 경우에 분명하다. "커리어리스트의 충성은 합리적이고 신실한 것이다. 자본주의는 특히 그 자체를 위해 작동한다... 개인적으로 봤을 때는 일부 커리어리스트들만 성공하고 다른 사람들은 실패하지만, 집단적으로 그들은 20세기에 지속된 경제적 발전을 가져온 조직들에서 일해왔다."[27] 프티부르주아지의 경우는 이보다 분명하지 않은데, 많은 소규모 고용주들이 자본주의 기업들과의 경쟁에서 손해를 입고, 자본주의 금융기관들에 의해 압박을 받기 때문이다. 하지만 마이클 만은 이렇게 주장한다. "프티부르주아들 사이에서는 성장에 대한 열망도 통합된다. 대부분의 작은 사업체는 더 큰 사업체나 더 부유한 소비자들과 협력함으로써, 더 많은 수의 고객을 얻는다."[28] 전문가들의 경우에는 "고객 수요가 자본가 및 중간계급의 가족과 사업체로부터 발생한다." 이는 특히 "자본순환에 분산적으로 참여하는" 변호사의 경우에 사실이지만, 이 경우에도 전문직은 "전문가 권력이 부분적으로 유사 자본주의 기업이나 유사 국가 부문을 통해 표현되기" 때문에 자본의 요구를 직접적으로 수행하지는 않는다.[29] 요컨대 만은 이 세 분파 모두에서, 개인들의 삶의 기회가 세 분파들이 자본주의적 위계와 갖는 관계에 의해 형성된다고 주장한다.

---

26) Ibid., 2, p.570.
27) Ibid., 2, p.563.
28) Ibid., 2, p.570.
29) Ibid., 2, p.569.

2. **소비 패턴**. "중간계급은 (신베버주의자들이 주목한 것처럼) 뚜렷이 구별되게 소비한다."[30] 위계에 참여함으로써 얻게 되는 공통된 삶의 기회는 상대적으로 높은 소득을 발생시키는데, 이 소득은 삶의 안정적 수준을 보증한다. 그리고 공통된 소비 수준은 공통된 지위가 갖는 의미를 만들고, 집단 내 결혼이나 인구통계학적으로 다른 계급 형태가 형성되는 것을 돕는다.

3. **자본 투자**. "세 분파는 소득을 소규모 투자자본으로 전환시킬 수 있다." 대부분의 노동자들은 안정된 저축을 할 수 없었기 때문에, 이 잠재력은 19세기 중간계급의 경제적 상황을 노동계급과는 분명히 다르게 만들었다.

상기의 과정들을 함께 고려해보면, "중간계급의 특징과 내적 다양성이 무엇이든지, 중간계급의 세 분파는 자본주의의 분산된 부분적 위계에의 참여, 계급적 소비 증표, 잉여소득의 추가적인 투자자본으로의 전환 등을 공유한다."[31] 혹은 분명한 차이가 있음에도 불구하고, 베버의 좀 더 일반적인 표현에 대입시켜보면, 중간계급의 세 분파는 자본주의 시장 및 고용관계 내에서의 위치와 관련되어 있는 삶의 기회의 공통된 인과 요소를 공유한다.

이 지점에서 마이클 만은, 이 범주들의 물질적 이해관계가 한 계급구조 안에서 명확한 위치를 발생시키기에 충분할 정도로 다르다고 간주한 이론가들을 반박한다. 그의 이런 주장이 설득력 있는 것일 수도 있고 아닌 것일 수도 있지만,[32] 그의 주장은 정확히 그가

---

30) Ibid., 2, p.570.

31) Ibid., 2, p.571.

32) 여기에서 이 두 주장을 상세하게 평가하는 것은 나의 목표가 아니다. 내가 생각

"사회학적인 관심 대상이 아니다"라고 간주한 "잠재적" 계급에 대한 주장에 속한다. 그는 분명히 유사하지 않은 두 가지 사회적 위치들이 보다 포괄적이고, 개념적으로 일관성 있는 집단의 하위범주로 간주되어야 하는지 여부를 결정하기 위한 객관적 기준을 제안한 후, 그러한 분류에 대한 특정한 설명을 옹호한다. 사실상 중간계급에 대한 만의 모든 논의는, 자본주의 경제 안에서 사람들의 삶의 기회를 형성하는 중심적인 인과적 힘을 규정하는 것과 관련되어 있고, 이 기초 위에서 프티부르주아, 커리어리스트, 전문가를 중간계급의 세 가지 구성요소라고 주장한다. 이 논의 가운데 어떤 것도 공통되고 명확히 구분되는 중간계급의 형성을 그가 주장한 집단 행위자의 형성과 직접적으로 관련짓지 않는다.

누군가는 내가 마이클 만의 분석에서 이 부분을 잘못 설명했다고 반박할 수 있을 것이다. 왜냐하면 그는 처음부터, 통합적이고 계급 기반적인 집단 행위자로서의 중간계급 형성이 단순히 이러한 경제적 요인들에 의해 설명될 수 없을 뿐만 아니라, 이는 중간계급의 특정한 이데올로기적 · 정치적 시민권의 형성을 포함한다고 주장했기 때문이다. 기실 이러한 정치적이고 이데올로기적인 요소들은 그의 서술에서 중심적인 것이다. 하지만 내가 보기에는, 그렇게 형성된 집단적 행위자들이 바로 **계급**이라는 주장은 정치적 · 이데올로기적 과정에만 기초하는 것이 아니라, 대체로 노동과 소비의

했을 때 가장 설득력이 적은 것은, 19세기 프티 부르주아지—소규모 사업주와 스스로 고용된 육체노동자로 정의되는—전체가 기업 관리자나 자유직업인 등으로 구성된 계급의 일부라고 주장하는 것이다. 프티 부르주아지의 가장 큰 부분이 농부들이었기 때문에, 설사 많은 농부들이 시장성과와 관련된 "성장의 포부"를 가졌을지라도, 경제적으로 조건 지어진 소규모 농부들의 삶의 기회를 이런 다른 범주들의 삶의 기회와 기본적으로 비슷한 것으로 간주하는 것은 문제가 있다.

경제적 조건 속에서 만들어진 공통의 삶의 기회를 이 범주들이 공유한다는 주장의 우선적 확립을 필요로 한다. 만이 중간계급 문제를 정교화하면서 이 문제를 다룬 장의 초반부 절반을 이러한 객관적인 물질적 조건과 그것의 효과를 논의하는 데 할애한 점과, 이러한 계급 조건의 공통성을 확립한 후에야 집단적 조직과 행위의 더 강력한 형태를 만드는 정치적 · 이데올로기적 요인들에 대한 논의로 옮겨간 점은 결코 우연한 일이 아닐 것이다.

5. 계급분석의 다층 수준

마이클 만이 **명시한** 계급분석 전략에 대한 나의 주요 비판은, 그가 "잠재적" 계급이라고 부른 것을 연구하는 것이 부적절하다고 여겼다는 점에 있다. 나는 역사적 과정에 대한 우리의 심화된 이론적 이해가, 계급을 조직된 권력 행위자로만 이해하기보다는, 계급분석의 세 가지 개념군을 체계적으로 함께 도입하려는 시도하에서 발전한다고 생각한다. 이때의 세 가지 개념군은 사회구조로서의 계급, 사회집단으로서의 계급, 조직된 사회적 행위자로서의 계급이다. 사실 이것은 만이 제시한 추상적 방안에서 얻을 수 있기보다, 그가 수행한 구체적인 역사적 조사에서 발견할 수 있다. 하지만 잠재적 계급에 대한 그의 주장은 면밀하게 발전되지 않았고, 그가 잠재적 계급의 객관적 속성을 논하는 논쟁이 상당한 시간 낭비라고 간주하였기 때문에, 그에 대한 개념적 기초 역시 불분명한 상태로 남아 있다.

잠재적 계급을 연구하는 것에 대한 만의 거부는, 적어도 부분적으로는 계급에 대한 고전적인 개념화인 **즉자적 계급/대자적 계급**을 거부하는 것에서 비롯된다. 계급을 즉자적 계급/대자적 계급으로 개념화하는 것에는, 집단적 행위자로 형성된 계급들의 일대일 대응 구도와 객관적으로 정의된 계급구조 내의 범주들이 내재하는데, 이는 구조적으로 정의된 계급이 집단적 행위자로서의 계급으로 변화된다는 목적론적 이론과 부합된다. 그는 이러한 모든 목적론적 관점과 그러한 관점을 수반하는 단순한 계급 상응 원리를 분명히 거부한다.

그러나 만의 입장을 거부하는 것이, 곧 즉자적 계급/대자적 계급이란 목적론으로 회귀하는 것을 의미하지 않는다. 복잡한 계급구조와 집단적 행위자의 형성 사이에 일대일 대응을 믿지 않더라도, 계급관계와 계급구조가 실재하며 실제 효과를 발생시킨다고 생각할 수 있다. 마이클 만처럼, 집단적 계급 행위자라는 문제에 계급분석의 뿌리를 두면서, 범주적으로는 즉자적 계급/대자적 계급이라는 틀을 거부하는 아담 쉐보르스키가 이 문제를 다음과 같이 잘 설명해준다. "사회적 관계 안에서의 위치는 정치적 실천의 성공을 결정하는 한계로 작용하지만, 이들 한계 내에서 투쟁하는 계급은 계급 형성을 유발하는 투쟁에 의해 결정된다."[33] 이 주장이 옳다면—즉, 계급관계의 구조가 집단적 계급 행위자의 형성 가능성에 제약을 가한다면—이러한 제약을 발생시키는 일련의 계급관계들(계급구조들)의 일반적 속성을 이해하려는 시도는 가치 있는 일일 것이다.

모순적 계급위치에 대한 나의 작업은 이런 시도를 위한 한 가지 전략이다. 나는 개인들이 복잡한 방식으로 생산의 사회적 관계 안에 위치한다고 주장해왔다. 이 복잡성에는 다양한 차원이 존재한다.

- **직업**상의 복잡성은 생산의 사회적 관계 안에 위치한다. 특히,

33) Przeworski, *Capitalism and Social Democracy*, p.67.

직업들은 자본주의적 소유관계 및 권력관계에 의해 상대적으로 결정된다.

- **시장관계**상의 복잡성은 고용관계와 연관되어 있다. 이는 특히, 기술과 전문지식의 문제와 관련되어 있다.

- 계급위치의 **시간적 측면**에서의 복잡성은 커리어리스트의 위치에 관한 마이클 만의 논의와, 골드소프의 서비스계급 개념과 매우 유사하다.

- **개인 측면**에서의 복잡성은 가족과 친족을 통해 계급관계와 연결된다. 이는 특히, 남편과 아내가 모두 노동하는 가정에서 두드러진다.

- 내가 "**착취 과정 안의 특권적 위치들**"이라고 부른 것 내에서 발생하는 복잡성은 그들의 잉여소득을 투자자본의 형태로 자본화할 수 있다.

한 개인의 계급관계 안에서의 객관적 위치는 이러한 복잡성의 총화로 결정된다. 이러한 위치는 "계급"이 아니다. 오히려 이는 복잡하게 구조화되어 있는 계급관계 내의 위치들이다. 하나의 계급구조는 분석에 적절한 일부 단위 내에 있는 그러한 위치들에 의해 결정된다.

이렇게 봤을 때, 계급분석의 핵심 목표는 객관적으로 정의된 계급관계의 속성들과, 계급 형성 및 조직된 계급투쟁 사이의 인과적 관계를 이해하는 것이다. 물론, 이를 추구하면서 구조적 계급 개념의 정교화에 에너지를 집중해야 할 필연적 이유는 없다. 흥미로운 행위는 대개 계급관계 자체 안에서 발생하기보다는, 계급관계의 효과를 매개하는 정치적 · 이데올로기적 과정과 관련되어 있다고 할 수 있다. 하지만 이와 마찬가지로, 계급의 구조적 개념을 정교화하는 과제 역시 거부할 이유가 존재하지 않는다.

2부

21세기의 계급

6

미시계급으로서의 직업 -데이비드 그루스키와 킴 위덴의 계급분석 재구성

데이비드 그루스키와 킴 위덴은 1990년대 말부터 동료들과의 공동 작업을 통해 계급분석을 위한 매우 독창적인 틀을 개발해왔다.[1] 그들 제안의 핵심은 분화된 직업 범주를 토대로 한 계급분석을 구축하자는 것이다. 그들은 이런 범주를 마르크스주의와 베버주

---

1) 이런 작업 흐름에 있는 연구물 목록을 제시하면 다음과 같다. David B. Grusky and Jesper B. Sørensen, "Can Class Analysis Be Salvaged?" *American Journal of Sociology* 103: 5, March 1998, pp.1187-234; David B. Grusky, Kim A. Weeden, and Jesper B. Sørensen, "The Case for Realism in Class Analysis," *Political Power and Social Theory* 14, 2000, pp.291-305; David B.Grusky and Jesper B. Sørensen, "Are There Big Social Classes?" in *Social Stratification: Class, Race, and Gender in Sociological Perspective*, 2nd edn., ed. David B. Grusky, Boulder: Westview Press, 2001, pp.183-94; David B. Grusky and Kim A. Weeden, "Decomposition without Death: A Research Agenda for a New Class Analysis," *Acta Sociologica* 44: 3, 2001, pp.203-18; David Grusky, "Foundations of a Neo-Durkheimian Class Analysis," in *Approaches to Class Analysis*, ed. Erik Olin Wright, Cambridge: Cambridge University Press, 2005, pp.51-81; Kim A. Weeden and David B. Grusky, "Are There Any Social Classes at All?" *Research in Social Stratification and Mobility* 22, 2005, pp.3-56; Kim A. Weeden and David B. Grusky, "The Case for a New Class Map," *American Journal of Sociology* 111: 1, July 2005, pp.141-212; Kim A. Weeden and David B. Grusky, "The Three Worlds of Inequality," *American Journal of Sociology* 117: 6, May 2012, pp.1723-1785.

의하에서 작업한 사회학자들이 만든 전형적인 "거대계급"과 대조되는 "미시계급"으로 부른다. 그루스키는 계급에 대한 이런 개념화를 신뒤르켐주의 접근이라고 불렀는데, 이 접근법은 뒤르켐이 직업을 선진자본주의 경제에서의 경제적 활동, 연대, 이해관계의 기초 단위로 생각한 것을 받아들인다.[2)]

그루스키와 위덴의 접근법은 이 책 제1장에서 제시한 바 있는 통합적 계급분석의 일반적 틀에 깔끔하게 맞아떨어지지 않는다. 그래서 나는 그루스키와 위덴의 계급 개념을 마르크스주의와 베버주의 계급분석과 연관짓는 또 다른 방법을 이번 장에서 제시해보고자 한다. 제1장에서 주장한 것처럼 나는 그들의 접근법을 계급분석에서 경쟁하는 학파로 간주하기보다는 분석의 상이한 맥락에 적합한 다른 종류의 인과 메커니즘들을 다룬다고 본다. 1절에서는 그루스키와 위덴 모델의 핵심 주장들을 살펴보고, 2절에서는 계급분석과 관련된 권력 및 이해관계 갈등의 다양한 맥락들을 이해하기 위한 전략을 상세히 설명한다. 그리고 3절에서는 이 전략 모델을 마르크스주의와 베버주의, 그리고 그루스키와 위덴의 신뒤르켐주의 계급분석과 연결시켜본다.

---

2) 그루스키의 신뒤르켐주의 접근법에 대한 정의는 "Foundations of a Neo-Durkheimian Class Analysis."에 가장 명확하게 나타나 있다. 그가 노동 분업에서 연대의 핵심적 기초인 직업을 다루는 방식은 뒤르켐의 유기적 연대이론에서 직업, 집단의식, 기타 요소들을 다루는 방식과 차이가 나는데, 그루스키는 뒤르켐이 그것들 사이에 존재한다고 상정한 기능적 상호의존성 개념을 받아들이지 않기 때문이다. 그루스키의 접근법은 현대사회의 응집된 사회조직에서 노동 분업 내 직업들을 그 기본 단위로 간주하고 이에 중점을 둔다는 점에서는 뒤르켐과 관련이 있지만, 뒤르켐 사회이론에서 다루는 일반적 의제에서는 많이 벗어나 있다.

1. 그루스키와 위덴의 미시계급 모델

그루스키와 위덴 모델의 이론적 토대를 논하기에 앞서 그들이 "계급"이란 용어를 사용하는 방식에 관해 간략히 언급할 필요가 있다. 그루스키와 위덴 모델의 핵심은 분화된 직업이 관례적인 계급 범주들로 분석되어왔던 광범위한 현상들에 대해 갖는 중요성을 밝히는 것이다. 그들 작업에 가할 수 있는 한 가지 비판은 "미시"라는 수식어가 있음에도 불구하고, 그들이 "계급"이란 용어를 사용하는 방식에 대해서다. 그들은 왜 좀 더 명료한 용어인 "직업"을 고수하여 직업분석 대 계급분석이라는 논의 구도를 만들어내지 못하는가? 나는 개인적으로 그들의 분석틀에 "직업분석"이란 용어를 사용하는 것이 더 적합하다고 생각하지만, 여기에서의 주요 쟁점은 용어 사용에 관한 것이 아니므로, 그들이 사용한 용어에 대해서는 더 이상 비판하지 않으려 한다. 여기서 중요한 쟁점은 그루스키와 위덴이 사회에서 작동하고 있는 실제 인과과정들을 확인하고 있는지 여부와, 이런 과정들이 훨씬 고전적으로 이해되던 계급들과 어떻게 관련되는지 살펴보는 것이다. 따라서 나는 그들의 계급분석에 대한 접근법을 탐구하면서 그들이 사용한 표현, 즉 대부분의 사회학자들이 사용하는 "거대계급"과 대조되는 미시계급으로서의 계급범주 구분을 받아들이고자 한다.

그루스키와 위덴의 계급 모델은 다음과 같은 매우 일반적인 질문에서 시작된다. 생산체제에서의 개인의 위치와 관련하여 계급 이론가들이 항상 설명하기 원하던 것들, 가령 생활기회, 수입, 정치적인 태도 및 행동, 문화적인 기호 등과 같은 것들을 가장 잘 설명해주는 것은 무엇인가? 이런 것들의 동질성을 발생시키는 것은 분명 존재하는데, 이는 위치와 관련된 이익, 경험, 여타 조건들 사이의 동질성과 같은 것이다. 이런 통찰은 피에르 부르디외(Pierre Bourdieu)의 "동질적인 존재 조건은 동질적인 조건화를 부과하고, 유사한 실천을 발생시킬 수 있는 동질적인 성향 체계를 만들어낸다."[3]라는 잘 알려진 공식을 충실히 따르고 있다. 대부분의 사회학자들은 이런 동질성을 "거대계급" 내에서 발생하는 것으로 본다. 그루스키와 위든은 이런 조건의 동질화가 상세한 직업 차원에서 훨씬 강하게 작동한다고 주장한다.

계급에 대한 이런 접근에서 중심이 되는 개념은 "직업"이다. 그루스키는 다음과 같이 쓰고 있다.

> 현대 뒤르켐주의 분석의 출발점은... "직업"이다. 기술적으로 유사한 일자리들의 집단으로 정의할 수 있는 것은 (1) 연합이나 조합, (2) 자격증 혹은 증명서 교부요건, (3) (고용주, 노동자, 그리고 여타 다른 위치들 사이에) 생산을 조직하고 노동을 분배하는 효율적인, 혹은 선호되는 방식에 대한 광범위한 합의 등을 수단으로 노동시장에 제도화된다. 그렇게 정의된 직업들은 대개 경쟁하는 집단들 사이의 법적인 투쟁을 통해 생성된다.[4]

그루스키와 위든에게는 이런 방식으로 정의된 직업이 생산체제 안에서 개인의 위치를 정의하는 하나의 실제적 범주로 여겨진다. 이 범주의 실제성은 여기서 중요하다고 할 수 있는데, 그런 범주들은 단지 학문적으로 만들어진 분석적 범주가 아니라, 고용주와 연

3) Pierre Bourdieu, *Distinction: A Social Critique of the Judgment of Taste*, Cambridge, MA: Harvard University Press, 1984, p.104; Weeden and Grusky, "The Three Worlds of Inequality," p.1728에서 재인용.

4) Grusky, "Foundations of a Neo-Durkheimian Class Analysis," p.66.

합들의 실제 관행들에 제도화되어 있기 때문이다. "거대계급들의 동질성은 사회학자들이 분석적으로 일자리 혹은 직업들을 일관성 있는 집단으로 묶으려 하기 때문에 발생하는 반면, 직업들의 동질성은 고용주들이(그리고 어느 정도까지는 노동자들이) 일자리를 가장 전형적인 직업분석도에 맞추려 하기 때문에 발생한다."[5)]

그루스키와 위덴은 대다수 사회학자들에 의해 고안된 분석적 범주들에 의존하는 것을 오로지 "거대계급"에만 초점을 맞춘 계급분석의 결점 중 하나로 본다.

> 계급분석은 현재 노동시장의 실제 제도들로부터 분리되어 학자들이 분석적으로 의미를 갖는다고 제시한 계급지도와 연결되어왔다. 설사 그 지도들이 법적 혹은 제도적 지위를 가지지 않고, 고용주나 노동자, 혹은 여타 다른 대상들의 특징을 나타내지 않는다 해도 그렇다(소수의 학자그룹들은 여기서 제외한다).[6)]

고용주들은 일자리를 직업적인 측면에서 홍보한다. 노동자들과 노동조합은 직업의 법적 경계를 둘러싸고 투쟁을 벌인다. 사람들은 "무슨 일을 하십니까?"라는 질문에 대해 직업으로 답한다. 이 중 어떤 것도 "거대계급"에 들어맞지 않는다. 거대계급이 그 자체로 전문직이나 숙련된 육체노동자 같은 직업들의 집합체로 정의되든, 아니면 지배와 착취 측면에서 정의가 되든, 그것은 여전히 조직의 규약, 일상적 관행, 사람들의 실제 합의에 공식적으로 제도화되어 있는 범주가 아니라, 분석가들의 이론적 추론에서 만들어진 추상적인

---

5) Weeden and Grusky, "Case for a New Class Map," p.153.

6) Grusky, "Foundations of a Neo-Durkheimian Class Analysis," p.65.

분석 개념으로 남는 것이다.[7]

그루스키와 위덴의 미시계급 분석 모델은 분화된 직업들이 생산 내 위치들의 실제 경계가 되고, 계급분석에 흥미로운 결과를 낳는 충분한 내적 동질성을 갖는다고 주장한다. "직업은 그 직업에 종사하는 사람들을 대표하여 집단적으로 행동하고, 지대를 뜯어내거나 비종사자를 착취하며, 생활기회와 생활방식을 결정하고, 계급이론가들이 오랫동안 집단적 계급들이 그랬다고 생각한 것과 같이 행동한다."[8]

이런 정의를 적용하면 미국과 같은 매우 크고 복잡한 사회에는 수백, 많게는 수천의 미시계급들이 존재하게 된다. 그루스키와 위덴은 그들의 경험적 연구에서 직업을 126개로 구분하였지만, 직업들을 이 숫자로 제한하는 것은 매우 큰 데이터 통제다. 그들이 행한 한 분석에서는 심지어 사회학자와 경제학자가 서로 다른 두 미시계급으로 간주되고 있다.[9] 미시계급의 숫자는 한 사회에 존재하며 제도화되어 있는 내부적으로 동질적인 직업범주들의 숫자라는 점이 중요하다.

---

7) 일부 "거대계급" 이론가들은 그루스키와 위덴처럼 적어도 그들의 범주 구조 안에서는 실제적이 될 수 있지만, 이는 단지 그루스키와 위덴이 다룬 것과 다른 현상들을 다룰 때에만 그럴 뿐이다. 생산수단의 소유나 피고용인을 고용하고 해고할 수 있는 능력, 노동시장에서의 노동력 판매, 그리고 상관의 명령을 따르는 것 등은 사회관계에 내재하는 실제 메커니즘들을 보여준다. 직업들이 이런 메커니즘을 통해 사람들을 분류함으로써 좀 더 총체적인 범주로 결합될 수 있다는 사실은 하나의 조직화 전략이지만, 이 사실이 그 전략에 내재한 개념이 실제적이지 않다는 것을 의미하지 않는다.

8) Grusky, "Foundations of a Neo-Durkheimian Class Analysis," p.67.

9) 그루스키와 위덴은 사회학자와 경제학자가 갖는 뚜렷하게 다른 정치적 태도가 미시계급과 관련된 세 가지 특정 메커니즘—자기 스스로의 선택, 훈련, 상호작용의 폐쇄—을 반영한다고 분석한다. 자세한 내용에 대해서는 Weeden and Grusky, "Case for a New Class Map," pp.191-2를 참고하라.

다음 단계는 이런 결과들이 발생되는 데에 작용한 실제 인과메커니즘들을 구체적으로 제시하는 것이다. 또 다른 논문에서 그루스키와 위덴은 분화된 직업들과 밀접하게 관련된 다양한 메커니즘 혹은 과정을 밝히는데, 주로 다음 세 가지 메커니즘에 대해 논하고 있다.

1. **배정**. 고용주에 의한 선택과 구직자 스스로의 선택, 이렇게 두 가지 선택 모두를 포함한다.

2. **사회적 조건화**. 교육과 훈련, 상호작용의 폐쇄성(직업의 경계를 가로지르기보다는 한 직업 내에서 빈도 높게 반복되는 사회 작용), 이해관계의 형성, 그리고 직업 특유의 생활방식과 사회적 태도를 만드는 직업 환경 등을 포함한다.

3. **조건의 제도화**. 특히 공식적인 자격부여와, 일자리의 처우조건을 정하는 고용 규약, 그리고 직업 연합들의 관행 등을 포함한다.[10]

세 가지 모두는 많은 계급 연구자들이 계급이 어떻게 영향을 미치는지 설명할 때에 주로 언급하던 것들이다. 이런 과정들이 전통적인 계급분석의 훨씬 집단적인 범주들보다 직업으로 정의된 미시계급들에서 더 일관되고 강력하게 작동한다는 것이 그루스키와 위덴의 주장이다. "선택, 사회화, 그리고 다른 동질성을 낳는 메커니

10) 위의 책, pp.149-53과 Weeden and Grusky, "Three Worlds of Inequality," pp.1728-30.

즘들은 직업이 미치는 특별한 영향을 받으며 작동하는데, 이는 고전적인 거대계급 모델이 생산구조의 상당 부분을 감추게 될 것임을 암시한다."[11]

이와 관련하여 그루스키와 위덴, 그리고 그들의 동료들은 거대계급과 미시계급의 설명력을 경험적으로 비교하고, 양자가 미치는 영향력의 상대적 세기가 시간이 지나면서 어떻게 변화하는지 살펴보는 작업을 수행하였다. 나는 여기서 그들이 수행한 복잡한 경험적 조사에 관해서는 상술하지 않겠지만, 두 가지 중요한 일반적 결과를 제시하고자 한다. 첫째, 미시계급은 일반적으로 매우 광범위한 개인적 차원의 결과들을 설명하는 능력이 어떤 거대계급 모델들보다 뛰어나다. 거대계급 모델이 미시계급 모델과 비교했을 때 합리적으로 기능하는 유일한 변수는 대개 생활기회들, 즉 교육, 소득, 부와 매우 밀접하게 관련되어 있다. 둘째, 지난 수십 년에 걸쳐서 거대계급의 영향력이 생활기회들을 제외하고는 일반적으로 약화되는 경향이 있었다는 점이다. 반면에 미시계급에서는 일반적으로 그런 영향력의 약화 경향이 존재하지 않는다. 그루스키와 위덴이 수행한 조사의 최종적 결론은, 사람들의 생산체제 내 위치에서 비롯된 결과들에 관심을 두는 사회학자들은 그들의 주된 관심을 전통적인 거대계급보다는 직업적으로 정의된 미시계급에 두어야 한다는 것이다.

2. 계급분석을 위한 이해관계 갈등 전략

나는 그루스키와 위덴이 행한 경험적 분석의 핵심적인 요지에

11) Weeden and Grusky, "Case for a New Class Map," p.149.

반대하지 않는다. 분석의 특정 방법과 전략에 대해서는 항상 이견이 제시될 수 있지만, 나는 그들의 기본적인 주장이 탄탄하다고 생각한다. 생활방식, 기호, 정치적 · 사회적 태도 등에서 개인적 특성을 가로지르는 변화를 설명하기 위해서는 미시계급이 집단적인 범주들보다 훨씬 체계적인 영향력을 갖는다. 그리고 거대계급의 효과를 감안하더라도, 그루스키와 위덴이 "거대계급의 구조적 근간"이라고 부른 소득과 부를 설명하는 데에도 미시계급은 실질적인 영향력을 행사한다. 내가 탐구하려는 것은 미시계급에 관한 이런 결과 및 논의들을 마르크스주의와 베버주의 계급분석에서 중점적으로 다룬 바 있는 이론적 의제와 관련을 지어보는 것이다. 그렇게 하기 위해서는 로버트 알포드(Robert Alford)와 로저 프리들랜드(Roger Friedland)가 도입한 정치적 갈등을 둘러싼 전략이라는 관점을 자세히 설명하는 것이 유용할 것이다.[12)]

알포드와 프리들랜드는 자본주의 사회에서 일어나는 정치투쟁의 유형을 세 가지 권력 형태—체제적 권력, 제도적 권력, 상황적 권력—와 관련지어 개발하였다.[13)] 그들은 이런 세 가지 종류의 갈등을 구분하는 방법을 밝히기 위해 게임의 비유를 사용하였다. 체제적 권력과 연관된 투쟁은 어떤 게임을 해야 하는지에 대한 투쟁이고, 제도적 권력과 관련된 투쟁은 이미 정해진 게임에서 쓰이는 규칙에 대한 투쟁이며, 상황적 권력과 연관된 투쟁은 고정된 일련의 게임규칙 안에서 쓰이는 수들에 대한 투쟁이다.[14)] 스포츠에 대

---

12) Robert Alford and Roger Friedland, *The Powers of Theory: Capitalism, the State, and Democracy*, Cambridge Unviersity Press, 1985, pp.6-11.

13) 알포드와 프리들랜드는 두 번째 권력 형태인 "제도적 권력" 대신에 "구조적 권력"이란 용어를 사용하였지만, 특히 이 권력은 국가제도들에 작용하는 권력 종류이기 때문에 제도적 권력이라는 용어가 더 분명한 표현으로 여겨진다.

14) [역주] 'moves in the game'에서 move는 '수'를 의미한다. '수'란 게임을 하는 기

해 생각해보자. 각각의 게임들은 서로 다른 신체적 특성을 지닌 운동선수들에게 각기 다른 이익과 불이익을 주기 때문에, 선수들은 자신에게 유리한 게임을 하는 것에 관심을 갖는다. 강한 힘을 지니고 있고 150kg 몸무게에 신장 1m70cm인 선수와, 민첩함과 좋은 스태미나를 지닌 신장 2m10cm인 선수, 이렇게 두 선수에 대해 생각해보자. 그들은 허용된 두 가지 스포츠 게임—미식축구와 농구—중에서 오직 한 가지 게임만을 할 수 있다. 만약 농구 게임이 지배적이라면 무거운 운동선수는 분명 소외될 것이다. 가끔 특정 게임을 할 때, 게임규칙 자체가 문제가 되서 그 규칙이 변하면 다른 특성을 지닌 선수가 유리한 위치에 서게 되는 경우도 있다. 예를 들어, 농구에서 덩크슛을 가능하게 만든 골대(rim)을 터치할 수 있다는 규칙 변경은 큰 키에 이점을 준다. 선수들은 최종적으로 일련의 고정된 규칙들을 감안하여 그 게임에서 경기할 때 필요한 훈련 체계와 경기에서 사용할 전략들을 취하게 된다. 그다음 이어질 수밖에 없는 일은 현재의 게임규칙 안에서 특정 기회들을 부당하게 이용하기 위한 온갖 종류의 새로운 전략과 훈련 방법들을 선수들 자신이 만들어내는 것이다. 이런 것들이 달라지는 것에 맞춰 게임의 수들은 다양한 방식으로 게임 분위기를 변화시키기 시작한다. 때때로 이런 변화는 관중과 선수들에게 게임의 정신 혹은 진실성을 약화시키는 것으로 간주되거나, 오히려 게임의 규칙을 지배하려는 "힘"으로 보일 수 있다. 이런 인식은 규칙의 변화를 촉발할 수 있다. 야구에서 투수와 타자 사이의 힘의 균형을 바꾸기 위해 투수 마운드 높이나 스트라이크존을 변화시키는 것, 미식축구에서 패스에 대

술이나 수완을 말하는 것으로, 선수들은 정해진 게임규칙 안에서 자신의 기량에 따라 솜씨나 재주를 부려 게임에서 이길 수 있다.

한 수비 규칙을 변화시키는 것 등이 익숙한 예다. 규칙은 게임에서 사용하는 수들 중에서 선수들 사이의 힘의 균형상 문제가 있다고 판단되는 것을 개선하기 위해 변화한다.

정치는 사회체계라고 부르는 게임을 구성하는 다양한 수준들과 유사하게 이해될 수 있다. **혁명적** 정치 대 **반혁명적** 정치는 어떤 게임을 할 것인가(게임의 종류-역자)에 대한 투쟁이다. 이 투쟁은 때와 장소에 따라서 정치세력들에게 자본주의 대 사회주의의 대결로 간주되어왔다. 자본주의 사회 안에서 이루어지는 **개혁적** 정치 대 **반동적** 정치는 자본주의 게임에서 쓰이는 게임규칙과 관련된 투쟁으로 간주할 수 있는데, 다음과 같은 문제들과 관련된다. 어떤 종류의 시장 및 부문 규제가 허용될 수 있는가? 자본주의의 주요한 집단적 행위자들은 어떻게 조직되고 편성되어야 하는가? 위험에 대비하기 위해 어떤 종류의 보험이 국가로부터 제공되어야 하는가? 자본주의 게임은 매우 다양한 규칙하에서 이루어질 수 있는데, 규칙이 게임을 하는 선수들에게 각기 다른 이익과 불이익을 주는 한에서는 규칙의 조건들이 매우 중요하다. 마지막으로 **이익집단** 간 정치는 목전의 이익을 위해 정해진 일련의 규칙 안에서 수를 쓰는 사회세력들 간의 투쟁이다.[15] 고전적인 예로는 세법에서의 지출 우선순위, 세율, 국가보조금 수준, 특별 조항을 둘러싼 투쟁들을 들 수 있다. 정치에 대한 이런 게임의 비유 논리를 정리하면 표 6-1과 같다.

---

15) 알포드와 프리들랜드는 **자유주의** 대 **보수주의** 정치라는 게임에서 이루어지는 수 차원의 정치적 갈등을 말하고 있는데, 그들이 사용하는 자유주의와 보수주의는 전통적인 미국식 용어로서, 양자 모두가 미국의 다양한 자본주의를 기본적 한계로 수용하고, 대부분 근소하게 차이나는 투쟁에 참여하는 형태를 말한다. 현 맥락에서는 고정된 규칙 안에서 이루어지는 갈등을 명확하게 규정된 이념 차이가 존재하지 않는 "이익집단 간 정치"로 표현하는 것이 더 이해하기 쉬워 보인다.

갈등이 집중되는 체계 수준	게임의 비유	갈등의 정치적 형태	갈등을 야기하는 목적들	계급분석 형태
체제적 수준	게임의 종류	혁명적 정치 vs 반혁명적 정치	자본주의 vs 사회주의	마르크스주의
제도적 수준	게임의 규칙	개혁적 정치 vs 반동적 정치	다양한 자본주의	베버주의
상황적 수준	게임에서의 수	이익집단 간 정치	목전의 경제적 이익	뒤르켐주의

표 6-1. 정치에 대한 게임의 비유와 계급분석

물론 실제 사회는 이 모델에 표현된 것보다 훨씬 복잡하다. 한 사회를 구성하는 사회체계는 단일한 것이 아니라, 통일된 규칙하에 모든 것이 맞물려 있는 통합적인 총체다. 한 유기체가 하나의 체계인 것과는 다르게 한 사회는 하나의 체계가 아니다. 사회는 수많은 과정들이 비교적 우발적인 방식으로 상호작용하는 느슨하게 결합된 생태계 체계와 훨씬 비슷하다. 서로 모순되는 규칙을 가진 복수의 “게임들”이 동시에 이루어진다. 더군다나 “게임규칙”의 변화와 한 게임에서 다른 게임으로 변화하는 것 사이를 구분짓는 방법이 항상 그리 명확하지는 않다. 규칙상의 작은 변화들이 미치는 누적 효과가 결국 새로운 게임을 하게 될 정도까지 게임의 본질을 바꿔놓을 수 있다. “점진적 사회주의”는 자본주의 게임의 규칙이 서서히 변화하여 게임의 내부 속성이 변화한다는 사상으로 해석될 수 있는 것이다. 그럼에도 불구하고, 내부 규칙과 수들을 지닌 지배적 게임에 관해 논의하는 것은 여러 가지 목적을 위해 가능하며, 이는 다양한 계급분석 흐름들의 개념적 지위를 명확하게 밝히는 데에 도움이 될 수 있다.

3. 게임, 규칙, 수들로 구성된 계급분석

표 6-1의 마지막 열은 마르크스주의, 베버주의, 뒤르켐주의 계급분석 사이의 관계와 게임의 비유로 본 사회상을 제시하고 있다.[16)]

마르크스주의 계급분석은 어떤 게임을 할 것인가(게임의 종류-역자)라는 문제에 기반을 두고 있다. 사회이론으로서의 마르크스주의는 자본주의에 대한 해방적 대안을 그 핵심으로 한다. 계급관계와, 이런 계급관계와 연결되어 있는 개인의 실천 및 집단적 투쟁을 분석하는 데 있어 핵심은 자본주의가 갖는 억압성과 해방적 대안 체제의 가능성을 이해하는 것이다. 자본주의의 착취, 지배, 소외에 대한 비판은 마르크스주의 계급 개념과 밀접하게 연결되어 있고, 자본주의에 대한 민주적이고 평등한 대안을 제시하는 규범적인 전망은 그런 계급관계의 변화를 설명한 것에 토대를 둔다. 마르크스주의 계급분석은 종종 자본주의 게임이 갖는 내부적 모순이 어떻게 게임규칙들을 불안정하게 만들고, 게임 그 자체에 도전할 수 있는 집단적 행위자들을 형성할 동력을 일으키는지에 대해 다루는 "거대 서사"로 설명된다. 한편, 대안은 훨씬 소소하게 내재적 가능성으로 규정되는데, 이는 집단적 행위자들이 그 대안을 실현하기 위해 노력할 것이라는 행위자들에 대한 매우 대략적인 인식만을 담고 있다. 하지만 어떤 경우든지 마르크스주의 계급분석을 움직이는 계급, 자본주의에 대한 비판, 그리고 해방적 대안

16) 초기 사상가의 작업에서 직접적으로 드러나는 계급분석 종류와 특정한 이론적 전통을 잇는 차후의 현대적인 계급분석 형태를 구별할 수 있음에도 불구하고, 나는 여기서 하나의 계급분석 전통과 그것의 "신-" 형태 사이를 구별하지 않는다.

은 서로 연결되어 있다.

베버주의 계급분석은 특히 게임의 규칙 수준에 위치해 있다. 기실 베버는 "계급"이란 용어를 시장에서 이루어지는 상호작용 때문에 발생하는 불평등을 설명할 때에만 사용한다. 자본주의는 베버주의자들에게 실행 가능한 유일한 게임이지만, 그 게임의 제도적 규칙들은 매우 다양할 수 있다. 규칙의 변화에 있어 관건은 시장이 구성되고 통제되는 방식과, 각기 다른 시장능력(market capacities)을 지닌 선수들이 교환에 참여하게 되는 방식이다. 베버주의 계급분석에서 "거대계급"은 자본주의 게임에서 가능한 규칙들에 대해서 서로 다른 위치를 점하고 있는 사람들로 구성된다. 자본주의 게임에서는 노동조직을 통제하는 규칙, 노동조건 및 일할 권리를 자본가가 자율적으로 결정하는 것을 통제하는 규칙, 독점과 경쟁적인 관행들을 통제하는 규칙, 그리고 교육과 직업훈련에 대한 접근을 통제하는 규칙 등이 정해질 수 있다. 이런 규칙들은 국가에 의해, 기업에 의해, 그리고 다양한 종류의 조합들에 의해 만들어진다. 그러므로 계급분석의 목적은 게임규칙의 이런 다양성에 대해 서로 비슷한 위치를 점하고 있는 사람들의 범주를 정의하는 것이다.

뒤르켐주의 계급분석은 자본주의와 그것의 제도적 규칙들을 이미 정해진 것으로 간주하고, 그 게임 내에서 선수들이 사용하는 수들에 초점을 맞춘다. 이는 미시계급의 세계이자, 세분화된 직업들의 구별이라고 할 수 있다. 가령, 연구중심대학에 있는 교수의 이해와 지역전문대학의 교수가 갖는 이해는 교수 노동시장의 게임규칙, 노동조건, 임금, 그리고 이런 다양한 제도들에 대한 자율성을 통제하는 규칙들을 감안해봤을 때 서로 다르다. 따라서 이렇게 서로 다른 미시계급에 위치한 사람들은 각각 다른 정체성을 발달시키고, 그들의 이해를 실현시키기 위해 각기 다른 수들을 만들어낼 것이다. 자동차 제조공장 노동자, 광부, 트럭 운전사, 석유굴착 노동자, 이들 모두는 서로 다른 노동시장의 조건하에서 작업하고, 다른 종류의 부문 경쟁 및 도전에 직면하고 있는 산업에 종사하며, 각기 다른 집단 능력을 소유한다. 그러므로 그들은 그들 자신의 이해를 실현시킬 수 있는 서로 다른 수들을 받아들이게 된다. 게임의 일반적 규칙들에 대해 저항이 일어날 현실적 가망이 없는 한 그들의 이해관계는 대부분 매우 뚜렷이 구별되고 분화된 채 있을 것이다.

이런 계급분석의 전통들은 게임의 서로 다른 수준에 각각 토대하고 있지만, 각 전통의 학자들은 많든 적든 다양한 목적을 위해 그들 연구 진영에서 벗어나는 모험을 감행한다. 마르크스주의 계급분석을 예로 들어보자. 마르크스주의 계급분석의 목적은 자본주의에 저항하여 이를 초월하기 위한 조건들을 입증하는 것이지만, 마르크스주의자들은 게임 그 자체에 문제를 제기하지 않는 게임 내에서 이루어지는 투쟁들도 깊이 있게 이해하려고 한다. 게임의 규칙과 게임 내의 수들을 둘러싸고 벌어지는 계급투쟁을 마르크스주의자들이 분석할 때에는 명확하게 베버주의에서 기원한 시장에서의 위치, 고용관계, 기술, 기타 다른 특성들뿐만 아니라 직업 및 부문의 특성, 연대와 같이 훨씬 뒤르켐주의적인 성격을 갖는 것들까지도 구별해 적용한다.

지난 반세기 역사를 해석하는 한 가지 방법은 계급분석에 해당되는 것처럼 보이는 그런 게임 수준에 점진적인 변화가 있어왔다고 보는 것이다. 1960-70년대에는 게임의 세 수준 모두에서 계급분석이 이루어졌다. 특히 대안적 게임이 가능하다고 주장하는 마르크스주의 계급분석은 많은 사람들에게 흥미롭게 여겨졌다. 사회 및 정치운동은 대안에 대한 전망을 담고 있었고, 자본주의와 다양한 사회주의 개념 사이의 이데올로기 각축은 사회주의가 전혀 현실적인 정치적 위협이 되지 않는 미국과 같은 곳에서조차 정치생활의 중요한 한 부분이 되었다.

1980년대에 신자유주의 부흥과 공산주의의 기치인 명령 · 통제 체제의 종식은 대중의 상상 속에서 자본주의에 대한 대안이라는 생각을 대부분 지워버렸다. 마가렛 대처는 "대안은 없다(There is No Alternative, TINA)"라고 선포하였고, 대부분의 사회학자들은 이에 동의하였다. 어떤 게임을 할 것인가라는 게임 자체 수준의 계급분석은 마르크스주의 진영 외부에서는 대체로 부적절한 것으로 여겨졌다.

자본주의 대 사회주의 문제에 기반한 계급분석이 쇠퇴하는 현상은 정치경제학 및 경제사회학에서 "다양한 자본주의" 논의가 부흥하던 시기와 맞물려 있다. 계급분석은 그런 게임규칙상의 변화를 이해하는 데 있어 여전히 중요한 설명을 제공하였다. 가령, '북유럽의 신조합주의는 국가의 중재를 통해 조직된 노동과 자본 사이에 계급타협을 이룬 것이고, 영어권 국가들에서 나타나는 해체된 자본주의(disorganized capitalism)는 노동조합의 상대적 약화를 반영한 것이다' 등과 같은 설명이 이를 잘 보여준다. 많은 다른 변화들과 이에 따른 설명 주제의 변경은 국가 및 계급 형성, 그리고 그 밖에 다른 요인들이 갖는 경로의존적인 과정들이 서로 상호작용하는 방식에 따라 결정된 결과라고 해석되었다. 이런 모든 변화들은 자본주의를 전제로 했지만, 그런 변화들은 지속적으로 매우 중요했으며, 시간이 흐르면서 재생산되었다.

21세기 자본주의 경제의 지구화와 금융화, 그리고 자본주의 경제를 관리하기 위한 최적의 규칙들에 대한 신자유주의의 전망이 전반적으로 승리하면서, 그런 변화들이 별로 강조되지 않고 있다. 이런 과정들이 전 세계적으로 균일하지는 않지만(스웨덴과 미국은 여전히 서로 다르다), 많은 분석가들은 이렇게 서로 다른 자본주의 경제들을 가로지르는 수렴된 제도적 배치가 이루어지고 있다고 생각한다. TINA는 자본주의 대 사회주의 구도에서 자본주의 자체 내 규칙들의 변화로 확산되어왔다. 게임의 규칙상에서 계급분석의 죽음 혹은 쇠퇴가 선포될 수 있는 것은 계급이 체제 내 수들로 맞춰지는 것만이 남았을 때 가능하다.

이런 면에서 보면 신뒤르켐주의와 유사한 그루스키와 위덴의 미시계급 분석 모델은 명확히 안정된 규칙들로 구성되어 있는 게임에서 발생하는 목전의 경제적 이익에 기반을 두고 있다. 그들의 모델은 일종의 신자유주의 부흥 시대의 계급분석인 것이다.

단순히 어떤 타입의 계급 개념이 개인들에게 일어나는 변화를 경험적으로 설명하는 데 있어서 "가장 중요한가"와 같은 질문으로 계급분석의 서로 다른 수준들이 갖는 타당성을 가늠하는 것은 현시대에도 잘못된 것이다. 결국 "거대계급"이 명백히 분열된 이런 시대조차도 게임의 규칙들이 접전을 벌이고, 마르크스주의와 베버주의의 "거대계급"이 정치무대에 순식간에 다시 등장하는 때가 있는 것이다. 2011년 위스콘신 주에서는 주지사와 주의회가 공공부문 노조를 효과적으로 파괴하기 위한 법안을 도입하였다. 이것은 교사, 간호사, 경찰, 소방관, 사무직 노동자, 경비원 등을 비롯한 다른 모든 종류의 공공부문 노동자들의 대규모 시위를 촉발시켰고, 게임규칙상의 이런 변화가 자신들의 공통된 이해관계를 위협한다고 본 다수의 비공공부문 노동자들도 이에 연대하였다. 공공부문에 고용된 많은 미시계급들이 갑자기 하나의 거대한 계급으로 뭉친 것이다. 게임규칙과 관련된 이해관계의 공통성이 차별화된 이해나 교육, 특정 직업과 관련된 경험들보다 훨씬 중요했던 것이다. 이와 유사하게 장기화된 긴축에 대응하여 남유럽 일부에서 일어난 반신

자유주의적 좌파정치의 부흥, 금융은 규제되고 수입 및 부의 분배가 관리되는 체제에서 게임규칙상의 변화를 요구한 그리스 시리자의 승리는 동질적인 "직업들"로 구성된 미시계급들을 넘어서는 잠재된 계급적 이해의 공통성을 보여준다. 공통의 계급 적수—자신들의 이익을 보호하려는 금융자본과 국가 기관들—을 확인함으로써, 자본주의의 게임규칙을 둘러싼 논쟁에서 광범위한 계급동맹이 형성된 것이다.

태도, 기호, 생활방식, 생활기회, 친분, 그리고 그루스키와 위덴이 분석한 바 있는 개인들을 가로지르는 기타 모든 것들은 계급분석의 합당한 대상들이지만, 본질적으로 봤을 때 그것들은 계급분석의 미시적 수준과 매우 밀접하게 연관되어 있다. 만약 어떤 사람이 단순히 흥미 차원에서 이것들에 관심을 갖는다면, 미시계급 분석이 부유한 자본주의 국가의 역사에서 지금 이 순간 작동하는 가장 체계적인 인과과정들을 밝혀 줄 것이다. 하지만 만약 설명 주제가 게임규칙에서의 진보적인 사회변화와 게임 자체의 해방적인 변화 가능성과 관련되어 있다면, 단지 게임 수들에 주된 관심을 두는 것을 넘어설 필요가 있다. 개인들은 그들의 이해관계와 주체성을 형성하는 계급구조 안에서 살아가는데, 이는 그들의 경제적 이익을 보호하는 데에 어떤 전략이 직접적으로 가장 적합한지에 대해서뿐만 아니라, 게임의 규칙과 게임 그 자체와도 관련되어 있다. 우리에게 필요한 것은 이런 분석 수준을 넘나들면서 그것들 사이의 상호연관성을 탐구하는 계급분석이다.

7

토마 피케티의 『21세기 자본』에 나타난 계급의 모호성*

꽤 최근까지 대중매체에서 불평등이 "문제"로 다뤄진 것은 기회와 권리를 논의하는 맥락 속에서였다. 동등한 기회와 권리가 미국의 가치관에 뿌리깊게 새겨져 있었기 때문에, 특정한 종류의 불평등은 이러한 이상을 침해하는 것으로 간주되었다. 인종 및 젠더차별은 어떤 사람에게는 불평등한 경쟁적 우위를 제공하는 반면, 다른 사람에게는 불이익을 주기 때문에 문제가 된다. 이는 "공평한 경쟁의 장"이라는 이상을 침해한다. 물론 빈곤은 아주 오랫동안 공공연하게 중요한 문제로 여겨져왔지만, 여기에서도 주요 쟁점은 가난한 사람과 부자 사이의 격차 정도가 아니라, 빈곤 속에서 살아가는 사람들, 특히 아동의 절대적인 물질적 결핍과 이것이 그들의 삶의 기회를 얼마나 침해하는가와 관련되어 있었다.[1] 그리고 빈곤

---

* 제7장은 다음에 제시된 나의 두 논문에 기반하여 재구성되었다. Erik Olin Wright, "Class and Inequality in Piketty", Contexts, 14: 1, Winter 2015, pp.58-61; "Stay Classy, Piketty", Books & Ideas.net, November 3, 2014.

1) 절대적 결핍인 빈곤에 대한 관심은 미국에서 빈곤율을 측정하는 방식에도 반영되어 있다. 대부분의 경제선진국에서는 중위소득(가구 규모에 따라 조정됨) 50% 이하의 인구 비율이 빈곤율로 정의된다. 이와는 대조적으로 미국에서는 빈곤율이 "빈곤선"으로 정의된 절대적 소득 수준 아래에 있는 인구 비율로 정의

과의 전쟁(War on Poverty)은 불평등 완화보다는 경제기회국(office of economic opportunity, OEO)의 창설을 이끌었다.[2] 이렇게 봤을 때, 빈곤이 불이익을 낳는 방식은 분명 큰 관심거리였지만, 보통 소득분배를 가로지르는 삶의 조건이나 자원의 불평등 정도는 공적 토론에서 크게 관심을 받지 못하였다. 다시 말해, 불평등은 공적으로 문제라고 인식되지 않았기에 중요하지 않은 것으로 치부되어온 것이다.

심지어 학자들 사이에서 이루어진 불평등에 관한 논의도 최근까지 거의 사회이동성이나, 이익 및 불이익의 사회적 생산에 초점을 맞추었다. 사람들이 사회적 위치를 획득하는 불평등한 방식에 관심이 집중되었고, 다수의 연구들은 빈곤선 이하의 소득으로 살아가는 사람들의 힘겨운 삶에 대해 분석하였다. 하지만 사회적 위치들 사이에 존재하는 불평등 정도에는 거의 관심을 두지 않았다. 그런 불평등은 중요하지 않았고, 학문적으로도 문제라고 인식되지 않았다.

경제적 불평등의 정도를 다룬 논의가 부재하는 것은 보수주의자와 자유주의자 모두에게서 공히 발견된다. 부자와 빈자, "중간계급" 간의 차이에 관심을 두는 것은 일종의 선망과 분노를 반영하는 것으로 여겨졌다. 부와 고소득이 합법적으로 획득되는 한(즉, 규칙에

된다. 다시 말해, 다른 국가들에서는 빈곤이 소득분배 하위수준에서의 삶의 물질적 조건에 대한 문제이면서 동시에 중위소득 이하에서 나타나는 불평등 수준의 문제이지만, 미국에서는 초점이 전적으로 하위층의 절대적 소득 수준에만 맞춰져 있다.

2) [역주] 미국의 '빈곤과의 전쟁'은 존 F. 케네디 대통령이 미국에서 빈곤지역을 퇴치하기 위해 준비하여, 1964년 린던 B. 존슨 대통령이 선언 · 실시한 여러 빈곤퇴치 운동을 말한다. 빈곤퇴치를 위한 방책에는 크게 두 가지 방법이 사용되었다. 첫째는 고용, 직업훈련, 보건, 교육 등의 특정 문제를 다루는 직업훈련부대(Job Corps)나 유아보상교육(Head Start) 등을 제공하는 것이다. 둘째는 지역활동계획(CAP)으로, 지역 문제에 거주자가 최대한 정책적 참여를 하도록 장려하는 자원자 동원(VISTA) 등의 방책이 사용되었다.

따라 게임이 이루어지는 한) 이것이 발생시킨 불평등에는 반대를 할 수가 없었다. 그리고 더 나아가, 다수의 사람들은 심지어 오늘날에도 부자들의 고소득이 장기적으로 모두에게 이익이 된다고 주장한다. 이 주장에 따르면, 이러한 고소득은 새로운 투자를 만들어내고, 이 새로운 투자는 비유적으로 말해 모든 보트를 끌어올리는 밀물 역할을 하게 된다.[3] 따라서 불평등은 중요하지 않은 것으로 치부되었고, 정치적으로도 문제라고 인식되지 않았다.

하지만 이제, 이러한 상황은 극적으로 바뀌었다. 요즘에는 모든 곳에서 불평등에 관해 이야기한다. 언론, 학계, 정치인들은 불평등 문제 자체에 많은 관심을 보이고 있다. 점거운동(Occupy Movement)의 '1% 대 99%'라는 슬로건이 이를 전형적으로 잘 보여주는데, 이는 소득분배의 최상위층에 있는 사람들과 그 밖의 모든 사람들 사이에 놓인 적대를 보여준다. 정치인과 전문가들은 증대하는 불평등의 위험성에 대해 말한다. 그리고 학자들은 분야를 막론하고, 불평등의 변화하는 형세를 체계적으로 연구하기 시작했다.

상기와 같은 맥락에서 토마 피케티(Thomas Piketty)의 책 『21세기 자본』(*Capital in the Twenty-First Century*)이 출간되었는데, 이런 분위기에 힘입어 그의 책은 상당한 파장을 일으키며 믿을 수 없을 정도로 많이 팔려나갔다.[4] 『21세기 자본』은 주석과 색인, 온라인 부록을

---

3) [역주] '밀물은 모든 배를 띄운다'라는 표현은 존 F. 케네디 대통령이 미국 경제를 되살리기 위해 전반적인 소득세율 인하를 단행하면서 인용한 미국 속담이다. 이는 경제의 전체적인 성장이 개개인의 이익 성장에 필요하다는 성장원칙을 강조한 것이다. 하지만 이 속담은 이후 분배나 복지 요구를 공격하는 보수 이데올로기로 극단화되어, 일종의 낙수효과로 경제적 불평등이 해결될 것이라는 보수주의자들의 안일론을 뒷받침하는 논리가 되어버렸다.

4) Thomas Piketty, *Capital in the Twenty-First Century*, Cambridge, MA: Harvard University Press, 2013. 본고에서 인용한 이 책의 구절들은 이 출간본을 기준으로 한다.

제외하고도 거의 600페이지에 이르는 책이며, 한 대학출판사에서 출간되었다. 피케티의 논의가 대중적으로 인기를 얻었지만, 이 책은 진지한 학술작업에 속하며, 냉철한 학술양식에 따라 쓰인 책이었다. 다시 말해, 이 책은 수십만 부가 팔릴 것으로 예상되는 그런 종류의 책이 아니었던 것이다. 하지만 그의 책은 그렇게 팔렸다. 이러한 성공은 불평등이 광범위한 대중적 관심을 받는 주요 이슈가 되었다는 것을 반영한다.[5)]

피케티의 책은 '소득과 부'라는 경제적 불평등의 두 가지 차원과, 양자의 상호연결 경로에 대한 상세한 분석을 중심으로 한다. 이 문제를 다룬 선행연구들은 부유한 사람들에 대한 자료 결여로 심각한 곤란을 겪어왔는데, 상위에 속한 사람들의 조사표본이 너무 적게 표집되었거나, 대부분의 이용 가능한 자료들에는 최상위 소득과 부 범주가 코드화되어 있었다. 또한 몇십 년에 걸친 불평등의 역사적 전개를 체계적으로 연구하는 것은 불가능했는데, 이는 20세기 중반 이전에 대해서는 어떤 양질의 자료도 갖춰져 있지 않았기 때문이다. 피케티는 세금과 상속재산 자료에 근간하여 1900년대 초반까지 거슬러 올라가는 방대한 자료들을 집적함으로써, 이런 문제

5) 『21세기 자본』은 또한 빈번하게 판매되지만, 거의 끝까지 읽히지 않은 책의 좋은 예가 될 수도 있을 것이다. 수학자 조던 엘렌버그는 그가 호킹 지수(스티븐 호킹의 책 『시간의 역사』(*A Brief History of Time*)에 경의를 표하며 이름 붙인 지수)라고 부른 지표를 개발했다. 이 지표는 킨들(Kindle, 아마존의 전자책 리더-역자) 독자들이 하나의 책에서 표시한 가장 인기 있는 다섯 구절과, 이런 eBook을 읽으면서 다른 독자와 공유할 수 있는 "하이라이트 표시된" 구절들을 확인한다. 호킹 지수는 하이라이트 표시가 된 페이지 수를 평균 내고, 이것을 책 전체 페이지 수로 나눈 것이다. 많은 책들의 호킹 지수는 대략 40% 정도이다. 반면, 『시간의 역사』의 경우는 6.6%이고, 피케티의 책은 이보다 더 적은 2.4%에 불과하다. 이에 대한 논의에 대해서는 다음을 참고하라. Jordon Ellenberg, "The Summer's Most Unread Book Is..." http://www.wsj.com/articles/the-summers-mos-unread-book-is-1404417569.

를 상당 정도 해결했다.[6)]

이어지는 절에서는 소득 및 부 불평등의 역사적 전개를 분석한 피케티의 주요 주장과 결론에 대해 간략히 살펴보고자 한다. 그리고 난 후, 그의 분석에서 계급이 수행하는 역할에 문제가 많다는 점에 대해 논해본다.

소득 불평등의 역사적 전개

피케티 분석에서 핵심은 이제는 다소 익숙한 U자형 그래프인데, 이는 국민소득에서 소득분배 최상위층이 차지하는 점유율을 나타낸 것이다. 이 그래프의 한 버전이 그림 7-1에 제시되어 있다. 이 그래프는 1913년부터 2012년까지 미국의 국민소득에서 최상위 10%와 1%가 차지하는 점유율을 보여준다. 자본이득까지 포함한 총 국민소득에서 최상위 10분위의 점유율은 1928년에 처음으로 49%에 이른 후, 제2차 세계대전까지 45% 수준을 유지한다. 제2차 세계대전 시기에는 35% 수준까지 급격하게 떨어지는데, 이 수준은 1980년대 들어 빠르게 상승하기 전까지 40여 년간 유지된다. 그리고 2012년에 50%를 조금 상회하는 높은 지점까지 상승한다. 여기서 다음과 같은 기본적 사실을 다시 언급할 필요가 있다. 2012년에 미국의 최상위 10%는 미국 경제에서 발생한 총 소득의 절반 이상을 가져갔다는 점이다.

---

6) 피케티는 이런 방대한 분량의 자료들을 경제학자 엠마누엘 사에즈(Emmanuel Saëz)와 함께 집적해 개발해나갔다. 이 자료들은 일반인들도 접속해 공개적으로 자료를 열람할 수 있는 웹사이트 *The World Top Incomes Database*(http://topincomes.g-mond.parisschoolofeconomics.eu)에서 볼 수 있다.

출처 : The World Top Incomes Database, http://topincomes.g-mond.parisschoolofeconomics.eu)

그림 7-1. 국민소득에서 상위소득 범주가 차지하는 점유율

이 그래프는 분명 피케티의 책에 담긴 어떤 발견보다도 가장 폭넓은 세간의 관심을 받았다.[7] 하지만 다음과 같은 두 번째 조사결

7) 증명할 수는 없지만, 나는 이런 U자형 그래프가 사회과학의 역사에서 가장 널리 재생산된 통계그래프라고 생각한다. 나에게 이에 대해 질문을 받은 어떤 누

과도 이와 비견될 만큼 중요하다. 최상위 10분위가 차지하는 소득 점유율의 가파른 상승은 대체로 최상위 1%가 차지하는 소득 점유율의 극적인 증가에서 비롯된다는 점이다. 1975년에서 2012년 사이에 최상위 10분위가 차지하는 소득 점유율 증가분인 17% 가운데 13.6%(증가의 80%)가 상위 1%의 증가분이었다. 최상위 1% 아래인 9%가 차지한 소득 점유율은 단지 3.4% 증가했을 뿐이다. 소득은 단지 최상위층에 집중된 것이 아니라, 최상위층 가운데에서도 매우 최상층에 훨씬 집중이 된 것이다.

소득 불평등의 역사적 전개에 관한 다음과 같은 마지막 조사결과 역시 중요하다. 최상위 소득층에게 소득 점유가 집중되는 현상을 살펴본 국가들에서는 20세기 초중반 사이 수십 년 동안에 집중도가 급격히 낮아진 반면, 20세기 후반 증대된 집중도는 국가들마다 그 양상이 상당히 다르다는 점이다. 이러한 경향은 다른 국가들보다 미국에서 훨씬 두드러지며, 몇몇 국가에서는 상당히 완화되어 나타난다.

피케티는 이러한 다양한 유형들을 어떻게 설명하는가? 피케티의 분석에서 가장 중요한 부분은 두 가지로 압축된다. 첫째, 1980년대 초반 이래 급속하게 증가한 소득 집중은 자본 소유에서 나온 소득이 급격하게 증가한 결과라기보다는, 주로 노동시장에서 최고의 수입을 받는 슈퍼샐러리가 증가한 결과라는 점이다. 이는 20세기 초반 나타난 높은 소득 집중이 현재와는 매우 다른 내재적 기초를 가진다는 사실을 반영한다. 즉 20세기 초에는, "자본소득(특히 배당금과 자본 이익)이 소득계층 상위 1%의 주요 소득원이었다... 2007년에는 상위 0.1%까지 올라가야 이런 양상을 볼 수 있다"(p.301). 둘

구도 이렇게까지 널리 퍼진 다른 그래프를 제시하지 못하였다.

째, 20세기 중반 나타난 전반적인 소득 불평등 감소와 20세기 후반 무렵 국가들마다 다르게 나타난 소득 불평등의 증가는 시장의 "자연스러운" 작동에 기인한 것이 아니라, 권력 작동의 다양한 방식에서 비롯되었다. 국가가 행사하는 권력은 시장의 불평등한 힘에 대응하기 위해 특히 중요한데, 이와 같은 권력은 과세, 소득이전, 그 밖의 다양한 규제 형태를 취한다. 또 한 가지 중요한 것은 피케티가 "슈퍼경영자"라고 부른 사람들의 권력이다. "이들 최고위 경영자들은 대체로 그들 자신의 보수를 결정할 힘을 가지고 있는데, 어떤 경우에는 보수에 아예 제한이 없다. 많은 경우, 그들이 받는 보수는 개인적인 생산성과 뚜렷한 관련이 없다"(p.24). 이런 권력 행사는 국가마다 다른 사회적 규범에 의해 제약받지만, 시장의 일상적인 작용에 의해서는 매우 약하게 제약을 받는다.

부 불평등의 역사적 전개

피케티는 "부"와 "자본"이라는 용어를 서로 번갈아 사용한다. 그는 자본을 "시장에서 소유와 교환이 가능한 비인적자산의 총량"이라고 폭넓게 정의한다. "자본에는 온갖 종류의 부동산(거주용 부동산 포함)과 금융자본, 그리고 기업과 정부기관들이 사용하는 사업자본(공장, 사회기반시설, 기계류, 특허권 등)이 포함된다"(p.46). 그러한 자산의 소유는 다양한 이유로 사람들에게 중요한데, 무엇보다 이는 피케티가 자본에 의한 수익(이하 자본수익)이라고 부른 소득흐름을 발생시키기 때문에 중요하다. 이렇게 봤을 때, 시장경제의 근본적 특징은 자본 소유자와 노동에게 가는 국민소득의 분할에 있다.

피케티가 부의 불평등에 관해 주장하는 것은 두 가지 기본적 관찰을 중심으로 한다. 첫째, 부의 집중 수준은 언제나 소득 집중 수준보다 높다. 둘째, 부가 집중되는 장기적 궤적을 이해하기 위한 열쇠는 피케티가 자본/소득 비율이라고 부른 것에 있다. 이 중 첫 번째 관찰은 비교적 친숙한 것이다. 2010년 미국에서 부 소유자의 상위 10분위는 모든 부의 70%를 가지고 있었고, 하위 절반은 사실상 아무것도 가지고 있지 못하였다. 소득분배 측면에서 보면, 20세기 중반 동안에는 이러한 상층부로의 부의 집중이 20세기 초 수준보다는 감소하였지만(1910년 미국에서는 부 소유자의 상위 10분위가 모든 부의 80%를 차지하였다), 최근 수십 년에 걸쳐 증대된 부의 집중은 소득 집중 수준보다 낮은 것이었다. 하지만, 그럼에도 불구하고 중요한 것은 부의 집중이 언제나 매우 높다는 것이다.

부에 대한 피케티의 분석에서 두 번째 요소인 자본/소득 비율은 그리 친숙하지 않다. 자본/소득 비율은 한 경제에서 발생한 총소득에 대한 자본의 가치를 측정하는 한 방법이다. 오늘날의 선진자본주의 경제에서 사적 소유 자본을 기준으로 이 비율을 측정한 결과를 보면 4:1에서 7:1 사이이다. 이는 자본의 가치가 경제의 연간 총소득보다 4배에서 7배 더 크다는 것을 의미한다. 피케티가 기본적으로 주장하는 것은 바로 이 비율이 자본 소유자와 노동에게 가는 소득 분배의 구조적 기초라는 점이다. 다른 모든 것들이 평등하더라도 주어진 자본수익 때문에, 이 비율이 높을수록 부 소유자들은 더 높은 비율로 국민소득을 점유하게 된다.

피케티 책의 상당 부분은 자본/소득 비율의 궤적과 그 결과를 탐구하는 데에 할애되고 있다. 이러한 분석은 의심의 여지없이 이 책에서 가장 어렵다. 그의 분석은 경제성장률, 인구성장, 생산성, 저축률, 과세, 그리고 그 밖에 다른 요인들 사이의 상호작용을 포괄한다. 여기에서 그의 분석의 상세한 부분까지는 다루지 않더라도, 피케티가 도출한 결론 몇 가지는 주목할 가치가 있다.

- 부유한 국가들에서 경제성장률이 감소하기 때문에, 이에 대응하는 정치적 조치가 취해지지 않더라도 자본/소득 비율은 확실히 상승한다.

- 시간이 흐르면서 자본/소득 비율의 상승은 부 소유자들의 상속된 부의 비중을 높일 것이다. 이에 따라 1970년대 이래로 단지 완만하게 상승해오던 부의 집중은 21세기 동안 매우 급격하게 상승하기 시작해 아마 20세기 초반 수준까지 이르게 될 것이다.

- 상당한 정도의 자본소득을 얻는 사람들 사이에서 전례 없이 높은 수입 집중 현상이 나타난 점을 감안하면, 소득 집중은 다가오는 수십 년 동안에 19세기 수준을 초과할 것이다.

이러한 주장이 함축하는 바는 사실 매우 놀라운 것이다. "다가올 세계는 과거의 가장 나쁜 두 세계가 결합된 모습일 것이다. 이 세계는 상속된 부의 불평등이 더욱 심해지고, 매우 큰 임금 불평등이 능력과 생산성 측면에서 정당화되는 세계일 것이다(이미 지적한 것처럼, 이는 사실에 거의 근거하지 않은 주장이다). 따라서 극단적인 능력주의는 슈퍼경영자와 자본소득자 사이의 경주로 이어질 수 있고, 이는 양쪽 어디에도 속하지 않은 사람들에게 피해를 준다"(p.417). 피케티는 이러한 경제적 과정에 대응하기 위한 정치적 개입만이 해결책이라고 주장한다. "불안정하고 불평등한 힘이 영구적으로 지속되는 것을 막는 자연적이고 자발적인 과정은 없기"(p.21) 때문이다. 그가 선호하는 정책적 해법은 글로벌 자본세의 도입인데, 설사 그런 독특한 제안에 회의적이더라도 이 제안에 담긴 기본적 메시지는 분명 설득력을 갖는다. 시장 역학이 대체로 제약을 받지 않고 남아 있는 한 소득과 부의 극단적인 집중 현상, 즉 양극화는 미래에도 계속 심화될 것이라는 게 그 메시지다.

모호한 계급분석

처음에는 『21세기 자본』이 전적으로 계급을 다루고 있는 책으로 보일 수 있다. 무엇보다 책 제목이 마르크스의 『자본』을 의도적으로 적용한 것이고, 책의 상당 부분이 자본가와 노동자를 연결시키는 계급관계 개념과 매우 밀접하게 연관된 "자본"과 "노동"을 다루고 있기 때문이다. 더욱이 피케티는 그 책 도입부인 제1장 첫 번째 페이지에서 2012년 8월 마리카니 백금 광산에서 일어난 광부들과 광산 소유자들 사이의 유혈 계급투쟁에 대해 말하고 있다. 이 투쟁에서 34명의 광부들이 경찰에 의해 살해되었다. 그는 대단히 중요한 질문을 던지기 위해 이 갈등을 사용한다.

> 이와 같은 사건은 우리에게 생산 중 임금과 이윤으로 가야 할 몫이 각각 얼마인지, 다시 말해서 자본과 노동 사이에서 생산을 통해 얻은 소득이 어떻게 분배되어야 하는지가 늘 분배과정에서 일어나는 핵심적인 갈등임을 상기시켜준다.

이후에 그는 이 사건에 대한 논의를 다음과 같이 마무리 짓는다.

> 가진 것이라곤 노동력밖에 없고 초라한 환경(18세기의 농부나 마리

> 카나 광산의 광부만큼 열악한 환경은 아니더라도)에서 살아가는 사람들에게는 자신의 노동으로 생산된 부 가운데 그토록 많은 양이 자본소유자들(이들은 최소한 부분적으로라도 상속을 통해 자본을 소유한다)에 의해 전유된다는 사실이 받아들여지기 어렵다(p.49).

이것은 분명 계급분석이다. 생산에서 발생한 소득은 적대적 계급인 자본과 노동으로 나누어지고, 자본으로 가는 부분은 노동에 의해 생산된 부를 전유하는 것이다. 계급은 합리적으로 이해되고, 이들 관계는 체계적으로 생산과 관련되어 있는 지배와 착취를 포함한다.

이와 같은 계급에 대한 관계적 정의는 첫 번째 장의 도입부 이후 대체로 사라진다.[8)] "계급"이라는 용어가 사용될 때는, 소득이나 부의 분배 위치—최상위, 상위, 중위, 하위—를 이야기하는 하나의 편리한 방식으로 취급된다. 그에 따르면, 자본의 소유자는 "자본수익"을 얻게 되는데, 그들은 노동자들의 노동을 착취하는 것으로 그려지지 않는다. 또 소득 분배는 국민소득이라는 파이를 "몫"으로 나누는 과정을 반영한다고 여겨지는데, 이렇게 보면 소득 분배는

---

8) 『21세기 자본』에서 희미하게 관계적 계급분석이 나타나기도 한다. 예를 들어, 피케티는 어떤 한 부분에서 소득의 이전이라는 개념을 적용한다. "1970년대 이후 국민소득에서 상당 부분이(대략 15%가) 하위 90%에서 상위 10%에게로 이전되었다는 점에 주목해야 한다... 이렇게 사회집단 간에 내부적으로 이전된 규모가... 2000년대에 미국이 겪은 놀라운 무역적자의 거의 4배에 이른다는 점에도 주목해야 한다." 그러나 여기에서도 "이전"은 관계적으로 상호작용하는 사회적 범주들 사이에서가 아니라, 다수의 사람들로부터 상층에게로 소득 분배율이 이동했다는 것을 언급하는 것이다. 여기에서의 "이전"은 단순히 파이의 한 부분이 분배의 상층이 차지하기에 더욱 유리하게 되었다는 것을 의미한다. 이는 한 계급의 노동에 의해 생산된 소득이 다른 계급에게 실질적으로 전유되는 것을 나타내지 않는다.

한 계급에서 다른 계급으로의 실질 이전이 아니다.

피케티가 관계적 계급분석에 의존하지 않고 소득과 부 불평등의 장기적 궤적에 관해 개진한 이론적 주장과, 그의 경험적 연구에는 많은 가치가 있다. 그러나 수입이 발생하고 전유되는 사회적 과정을 밝히는 일관된 계급분석이 부재한 것은 작동하고 있는 중요한 사회적 메커니즘 일부를 모호하게 만든다.

두 가지 사례를 통해 이 문제를 정밀하게 다루고자 하는데, 한 예는 소득 불평등 분석이고, 다른 한 예는 자본수익의 분석이다.

소득 불평등

피케티의 중요한 주장 가운데 하나는, 1980년대 초반 이래로 급격하게 증가한 미국의 소득 불평등이 "대체로 전례 없는 임금 불평등의 증가와 특히 임금계층의 맨 위, 그중에서도 대기업 최고위 경영진의 보수가 극히 높아진 결과"(p. 298)라는 주장이다. 이러한 주장은 부분적으로 "임금"으로 간주된 것과, "자본소득"으로 간주된 것에 의존하고 있다. 피케티는 경제학자들에 의해 사용된 종래의 범주를 적용하여, 최고경영자들의 수입을 수입이 획득되는 형태—정상급여든, 보너스든, 스톡옵션이든—나 수입이 결정되는 수준에서 작동하는 특정 메커니즘에 상관없이 모두 "노동에 의한 소득"(이하 노동소득)으로 간주한다. 이렇게 수입의 요소를 분류하는 것은 세법이라는 목적에서 봤을 때, 그리고 CEO를 단지 보수를 많이 받는 피고용자로 보는 종래의 경제학 이론에서 봤을 때는 정확한 방법이다. 하지만 CEO의 수입을 이렇게 취급하는 것은 우리가 계급관계에 내재한 CEO(그리고 다른 최고 경영자들)의 위치를 고려해 보면 모호해진다.

이미 언급한 바와 같이 피케티는 다음과 같이 주장한다. "최고위 경영자들은 대체로 그들 자신의 보수를 결정할 힘을 가지고 있는데, 어떤 경우에는 보수에 아예 제한이 없다. 많은 경우, 그들이 받는 보수는 개인적인 생산성과 뚜렷한 관련이 없다"(p. 24). 이는 특히 최고 임원들과 관련해서 보면 적확하다.

> 최고위층의 급여는 임원들 자신이나 비슷한 급여를 받는 위원들로 구성된 기업의 보수위원회에 의해 결정된다... 이런 고위경영진에게 "기업의 돈을 훔친다"고 하는 것은 과도한 비난일 수 있지만, 이 비유는 아마도 아담 스미스가 말한 시장의 "보이지 않는 손"이라는 비유보다 더 적절할 것이다.

CEO와 다른 최고위 임원들의 급여를 이렇게 보는 것은 계급의 관계적 정의 측면에서 봤을 때 정확히 무엇을 의미하는가? 계급관계는 근본적으로 권력관계이다. 자본주의 계급관계에서 자본가는 생산수단을 "소유"하고 노동자는 임금을 위해 그들의 노동력을 "판다"고 말하는 것은, 자본가와 노동자가 하는 활동과 연계되어 있는 권력관계를 기술하는 것이다. 이러한 관계에서 자본가들이 행사할 수 있는 힘은 이미 정해진 임금에 따라 고용을 제공하는 힘, 피고용자들에게 그들이 해야 할 일을 지시하는 힘, 그리고 다양한 목적에 따라 이윤—회사에 발생한 잉여—을 배치하는 힘 등이다. 다른 힘들이 이 목록에 더해질 수 있지만, 우리가 자본/노동관계라고 부르는 것이 실제로는 매우 복잡한 다차원적 권력관계들이라는 것은 이미 분명해졌다.

현대 기업에서는 자본권력의 상당 부분을 고위 임원들이 잡고 있다. 이는 그들을 단지 더 많은 보수를 지급하는 회사에 종사하는

"노동자"로 묘사할 수 없다는 것을 의미한다. 그들은 내가 계급관계 내 모순적 위치라고 부른 위치를 차지하고 있는데, 이는 그들이 자본가의 권력을 전부는 아니지만 부분적으로 갖는다는 것을 의미한다.[9] 이는 우리가 CEO의 초고도 급여(슈퍼 연봉)를 어떻게 봐야 하는지 직접적으로 알려준다. 최고위 경영자 및 임원들 수입의 상당 부분은 통상적 의미의 임금이라기보다는, 임원 자신들이 할당하여 그들의 계좌로 들어가는 회사 이윤의 일부다. 그들은 회사 이윤의 일부를 자신들의 개인계좌로 들어가게 하기 위해 자본가에게서 나온 권력을 회사의 계급관계 안에서 행사한다. 만약 이것이 정확하다면, 그들이 거두는 대부분의 수입은 주식 소유로부터 나오는 배당금과는 다르지만, 자본수익으로 간주되어야 한다.

물론, 최고위 경영자의 수입을 기능적으로 자본수익에 해당하는 요소와 임금에 해당하는 요소로 나누는 것은 상당히 어려운 일이다. 이는 피케티가 인식하고 있는 평범한 자영업자들의 소득을 임금 요소와 자본 요소로 나누는 것과 유사한 문제인데, 자영업자들의 경제활동을 통해 발생하는 소득에는 본질적으로 자본과 노동 요소가 혼합되어 있다. 관계적 계급분석에서는 피케티가 묘사한 권력을 지니고 있는 경영자의 수입도 이와 동일한 문제로 다뤄진다. 최근 수십 년 동안의 소득 불평등 궤적을 분석한 피케티의 연구는 이런 증대의 훨씬 더 많은 부분이 국민소득계정을 통해 관례적으로 추계되기보다는, 총소득에서 자본이 차지하는 몫에 의해 설명된다고 주장한다. 그리고 이 주장이 받아들여진다면, 피케티의 다음과 같은 주요 결론 가운데 하나에 문제를 제기할 수 있다. "이처

9) 내가 이 문제를 다룬 방법에 대해서는 *Classes*, London: Verso, 1985와 *Class Counts*, Cambridge: Cambridge University Press, 1997을 참고하라.

럼 극적인 불평등의 증가는 고액 연봉자들의 노동소득이 전례 없이 폭발적으로 늘어나고, 대기업 최고위 경영자들과 나머지 인구 사이의 격차가 매우 크게 벌어진다는 사실을 반영한다"(p.24). 불평등의 증가는 분명 최고위 노동자들의 소득이 폭발적으로 많이 증가한 것을 보여주며, 이는 확실히 "대기업 최고위 경영자들과 나머지 인구 사이의 격차"를 만들어낸다. 그러나 이것을 전적으로 **노동소득**의 불평등이 증가했기 때문에 발생한 것으로 간주해서는 안 된다. 최고위 경영자들의 소득은 상당 정도 자본소득으로 구성된다.

자본수익

피케티에게 관계적 계급분석이 부재한 것은 그가 서로 다른 다양한 자산을 "자본" 범주에 결합시키고, "수익"을 이런 이질적인 자산들의 합으로 얻어진다고 말하는 방식에도 반영되어 있다. 특히 그는 거주용 자가소유 부동산과 자본가의 재산을 통합된 "자본" 범주에 포함시킨다. 이는 피케티가 이런 분석을 제공한 거주용 부동산이 모든 자본 가치의 40~60% 사이를 차지하고 있는 국가들에서 중요한 문제다. 표준적인 경제이론의 관점에서 보면, 모든 소득 발생 자산들을 단일한 범주에 결합시키는 것은 지극히 합리적인 것인데, 이는 단순히 한 사람이 수익을 얻기 위해 취할 수 있는 다양한 투자들이기 때문이다. 그러나 이런 두 종류의 경제적 과정(거주용 부동산을 비롯한 자본가의 재산과 자본-역자)을 하나의 단일 범주로 결합시키는 것은, 우리가 이러한 수익을 발생시키는 사회적 메커니즘을 확인하려 할 때 적합하지 않은 것으로 나타난다.

자가소유 주택은 소유자에게 두 가지 방식으로 수익을 발생시킨다. 하나는 귀속지대 형태의 가치를 갖는 "주택 서비스"이고, 둘째는 시간이 지나면서 부동산의 가치가 오른다면 발생할 수 있는 자본이득이다. 2012년 미국에서는 인구의 2/3 정도가 주택소유자였는데, 이들 중 대략 30%는 그들의 집을 "저당 잡히지 않고" 소유하고 있는 반면, 51%는 집값이 대출금보다 높지만 아직 주택담보대출을 갚고 있는 상태였다.[10] 경제적 수익이 이러한 주택소유 유형과 연계되어 있는 사회적 관계는, 경제적 수익이 자본주의 생산관계 내에서 발생하는 관계와 완전히 다르다. 물론, 주택소유나 가격이 적정한 주택에 접근할 수 있는 권리와 관련되어 있는 중요한 사회적 · 도덕적 문제들이 있고, 이러한 "자본" 형태와 연관된 문제들에서 많은 불평등이 발생한다. 그러나 이 문제들은 자본가의 재산 소유에서 발생하는 불평등과 동일한 이유에서 문제가 되는 것이 아니며, 동일한 인과적 과정을 거쳐 작동하지도 않는다. 따라서 주택소유의 불평등에 의해 촉발된 사회적 투쟁과, 자본가의 자본소유의 불평등에 의해 촉발된 사회적 투쟁은 근본적으로 다르다. 그리고 서로 다른 종류의 "자본수익"에 의해 발생한 문제를 해결하기 위한 공공정책 또한 결정적으로 달라질 수 있다. 피케티가 제안한 글로벌 자본세는 자본의 국제이동과 관련된 불평등에 대응하기 위한 정책으로서는 타당해 보이지만, 거주용 부동산을 소유하여 얻게 되는 수익 불평등의 폐해와는 거의 관련이 없어 보인다.

토마 피케티와 그의 동료들은 소득과 부의 불평등에 대해 놀라울 정도의 자료 집적물을 만들었고, 그것은 부자들 가운데에서도 가장 부유한 사람들에 대한 자료도 포함하고 있다. 그리고 사용자

10) 다음을 보라. http://www.zillow.com/blog/more-homeowners-are-mortgage-free-than-underwater-108367/.

친화적인 방식에 따라 이 자료들을 공적으로 이용할 수 있게 만듦으로써, 학문 공동체에게 훌륭한 서비스를 제공하였다. 하지만 피케티의 분석은 자본과 노동을 오직 수익을 획득하는 생산의 요소로만 취급하여 중요한 과정을 모호하게 만드는 것으로 끝나고 말았다. 우리가 소득과 부 불평등의 혼란스러운 경향을 제대로 이해하고 싶다면, 그리고 특히 이러한 경향을 발생시키는 권력관계를 변화시키기를 원한다면, 우리는 증가하는 경제적 불평등을 발생시키는 계급관계를 규명하기 위해 종래의 경제학 범주를 넘어서야 할 것이다.

8

계급 죽음 논쟁*

1990년대 중후반과 2000년대 초반에 "계급 죽음 논쟁"이라 알려진 짧지만 활발했던 논의가 있었다.[1] 계급에 대한 이런 논의는 사

---

* 제8장은 Erik Olin Wright, "The Continuing Relevance of Class Analysis", *Theory and Society* 25: 5, October 1996, pp.693-716에 게재된 논문으로, 〈계급 죽음 논쟁〉 심포지엄에서 발표된 바 있다.

1) 이 논쟁에 참여한 논객과 해당 글들을 제시하면 다음과 같다.
Jan Pakulski and Malcolm Waters, *The Death of Class*, London: Sage, 1996, 이 책에 대해 토론한 *Theory and Society* 25: 5, October 1996, pp.717-24(Jan Pakulski and Malcolm Waters, Erik Olin Wright, Jeff Manza and Clem Brooks, Szonja Szelényi and Jacqueline Olvera 기고); Paul Kingston, *The Classless Society*, Stanford, CA: Stanford University Press, 2000; Takis Fotopoulos, "Class Divisions Today: The Inclusive Democracy Approach," *Democracy & Nature* 6: 2, July 2000, pp.211-52; Ulrich Beck, "Beyond Class and Nation: Reframing Social Inequalities in a Globalizing World," *British Journal of Sociology* 58: 4, 2007: pp.679-705; Will Atkinson, "Beck, Individualization and the Death of Class: A Critique," *British Journal of Sociology* 58: 3, September 2007, pp.349-66.
[역주] 파쿨스키와 워터스는 그들의 책 *The Death of Class*에서 계급 죽음 논쟁이 크게 네 차례에 걸쳐 이루어졌다고 서술하였다. 따라서 라이트가 본 8장에서 밝힌 논쟁 참여자와 파쿨스키와 워터스가 그들의 책에서 소개한 논쟁 참여자는 동일하지 않다. 하지만 라이트가 본 장에서 논쟁 전반을 개괄하는 것이 아니라, 파쿨스키와 워터스 이론만을 집중적으로 살피고 있기 때문에 크게 문제 될 것은 없다. 네 차례에 걸친 계급 죽음 논쟁에 대해서는 역자(문혜림)의 석사논문

실 처음이라 할 수 없는데, 계급이 사라졌다거나 혹은 계급 개념이 현대 사회이론 및 연구들에서 점차 타당성이 줄어들었다는 주장은 이전부터 개진되어왔기 때문이다. 하지만 냉전 종식과 함께 창궐한 자본주의 승리사관과, 사회 비평의 명백한 한 틀로서의 마르크스주의가 쇠퇴해가는 맥락에서 계급이 더 이상 어떤 설명력도 갖지 않는다는 주장은 더 공세적으로 제기되었다. 이런 공격은 아마 나와 같은 학자들, 즉 자신의 연구 기반을 계속 마르크스주의 전통에 두면서 계급분석이 마르크스주의 이론의 중핵으로 유지되어야 한다고 주장하는 학자들에게 주로 가해졌을 것이다. 만약 계급이 현재 사회와 무관한 개념이라면, 자본주의에 대한 사회과학적 비판인 마르크스주의에게 남는 것은 과연 무엇인가?

이번 장에서 나는 계급 죽음 이론의 강력한 두 주창자, 잔 파쿨스키와 말콤 워터스(Jan Pakulski and Malcolm Waters)의 핵심적인 주장들을 살펴본다. 그들은 자신들의 논문 "선진사회에서의 사회계급 재편과 소멸(The Reshaping and Dissolution of Social Class in Advanced Society)"에서 그들의 주장을 개요 형식으로 보여주었다.[2] 파쿨스키와 워터스가 제시하는 핵심 주장들은 그들 스스로 강조한 것처럼 새로운 것이 아니지만, 대부분의 계급분석 비판들보다 좀 더 체계적인 방식으로 주요 비판점들을 정리하고, "생산 계급은 더 이상 의미있는 사회적 실체로 존재하지 않는다."라고 주장한 현대의 계급분석자들의 냉혹한 결론을 특별히 더 옹호하는 특징을 보인다.[3] 계

「계급 죽음 논쟁에 대한 마르크스주의 비판」(경상대 정치경제학대학원, 2014)에서 'Ⅱ. 계급 죽음 논쟁에 대한 비판적 고찰', 부분을 참고하면 된다.

2) 이 논문은 계급에 관한 심포지엄인 *Theory and Society* 25권 5호(1996년)에 첫 토론문으로 실렸는데, 본 저널의 pp.667~736을 참고하라.

3) Pakulski and Waters, *Death of Class*, p.667 참고.

급분석 지지자들은 계급분석의 기초 개념들과, 그것들의 경험적 타당성에 대해 건전하고 진지한 의문을 갖으면서 이 논쟁에 개입해야만 할 것이다. 페미니스트들이 성적 억압이 점차 약화되고 있다는 주장을 터무니없다고 곧바로 묵살하기보다 진지하게 받아들일 필요가 있는 것처럼, 마르크스주의와 베버주의 계급분석가들 양자 모두는 우리가 계급 없는 사회, 또는 하나의 핵심적인 설명 범주로서의 계급이 점차 와해되어가는 사회로 빠르게 아동하고 있다는 주장을 진지하게 받아들일 필요가 있는 것이다. 나는 이번 장에서 파쿨스키 · 워터스의 주장뿐만 아니라 그들이 제시한 증거가 설득력이 없다는 것을 보여주고자 한다. 하지만 그들과의 이런 소통은 계급 분석의 성격, 계급 분석의 설명적 주장들이 갖는 지위, 그리고 계급분석이 직면한 과제들을 명확히 하는 데에 생산적일 수 있다고 생각한다.

이데올로기적 헌신과 연관되어 있는 이론적 주장들 간의 논쟁에서는 논객들이 실제 생각하는 것보다 더욱 극단적이고 편향된 미사여구를 사용하는 경향이 종종 나타난다. "사회계급은 와해되는 과정에 있다"라는 서술이 부지불식간에 "사회계급은 와해되었다"와 같은 서술로 바뀌는 것이다. 이런 종류의 실수는 파쿨스키와 워터스 논문에서도 빈번히 발생한다. 예를 들어, 그들은 자산 분배의 하향화가 "전통적인 계급 구분을 흐리게 만든다"고 주장한 바로 직후에, "자산 분배의 하향화는... 소유권에 기반한 어떤 계급 간 경계도 설정이 불가능하게 만든다"고 서술한다. 앞 문장은 계급 구분이 선명하게 그려지진 않지만 여전히 존재한다는 의미인 데 반하여, 이어지는 뒷 문장은 계급 구분이 단순히 흐려지는 것이 아니라 전부 사라진다고 말하고 있는 것이다.[4] 그들 주장에 대항하여 계급분석을 방어하려는 유혹은 이런 극단적인 그들의 서술에 초점을 맞추게 한다. 계급 구분이 인과적으로 강력하게 유지된다는 것을 보여주는 것보다는, 계급 구분이 존재하고 효과를 갖는다는 것을 단순히 증명할 수 있는 증거를 찾는 것이 훨씬 간편하기 때문이다. 내가 보기에 파쿨스키와 워터스 주장의 핵심은 이런 매우 극단적인 표현들에 있는 것이 아니라, 계급은 더 이상 강력한 혹은 중심적인 설명 범주가 될 수 없다는 그들의 다소 희미한 주장 속에 들어있다. 따라서 본 장에서는 그들의 이런 다소 불투명한 주장에 초점을 맞춰 논의를 진행코자 한다.

이어지는 절에서는 파쿨스키와 워터스가 계급분석의 핵심적 방침이라고 정의한 네 가지 일반 명제들을 간략히 살펴본다. 곧 드러나겠지만, 파쿨스키와 워터스는 계급이 최고라는 일반화된 믿음이 계급분석에 필요하다는 것이 이 명제들 대부분이 주장하는 바라고 설명하는데, 나는 계급의 우위가 계급분석의 필수적 요소라고 생각하지 않는다. 그리고 이 장 마지막 부분에서는 현재 자본주의 사회들을 이해하는 데 있어 계급관계가 갖는 지속적인 중요성을 보여주는 다양한 경험적 증거들을 제시해보고자 한다.

네 가지 명제

파쿨스키와 워터스의 주요 비판 대상은 마르크스주의 전통에 기반하고 있는 계급분석이지만, 그들의 비판은 계급을 경제적 자산에 대한 소유 및 통제 측면에서 정의한 계급분석들에도 적용된다. 파

---

4) Ibid., p.662.

쿨스키와 워터스는 그들 표현대로 하면 "계급에 관한 문헌들로부터 도출될 수 있는"[5] 네 가지 일반적 명제들을 그들 비판의 논거로 삼는다. 그들은 이를 경제주의, 집단화, 인과적 연결, 그리고 변혁 능력 명제라고 지칭한다. 논의를 쉽게 하기 위해, 그들이 각 명제를 설명한 문장들에 번호를 매겨 살펴보도록 하자.[6]

경제주의 명제

1. 계급은 근본적으로 경제적인 현상이다.
2. 계급은 주로 재산의 소유, 특히 축적 가능성을 갖는 생산재를 소유했는지 여부와 시장, 특히 노동시장에서 보이는 능력의 차이를 나타낸다.
3. 게다가 재산이나 시장과 관련한 이런 경제적 현상들은 사회를 구조화 혹은 체계화하는 유일한 기본적 원리로 간주된다.

이 명제를 나타내는 가장 정확한 진술은 문장 1과 2이다. 일부 계급분석가들은 계급이 경제적인 개념인 것만큼이나 문화적이고 정치적인 개념이라고 주장하지만, 마르크스주의와 베버주의 전통 모두는 계급 개념의 경제적 차원을 중시한다. 경제주의 명제에서 파쿨스키와 워터스가 쓴 세 번째 문장에 대한 비판은 "기본적"이라는 형용사 앞에 쓰인 "유일한"이라는 수식어에 대한 문제제기로 시작할 수 있다. 계급분석자들은 일반적으로 계급이 기본적인 구조화 원리라는 관점에는 동의하지만, 베버주의는 계급을 유일한 기본적 원리로 간주하지 않으며, 많은 현대 마르크스주의자들 또한 그런

---

5) Ibid.

6) 명제들에 대한 이런 간략한 서술은 Pakulski and Waters, *Death of Class*, p.670에 실려 있다.

단정적인 주장을 꺼려하는데, 특히 "사회"와 같이 다소 모호하고 포괄적인 주제와 관련되어 있을 때 그렇다. 분명 "토대/상부구조" 비유를 중심으로 하는 고전적 마르크스주의 조류가 존재하는데, 이들에게 있어 "토대"는 계급구조와 동일시되고, "상부구조"는 그 밖에 사회에 존재하는 모든 것들이며, 토대는 상부구조를 설명할 수 있다고 간주된다. 아마 계급분석 분야에 있는 대부분의 마르크스주의자들은 오늘날 이런 설명을 거부할 것이다.[7] 계급분석이 가치 있는 연구 프로그램이 되기 위해서는 중요한 인과 메커니즘을 확인해야 할 때 계급분석이 이 메커니즘을 충분히 확인시켜줘야 한다. 하지만 계급을 사회현상에 대한 가장 중요한 혹은 근본적인 결정요인이라고 간주하는 것은 필요하지 않다.[8]

집단화 명제

1. 계급들은 통계적 집계나 분류학적 범주 이상의 것이다.
2. 계급들은 불평등, 단결, 사람 사이의 거리감 같은 관찰 가능한

---

7) 제럴드 코헨(G. A. Cohen)이 설득력 있게 말한 바 있듯이, 고전적 마르크스주의에서조차 "상부구조"는 토대 이외에 모든 것들을 총망라하는 그런 성격의 것이 아니다. 대신에 역사유물론은 일반적으로 코헨이 "제한적 역사유물론"이라 부른 형태(이는 "포괄적 역사유물론"과 반대 형태이다)를 취하는데, 여기서 상부구조는 토대의 재생산에 영향을 미치는, 즉 사회의 경제구조를 안정시키고 보호하는 데에 영향을 미치는 비경제적인 사회 현상들로만 구성된다. 코헨에 따르면 이런 식으로 규정된 상부구조 현상들은 토대에 의해 기능적으로 설명되는데, 이것이 바로 제한적 역사유물론의 논지이다. 보다 자세한 내용은 G. A. Cohen, *History, Labour and Freedom*, Oxford: Clarendon Press, 1988의 제9장 "Restricted and Inclusive Historical Materialism"을 참고하라.

8) 내가 다른 곳에서 상세히 논한 바 있듯이, 어떤 주장이 적용될 수 있는 주제와 설명할 수 있는 변화 범위를 상술하지 않고 어떤 원인이 가장 중요하다거나, 혹은 가장 근원적이라고 주장하는 것은 입증되기 힘들다. 이에 대해서는 Erik Olin Wright, Andrew Levine, and Elliott Sober, *Reconstructing Marxism*, London: Verso, 1992의 제7장 "Causal Aysmmetries"을 참고하라.

양상들이 반영된 사회구조의 실제 모습이다.

3. 갈등 및 논쟁의 유일한 원리이자, 지속적인 토대를 형성하는 분열은 매우 깊고 근원적이다.

경제주의 명제와 동일하게 첫 번째, 두 번째 문장은 최소한 포스트모더니스트가 아닌 계급분석자들 대부분이 동의하는 방침을 정확하게 밝히고 있다. 대부분의 마르크스주의자 및 베버주의자들은 일반적으로 세상에 존재하는 인과 메커니즘들을 이해하기 위해 개념을 사용하는 "과학적 실재론자들"이기 때문에, 양측 모두 계급이 관찰 가능한 효과를 발생시키는 경우에만 계급관계가 중요하다고 생각한다. 그러나 세 번째 문장에 대해서는 베버 자신부터 현대에 이르는 모든 베버주의자들까지 사실상 거부할 것이다. 현대의 많은 마르크스주의 계급분석가들도 이런 무조건적이고 단정적인 형태의 진술을 반대할 것이다. 마르크스주의자들은 일반적으로 계급관계가 갈등의 지속적인 토대를 형성한다고 생각하지만, 현재 마르크스주의자들의 관심은 계급타협이 이루어지고, 계급갈등이 중심에서 밀려나게 된 조건들을 이해하는 데 맞춰져 있다. 비록 계급형성과 계급투쟁이 억눌렸던 때조차 대부분의 마르크스주의자들은 계급관계가 다른 형태의 갈등들에 지속적인 영향을 미친다고 주장할 수 있었지만, 이것은 계급분열만이 모든 갈등의 토대가 되는 유일한 원리라는 강한 주장을 내포하지 않는다. 계급이 지속적이면서도 널리 영향을 미친다고 주장하는 것이 곧 계급의 우위를 주장하는 것은 아니기 때문이다.

인과적 연결 명제

1. 한 계급에 대한 소속감은 의식과 정체성, 그리고 경제적 생산

영역 바깥에서 이루어지는 행위들과 인과적으로 연결된다.

2. 이는 정치적 선호도, 생활방식에 대한 선택, 자녀 양육 방법, 신체적 · 정신적 건강을 향상시킬 수 있는 기회, 교육받을 수 있는 기회, 결혼 방식, 직업의 대물림, 수입 등에 영향을 준다.

이 명제들은 일견 문제가 없어 보이는데, 왜냐하면 계급만이 두 번째 문장에 나열된 것들을 인과적으로 결정한다고 간주하는 것이 곧 계급분석이라고 주장하지 않기 때문이다. "인과적으로 연결된다"라는 표현은 경제적 생산의 바깥에서 나타나는 현상들에 대한 계급의 간접적이고 매개적인 효과까지 망라하고 있는 것이기 때문에, 위 명제들은 계급이 이런 현상들을 낳는 **직접적** 원인이라는 주장을 담고 있지 않다. 따라서 이 명제들이 주장하는 것은 경제적 자산에 대한 접근이 기타 사회 현상들에 구조적 영향(직접적 혹은 간접적인 영향)을 미친다는 사실이다. 나는 여기에 한 가지 경고만 덧붙이려고 한다. 위 명제들에 나타나 있듯이, 계급이 효과를 미친다고 서술된 현상들은 대개가 그 원인이 매우 열려 있다. 대부분의 계급분석가들은 "인과적 연결 명제"를 계급이 일부 현상들에 있어 다른 요인들보다 더욱 중요하고, 어떤 설명에 대해서는 거의 영향을 미치지 않는다는 의미로 한정한다. 더 나아가, 계급이 다양한 설명들에서 중요하다는 것 자체는 다른 다양한 변수들에 달려 있다. 즉 계급위치가 갖는 미시적 차원의 영향과 다양한 거시적 차원의 과정들이 서로 상호작용하면서 미치는 효과가 존재하는 것이다. 따라서 계급이라는 결정요인이 일부 설명들에 있어서는 영향력이 적더라도, 그것만으로 하나의 타당한 연구 프로그램으로서의 계급분석은 사라지지 않는다.

변화능력 명제

1. 계급은 경제와 정치영역에 잠재된 집단적 행위자이다.
2. 계급들이 서로 의식적으로 투쟁하는 한, 그들은 자신이 속한 사회제도 전반을 변화시킬 수 있다.
3. 따라서 계급은 사회를 움직이는 역동적인 추진력을 제공한다.
4. 계급은 역사를 만들 수 있는 주요한 집단적 행위자이다.

첫 번째 문장은 대부분의 계급분석들이 갖는 특징을 명확하게 보여준다. 소수의 계급분석가들만이 계급이 집단적 행위의 잠재적 기초라는 점을 부정한다. "계급"이 문자 그대로 "집단적 행위자"가 아니라고 비유적으로 말하는 것을 제외한다면, 나는 첫 번째 문장에서 한 가지만 수정코자 한다. 집단적 행위자라는 말은 노조나 정치정당 같은 조직들과 관련될 때 그 의미를 잘 알 수 있다. 그런 조직들은 계급구조의 특정 위치에 있는 사람들과 깊게 연관되어 그들의 계급적 이익을 대표하기 때문에, 그 조직들을 계급형성의 산물로 기술하는 것은 적합한 것이다. 그럼에도 불구하고, 경제와 정치영역에서 전략적으로 행동하는 것은 조직이지, 계급 그 자체는 아니다.

두 번째 문장은 "~한"이라는 조건부적 표현이 있기 때문에 대부분의 계급분석 부류에게 수용될 수 있는 명제이지만, "변화시키다"라는 말이 "게임 그 자체의 혁명적 붕괴"가 아니라 "게임규칙들의 수정"과 같은 의미를 포함하는 한에서만 그렇다.

세 번째와 네 번째 문장은 계급의 우위를 주장하기 때문에 훨씬 논쟁적이다. 고전적 마르크스주의는 이 같은 명제를 "계급투쟁이 역사의 원동력이다"라고 표현하여 확고히 한 반면, 대부분의 현대 마르크스주의자들은 집단적으로 조직화된 계급세력이 체제 형성에 영향을 미칠 수 있게 만드는 여러 가지 조건들의 중요성을 강조하는 것으로 그 의미를 한정했다. 소수의 마르크스주의자들만이 "자본주의의 조건들"에 의해 근본적인 변화를 위한 집단적 능력이 자동적으로 생긴다고 믿는다.[9)]

총괄적으로 봤을 때, 파쿨스키와 워터스는 이런 명제들에 속하는 핵심적인 계급분석 부류들을 명확하게 정리하였지만, 계급이 좀 더 강한 관련성을 갖는다는 명제와 계급의 우위를 주장하는 논쟁적인 명제 사이를 합당하게 구별하지 못하였다. 그들은 계급의 우위를 주장하지 않는다면, 사실상 계급분석에 전혀 남는 것이 없다고 생각하는 것 같다. 이는 그들이 계급분석의 약한 형태를 설명한 것을 보면 알 수 있다. "그런 기획(약한 형태의 계급분석-역자)은 일반적인 사회학적 분석으로부터 스스로를 구별하기 위해 인과적 연결원리를 수용해야 할 뿐만 아니라, 경제적으로 정의된 계급을 불평등 및 분열의 다른 잠재적인 요인들보다 필히 특권화해야 한다. 그렇지 않으면 어떤 행위든지 계급분석을 통해 설명할 수가 없어서, 계급에 대한 어떤 증거도 찾을 수 없는 것이 곧 계급분석이라는 아이러니를 낳게 될 것이다."[10)] 파쿨스키와 워터스의 이런 진술에서 마지막 문장은 분명히 옳다. "계급에 대한 어떤 증거도 찾을 수 없" 다면, 계급분석이 설명할 요소는 하나도 없을 것이기 때문이다. 하지만 그 앞 문장은 옳지 않다. 일반적으로 계급분석은 그들의 연구 프로그램을 정당화하기 위해 다른 모든 사회적 구분들보다 계급을

9) 변혁적인 계급투쟁을 할 수 있는 능력이 발전할 수 있는 조건 및 우발적 사건에 대한 논의는 Wright, Levine, and Sober, *Reconstructing Marxism*의 제1장을 참고하라.

10) Pakulski and Waters, *Death of Class* , p.671.

특권화할 필요가 없기 때문이다.[11] 계급분석에는 계급이 하나의 핵심적인 인과적 구조에 중대한 영향을 미치며 이를 구성한다고 보는 관점이 전제되어 있다. 다음 절에서 입증될 것처럼, 이런 주장을 뒷받침할 수 있는 충분한 증거들이 존재한다. 계급이 형성되는 과정이 특정 사회현상의 가장 중요한 원인이라고 말하는 것은 하나의 부가적이고 임의적인 주장이다. 하지만 계급이 모든 사회현상을 유발하는 가장 중요한 원인이라고 말하는 것은 논쟁만을 불러일으키는 타당하지 않은 주장이다.

증거

하나의 설명 개념으로서 계급은 사회체제에 대한 거시적 차원의 분석과, 개인의 삶에 대한 미시적 차원의 분석 모두와 관련된다. 두 분석에서는 사람들이 경제적으로 유의미한 자산들과 관련되는 방식이 다양하게 결정된다. 다음에서 살펴볼 많은 증거들은 그런 다양한 방식들이 현대사회의 지속적인 특징이라는 것을 보여준다.

1. 계급경계는 사라졌는가?

11) 나는 파쿨스키와 워터스가 사용한 "특권화하다"라는 용어를 "인과적으로 더 중요하다"라는 것을 나타내기 위해 사용하였다. 계급분석은 본래 계급을 "특권화"하는데, 이는 계급과 계급이 미치는 영향에 중점을 둔다는 정도의 약한 의미이다. 이런 관점에서 보면, 내분비학자는 다른 많은 인과과정들 중에서 호르몬을 특권화하는 것인데, 이것을 두고 내분비학은 어떤 경우이든 호르몬이 다른 어떤 요인들보다 훨씬 중요하다고 주장한다고 말할 수는 없다. 파쿨스키와 워터스가 계급분석을 단순히 계급에 중점을 두는 것으로 보았다면, 그들 주장에는 어떤 논쟁거리도 없었을 것이다.

이 질문에 답하기 위한 한 가지 방법은 내가 다른 데에서 계급경계의 "투과성(permeability)"이라고 불렀던 것을 조사하는 것이다.[12] 투과성은 개인들의 삶이 다양한 종류의 사회적 경계들을 가로지르는 정도를 말한다. 혹자는 인종, 성, 계급, 직업, 민족과 같은 다양한 종류의 사회적 경계들이 갖는 투과성을 연구할 수 있고, 또는 계급 이동, 친분의 형성, 결혼, 조합에의 가입 등 삶에서 일어나는 광범위한 일들을 통해 위와 같은 사회적 경계들이 갖는 투과성을 분석할 수 있다. 나는 세대 간 계급 이동, 계급을 가로지르는 친분의 형성 및 가구 구성, 이렇게 세 가지 일들에 초점을 맞춰, 이런 일들이 한 계급구조 안에서 다양한 종류의 경계들을 가로지르며 발생하는 것을 분석하였다.

나의 연구에서 사용한 계급구조 개념에서는 자본주의 사회의 계급관계를 자산, 권위, 전문지식 혹은 기술이라는 세 가지 기본적 차원에 따라 구성된 것으로 간주하였다. 그리고 계급경계의 투과성을 경험적으로 연구하기 위해 이런 세 가지 차원을 다시 각각 셋으로 구분하였다. 자산 차원은 고용주, 프티 부르주아(피고용인을 두지 않는 자영업자), 피고용인으로 나누고, 권위 차원은 경영자, 감독관, 비경영 피고용인으로 나누며, 기술/전문지식 차원은 전문가, 숙련 피고용인, 비숙련 피고용인으로 나누었다.[13] 그런 뒤, 나는 이런 세

---

12) 여기서 말한 연구는 Erik Olin Wright, *Class Counts: Comparative Studies in Class Analysis*, Cambridge: Cambridge University Press, 1997, 2000에 자세히 기술되어 있다. 그 밖에 Erik Olin Wright, "The Permeability of Class Boundaries to Friendships: A Comparative Analysis of the United States, Canada, Sweden, and Norway", *American Sociological Review*, February 1992와 Erik Olin Wright and Mark Western, "The Permeability of Class Boundaries to Intergenerational Mobility: A Comparative Study of the United States, Canada, Norway and Sweden", *American Sociological Review* 59: 4, June 1994, pp. 606-629를 참고하라.

13) 이런 분석 전략 및 조작화에 대한 상세한 설명은 Erik Olin Wright, *Classes*,

구분의 양극단 사이에 있는 경계를 가로지는 것을 투과성으로 정의하였다. 예를 들어, 고용주와 피고용인 사이의 친분은 자산 관계를 가로지르는 투과성의 한 사례로 간주될 수 있지만, 피고용인과 프티 부르주아 혹은 프티 부르주아와 고용주 사이의 친분은 투과성이라고 볼 수 없다. 그때의 경험적 연구과제는 계급구조 내의 서로 다른 위치들 사이에서 일어날 수 있는 일들뿐 아니라, 이런 세 가지 계급경계들을 가로지르는 투과적인 일들이 일어날 상대적 확률 또한 탐구하는 것이었다.

이런 연구의 기초적인 조사 결과들을 자세한 설명 없이 거칠게 제시해보면 다음과 같다.

1. 자산에 의한 경계는 일반적으로 세 가지 종류의 일(계급 이동, 친분 형성, 가구 구성) 모두에 있어서 가장 투과성이 낮고, 그 다음이 기술/전문지식에 의한 경계, 그리고 마지막이 권위에 의한 경계 순이다. 약간의 사소한 예외는 있을 수 있지만, 이런 투과성의 상대적 순위는 내가 연구한 바 있는 네 국가, 즉 미국, 캐나다, 스웨덴, 노르웨이에 적용된다.

2. 노동계급 위치(즉 비경영, 비숙련의 피고용인)와 고용주 위치 사이에서 계급 이동이 일어날 확률은 이 두 위치 사이의 관계 맺기가 무작위일 경우의 약 25%이다. 이 두 위치 사이에 가까운 개인적 친분이 형성될 확률은 약 20%, 고용주가 노동자와 결혼하여 맞벌이 가구를 구성할 확률은 약 10%이다.

London: Verso, 1985, 제5장과 부록 2에서 이루어진 바 있다.

3. 반면 계급 이동, 친분 형성, 가구 구성 이렇게 세 종류 일에 있어서는 일반적으로 노동자와 프티 부르주아가 관계 맺을 확률이 무작위로 둘을 관계 맺기 할 때 확률과 그리 다르지 않다. 따라서 노동자와 프티 부르주아 사이의 계급경계는 노동자와 고용주 사이의 계급경계보다 3~6배 정도 더 투과성이 높다.

이런 결과 중 어떤 것도 계급경계가 자본주의 사회의 모든 사회적 경계 중에서 가장 투과성이 낮다는 것을 보여주지 않는다. 미국에서는 가구 구성에 있어 인종 간의 경계가 계급경계보다 확연히 투과성이 낮으며, 일부 국가에서는 어떤 일에 있어 종교가 계급보다 훨씬 투과성이 낮을 수 있다. 하지만 이 결과들은 계급경계가 사라져가는 것이 아님을 명백히 보여주고 있는데, 자산과 전문지식/기술경계를 가로지르는 일이 모든 국가에서 상당히 저조하게 발생하고 있다는 것을 알 수 있기 때문이다(모든 경우에서 통계적 유의도는 $p<.001$이다).

2. 자본 분배에서 발생하는 불평등은 근래 들어 사람들의 삶에서 더 이상 문제가 되지 않을 만큼 감소하였는가?

파쿨스키와 워터스는 100년 전과 비교해봤을 때 대부분의 자본주의 국가들에 훨씬 평등한 부의 분배가 존재한다고 주장하였는데, 이 주장은 기실 적절하다고 할 수 있다. 하지만 이것이 곧 계급과 보유 자본자산 사이의 관련성이 깨질 만큼 평등해졌다는 것을 의미하지는 않는다. 1983년에 미국 가구들의 1%에 해당하는 상위층 가운데 그 절반을 차지하는 최상위층은 전체 기업 주식의 46.5%, 채권의 44%, 순 사업 자산의 40%를 소유하는 것으로 조사됐다. 그리고 나머지 0.5%에 해당하는 차상위층은 기업 주식의 13.5%, 채권의 7.5%, 순 사업 자산의 11.5%를 소유하는 것으로 조사됐다. 따라서 미국 총 가구의 1%에 해당하는 상위층은 이 같은 핵심적인 자본주의 자산을 일인당 50~60배에 달하게 점유하고 있었던 것이다.[14] 이는 20세기 말에 발생하여 21세기까지 지속된 바 있는 부의 대규모 집중 현상 이전의 조사수치다. 2012년까지 미국 가구의 상위 0.1%는 하위 90%가 가진 부만큼을 소유하였다.[15]

물론 이런 자산의 불평등한 소유가 사람들의 삶에 크게 문제가 되지 않을 수도 있다. 계급분석이 이와 관련하여 주장하는 것은 경제적 자산에 대한 소유 및 통제권이 단순히 불평등하게 분배된다는 것이 아니라, 자산에서의 이런 불평등이 사람들에게 중대한 영향을 미친다는 것이다. 1990년 미국에서는 소득자 상위 1%의 평균 가구 소득이 549,000달러 이하였다. 평균적으로 이 중 278,000달러 이상은—전체의 50%가 넘는다—직접적으로 자본 자산의 소유에서 발생한 것이다(자영업 소득에서 발생한 61,000달러는 포함시키지 않았다). 이와 대조적으로 미국 인구에서 하위 90%의 가구 소득은 1990년에 29,000달러에 그쳤고, 이 중 평균적으로 약 10% 미만의 금액(약 2,400달러)이 자본 자산의 소유에서 발생한 것이었다.[16] 자본 소유에서 비롯되는 소득의 불평등은 이후 수십 년 동안 상당히 심화되어왔다. 자본 자산의 불평등한 분배는 확실히 사람들 삶에 중대한 영향을 미치고 있는 것이다.

---

14) 이 통계는 Lawrence Mishel and David Frankel, *The State of Working America*, New York: M. E. Shape, 1991, p.154에서 인용하였다.

15) 이 통계는 Emmanuel Saez and Gabriel Zucman, "Wealth Inequality in the United States since 1913," *NBER Working Paper 20625*, October 2014, Table 1에서 인용하였다.

16) 이 통계는 Mishel and Frankel, *State of Working America*, p.34에서 인용하였다.

가구 소득에 직접적으로 영향을 미치는 것은 자본 자산의 불평등한 분배에서 비롯된다. 자본주의적 생산에서 소유권의 분배는 직업의 안정성 및 분배에도 영향을 미치기 때문에 중요하다. 소유주가 자본주의적 자산의 부족이 삶에 큰 영향을 미치지 않는 해외로 생산라인을 이동시켜서 폐업하게 된 공장에서는 새롭게 발생한 실직 노동자들을 납득시켜야만 하는 압박이 발생한다. 만약 노동자들이 공장을 협동조합식으로 소유하거나, 지역사회가 이를 소유한다면, 다양한 선택을 할 수 있었을 것이다.[17] 만약 자본 자산의 분배가 다르게 이루어진다면, 다시 말해 그들이 살고 있는 사회 내의 계급관계가 다르다면, 앞서 말한 것과 같은 압박은 노동자들의 삶에 다른 영향을 미칠 것이다.

다양한 종류의 연금들이 주식이나 여타 금융 자산들 가운데 가장 큰 주주이기 때문에, 내가 자산 분배의 불평등 수준을 침소봉대한다는 이의가 제기될 수 있다. 연금이라는 자산을 고려하여, 연금

---

17) 완벽한 정보와 완전한 시장(시장의 완벽한 미래까지 포함한다)을 기초로 하는 신고전학파의 자본주의 경제모델에서는 재산권이 크게 중요하지 않다. 잘 알려져 있듯이, 폴 새뮤얼슨(Paul Samuelson)은 "자본가가 노동자를 고용하든, 아님 노동자가 자본가를 고용하든 기업이 취하는 태도는 언제나 같다. 따라서 이는 중요하지 않다"고 풍자한 바 있다. 그런 세계에서는 공장을 해외로 이전하는 것이 자본가의 이윤을 극대화한다면, 노동자들 자체가 공장을 소유하고 있더라도 같은 조치를 취하는 것이 노동자들의 이익을 극대화하는 길이 된다. 공장을 소유한 노동자들은 그들 스스로 실직을 선택하여 공장을 해외로 이전시키고, 거기서 노동자들을 고용할 것이다. 그와 같은 세계에서는 노동자들 스스로가 일할 기업을 사기 위해 대출을 받아야 될 때 신용적 제약을 받지 않아도 되는데, 완벽한 정보(노동자들이 취할 행동에 관한 완벽한 정보를 포함한다)를 가진 은행이 노동자들에게 대출해주는 것을 꺼릴 이유가 전혀 없기 때문이다. 하지만 우리는 그와 같은 세계에 살고 있지 않다. 우리가 살고 있는 세계에는 정보 불균형이 만연해 있고 시장의 완벽한 미래라는 것이 부재하여, 왈라스적(Walrasian) 시장에서 지배 없이 이루어지는 원자론적인 상호작용이 자본주의 사회의 권력적이고 착취적인 계급관계로 변화되어버렸기 때문이다.

을 보장받는 노동자들을 준자본가로 분류하면 안 되는 것인가? 연금이 노동자와 고용주 사이의 계급 구분을 실질적으로 약화시키지는 않는가?

1970년대 말 스웨덴에서 "임금소득자 기금"을 둘러싸고 벌어진 갈등이 연금기금과 관련된 계급관계의 특성을 잘 보여준다. 다른 많은 국가들과 함께 스웨덴도 노조 조합원들을 위한 대규모 연금기금을 운용하였다. 엄격한 규칙이 이런 연금기금의 투자성을 규율하였는데, 표면적으로 위험한 투자를 피하고 미래 연금수급자를 위한 지속적인 수입 흐름을 보장하는 것이었다. 1970년대 스웨덴에서는 마이드너 플랜(Meidner Plan)으로 알려진 계획안이 운동권 좌파 및 사회민주당에 의해 최초로 만들어졌는데, 이는 노조가 스웨덴 기업들을 통제할 소유권을 점차 확보하기 위해 연금기금을 이용할 수 있게 하자는 것이었다. 기업들은 노동자를 위한 복리후생제도의 일환으로 이 기금에 주식을 기증해야 했는데, 이는 시간이 흐르면서 소유권이 스웨덴 자본가계급에서 노동조합으로 전환되는 결과를 낳게 될 것이었다. 이런 모든 것들은 실제 시장가격으로 이루어졌기 때문에 몰수라는 의심은 없었다. 그러나 스웨덴 부르주아들은 대규모로 이런 계획안을 반대하였다. 마이드너 플랜의 원형은 연금기금의 근본적인 전환이었는데, 스웨덴 산업의 지배구조와 계급구조를 변화시키는 데에 이 기금이 투자될 수 있게 하는 강제적인 자금원을 조성하자는 것이었다. 이 플랜을 둘러싼 논란은 일정 정도 사회민주당의 패배를 이끌었고, 종국에 그 계획안은 더 이상 어떤 위협도 되지 않을 수준까지 내용이 희석되고 말았다. 이 사건은 연금기금으로 대표되는, 자산에 대한 다양한 종류의 간접적 "소유"가 생산자산의 소유 및 통제를 둘러싼 계급관계를 크게 약화시키지 않는다는 사실을 보여준다. 중요한 것은 권력관계가 공식적인 소유권과 연결되는 방식에 있는 것이다.

3. 노동의 추출은 더 이상 자본주의 기업에게 문제가 되지 않는가?

마르크스주의 계급 개념에서 핵심은 생산수단을 소유하지 않은 생산자로부터의 노동 추출이다. 이는 또한 거래비용 경제학에서 말하는 자본주의 기업에서 발생하는 주인/대리인 문제(principal/agent problems)와도 관련된다. 주인/대리인 문제란 정보의 비대칭적 조건(피고용인은 고용주가 얻기에는 값비싼 자신들의 노동에 대한 사적 정보를 갖는다), 주인과 대리인 사이의 이해관계 차이(고용주는 노동자가 자발적으로 일하기 원하는 것보다 더 열심히 일하기를 바란다)가 있는 상황에서는 노동계약 시행에 문제가 생긴다는 것이다.

고용주는 주인의 이해관계를 따라 대리인의 행동을 조정하는 전략을 수용하게 되는데, 이는 다양한 결과들을 낳게 된다. 그런 결과들 중 하나는 노동자들이 실직할 때 발생하는 비용을 높이기 위해 노동자들에게 정해진 임금보다 더 지불하는 "능률급(efficiency wage)"을 도입하는 것이다. 이는 노동자들이 일을 태만하게 하는 것을 주저하게 만든다.[18] 또 다른 결과는 복무를 강제하고 감시할 수 있는 기구를 기업 내에 설치하는 것이다. 세 번째 결과는 감시와 사회적 통제에 대체 과학기술이 미칠 영향을 고려하여, 고용주가 부분적으로 이런 과학기술을 도입하는 것이다. 물론 기술적인 선택을 할 때 항시 계급이란 차원이 가장 중요하다든가, 혹은 계급이 항상

---

18) 실직할 때 발생하는 비용에 관한 연구는 Samuel Bowles and Juliet Schor, "The Cost of Job Loss and the Incidence of Strikes," *Review of Economics and Statistics* 69: 4, November 1987, pp.584-92를 참고하라.

의미가 있다든가 하는 것을 주장하려는 것이 아니다. 고용주는 대체 과학기술이 자신들의 노동력 추출 및 감시 능력에 미칠 수 있는 영향에 무관심하지 않다는 것을 말하려는 것이다.[19] 지금까지 열거한 결과들 각각에 대해서는 상당히 많은 경험적 증거들이 존재한다.

대부분의 경제학자들은 이런 주인/대리인 문제를 계급분석적으로 다루지 않는데, 그들은 자본주의 기업 내에서 이루어지는 재산분배를 당연하게 생각하기 때문이다. 하지만 이런 재산권의 분배는 계급구조의 핵심적인 차원이다. 주인/대리인 문제의 계급적 성격을 명확히 하는 것은 생산을 둘러싼 계급관계의 변화가 그 문제에 영향을 미치는 방식에 관심을 집중할 수 있게 해준다. 노동자 소유의 기업과, 노동자들의 일할 권리로 말미암아 해고가 어려운 자본주의 기업, 이렇게 두 가지 경우를 생각해보자.

보울즈와 진티스(Bowles and Gintis)는 만약 생산 협동조합에서 노동자들이 생산에서 발생하는 생산액 잔여를 임금에 청구할 수 있다면(다시 말해, 노동자들이 자산의 주인이 된다면), 노동의 감시 및 강제 문제는 극적으로 변할 것이라고 주장하였다.[20] 물론 자산소유자인 노동자들 사이에서도 무임승차 문제가 여전히 발생할 수 있

19) 이런 노동력 추출 모델에 대한 폭넓은 논의에 대해서는 Samuel Bowles and Herbert Gintis, "Contested Exchange: New Microfoundations for the Political Economy of Capitalism", *Politics & Society* 18: 2, 1990, pp.165-222를 참고하라. 과학기술에 의한 감시 및 사회적 통제가 하는 역할에 대해서는 David Noble, "Social Choice in Machine Design," *Politics & Society* 8: 3/4, September 1978, pp.313-347과 Samuel Bowles "Social Institutions and Technical Choice," in M. DeMatteo, A. Vercelli, and R. Goodwin, eds., *Technological and Social Factors in Long-Term Economic Fluctuation*, Berlin: Springer Verlag, 1988을 참고하라.

20) 협동조합식 소유 형태가 감시와 효율성에 미치는 영향에 대해서는 Samuel Bowles and Herbert Gintis, *Recasting Egalitarianism: New Rules for Communities, States and Markets*, vol. 3 of the Real Utopias Project, London: Verso, 1998을 참고하라.

기 때문에 노동 추출 문제는 여전히 사라지지 않겠지만, 노동자들의 협동조합에는 종래 자본주의 기업들보다 상호감시에 대한 더 강한 동기가 존재하고, 행위자들의 그런 동기가 무임승차 확인 및 방지 규범을 강화할 것이기 때문에, 감시에 들어가는 비용은 감소하고 생산성은 증가할 것이다. 피고용인 소유의 기업에서 피고용인들은 종래 자본주의 기업에서와는 매우 다른 계급관계에 위치하게 되며, 이런 변화는 노동 추출 과정에 영향을 미치게 될 것이다.[21)]

노동자들이 일할 수 있는 실질적 권리를 갖는 자본주의 기업들도 생산 내의 계급관계를 변화시킨 한 예라고 할 수 있다. 이 경우에는 노동자들이 기업 수입에서 생산액 잔여를 요구할 수는 없지만(즉 노동자들은 자본 자산을 "소유"하지는 않는다), 고용주는 그들 재산권의 한 측면을 약화시키게 된다. 고용주들은 더 이상 그들이 "소유한" 생산수단을 누가 사용하는지 결정할 때 완전한 권리를 행사하지 못하는 것이다. 그와 같은 상황은 고용주에게 특정한 문제를 일으킨다. 노동자들의 강력한 일할 권리는 한편으로 노동자의 해고를 훨씬 어렵게 만들어서, 감시의 효율성을 감소시키고 근무 태만이 더 쉽게 발생하게 만들 수 있다. 하지만 해고에 대한 이런 제한은 또한 한 근무처에서 노동자들이 일하는 시간을 더 길게 만들어서, 근무하는 기업의 복지와 노동자들의 삶이 동일시 되게 만들기도 한다. 이런 두 작용 가운데 하나는 고용주와 노동자의 상호작용

21) 상당히 많은 연구들이 자본주의 기업보다 노동자 소유 기업의 생산성이 더 높다는 주장을 지지하고 있다. 노동자 소유가 생산성 및 여타 다른 결과들에 미치는 포괄적인 영향에 대해서는 Joseph Blasi, Richard Freeman, and Douglas Kruse, *The Citizen's Share*, New Haven, CT: Yale University Press, 2013을 참고하라. 이보다 좀 더 이른 시기에 그런 근거를 살핀 연구로는 David Levine and Lara d'Andrea Tyson, "Participation, Productivity and the Firm's Environment," in Alan Binder, ed., *Paying for Productivity*, Washington, DC: Brookings, 1990, pp.183-244가 있다.

을 규제하는 구체적인 제도적 장치에 강하게 의존하게 된다. 일본과 독일의 자본주의에서 강한 일할 권리가 협업 및 생산성에 미치는 영향을 분석한 연구가 주인/대리인 문제에 계급분석적으로 접근한 사례로 간주될 수 있을 것이다.[22)]

물론 "계급"이라는 단어를 언급하지 않고서도, 노동자 협동조합이나 노동자들의 일할 권리가 주인/대리인 문제에 미치는 영향을 논할 수 있다. 그럼에도 불구하고, 기업 조직에서 일어나는 이런 변화들의 핵심적 특성이 노동자들의 경제적 자산과 인과적으로 연결되는 방법에 중심을 둔다면, 그 분석의 이론적 실체를 여전히 계급분석에 포함시킬 수 있을 것이다.

4. 계급위치는 더 이상 체계적으로 개인의 주체성에 영향을 미치지 않는가?

계급이 개인의 정체성과 의식, 행동의 강력한 원천이 아니라는 주장은 파쿨스키와 워터스의 가장 강력한 이론적 지반이다. 내가 1980년대에 행한 계급구조와 계급약력, 계급의식에 관한 연구를 보면, 연구에서 다룬 대부분의 국가들에서 계급관련 변수가 다양한 태도 척도들에 그다지 큰 영향을 미치지 않는 예측변수로 나타

---

22) 데이비드 고든(David Gordon)은 한 국가에서 노동과 관리 사이의 협력 정도와 관리행정직의 고용 비중 사이에는 강한 반비례 관계가 성립한다는 증거를 제시하였다. 12개 OECD 국가들에서 협력 지수와 관리행정직 고용 비율 사이에 상관관계가 .72로 다소 높게 나타난 것이다. 노동과 관리의 협력 관계는 강한 일할 권리와, 생산에서 노동자의 실질적 권리를 강화할 수 있는 여타 제도적 장치들(arrangements)과 매우 밀접히 관련된다. 이에 대한 상세한 분석에 대해서는 David Gordon, *Fat and Mean: Corporate Bloat, the Wage Squeeze and the Stagnation of Our Conflictual Economy*, New York: Free Press, 1996을 참고하라.

났다. 하지만 "그다지 큰 영향을 미치지 않는"다는 것이 "무관하다"라는 말과 같은 것은 아니다. 스웨덴에서 개인의 계급위치는 그 자체만으로 계급의식 척도 변량의 약 16%를 설명한 반면, 미국은 그 수치가 약 9%, 일본에서는 5%로 낮게 나타났다.[23] 계급출신, 자영업 경험, 실업 경험, 사회적 네트워크의 계급적 성격 등과 같은 여타 많은 계급관련 변수들을 계급의식 척도에 예측변수로 추가해보았을 때, 스웨덴에서는 약 25%, 미국에서는 16%, 일본에서는 8%까지 그 수치가 증가했다. 세 국가 모두에서 이런 계급효과는 통계적으로 유의미했지만, 엄청나게 강력하지는 않았던 것이다.

우리는 이런 결과를 어떻게 이해해야 하는가? 첫째, 적어도 미국과 스웨덴의 경우 이 통계분석을 통해 설명된 변량이 태도를 예측하는 회귀분석 기준에 비춰봤을 때 특별히 낮지 않다. 일반적으로 태도를 예측하는 통계분석에서 독립변수로 다른 태도들을 포함시키지 않으면, 설명된 변량이 높기 힘들다(예를 들어, 특정 공공정책을 지향하는 태도를 예측하는 한 가지 방법으로 자유주의/보수주의 척도에 자기동일시라는 변수를 포함시킬 수 있다). 이 이유는 측정된 태도들의 전체 변량 중 상당 부분이 어떤 사회적 결정요인들에 대해서는 단순히 임의적이기 때문인데, 이는 측정된 태도들 내에서 발견될 수 있는 매우 흔한 문제다. 그리고 태도 회귀분석을 통해 설명되는 변량이 낮은 이유는 대개 개인적 태도는 지극히 개별적인 것들에서 비롯되기 때문이다. 즉 부유한 자본가인 엥겔스가 혁명적 사회주의의 지지자라는 것을 "예측한다"는 것은 사회구조적 변수들에 기초한

23) 계급갈등, 기업, 피고용인의 의사결정 참여, 파업, 기타 관련 문제들에 대한 사람들의 태도를 '동의/비동의'로 묻는 문항들과 계급의식 척도를 결합시킬 수 있다. 이에 대한 자세한 내용은 Erik Olin Wright, *Class Counts*, Cambridge: Cambridge University Press, 1997의 제14장을 참고하라.

다중 회귀분석에서는 예상하기 힘든 일이다. 정리해보면, 계급도 다양한 태도 양상을 예측하는 데 적용될 수 있으며, 여타 많은 사회구조적 변수들보다 더 많은 변량을 설명하는 경우도 발생한다.

둘째, 계급변수가 개인의 태도를 예측하여 설명하는 것은 국가 간 차이가 매우 크다. 게다가 좀 더 세밀하게 살펴보면, 세 국가(스웨덴, 미국, 일본)에서 계급위치와 태도가 연결되는 방식은 서로 다르게 나타난다. 여기에서는 이에 대한 세부적인 내용을 다루지는 않겠다. 하지만 만약 우리가 이데올로기적으로 매우 유사한 "이데올로기 연합"을 계급위치라고 규정지을 수 있다면, 내가 이 연구를 수행한 1980년대에는 세 국가에서 매우 다른 세 가지 양상이 드러나는 것을 알 수 있다. 스웨덴에서는 노동자와 고용주 사이의 계급구조가 이데올로기적으로 매우 양극화되어 있어서, 부르주아계급이나 노동자계급과 이데올로기적으로 매우 다른 상당히 큰 "중간계급 연합"이 존재하였다. 미국에서는 노동자와 고용주 사이의 계급구조가 이데올로기적으로 덜 양극화가 되어 있어서, 부르주아 이데올로기 연합이 구조적으로 "중간계급"으로 정의된 경영자, 전문가 등의 사람들까지 상당히 넓게 포괄하고 있었다. 일본에서는 세 번째 형태가 나타나는데, 이데올로기적 양극화가 다른 두 나라보다 훨씬 약화되어 있어서, 가시화된 이데올로기적 구분은 계급구조의 권위 차원보다 전문지식 차원을 주로 따르고 있었다.

국가마다 다른 이런 양상들은 계급위치와 개인의 주체성 사이의 연결이 주로 그것을 발생시키는 거시적인 사회맥락에 의해 형성된다는 것을 보여준다. 계급위치는 단지 주체성의 형태만을 만드는 것이 아니라, 개인의 주체성이 기업 내의 제도적 장치나 정당 및 노조의 정치전략, 과거 투쟁들의 역사적 유산 등과 같은 다른 많은 과정들과 상호작용하게 만든다. 이런 복잡성은 분명 "계급이 의식을 결정한다"와 같은 단순한 계급분석을 약화시키지만, 그렇다고 해서 계급이 여타 사회적 과정들과 상호작용한 결과를 조사하는 광범위한 프로젝트(계급분석 프로젝트-역자)를 잠식하지는 않는다.

복잡성 vs 소멸

앞 절에서 논한 증거들이 확실한 것이라면, 계급의 죽음을 선언하는 것은 확실히 시기상조일 것이다. 계급이 "사회조직"의 가장 강력한 혹은 근본적인 원인이 아닐 수 있고, 계급투쟁이 오늘날 세계를 변화시키는 가장 강력한 동력이 아닐 수도 있다. 모든 사회적 현상들을 관통하는 일반적 설명 원리로서 계급의 우위를 주장하는 것은 타당하지 않을 것이다. 그럼에도 불구하고, 계급은 사회적 삶의 많은 측면에서 작용하는 하나의 중요하고, 때로는 강력한 결정요인으로 남아 있다. 즉 계급경계들, 특히 자산에 따른 경계는 사람들 삶에서 계속 현실적 장벽이 되고 있다. 불평등한 자본 자산 분배는 사람들의 물질적 이익에 계속 실질적인 영향을 미칠 것이고, 자본주의 기업들은 비소유 피고용인으로부터 노동을 추출해야 하는 문제에 계속 직면할 것이며, 계급위치는 하나의 변수로서 계속 개인의 주체성에 현실적인 영향을 미칠 것이다.

파쿨스키와 워터스는 이런 경험적 관찰들이 갖는 중요성을 부정했기 때문에, 현대 자본주의 사회에서 계급관계의 복잡성이 증가하는 것을 두고 계급이 완전히 소멸했다고 잘못 진단했을 것이다. 단순하고 양극화된 양대 계급모델이 구체적인 자본주의 사회에서 발생하는 의식과 행동을 설명하는 데 충분한 것은 아니지만, 아마 이 모델이 실제 세계와 매우 흡사했던 시기가 있었을 것이다. 하지만 그런 때를 지나왔으므로, 다양한 복잡한 형태들이 계급분석에 첨가 될 필요가 있다.

- "중간계급"에는 명확한 개념적 지위가 주어지는 것이 필요하다. 가령, 중간계급을 "계급관계 내 모순적 위치"로 볼 수 있다.

- 계급구조 내에서 개인의 위치는 단순히 그들의 직업(직접적인 계급위치)만이 아니라, 그들이 가족 구조를 통해 착취메커니즘과 연결되는 방식(간접적인 계급위치)을 통해서도 정의되어야 한다.

- 계급위치는 경력이 쌓이는 방식 때문에 특유의 일시적인 성격을 갖는다. 직업 경력이 사람들에게 확률적인 성격을 갖는 한에 있어서 몇몇 계급위치들은 객관적으로 정확히 규정될 수 없기 때문에, 계급위치는 일시적인 성격을 갖는다.

- 상대적으로 제한되어 있기는 하지만, 자본주의 자산에 대한 실제 소유가 피고용인들 사이에 확산되면, 계급구조에 복잡성이 더해진다. 왜냐하면 경영자계급 위치, 심지어 노동자계급 위치에 있는 일부 사람들이 동시에 임대인이 되어 자본가계급 위치를 차지할 수 있기 때문이다. 이는 "계급관계 내 모순적 위치"의 한 특별한 형태가 된다.

계급분석은 이러한, 그리고 그 밖의 다른 복잡한 특성들을 포괄할 필요가 있다. 하지만 이런 방식으로 계급분석을 재건한다고 해서 계급이론이 밝힌 인과과정들이 소멸되는 것은 아니다. 자본주의 경제의 핵심인 경제적 자산을 둘러싼 사람들의 관계는 삶의 기회와 착취를 계속 형성하고, 이런 기회와 착취는 차례차례 다른 사회현상들에 광범위한 영향을 미칠 것이다. 이런 복잡한 특성들은 계급분석이 깔끔하게 정리되지 못하게 만들고, 뜨거운 열정도 잘 자아내지 못하는 개념적 틀이 되게 할 수 있다. 하지만 계급분석이 현대 자본주의 사회의 복잡성을 설명하고, 정치적 행동을 동원할 수 있는 이데올로기적인 힘을 가지게 된다면, 계급분석은 사회변화를 지향하는 해방 프로젝트에 궁극적으로 기여할 수 있을 것이다.

9

프레카리아트는 하나의 계급인가?

사회학 및 유관 학문들의 이론적 논의에서, 특정한 사회적 범주가 "하나의 계급"으로 간주되어야 하는가에 대한 질문이 제기되어 왔다. 우리는 이미 세부적인 직업 범주를 "미시계급"으로 규정한 데이비드 그루스키와 킴 위덴의 제안을 살펴보면서 이 문제를 다룬 바 있다. 이 장에서는 "프레카리아트(precariat)"로 알려진 범주가 하나의 계급일 때 발생하는 문제를 살펴볼 것이다. 이 개념은 1980년대와 1990년대 나타난 경제적 불안과 고용 불안정("불안정성 precarity"이라고도 불리는) 증가에 기원을 두고 있다. 하지만 초기 논의들에서 이 개념은 계급구조 내에 존재하는 하나의 구분되는 계급이라기보다, 주로 노동자들이 마주한 조건으로 취급되었다. 이러한 경향의 중요성은 현대 자본주의 분석가들에게 광범위하게 수용되고 있다. 그러나 **조건으로서의 불안정성**에서 **계급으로서의 불안정성**으로 이런 경향을 재개념화하는 것은 훨씬 논쟁적인 것이다. 이어지는 절에서 나는 『프레카리아트』(*The Precariat*)와 『프레카리아트 헌장』(*The Precariat Charter*)[1]이라는 책을 통해 프레카리아트가 하

1) Guy Standing, *The Precariat: The New Dangerous Class*, London: Bloomsbury, 2011;

나의 계급이라는 관점을 가장 강력하게 변호한 가이 스탠딩(Guy Standing)의 주장을 면밀히 살펴보고자 한다.

우선 프레카리아트에 대한 가이 스탠딩의 기본적인 분석과 프레카리아트가 왜 계급으로 간주되어야 하는지에 대한 그의 주장을 간략히 살펴보고자 한다. 그 후 광범위한 계급분석 안에서 프레카리아트가 차지하는 위치를 검토한다. 나는 프레카리아트가 계급분석 안에 자리잡을 수는 있지만, 그것 자체가 하나의 명확한 계급으로 간주되는 것은 유용하지 않다고 주장할 것이다.

1. 프레카리아트가 하나의 계급이라는 가이 스탠딩의 주장

프레카리아트가 하나의 계급이라는 스탠딩의 주장은 상당히 복잡한 세 가지 차원의 계급 정의에 기초하고 있다. "계급은 본질적으로 특정한 '생산관계', 특정한 '분배관계'(소득원), 그리고 국가와의 관계에 의해 결정되는 존재로 정의될 수 있다. 이런 관계들로부터 바람직한 개혁과 사회정책에 대한 독특한 '의식'이 발생한다."[2)]

국가와의 관계를 계급 정의에 명시적으로 포함하고 있는 것이 스탠딩의 분석에서 상당히 독특한 점이다. 많은 계급분석가들이 계급과 국가 사이의 관계를 중요한 문제로 보기는 하지만, 국가와의 관계를 계급구조의 정의 자체에 포함시키는 사람은 드물다. 스탠딩이 봤을 때, 현대 자본주의에서 프레카리아트의 실제 위치를 보여주는 중요한 측면 가운데 하나는 대개 시민권과 관련된 권리들로부터 많은 사람들이 배제되고 있다는 사실인데, 그는 이 때문에 국

---

and The Precariat Charter: From Denizens to Citizens, London: Bloomsbury, 2014.

2) Standing, *Precariat Charter*, p.13.

가와의 관계를 계급구조 정의에 포함시킨다. 경제적 불안정성과 정치적 주변화의 교차가 프레카리아트를 노동계급으로부터 분리시키는 경계선을 가장 뚜렷하게 만든다.

관계의 세 가지 차원—생산관계, 분배관계, 국가와의 관계—에 기초하여, 스탠딩은 현대 자본주의 사회의 계급구조를 일곱 가지 계급으로 규정한다.

1. **엘리트 또는 재벌**. 이는 고전 마르크스주의에서 말하는 진정한 지배계급이다. 스탠딩은 이렇게 말한다. "그들은 점거운동에서 묘사된 1%가 아니다. 그들은 1%보다도 훨씬 적고, 대부분의 사람들이 인식하는 것보다 더 큰 권력을 행사한다. 그들의 재정적 힘은 정치담론, 경제정책, 사회정책을 형성한다."[3]

2. **급여생활자**. 이 계급은 다음과 같은 사람들로 정의된다. "안정적인 전일제 고용 상태에 있으며, 이들 중 일부는 엘리트가 되기를 희망한다. 하지만 대부분은 연금, 유급휴가, 회사수당을 누리는 자신의 상황을 과시하는 것을 즐기는데, 이는 대개 국가가 보조해 주는 것들이다. 급여생활자는 대기업과 정부기관 및 행정기관에 집중되어 있으며, 여기에는 공무원도 포함된다."[4]

3. **프로피시언(Proficians)**. 이 용어는 '전문가(professional)'와 '기술자(technician)'라는 전통적 개념을 합친 말이다. 하지만 프

3) Ibid., p.13.
4) Standing, *The Precariat*, p.12.

로피시언은 시장에 내놓을 수 있는 기술을 충분히 가지고 있어서, 컨설턴트나 독립적인 자영노동자로서 계약을 맺고 고소득을 올리는 사람들을 말한다.[5]

4. **전통적인 '중심' 노동계급(프롤레타리아트).** 이 계급은 "대규모 노동에의 의존, 임금소득에의 의존, 생산수단을 통제하거나 소유하지 못하는 것, 그리고 생산기술에 조응하는 안정된 노동의 습관화로 정의된다."[6]

5. **프레카리아트.**

6. **실업자.**

7. **룸펜 프레카리아트(또는 "최하층계급underclass").** 스탠딩은 이 범주를 "사회의 찌꺼기에 의존해서 사는 사회적으로 악한 부적응자들의 격리된 집단"[7]으로 특징짓는다.

스탠딩의 목표는 이들 계급 각각에 대해 면밀하고 분석적이며 엄격한 정의를 제시하는 것에 있지 않다. 그는 실제로 계급구조의 일부, 특히 노동계급에서 프레카리아트를 구분하는 것에만 집중하고 있기 때문에, 몇몇 계급범주에 대해서는 명료하지 않은 경계와 불명확한 설명을 제시하고 있다. 예컨대, 그의 분석에서는 국가와 사적영역에서 안정적인 직업을 갖는 비경영 화이트칼라나 자격증

5) Ibid., pp.12-13.
6) Standing, *The Precariat Charter*, p.15.
7) Standing, *The Precariat*, p.13.

을 보유한 피고용자들이 어떻게 다뤄져야 하는지가 불분명하다. 그들은 스탠딩이 육체노동을 바탕으로 규정한 중심 노동계급의 일부로 보이지는 않지만, 샐러리아트 정의에도 명확하게 들어맞지 않는다. 왜냐하면 샐러리아트 범주는 "엘리트가 되기를 희망하는" 기업의 중역들을 포함하고 있기 때문이다. 그렇다고 해서 이동성이 매우 높은 교육받은 자영노동자로 규정된 프로피시언 범주에 그들이 잘 들어맞는 것도 아니다. 만약 스탠딩이 현대 자본주의의 일반적 계급지도를 그리기 위해 도전한 것이라면 이러한 엄밀함의 결여는 분명 문제가 되겠지만, 이는 그의 목적이 아니다. 그의 목적은 프레카리아트 개념을 방어하고, 프레카리아트를 노동계급으로부터 구별할 수 있는 특성을 정련하여 설명하는 것에 있다.

그는 노동자와 프레카리아트를 계급관계의 세 가지 차원 측면에서 대조하는 것을 통해 이 작업을 수행한다.

독특한 생산관계. 스탠딩은 프롤레타리아에서 프레카리아트를 구분하는 기준을 확인하면서, 계급관계의 세 가지 차원 가운데 어느 하나를 더 강조하지는 않는다. 그러나 계급관계의 세 차원 가운데 여전히 첫 번째 것, 즉 생산관계가 프레카리아트 개념의 근간이 되며, 그 개념에 프레카리아트라는 이름을 부여하는 토대로 간주된다. 생산관계와 관련하여 그는 다음과 같이 쓰고 있다. "프레카리아트는 실업 혹은 노동력 철수('경제적 비활동'이라고 잘못 이름 붙여진) 기간을 드문드문 겪는 불안정한 직업을 갖고 살아가는 사람들과, 주거와 공공자원에 대한 불확실한 접근 때문에 불안정하게 살아가는 사람들이다." 스탠딩은 이러한 생산관계가 프롤레타리아로부터 프레카리아트를 명확하게 구분짓는다고 본다.

> 프레카리아트는 "노동계급"이나 "프롤레타리아"의 일부분이 아니었다. 노동계급이나 프롤레타리아는 한 사회가 주로 다음과 같은 노동자들—장기적이고 안정적이며 승진경로가 정해진 데에서 고정된 시간만큼 일하고, 조합가입과 단체협약의 권한을 가지며, 그들의 부모가 이해할 법한 직함을 갖고, 이름과 특성을 잘 아는 친숙한 현지 고용주들을 마주하는 노동자들—로 구성되어 있다는 것을 의미한다.[8)]
>
> 노동계급은 그 구성원들이 직업을 잃게 될지라도, 안정된 노동을 공급할 것을 기대받는다. 그들의 노동하는 삶을 특징짓는 용어는 프롤레타리아화, 즉 안정된 전일제 노동에 익숙해지는 것이다... 프롤레타리아의 기준이 이처럼 안정된 노동에 익숙해지는 것이라면, 프레카리아트는 불안정 노동에 익숙해지는 것이다.[9)]

스탠딩은 프레카리아트가 제2차 세계대전 이후 노동계급을 특징짓는 일곱 가지 형태의 "노동 관련 보장(labour-related security)"을 결여하고 있다고 주장함으로써, 프롤레타리아로부터 프레카리아트를 구별해주는 그의 불안정성 개념을 정교화한다. 스탠딩이 말하는 일곱 가지 형태의 노동 관련 보장은 **노동시장 보장**(적절한 소득-수익을 얻는 기회), **고용 보장**(임의적 해고로부터의 보호, 고용과 해고에 대한 규약 등), **직업 보장**(고용에서 적절한 일자리를 유지하는 능력과 기회), **작업 보장**(작업장에서 발생하는 사고와 질병으로부터의 보호), **기술 재생산 보장**(견습기간 동안 기술을 습득할 기회), **소득 보장**(충분하고 안정적인 소득의 보장), **대표권 보장**(파업권을 가지는 독립적인 노동조합을

8) Ibid., p.10.

9) Standing, *Precariat Charter*, p.15, p.17.

통해 노동시장에서의 집단적 발언권 보유)이다.[10] 이러한 보장 형태들 가운데 앞의 다섯 가지(노동시장 보장, 고용 보장, 직업 보장, 작업 보장, 기술 재생산 보장-역자)가 결여된 형태가 프레카리아트의 독특한 생산관계다.

독특한 분배관계. 스탠딩은 소득이 다양한 형태로 주어진다고 지적한다. "자영생산, 시장생산 혹은 판매에서의 소득, 비임금 기업수당, 공동체 및 연대수당, 국가수당, 금융 및 기타 자산들로부터의 소득" 등으로 말이다.[11] 프레카리아트의 독특한 특징은 비금전적 임금으로 주어지는 소득 형태에 전혀 접근하지 못한다는 점이다.

> 20세기 동안 기업 및 국가보조금에서 나오는 사회적 소득 몫이 증가하였는데, 이는 금전으로 주어지는 임금 형태를 벗어난 형태로 제공되었다. 프레카리아트를 그 반대 경향(안정적인 노동자들-역자)과 구분짓는 것은, 임금과는 다른 형태의 소득원이 사실상 사라졌다는 점이다... 프레카리아트는 유급휴가, 병가, 회사연금 등 비임금 특혜에 접근하지 못한다. 이들은 또한 법적인 재정지원혜택을 받을 수 있는 권리로부터 주어지는 국가보조금도 받지 못하는데, 설사 국가로부터 받는 보조금이 있다 하더라도 자유재량에 따른 불안정한 보조금에 불과하다. 그리고 프레카리아트는 많은 공공재(공공 서비스와 편의시설)와, 가족 및 지역 네트워크 지원 형태의 지역사회 보조금에도 접근하지 못한다.[12]

10) Standing, *The Precariat*, p.17.
11) Standing, *Precariat Charter*, p.18.
12) Ibid., pp.18-19.

국가와의 독특한 관계. 경제적 불안정성의 다양한 측면이 프레카리아트가 하나의 계급이 되는 가장 확실한 요인이지만, 스탠딩은 국가와 프레카리아트의 독특한 관계 역시 프레카리아트와 노동계급 사이에 실질적인 경계선을 만드는 중요한 요인이라고 생각한다. 스탠딩은 "시민"과 "거류민"을 대조시킨다. 시민은 국가에 의해 모든 권리를 보장받은 사람들인 반면, "거류민"은 훨씬 더 제한된 권리를 가지고 국가의 관할하에 살아가는 거주자일 뿐이다.[13] 스탠딩은 이렇게 말한다. "프레카리아트는 주요 노동계급과 샐러리아트 시민들에게 제공되는 많은 권리를 가지지 못하고 있다. 프레카리아트에 속한 사람들은 거류민들이다."[14] 전통적으로, 비시민 이민자들은 이러한 맥락에서 거류민이었다. 그들은 어딘가에 살 수 있도록 허락받기는 했지만, 정치적으로 보장되는 권리에 대해서는 큰 제한을 받았다. 스탠딩은 이제 이러한 조건이 공식적으로 시민인 상당수의 사람들에게까지 확대되고 있다고 주장한다. 역으로 노동계급에게는 이러한 권리가 대체로 온전하게 남아 있다.

따라서 프레카리아트는 다음과 같은 매우 중요한 세 가지 기준—생산관계에서의 **불안정성**, 분배관계에서의 **취약성**, 국가와의 관계에서의 **주변성**—에 따라 정의된다. 노동계급의 몇몇 부문들이

---

13) 이러한 논의에는 다음과 같은 권리들이 포함된다. 정치적 권리("프레카리아트는 상대적으로 선거권이 박탈되어 있다"), 시민권("프레카리아트는 정당한 법 절차에 대한 권리를 잃고 있다"), 문화적 권리("정부는 사회적 규범과 다수결 제도에 더욱 순응할 것을 요구하고 있는데, 이는 소수자들의 문화적 소외를 심화시킨다"), 경제적 · 사회적 권리("프레카리아트는 사회 · 경제적 권리를 누리지 못하고 있는데, 특히 국가 보조와 직업 활동을 할 권리에 있어서 그러하다"). Standing, *Precariat Charter*, pp.20-21.

14) Ibid., p.20.

이러한 특성 가운데 한두 가지를 공유할 수 있지만, 세 가지 특성 모두를 가지고 있는 집단은 하나의 구분되는 계급으로 존재하는 프레카리아트이다.[15)]

이는 프레카리아트 내에 어떠한 분할도 없다는 것을 의미하는 것은 아니다. 스탠딩은 2010년대 선진자본주의 세계에서 프레카리아트가 세 가지 주요한 하위범주로 갈라졌다고 주장한다. 첫 번째는, 과거에는 확고하게 노동계급 안에 있었지만 자본주의 발전에 의해 주변화된 사람들이다. 그들은 "노동계급 집단과 가족으로부터 튕겨져 나온 사람들이다. 그들은 상대적 박탈감을 경험한다. 그들 자신, 혹은 그들의 부모나 조부모는 지위와 기술을 갖고 존경을 받으면서 노동계급 직업에 속했었다."[16)] 두 번째는 "전통적 거류민—이민자, 집시, 소수인종, 중립국으로의 망명 신청자를 비롯해 어디에서든 최소한의 권리만을 갖는 사람들이다."[17)] 스탠딩이 프레카리아트의 역동적 중심이라고 여기고 있는 세 번째는 "개인적 발전과 만족이라는 화려한 경력과 동떨어진 상황에 처한 후 프레카리아트적 존재로 뛰어든 교육받은 사람들이다. 그들은 대부분 20~30대다. 그러나 그들은 혼자가 아니다. 샐러리아트적 존재로부터 떨어져 나온 많은 사

---

15) 스탠딩의 계급에 대한 정의를 구성하는 세 가지 관계 측면에서 봤을 때, 프레카리아트는 노동계급과 구분되는 몇 가지 독특한 특징을 갖는다. 직업 정체성의 붕괴, 시간 통제 부족, 노동으로부터의 분리, 낮은 사회이동성, 자격초과, 불확실성, 끊임없는 빈곤의 덫 등이 그것이다. 스탠딩의 분석에서 이러한 부가적 속성들이 갖는 논리적 지위는 분명하지 않다. 왜냐하면 이 속성들이 계급 개념에 대한 그의 명확한 정의에 사용되지 않고 있고, 그가 이 속성들 가운데 일부를 노동계급 부문에도 적용할 수 있다고 인정하기 때문이다. 이들 가운데 일부는 생산관계와 분배관계의 여러 측면을 더욱 정교화한 것으로 간주될 수 있고, 몇몇은 프레카리아트를 정의하는 주요 조건들의 결과로 간주될 수 있다.

16) Standing, *Precariat Charter*, p.29.

17) Ibid., p.29.

람들이 여기에 속한다... 그들은 그들이 하도록 되어 있는 일을 하는 것이 아니며, 그렇게 될 가능성도 거의 없다."[18]

프레카리아트의 이런 세 범주는 모두 깊은 박탈감과, 삶의 실제 현실과 기대 사이에 존재하는 고통스러운 괴리를 경험한다. 하지만 각 범주가 경험하는 괴리의 초점은 다르다. 즉 "프레카리아트의 첫 번째 범주는 실제 혹은 상상된 과거에 대해 상대적 박탈감을 느낀다. 두 번째 범주는 상대적으로 부재한 현재, 즉 부재한 '보금자리'에 대해 박탈감을 느낀다. 세 번째 범주는 미래가 없다고 느낀다."[19] 이와 같은 박탈에 대한 서로 다른 주관적 경험은 심각한 분리를 발생시키는 불안정성과 관련되어 있는데, 이런 불안정성은 계급으로서 집단적으로 행동하는 프레카리아트의 힘을 약화시킨다. 스탠딩은 이렇게 말한다. "프레카리아트는 상당히 분할되어 있어서, 그 자신과 전쟁 중인 하나의 계급으로 묘사될 수 있을 정도다."[20] 이러한 사실에도 불구하고, 스탠딩은 여전히 프레카리아트가 "위험한 계급"이 될 잠재력을 가지고 있다고 생각한다. 그에게 있어 프레카리아트는 노동계급보다 "21세기의 주류 정치 의제인 '우익'의 신자유주의와 사회민주주의의 노동자주의"[21]에 도전할 수 있는 훨씬 큰 잠재력을 갖는 계급으로 간주된다.

2. 계급분석에서 프레카리아트의 위치

선진자본주의 국가들에서 불안정성이 삶의 조건으로서 어느 정

18) Ibid., p.30.
19) Ibid., pp.30-31.
20) Ibid., p.29.
21) Ibid., p.31.

도 증가해왔다는 것은 거의 의심의 여지가 없다. 그러나 이러한 현상이 개념적으로 어떻게 이해될 수 있는가 하는 질문은 여전히 남는다. 가이 스탠딩의 제안은 노동계급이 하나의 계급인 것과 같이 프레카리아트도 하나의 계급이라는 것이다. 그는 프레카리아트를 하나의 형성 중인 계급이라고 부르는데, 이들은 통일된 집단적 행위자로서는 아직 행동하지 않기 때문에, 전통적인 마르크스주의 용어인 대자적 계급은 아직 아니라고 본다. 그럼에도 불구하고 그는 자본주의 계급구조 안에 있는 구조적 위치라는 측면에서 봤을 때,

프레카리아트가 구분되는 계급위치에 존재하며 노동계급 및 다른 계급들과 구분된다고 주장한다.

스탠딩이 자신의 이런 주장을 방어하는 기본적인 전략은 프레카리아트의 삶을 전통적 노동계급과 구별지어주는 독특한 조건이 있다고 주장하는 것이다. 그는 이러한 조건 각각을 고려하면, 프레카리아트와 노동계급 사이에 겹치는 부분이 있다는 것을 인정한다. 하지만 조건 전체를 고려한다면, 이러한 특성들이 양자를 실제 구분짓는 경계를 발생시킨다고 주장한다. "요컨대 프레카리아트는 열 가지 특징에 의해 정의된다.[22] 모든 특징들이 프레카리아트에게만 독특한 것은 아니다. 하지만 이 특징들이 모두 함께 고려되면 그 요소들에 의해 하나의 사회집단을 정의할 수 있게 되고, 이로 말미암아 우리는 프레카리아트를 하나의 형성 중인 계급이라고 부를 수 있게 된다."[23]

스탠딩은 프레카리아트가 하나의 계급이라는 것에 동의하지 않는 학자들을 상당히 무시한다. 특히 그는 마르크스주의자들을 다음과 같이 비판한다. 마르크스주의자들은 "프레카리아트를 '노동계급'이나 '프롤레타리아'라는 낡은 개념 안에 집어넣으려는 열망을 가지고 있는데, 이는 21세기를 분석하기 위해 필요한 적절한 어휘와 이미지를 발전시키는 것을 방해한다."[24] 따라서 스탠딩에 의해 정교화된 이러한 사회경제적 특성들의 공유 여부가 하나의 사회적 범주를 하나의 계급으로 묘사하는 데 있어 충분한 것인지, 그리고 우리가 이 질문에 답할 수 있게 하는 기준은 정확하게 무엇인지 같

---

22) 이 열 가지 특징은 계급관계의 세 가지 차원과 일곱 가지 다른 특징을 더한 것이다. 이에 대해서는 각주 15를 참고하라.

23) Ibid., p.28.

24) Ibid., p.31.

은 질문이 우리에게 제기된다.

가장 기본적인 기준은 계급분석의 마르크스주의 전통과 베버주의 전통 모두에서 사용된 바 있는 **물질적 이해관계**라고 할 수 있다. 한 노동계급 여성이 난간에 기대고 있는 모습을 담은 1979년쯤의 포스터 한 장이 있다. 그 포스터의 문구는 이렇다. "계급의식은 당신이 울타리의 어느 편에 서 있는가를 아는 것이다. 계급분석은 당신과 함께 거기에 서 있는 사람이 누구인가를 밝혀내는 것이다."[25] 하나의 주어진 계급 안에 있는 두 사람의 물질적 이해관계는 다른 계급에 있는 두 사람의 물질적 이해관계보다 훨씬 더 많이 중첩된다는 것은 물질적 이해관계에 관한 하나의 주장이다. 따라서 노동계급과 프레카리아트가 구분되는 계급이라는 주장은 그들이 서로 다른 물질적 이해관계를 가지고 있다는 주장과 같다.

물론, 이러한 주장은 원래 질문을 대체하는 것일 뿐이다. 이제 우리는 무엇이 "물질적 이해관계"를 구성하는가에 대한 명확한 기준을 필요로 한다. 이는 사회이론에서 계속 제기된 문제이며, 까다로운 다수의 이론적 문제를 발생시킨다.

이해관계에 대한 논의에서 불거지는 가장 큰 의견 불일치는 아마도 **객관적** 이해관계 대 **주관적** 이해관계 문제일 것이다. 어떤 사람들은 자신의 이해관계를 스스로 이해하는 것에 관심을 갖는 행위자들의 주관적 상태만을 언급하는 것이 이해관계 개념에 적합하다고 주장한다. 반면, 다른 사람들은 객관적 이해관계까지 논의하는 것이 합당하다고 주장한다. 첫 번째 관점에서는 이해관계 개념이 선호와 밀접하게 관련된다. 두 번째 관점에서는 이해관계 개념이 무언가를 막 하려는 사람에게 "당신은 실수하는 겁니다. 그것은

25) Poster published by Press Gang Publishers, Vancouver, B.C.; undated.

당신의 이해관계가 아닙니다"라고 말하는 경우를 떠올리면 쉽게 이해된다. 이렇게 말하는 것은 이해관계가 선호의 문제가 되어서는 안 된다는 것을 의미한다. 이러한 불일치가 보여주는 바는 노동계급의 "객관적 이해관계"를 주장하는 것이 대중들에게 "너희를 위해 좋은 것"이라고 말하는 엘리트들의 표현으로 쉽게 변할 수 있다는 것이다. 객관적 이해관계에 대한 주장은 역사적으로 권위주의 정당 및 국가에 의해 시행된 정책을 방어하는 하나의 무기로 사용되어 왔다. 이는 객관적 이해관계를 주장하는 것에 주의해야 할 충분한 이유를 제공한다. 하지만, 주의한다는 것이 곧 객관적 이해관계 개념을 제거한다는 의미가 아니다. 이는 단지 객관적 이해관계에 대한 주장을 권위주의적인 명령이 아니라, 명제로서 취급해야 한다는 것을 의미한다.

어떠한 경우이든, 마르크스주의 전통과 베버주의 전통의 계급분석은 "물질적 이해관계"라고 특징지을 수 있는 객관적 이해관계를 주장한다. 어떤 사람이든 삶의 물질적 조건을 향상시키거나 이에 해가 될 수 있는 행위 및 사회변화를 확인할 수 있다. 때로 "물질적"이라는 용어가 협소하게 사용되어 단순하게 소득을 의미하는 것으로 국한되기도 하고, 때로는 노동조건, 기회, 여가, 경제적 안정, 시간 사용에 대한 통제 등을 비롯한 한 개인의 경제적 상황의 다양한 측면까지 포함하여 확장적으로 쓰이기도 한다. 두 경우 모두, 한 개인의 경제적 상황에 영향을 미치게 될 전략과 대안의 범위를 객관적으로 측정하는 것이 가능하다고 전제한다.[26)]

---

26) 다수의 복잡한 차원들이 일단 "물질적 이해관계"에 포함되면, 일반적으로 사람들은 이러한 차원들 사이에서 벌어지는 상충을 경험하게 된다. 예를 들어, 경제적 보장을 향상시키는 전략이나 이를 위한 사회변혁이 소득을 증대시키는 전략 및 사회변화와 상충할 수 있다. 사람들이 객관적인 물질적 이해관계를 갖는다고

만약 우리가 객관적으로 정의할 수 있는 물질적 이해관계가 계급위치를 구분짓는 타당한 기준이라는 견해를 받아들인다면, 다음에는 이러한 이해관계를 어떻게 현대 자본주의의 계급구조로 명시할 수 있는지에 대한 질문이 제기된다. 이는 프레카리아트와 노동계급이 구분되는 계급인가 하는 질문에 답할 수 있게 도와준다. 이를 위해 제6장에서 그루스키와 위덴의 미시계급 모델을 살펴보면서 소개한 게임의 비유를 사용하는 것이 도움이 될 것이다. 하나의 자본주의 경제체제를 구성하는 모든 위치의 객관적인 물질적 이해관계는 어떤 게임을 할 것인가 하는 게임 자체 수준과 게임규칙 수준, 그리고 게임 안에서 쓰는 수 수준에서 명시될 수 있다.

게임 자체 수준에서는 다음과 같은 마르크스주의적 질문이 제기된다. 자본주의 안에서 서로 다른 위치를 점한 사람들의 물질적 이해관계는 자본주의에서 사회주의로 게임이 변화하면 어떤 영향을 받게 되는가?[27] 말할 것도 없이 이 질문은 매우 논쟁적이다. 대다

주장하는 것은 상충하는 이해관계 차원들 중 어느 하나가 더 선호된다는 의미의 객관적 이해관계를 주장하는 것이 아니다. 이와 같은 복잡한 상황 속에 있는 물질적 이해관계의 객관성은 사람들이 경험하는 상충하는 객관성이다. 따라서 두 사람이 서로 동일한 객관적인 물질적 이해관계를 갖는다고 말하는 것은 동일한 기본적 상충을 경험한다고 말하는 것과 같다. 또, 객관적인 물질적 이해관계에 관해 말하는 것이 곧 사람들이 실제 물질적 이해관계를 추구할 때 몇몇 다른 종류의 이해관계에 반하는 어떤 중요한 객관적 이해관계를 갖는다고 주장하는 것도 아니다. 무엇보다 프리드리히 엥겔스는 자본가의 아들이었지만, 마르크스와 노동운동을 후원하는 데에 그의 삶을 헌신했다. 이 경우에서 계급적 이해관계가 "객관적"인 이유는 엥겔스가 혁명적 사회주의를 지지하면서 그의 객관적인 물질적 이해관계에 반하는 행동을 했기 때문이다.

27) 이와 연관된 두 가지 문제가 있다. 자본주의 내 계급위치와 연관된 사람들의 이해관계가 사회주의 사회에도 존재하는지, 그리고 그 이해관계가 자본주의에서 사회주의로 이행하는 데에 작용하는지 하는 문제가 바로 그것이다. 사회변혁의 이행비용이 발생할 것이라고 보는 관점에 따르면, 혹자는 사회주의에 대한 분명한 이해관계를 가질 수 있는데, 사회주의를 달성하려는 이해관계는 여전히 가지

수 사람들은 어떠한 형태든지 자본주의에 대한 실행 가능한 대안으로 제시되는 사회주의를 거부하거나, 혹은 사회주의는 가능하나 그 안에서는 거의 모든 사람들이 더 궁색해질 것이라고 주장한다. 이런 관점에서 봤을 때, **게임 자체** 수준에서는 자본주의에 어떠한 계급 구분도 존재하지 않는다. 사실상 이런 주장은 자본주의 안에 있는 모든 계급위치가 사회주의에 반하는 물질적 이해관계를 공유하고 있다는 것을 의미한다. 자본주의에 대한 적극적 대안이 가능하다고 믿는 다른 사람들은 "사회주의"가 정확하게 무엇을 의미하는지에 대해 의견일치를 이루고 있지 못해서, 적극적 대안과 연관되어있는 자본주의 내 이해관계 지형이 다양하다고 간주하면서 어떤 사회주의가 가능할 것인지 상상하는 것에만 의존하고 있다.

이러한 어려움에도 불구하고, 자본주의의 계급구조와 사회주의의 가능성 사이의 관련성은 마르크스주의 계급분석을 구성하는 핵심 문제다. 만약 자본주의에 대한 대안이 존재한다는 일관된 생각을 유지하는 사람들이 없다면, 마르크스주의 계급분석은 그 핵심적 토대를 잃어버리게 될 것이다. 이러한 문제는 계급에 대한 현대 마르크스주의 작업에 중대한 도전을 제기한다. 현대 계급구조의 복잡성을 감안했을 때, 우리는 현존하는 경제구조에 위치한 사람들의 이해관계를 어떻게 "사회주의"와 같은 추상적인 대안과 관련지으면서 분명히 명시할 수 있는가? 한 가지 방법은 단순하고 이분법적인 관점을 취해, 자본가와 노동자로만 자본주의의 계급관계가 구성된다고 간주하는 것이다. 분석의 구체적 수준에서 다뤄지는 이해관계, 즉 자본주의 계급구조 내의 복잡한 위치와 관련되어 있는 이해

지 않을 수 있다. 물론, 그러한 이해관계는 두 가지 경우 모두에서 "사회주의"가 의미하는 것이 무엇인지에 따라 달라진다.

관계를 자리매김하는 것은 또 다른 문제다.

이 문제를 해결하려는 시도가 나의 계급에 대한 작업에서 주된 부분이었다. 여기에서는 이에 대해 상세히 논하지 않고, 자본주의 계급구조의 복잡성을 사회주의라는 대안과 연결시키기 위해 내가 "계급관계 내 모순적 위치"라는 개념을 제안했다는 점만을 말해두고자 한다. 이 개념의 기본적 착상은 하나 이상의 계급을 동시에 가진 자본주의 계급관계 내에 있는 일련의 위치들을 확인하는 것이다. 좀 더 상술하면, 지배관계와 착취관계에 대해서 몇몇 위치는 지배받는 동시에 지배하거나 착취하는 동시에 착취당할 수 있다는 것이다.[28] 현재의 맥락에서 보면, 그러한 위치는 자본주의 대 사회주의 게임이라는 측면에서 정의된 물질적 이해관계와 모순되는 이해관계—반대되는 방향을 가리키는 이해관계—를 갖는다.

게임의 규칙 수준에서 제기되는 계급의 이해관계 문제는 자본주의를 지배하는 어떤 규칙이 자본주의 내 위치에 최적인가 하는 문제와 관련되는데, 이 수준에서는 사람들이 자본주의라는 게임을 계속할 것이라는 점을 전제한다. 미국식 아니면 덴마크나 독일식 자본주의 게임을 하는 것이 생산직 산업노동자들에게 더 낫지 않을까? 의사나 엔지니어처럼 교육을 많이 받은 노동자들의 경우는 어떠한가? 자본주의 게임을 둘러싼 서로 다른 규칙들이 그 체제 안에서 서로 다른 위치를 점하고 있는 사람들에게 특정한 이익과 불이익을 가져다주는가? 이러한 질문들은 자본주의 규칙 내의 대규모 변화나 혹은 2순위 규칙을 가늠하고자 할 때 제기될 수 있다. 예를 들어, 안전망이 빈약하고 공공재를 제대로 공급하지 않는 신자유주

---

28) 보다 상세한 논의에 대해서는 다음을 참고하라. Erik Olin Wright, *Classes*, London: Verso, 1985; and *Class Counts*, Cambridge: Cambridge University Press, 1997.

의적 자본주의와, 공공재 및 공공서비스를 충분히 공급하는 포괄적인 복지국가 자본주의를 비교해볼 수 있다. 여기서 중요한 것은 우리가 물질적 이해관계, 나아가 한 계급구조 안에서 사람들이 자리잡고 있는 위치의 성격을 단순히 자본주의 게임 자체와만 관련지어 정의하는 것이 아니라, 자본주의 내 규칙 변화와도 관련지어 정의할 수 있다는 것이다.

마지막으로, **게임의 수** 수준에서 제기되는 계급의 이해관계 문제는 사람들이 물질적 이해관계를 확보하고 향상시키고자 할 때 마주하는 최선의 전략들과 관련되는데, 이는 주어진 규칙 자체가 변화할 수 없다는 점을 전제한다. 사람들은 정해진 사회경제 체제 안에서 특정한 위치를 점하는데, 각각의 사람들이 마주하는 문제는 다음과 같은 것이다. 나의 물질적 이해관계라는 측면에서 봤을 때, 현재 주어진 위치에서 나는 무엇을 해야 하는가? 다른 종류의 위치로 가려고(다른 종류의 게이머가 되려고) 시도해야 하는가? 현재 위치에서 나의 협상 위치를 높이기 위해 더 많은 훈련을 받아야 하는가? 나는 또 다른 위치로 이동해야만 하는가? 나와 같은 사람들과 함께 상호 발전을 위한 집단적 행위에 참여해야 하는가? 만약 그렇다면 이런 과업을 함께할 "나와 같은" 이들은 누구인가? 완전히 다른 게임에서 나의 삶이 더 나아지는가를 묻는 질문은 차치하고서라도, 위와 같은 질문들은 규칙에서의 어떤 변화가 나의 삶을 더 낫게 만들 것인가를 묻는 질문과도 상당히 다르다. 제6장에서 나는 그루스키와 위덴의 직업에 기반한 미시계급 모델이 이런 게임의 수 수준에서 이루어지는 계급분석으로 해석될 수 있다고 주장한 바 있다.

우리는 이제 자본주의에 대한 이런 게임의 비유를 사용해서 프레카리아트가 노동계급과 구분되는 하나의 계급이 될 수 있는지 여부를 밝히는 문제로 돌아와보자. 게임 자체와 게임의 규칙, 그리고 게임 내의 수와 관련해서 가이 스탠딩이 정의한 프레카리아트와 프롤레타리아트는 어떻게 다른 것인가?

게임 자체 수준에서, 자본주의에 대한 민주사회주의적 대안이 가능하다고 믿는 사람은—현재의 역사적 상황에서는 달성될 수 없는 것일지라도—프레카리아트와 노동계급이 분명하게 같은 위치를 점한다고 볼 것이다. 자본주의 내의 프레카리아트와 노동자의 삶의 물질적 조건은 대안적 경제에서 모두 향상될 수 있다. 대안적 경제는 다양한 형태의 사회적 소유, 광범위한 투자 자산에 대한 민주적 지배, 탈상품화된 공공재 부문의 확대, 협동적인 시장관계, 그리고 여타 다른 민주사회주의 요소들을 중심으로 삼아 만들어진 것이다.[29] 하지만 그러한 대안을 위한 집단적 투쟁이 현재의 정치 전망에서는 요원하기 때문에, 게임의 규칙과 수 수준에서의 계급 구분이 "프레카리아트는 하나의 계급인가?"라는 질문과 훨씬 밀접한 관련을 갖는다.

게임의 규칙과 관련해서 보면, 존재하는 규칙—폭넓게 말해서, 신자유주의적 자본주의의 규칙—하에서는 프레카리아트의 세 범주에 속한 사람들의 물질적 삶의 조건이 노동계급보다 확실히 더 나빠진다. 무엇보다 불안정성 자체가 중대한 위협이 된다. 하지만 이것이 프레카리아트의 조건을 상당 정도 향상시킬 게임규칙상의 변화가 노동자의 물질적 이해관계에 부정적인 영향을 미친다는 것

---

29) 자본주의에 대한 하나의 대안으로서 민주사회주의 개념의 개략을 살펴보려면 다음을 참고하라. Erik Olin Wright, *Envisioning Real Utopias*, London: Verso, 2010, chapters 5-7; and Robin Hahnel and Erik Olin Wright, *Alternatives to Capitalism: Proposals for a Democratic Economy*, New Left Project, 2014; available as an ebook at www.newleftproject.org/index.php/site/article_comments/alternatives_ to_ capitalism_ proposals_for_a_democratic_economy.

을 의미하는 것인가? 그리고 노동자에게는 이익이 되지만, 프레카리아트의 조건을 더 나쁘게 만드는 게임규칙상의 중대한 변화가 존재하는가? 자본주의의 게임규칙을 둘러싸고 벌어지는 투쟁에 의해 울타리가 쳐진다면, 그들은 울타리를 기준으로 같은 편에 있는가, 아니면 반대편에 있는가?

먼저 프레카리아트에게 이익이 되는 규칙 변화들에 대해 살펴보자. 『프레카리아트 헌장』에서 스탠딩은 프레카리아트의 조건을 향상시키기 위한 일반적 요구 사항을 다음과 같이 제안한다. 이 헌장은 29개의 조항으로 구성되어 있다.

제1조 : 노동을 생산 · 재생산활동으로 재정의할 것.
제2조 : 노동통계를 개혁할 것.
제3조 : 채용 절차를 간단한 면접으로 구성할 것.
제4조 : 유연근무 노동을 규제할 것.
제5조 : 단결의 자유를 증진할 것.
제6조-제10조 : 직업공동체를 재구축할 것.
제11조-제15조 : 계급에 기초한 이주정책을 폐지할 것.
제16조 : 모두에게 정당한 법 절차를 보장할 것.
제17조 : 빈곤과 불안정의 덫을 제거할 것.
제18조 : 수익자부담제를 폐지할 것.
제19조 : 장애인을 악마로 매도하지 말 것.
제20조 : 노동연계복지제도를 당장 멈출 것!
제21조 : 페이데이론(payday loans)[30]과 학자금 대출을 규제할 것.

30) [역주] 페이데이론은 소규모의 단기 무담보 대출로, 매우 높은 금리를 책정한다.

제22조 : 금융지식 및 조언 받을 권리를 제정할 것.

제23조 : 교육을 비상품화할 것.

제24조 : 보조금을 폐지할 것.

제25조 : 기본소득을 지향할 것.

제26조 : 국부펀드를 통해 자본을 공유할 것.

제27조 : 공유지를 되살릴 것.

제28조 : 심의민주주의를 되살릴 것.

제29조 : 자선(慈善)을 다시 최소화할 것.[31]

위 조항들은 모두 구체적이고 진보적인 대안들이며, 만약 도입된다면 확실히 프레카리아트에 속하는 사람들의 삶을 아주 다르게 만들 것이다. 이들 가운데 몇몇은, 가령 '제4조 유연근무 노동을 규제할 것' 같은 조항은 프레카리아트가 직면한 독특한 조건만을 매우 협소하게 겨냥한다. '제19조 장애인을 악마로 매도하지 말 것'과 같은 조항은 매우 특정한 범주에 속한 사람들에게만 적용된다. 또 '제21조 페이데이론과 학자금 대출을 규제할 것'과 같은 조항은 현대 자본주의 게임의 아주 특정한 규칙만을 언급하고 있다. 그리고 몇몇 조항은 규칙의 변화를 언급하고 있는데, 만일 이런 변화가 진지하게 시행되면 자본주의를 넘어서는 해방적 대안이 예시될 수도 있다. '제25조 기본소득을 지향할 것', '제26조 국부펀드를 통해 자본을 공유할 것', '제27조 공유지를 되살릴 것', '제28조 심의민주주의를 되살릴 것' 등이 이에 속하는 예다. 스탠딩의 제안들 가운데 일부는 다른 것들보다 분명히 긴박해 보이지만—노동통계를 개혁하는 것은 빈곤과 불안정의 덫을 제거하는 것만큼 긴박한 문제

31) 이 조항들에 대한 자세한 내용은 *The Precariat Charter*, p.151ff을 참고하라.

는 아니다—이 제안들은 모두 프레카리아트에 속한 사람들의 물질적 이해관계에 조응하는 것이다.

그러나 문제는 이러한 제안들이 단순히 프레카리아트의 이해관계에 부합하느냐에 달려 있는 것이 아니라, 그 제안들이 프레카리아트를 노동계급과 구분되는 하나의 계급으로 주장할 수 있게 해주는가에 있다. 자본주의 게임규칙의 변화와 관련된 이런 헌장을 고려해봤을 때, 프레카리아트와 노동계급의 물질적 이해관계 사이에 차이가 존재하는가? 내 생각에는 차이가 없는 것 같다. 제안된 게임규칙상의 변화들 가운데 어떤 것도 노동계급의 물질적 이해관계에 반하지 않으며, 거의 대부분은 노동자의 이해관계를 상당 정도 향상시킨다. 스탠딩의 제안들은 여전히 안정적인 노동계급에 속해 있는 사람들보다는 프레카리아트에 속한 사람들의 삶에서 더 문제가 될 수 있지만, 이 제안들은 자본주의 계급구조 내에 존재하는 두 종류의 위치, 즉 안정적인 노동계급과 프레카리아트의 이해관계에 부합한다. 하지만 이 제안들이 자본주의 안에서 살아가는 모든 사람들의 이해관계에 부합하는 것은 아니다. 스탠딩이 계급으로 규정한 재벌 엘리트에게는 이 헌장에 있는 조항들의 입법이 분명 그들의 권력과 부, 자율성을 침해할 것이다. 대다수의 샐러리아트들, 특히 회사의 위계구조에서 높은 급여를 받는 상층부에서도 동일한 결과가 나타날 것이다. 프로피시언에게는 이 헌장 가운데 몇몇 조항이 무해할 수 있지만, 대다수는 그들의 이익을 침해할 것이다. 만약 프레카리아트 헌장의 29개 조항을 게임규칙상의 계급 위치를 분석하기 위해 사용한다면, 프레카리아트와 노동계급은 같은 계급을 구성할 것이다.

만약, 노동계급에 속한 사람들 대부분의 이해관계는 신장시키면서 프레카리아트에게는 해가 되는 게임 규칙상의 또 다른 중대한 변화가 있다면, 분석은 더욱 복잡해진다. 예컨대, 노동자의 직업 안정성을 상승시키는 고용법의 변화가 노동자가 해고당하는 것을 어렵게 만들어서 프레카리아트에게 부정적인 영향을 미치는 경우는 어떻게 볼 수 있는가? 고용주들의 반(反)노동조합 전략을 제한하여 노동조합의 조직화를 쉽게 만드는 미국의 법적 변화는 어떻게 볼 수 있는가? 이러한 종류의 규칙 변화는 노동시장의 양극화를 심화시키고, 불안정한 위치에 있는 사람들의 안정적인 직업에로의 이동을 어렵게 만드는 부작용을 낳을 수 있기 때문에, 여기에는 실제 다소 모호한 점이 존재한다. 그러한 세부적 변화들이 안정적 직업에 비해 상대적으로 불안정한 직업 수를 증가시킬 수도 있다.

이러한 모호성은 게임의 규칙 수준에서 프레카리아트가 노동계급의 한 특정한 **부문**이라고 간주하는 기초가 된다. 한 계급을 구성하는 서로 다른 부문들은 자본주의 안에서의 최선의 게임규칙에 대해 동일한 일반적 이해관계를 공유한다. 하지만 현존하는 규칙의 잠재적 변화와 관련된 변화의 상대적 우위에 대해서는 이해관계가 서로 다르며, 특정한 역사적 맥락에서는 특정한 규칙을 둘러싸고 반대되는 이해관계를 가질 수도 있다.

노동계급의 프레카리아트 부문과 노동계급의 또 다른 부문 사이의 이러한 긴장이 21세기 자본주의에 존재하는 특정한 종류의 **계급관계 내 모순적 위치**를 반영한다는 주장도 가능하다. 이 주장은 만약 노동계급의 가장 안정적인 부분이 점차 줄어든다면, 여전히 자신의 일자리에 대한 권리를 갖고 있는 노동자들이 대체로 생산수단을 소유하는 것과 관련되어 있는 제한된 종류의 재산권, 즉 피고용자를 해고할 수 있는 권리를 가질 것이라고 간주한다. 그런 노동자들은 그만둘 수는 있지만 해고될 수는 없다. 모든 권리와 일자리에 대한 보호를 결여한 19세기 중반 산업혁명기의 공장 노동자들처럼, 완전하게 프롤레타리아화된 노동자들은 그러한 권리를 갖지 못한다. 따라서 자신의 직업에 대한 유사재산권(해고할 수 있는 권리-역자)을 가진 노동자들을 독특한 계급관계 내 모순적 위치에 있다고 간주할 수 있다.[32] 이러한 방식으로 그 문제를 틀 지으면, 가장 안정적으로 보호받는 노동자들의 경우는 특권적인 모순적 계급위치를 점하지만, 프레카리아트의 상당 부분은 확실히 노동계급에 속하게 된다.

게임의 수 측면에서 정의된 계급위치는 어떠한가? 제6장에서 우리는 현존하는 게임 규칙하에서 물질적 이해관계를 실현시키기 위한 최적의 수 측면에서만 계급을 독점적으로 명시할 때, 그루스키와 위덴에 의해 제안된 미시계급이 계급구조 내의 구분 가능한 위치로 간주될 수 있다는 점에 대해 살펴보았다. 이러한 방식으로 계급이 명시된다면, 아마도 프레카리아트와 노동계급은 구분되는 계급일 것이다. 하지만 이 제안에는 두 가지 문제가 있다. 첫째, 우리가 계급을 게임의 수로만 제한하여 명시하면, 노동계급은 스스로 "하나의" 계급이기를 멈춘다. 이해관계가 게임의 규칙보다 게임의 수와 관련하여 정의되는 한, 다른 부문과 직업에 위치한 노동자들의 물질적 이해관계는 그 사이에 경계를 만들기에 충분할 만큼 쉽게 갈라져버린다. 둘째, 스탠딩 자신이 인정하듯이, 이러한 분석 수준에서는 프레카리아트 자체가 특정한 범주들로 나뉘어

32) 계급관계 내 모순적 위치는 하나 이상의 주요 계급과 관련되어 있다. 자신의 일자리에 대한 강력한 권리를 가진 노동자들은 부분적으로나마 그들의 일자리를 "소유한" 것인데, 이렇게 보면 그런 노동자들은 프티부르주아지와 유사하다. 강제할 수 있는 고용보장이 재산권의 한 형태라는 생각은 필립 반 파레이스(Philippe van Parijs)의 다음 논문에서 제안된 것이다. "A Revolution in Class Theory," in Erik Olin Wright, ed., *The Debate on Classes*, London: Verso, 1989, pp.213-41.

내적으로 분열된다. 프레카리아트의 모든 하위범주에 속한 사람들이 프레카리아트 헌장에 포함된 공통의 이해관계를 공유할 수는 있지만, 신자유주의적 자본주의의 현존하는 규칙하에서 어떤 행위전략이 가능한지 고려하여 정의된 공통의 이해관계는 공유되지 못한다.

21세기 선진자본주의 게임의 기본적 규칙과 관련하여 계급이 분석된다면, 프레카리아트는 노동계급의 한 부분이라는 사실만이 남는다. 혹은 계급이 게임의 수 수준에서의 동일한 이해관계로 협소하게 정의된다면, 프레카리아트는 그 자체로 몇몇 독특한 계급위치들의 집합으로 간주될 수 있다는 사실 또한 남는다. 프레카리아트는 노동계급의 빠르게 성장하는 한 부문으로서, 그리고 자본주의에 반하는 가장 신랄한 불만의 소지자로서, 자본주의의 규칙에 대한 투쟁과 자본주의 자체에 대한 투쟁에서 중요한 역할을 수행할 수 있다. 하지만 그들은 온전한 하나의 계급이 아니다.

혹자는 이에 대해 "그래서?" 라고 반응할 수 있다. 도대체 그게 무슨 상관이란 말인가? 오늘날 세계에서 수백만 명의 삶의 조건으로 기능하고 있는 불안정성의 중요성은 그런 위치에 있는 사람들이 하나의 명확한 계급으로 구분될 수 있는지에 따라 달라지는 것이 아니다. 문제가 되는 것은 그들이 마주한 조건의 현실이며, 그들이 그 조건에 대해 무엇을 할 수 있는가 하는 점에 있다. 일부 수사적 맥락에서 프레카리아트를 계급이라고 부르는 것은 불안정성과 관련된 문제들의 위상을 향상시키는 데에 도움이 되며, 그에 대응하는 행위 절차를 법제화하고 강화하는 역할을 수행한다. 나는 스탠딩이 프레카리아트 헌장을 제시한 의도가 바로 이것이라고 생각한다. 하지만 계급분석이 사회 분열과 변혁의 가능성을 이론적으로 이해하는 일관되고 지속적인 방식을 발전시키는 데에 도움이 되어야 한다면, 우리가 사용하는 개념들은 공유되고 갈등하는 이해관계와, 잠재된 집단적 능력의 특성을 분명히 밝힐 수 있도록 정확한 의미를 가져야 한다. 이러한 목적을 위해 프레카리아트를 하나의 계급으로 취급하는 것은—형성 중인 계급일지라도—이해관계와 집단적 능력의 특성을 명확하게 하기보다 도리어 모호하게 만든다.

3부

계급투쟁과 계급타협

10

이익이 되는 제약 -누구에게 이익이 되는가?[*]

자발적 행동으로 보이는 모든 경제적 실천들이 비경제적인 사회적 실천 및 사회관계들을 전제한다는 주장은 경제사회학의 가장 기본적인 전제다. 그러나 상호작용하는 개인들의 자발적 선택에 의해서만 구성되는 진정한 "자유시장"이라는 관념은 일종의 신화라고 할 수 있다. 왜냐하면 복잡한 사회조건들 없이 구성되는 시장은 없기 때문이다. 뒤르켐이 "계약의 비계약적 기초"라는 그의 유명한 논의에서 이러한 원리를 제시한 바 있다. 이러한 "비계약적" 기초는 대개 문화적 · 규범적 측면에서 이해된다. 아니면 어떤 경우에는 이 기초가 권력기구, 강제기구, 지배기구라는 측면에서 이해되기도 한다. 하지만 경제활동이 갖는 이런 사회적 기초에 어떤 의미가 부여되었는지에 상관없이, 여기서 중심이 되는 사회학적 명제는 이러한 사회적 기초 없이는 경제활동이 기껏해야 매우 차선적인 방식으로 기능할 것이며, 최악의 경우에는 거의 가능하지 않을 것이라는 사실이다.

---

* 제10장은 Erik Olin Wright, "Beneficial Constraints: Beneficial for whom?," *Socio-economic Review* 2(3), 2004, pp.407-14에 발표된 논문이다.

1990년대 중반에 출간된 중요한 논문인「이익이 되는 제약 : 합리적 자원론의 경제적 한계에 관하여」에서 볼프강 스트리크(Wolfgang Streeck)는 경제사회학의 이러한 기본 전제에 기반하여, 시장사회에서 경제성과가 보이는 효과성이 가변적이라는 이론을 개진한 바 있다.[1] 그의 기본적인 주장은 사리사욕을 사회적으로 제약하여 효과적이고 합리적인 경제활동이 이루어지는 곳에서는 시장경제의 경제적 효과가 향상된다는 것이다. 그의 이런 주장은 경제학자들에 의해 인정되어온 다음과 같은 주장, 즉 규제받지 않는 시장에서는 공공재의 공급부족과 같은 "실패"가 때때로 발생할 수 있다는 주장보다 훨씬 강력한 것이었다. 스트리크는 시장경제의 일상적이고 틀에 박힌 거래—재화를 사고팔고, 노동자를 고용하고, 노동과정 내에서 일하는 것 등—조차, 제약을 받지 않는 개인들의 합리적 경제행위에 의해 지배받게 될 때는 효과적이지 않을 것이라고 주장한다. 시장에서 이루어지는 상호작용은 신뢰, 타당성, 책임과 같은 것이 없이는 매우 차선적인 수준의 경제성과만을 낳게 된다는 것이다. 경제학자들의 일반적 인식에 대한 이러한 교정을 스트리크는 "경제활동에 대한 뒤르켐주의적 관점"이라고 부른다. 나는 스트리크의 이런 뒤르켐주의적 관점에 마르크스주의 관점을 더하고자 한다.

아래에서 나는 다음과 같은 세 가지 기본적인 사항을 주장할 것이다. 첫째, 스트리크의 시장경제에 대한 뒤르켐주의적 관점에서는 "좋은 경제성과"가 시장경제 내의 서로 다른 계급들, 특히 적대

1) Wolfgang Streeck, "Beneficial Constraints: On the Economic Limits of Rational Voluntarism," in *Contemporary Capitalism: The Embeddedness of Institutions*, ed. J. Rogers Hollingsworth and Robert Boyer, Cambridge: Cambridge University Press, 1997.

적인 이익을 갖는 계급들에게 다른 의미를 갖는다는 점을 소홀히 하고 있다는 것에 대해 밝힌다. 둘째, 자본가의 이익 창출에 최선이 되는 경제적 제약 수준은 노동자들에게 최선인 제약 수준보다 일반적으로 **약할** 것이라는 점을 밝힌다. 셋째, 시장에 대한 제약 수준은 경제성과에만 영향을 미치는 것이 아니라, 노동자와 자본가 사이의 상대적 권력에도 영향을 미치게 되는데, 이는 특정한 계급을 위한 최선의 제약이 무엇인가 하는 문제를 더욱 복잡하게 만든다는 점에 대해 밝힌다.

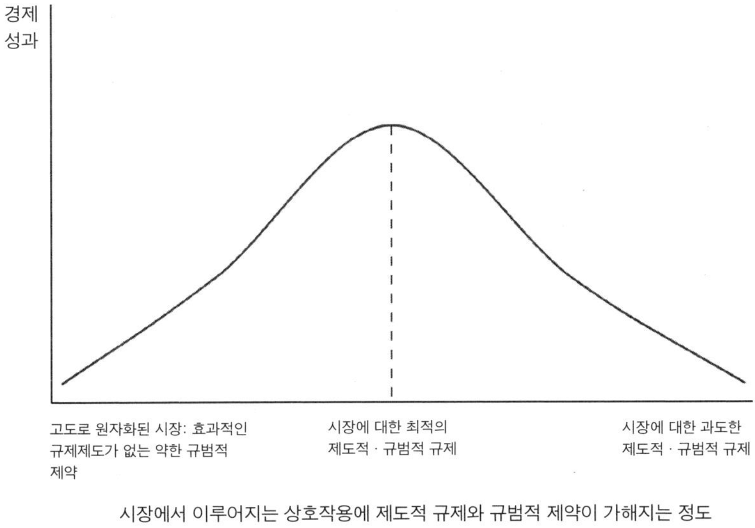

그림 10-1. 사회적으로 내재된 시장에 대한 규범적 · 제도적 제약이 경제성과에 미치는 영향

스트리크의 뒤르켐주의적 관점을 도식적으로 제시해보면 그림 10-1과 같다. 사회는 시장에서 이루어지는 상호작용이 제도적 규

제 및 규범적 제약을 얼마나 받는지에 따라 다양하다.[2] 효과적인 규제제도가 거의 없어서 매우 약한 규범적 제약을 받는, 고도로 원자화된 시장이라는 이념형적인 세계를 극단적인 예로 들어보자. 그러한 경제는 아주 낮은 경제성과를 낼 것이다. 기회주의가 만연하고, 계약의 비계약적 기초는 취약하며, 신뢰는 매우 한정되어 있을 뿐만 아니라, 죄수의 딜레마와 집단적 행위의 실패가 판을 칠 것이다. 또 다른 극단적인 예로는 강력한 제도적 규제가 존재하고, 규범적 제약이 구석구석 스며든 경제를 들 수 있다. 일반적으로 이러한 경제는 조정가능성을 가로막는 과도한 경직성 때문에, 매우 낮은 수준의 경제성과를 낼 것이다.[3] (높은 수준의 경제성과를 내기 위해-역자) 필요한 것은 응집력 있고 잘 융합된 사회를 만드는 데에는 충분하지만, 시장경쟁의 효율적이고 향상적인 속성을 감소시키지 않을 정도로만 강한, 그런 중간 수준의 제약이다. 이것을 **종합적인 경제성과를 향상시키기 위한 제약의 사회적 최적 수준**이라 부를 수 있다.[4]

---

2) 물론, 이 문제를 제약의 **종류**로 다루기보다 주로 수준으로 다루는 것은 문제를 상당히 단순화시킨 것이다. 시장에서 이루어지는 상호작용에 가해지는 제약들이 갖는 질적 속성은 정도 이상의 문제일 수 있다. 그럼에도 불구하고, 나는 단순히 이 논의의 도식적인 재현을 유지하기 위해서 제약의 수준만을 대체로 언급할 것이다. 나는 이 논문의 주된 주장이 이러한 단순화에 의해 영향을 받는다고 생각하지 않는다.

3) 젠스 베커트의 주장에 따르면, 우리가 경제적 실천이 갖는 사회적 배태성(social embeddedness)을 협력, 불확실성, 혁신의 문제를 해결하기 위한 조건 측면에서 규정하게 되면, 원자화된 경제는 주로 협력의 실패와 높은 불확실성 수준 때문에 열악한 성과를 내게 될 것이다. 반면에 고도로 규제받는 경제는 혁신의 실패 때문에 열악한 성과를 내게 될 것이다. 이에 대해서는 다음을 참고하라. Jens Beckert, "What Is Sociological about Economic Sociology? Uncertainty and the Embeddedness of Economic Action," *Theory and Society* 25: 6, 1996, pp.803-40.

4) 여기에서 쓰인 "종합적인 경제성과"는 단순하게 시장등록 이윤율 측면에서 효율성이나 생산성을 "손익결산"으로 계산하는 그런 협소한 정의가 아니라, 경제적 결과에 대한 폭넓고 다차원적인 평가를 의미한다. 예컨대, 회사들이 환경오

이러한 뒤르켐주의적 세계에서는, 한 사회의 제도들이 제약의 최적 수준 왼쪽으로 떨어지게 되면, 새로운 제도적 해결책을 찾는 것이 모두에게 이익이 된다. 이는 일종의 깨우침을 요구하는 것이 될 수 있는데, 사람들이 자유방임주의 이데올로기에 속아서 시장을 더욱 자유롭게 하는 것이 낮은 경제성과를 향상시키는 방안이라고 잘못 믿을 수 있기 때문이다. 나아가 스트리크가 지적한 것처럼, 의도적으로 그러한 규범적 · 제도적 규제들을 심화시키고 확대하는 것은 신중을 요하는 일인데, 높은 경제성과를 내기 위해 과도하게 규범적 기초를 향상시켜 만든 제도들이 애초 설정한 목적을 달성하지 못할 수 있기 때문이다. 그럼에도 불구하고, 사회적으로 최적 상태인 제도적 제약 수준에서 왼쪽으로 이동하는 것은 어느 누구에게도 실질적인 경제적 이익이 되지 못한다.

이러한 뒤르켐주의적 관점은 시장경제에 대한 전형적인 신고전주의 관점보다 분명 발전한 것이다. 그러나 이런 뒤르켐주의적 관점은 표준적인 신고전주의 모델과 함께 시장경제에는 근본적으로 적대적인 경제적 이익을 갖는 계급이 존재하지 않는다는 가정을 암암리에 공유한다.[5)] 한 경제가 낳은 결과를 평가하는 핵심적 기준은 서로 다른 계급들의 물질적 이익이 실현되는 정도가 아니라, "경제성과"다. 최적 수준의 제도적 제약이(그러한 제약의 질적 형태는 일단 차치하고) 행위자들의 범주에 따라 체계적으로 달라질 수 있다

염이나 다른 공적인 해를 끼쳐 시민들에게 부정적인 외부효과를 낳게 되면, 이는 종합적인 경제성과를 떨어뜨리는 요소가 된다. 그렇게 하는 것이 성장과 이윤을 늘리더라도 마찬가지다. 이와 유사하게 삶의 질, 직업 안정성, 업무만족도 등 상대적으로 무형적인 것들도 종합적인 경제성과를 구성하는 요소들로 간주되어야 한다.

5) 보다 정확하게 말하면 스트리크의 분석에서는 계급분할이라는 문제와, 계급이 "좋은 경제성과" 및 "이익이 되는 제약"과 어떻게 연관되는지를 살피지 않는다.

는 점이 고려되지 않고 있는 것이다.

논의를 진전시키기 위해 자본가와 노동자 사이에 이런 종류의 적대가 존재한다고 가정해보자. 그림 10-2에 제시된 것처럼, 이는 전반적인 경제성과를 창출하는 데 최적이 되는 규범적 · 제도적 제약 수준(혹은 형태)과, 자본가들의 이익 창출에 최적이 되는 제약 수준(혹은 형태) 사이에 내적 분열을 낳는다.[6] 자본가들이 오로지 종합적인 경제성과에만 이해관계를 갖고 있다면, 당연히 두 곡선은 겹쳐질 것이다. 하지만 두 곡선은 겹치지 않는다. 자본가들은 이윤율과 관련되어 있기 때문이다(그리고 성장, 시장 점유율 등과 같은 경제지표와 관련되어 있다). 장기적 이윤일지라도 이윤을 최대화하는 조건은 일반적으로 종합적인 경제성과를 최대화하는 조건과 다를 수 있는데, 최소한 "삶의 질", 소비자가 부담하는 부정적인 외부효과, 경제의 안정성 등과 같은 것들은 종합적인 경제성과 개념에 포함된다.[7]

---

6) 노동자들(비자본가들의 부분집합으로 정의되는)의 이익을 위한 규범적 · 제도적 제약의 최적 수준이 종합적인 경제성과를 최대화하는 수준에 따라 달라질 것이라는 가정도 가능하다. 하지만 나는 이러한 가능성에 대해서는 고려하지 않을 것이다.

7) 종합적인 경제성과가 단순히 수익성이나 손익계산만을 따지는 생산성, 더 나아가 경쟁력에 의해서만 규정되지 않는다는 것은 지금 논의되는 주장에서 중요하다. 만약 종합적인 경제성과가 위와 같은 것들로만 정의된다면, 이윤과 성장이라는 자본가들의 이익과 종합적인 경제성과 사이의 구분은 사라지게 된다. 개념 정의상 제네럴 모터스(General Motors)에게 좋은 것은 미국에게도 좋은 것이다.

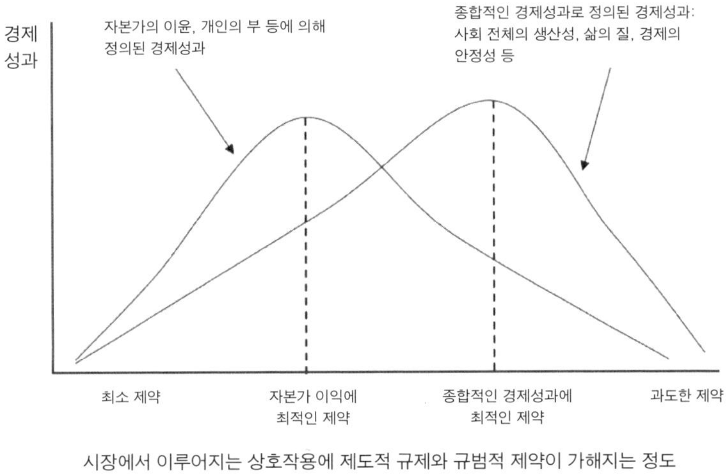

그림 10-2. 사회적으로 내재된 시장에 대한 규범적 · 제도적 제약이
경제성과와 자본가의 이익에 미치는 영향

그림 10-2 모델을 보면, 종합적인 경제성과를 최대화하기 위한 규범적 · 제도적 제약 수준은 일반적으로 자본가들의 이익 실현에 필요한 최적 수준보다 더 높다. 이는 순수한 뒤르켐주의적 가정과는 다르게 자본가들이 제약의 사회적 최적 수준보다 왼쪽에 있는 규범적 · 제도적 제약(더 약한 수준의 제약-역자)을 더 선호한다는 것을 나타낸다. 하지만, 만약 그림 10-2의 곡선들이 거의 정확하게 그려진 것이라면, 두 가지 선택에 직면한 자본가들, 즉 종합적인 경제성과를 위해 사회적 최적 수준에 맞춰진 제도적 제약을 선택하거나, 고도로 원자화된 시장에 맞춰진 최소 수준의 제약을 선택해야 하는 자본가들은 사회적으로 최적 수준인 제약을 더 선호할 것이다(다시 말해, 그림 10-2를 보면 자본가의 높은 수준의 이익 실현

은 곡선의 맨 왼쪽 부분보다 사회적으로 최적 수준인 제도적 제약하에서 이루어진다). 이는 많은 사회학적 논의들에서 제기된 바 있는 선택의 문제다. 경제적 합리성에 의해 지배받는 무규제의 "자유" 시장이라는 홉스적 자연상태(순수한 원자화)는 최적으로 응집된 통합 사회와 대비된다. 분명 자본가들의 이익은 후자에서 더욱 잘 실현될 것이다. 그러나 실제 사회에서는 선택지가 이렇게 두 가지만 존재하는 것이 아니기 때문에, 자본가들은 일반적으로 원자화와 사회적 최적 수준 양자 모두가 아닌 그 사이 수준의 제약을 선호한다. 그래서 제약의 사회적 최적 수준에서 이익을 보는 사람들과 자본가들 사이에 기본적인 이익갈등이 발생한다.

이러한 종류의 이익갈등이 발생하면, 갈등하는 세력들의 상대적 권력이 부분적으로 규범적 · 제도적 제약의 실제 수준을 결정하게 된다. 논의를 단순화하기 위해 자본가와 노동자 사이의 힘의 균형만을 생각해보자. (여기에서의 "노동자"는 그들의 이익이 규범적 · 제도적 제약의 사회적 최적 수준에서 향상이 되는 사회적 행위자를 말한다). 우리가 이 상황에서 권력을 도입하면, 분석은 훨씬 복잡해진다. 문제는 자본가들과 노동자들 사이의 힘의 균형이 시장에 대한 제약을 발생시키는 제도들 외부에서 이루어지는 것이 아니라는 점이다. 일반적으로, 시장에서 이루어지는 상호작용에 상당한 규범적 제약을 가하는 제도적 · 사회적 구조는 노동자들의 힘 또한 증가시키는 경향이 있다. 그림 10-3에 제시된 것처럼, 두 가지 일반적인 가능성이 존재한다. 첫 번째 가능성은 아래 곡선처럼, 규범적 · 제도적 제약이 시장에 부과됨에 따라 노동자들의 상대적 힘이 점차 증가하는 것이다. 이는 자본가들의 이익 실현에 최적인 제약 수준에서는 정치권력의 균형이 여전히 자본가계급에게 매우 힘을 실어준다는 것을 의미한다. 역으로, 두 번째 가능성은 위 곡선처럼, 시장에 대한 규범적 · 제도적 제약들이 강해짐에 따라 노동자들의 권력 또한 급격하게 증가하여, 자본가에게 최적인 제약 수준에서 이루어지는 권력 균형이 노동자들에게 더 힘을 실어주게 되는 것이다. 그러한 환경에서 노동자들은 제도적 제약을 구체화하라고 강요할 수 있을 만큼, 심지어는 제약의 사회적 최적 수준을 강요할 수 있을 만큼 잠재적으로 충분히 강해진다. 달리 말하면, 이런 권력 함수에서는 **자본가에게 최적인 제약 수준이 안정적인 제도적 평형을 이룰 수 없다.** 이 함수에서는 높은 수준의 제도적 제약으로 더 많은 이익을 가질 수 있는 행위자들에게 더 큰 힘이 부여되기 때문에, 이는 역학적으로 유지될 수가 없다.

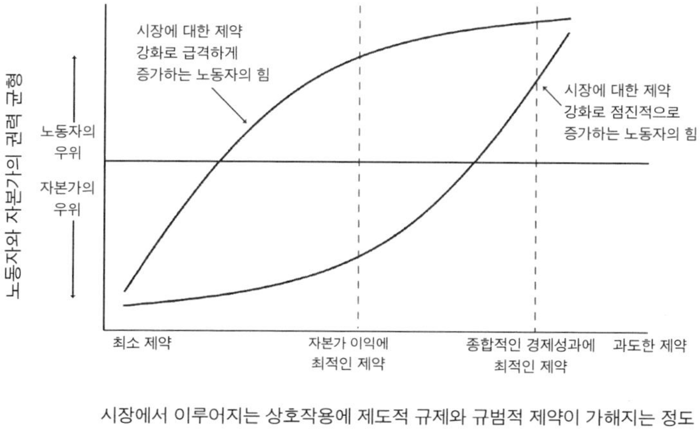

그림 10-3. 사회적으로 내재된 시장에 대한 규범적 · 제도적 제약이
자본가와 노동자의 권력 균형에 미치는 영향

이런 역학적 불안정성은 자본가들 일부가 이 제약 수준의 왼쪽 부분(그래프에서 '자본가 이익에 최적인 제약' 왼쪽 부분-역자)을 더 선호할 수 있다는 것을 암시한다. 즉, 자신의 이익에 도전하는 사람들

에게 권력이 부여되는 것을 막기 위해 자본가들은 그들 자신의 이익을 창출하는 경제적인 토대에도 차선이 되는(최선이 아니라 차선이다-역자) 일련의 경제적 제도들을 더 선호할 수 있게 되는 것이다. 이는 지난 20여 년 동안에 왜 신자유주의와 과도한 규제완화에 대한 열기가 대단했는가를 설명해준다. 1980년대 초 이래로, 자본주의의 규제 시스템을 해체하려는 열기는 자본가들의 이익에 반하는 이해관계에 힘을 실어주는 조건들을 약화시키려는 욕망에서 추동되었다—장기적인 자본축적의 관점에서 봤을 때, 그렇게 하는 것이 지나친 탈규제적 자본주의였음에도 불구하고 열기가 대단하였다.

나는 이러한 권력 함수들 중 어떤 것이 더 현실적인가를 알지 못한다. 이 곡선들의 모양은 분명 이 논의에 포함되지 않은 다른 요인들에 따라 달라질 것이다. 하지만 나는 이러한 권력의 역동성이 경제 체제에 대한 뒤르켐주의적 관점에 복잡성의 중요한 원천을 부가할 수 있게 해준다고 생각한다. 규제를 완화하고, 시장에 강력한 규범적 책무와 제약을 가하는 제도들을 약화시키려는 압박은 단순히 엘리트 측이 근시안적이라거나, 자본주의 시장경제의 효율적인 작동을 신뢰하고 의무로 여기는 그들의 필수적 역할을 이해하지 못했다는 사실을 반영하는 것이 아니다. 제한받지 않고 규제 없는 시장이라는 이데올로기는 제약의 최적 공급 수준을 둘러싼 싸움과, 실제 이익갈등에 의해 추동되고 권력 행사로 해결되는 싸움에서 효과적인 무기로 작용할 수 있다. 물론, 자본가들은 단기적 전망도 가질 수 있고, 그들 자신의 장기적 이익에 부합하는 제도적 배치들을 파괴하는 "세부 원가의 압력"에 약해질 수도 있다.[8] 그러나 나는 이것이 주된 요지가 아니라고 생각한다. 의무와 신뢰라는 강력

8) Streeck, "Beneficial Constraints," p.206.

한 시민문화에서 자본가계급이 장기적 이익에 대해 깨우치게 된다는 것만으로는 부족하다. 권력의 균형 또한 바뀌어야 한다. 그리고 이러한 권력 균형의 이동은 특권적 위치에 있는 사람들에게 비용을 유발할 것이기 때문에, 동원과 투쟁의 과정을 통해서만 발생될 것이다.

11

노동계급의 힘과 자본가계급의 이익, 그리고 계급타협[*]

"계급타협" 개념은 매우 다른 세 가지 이미지를 환기시킨다. 첫째, 계급타협이 하나의 환상이라는 이미지다. 특히 노동조합과 정당과 같은 노동계급 조직의 지도자들은 자본가계급과 기회주의적인 타협을 맺는데, 이 타협은 노동자들에게 보편적 이익을 약속하지만 종국에는 거의 아무런 의미가 없게 된다. 이 이미지에서 계급타협은 상호양보를 나타내는 대등한 합의가 아니라, 한쪽의 굴복을 핵심으로 한다.[1)]

둘째, 계급타협이 전쟁터에서의 교착상태와 같다는 이미지다. 거의 비슷한 병력을 지닌 두 군대가 전쟁에서 서로 아무런 진전 없는 상태에 처해 있다. 각 군대는 상대에게 심각한 타격을 가할 만큼 강하지만, 어느 편도 적수를 완전히 정복할 만큼은 강하지 못하다. 이런 교착상황에서 교전하는 세력들은 서로에게 피해를 입히는 것

---

* 제11장은 동일한 논제로 *American Journal of Sociology* 105: 4, January 2000, pp.957-1002에 발표되었다. 또한 이 논문의 일부 내용은 *Envisioning Real Utopias*, London: Verso, 2010의 제11장에도 포함되어 있다.

1) 이 장에 실린 일부 내용은 나의 저서 *Envisioning Real Utopias*, London: Verso, 2010의 pp.338-61에도 실린 바 있다.

을 삼가고, 그 대신 양측 모두 양보하는 "타협"에 동의할 것이다. 비록 서로에 대한 양보가 대등하지 않더라도, 그 양보는 거짓이 아닌 실제 양보라 할 수 있다. 하지만 이런 양보는 서로 대립하는 계급 세력들 사이에서 일어나는 진정한 협력 과정은 아니다. 이를 "소극적인 계급타협(negative class compromise)"이라고 부를 수 있다.

셋째, 계급타협이 대립하는 계급들 사이의 상호협력이라는 이미지다. 이것은 갈등의 결과가 단순히 완승과 완패 사이 어디쯤에 있는 그런 권력 균형 상황이 아니다. 그보다는 노동자와 자본가 사이에 비제로섬 게임이 일어날 가능성이 존재하는데, 이 게임에서는 양측 모두가 다양한 형태의 적극적인 상호협력을 통해 그들의 위치를 향상시킬 수 있다. 이를 "적극적인 계급타협(positive class compromise)"이라고 부를 수 있다.

이번 장에서는 적극적인 계급타협의 이론적 논리를 분석하고, 선진자본주의 사회들에서 그런 논리를 촉진하는 조건들의 일반적 모델을 제시해보고자 한다. 나는 그 모델을 구성하는 요소들을 명확히 밝히기 위해 경험적인 예들을 사용하기는 하겠지만, 하나의 체계적인 경험적 조사를 행하지는 않을 것이다. 나의 주장의 전제는 자본주의가 어떤 형태로든 하나의 경제를 조직하는 역사적으로 유일한 방식이라면, 적극적인 계급타협이 일반적으로 보통 사람들의 물질적 이익과 생활환경 향상에 가장 유리한 배경이 될 것이라는 점이다. 따라서 만약 그와 같은 이익을 증진시키는 데에 관심이 있다면, 적극적인 계급타협의 가능성을 촉진하거나 또는 저해하는 조건들을 이해하는 것이 중요하다.

나의 주장의 핵심은 안정적이고 적극적인 계급타협의 가능성이 일반적으로 노동계급의 단결력(associational power)과 자본가들의 물질적 이익 사이의 관계에 달려 있다는 것이다. 신고전파 경제학자들과 전통 마르크스주의자들이 갖는 보편적 통념에 따르면, 이 두 가지 변수 사이에는 일반적으로 역관계가 성립한다. 다시 말해 노동자들의 힘의 증가는 자본가들의 이익에 부정적인 영향을 미친다(그림 11-1 참고). 이런 관점의 근거는 마르크스주의 학자들에게 특히 자명한 것인데, 이들은 자본가들의 이윤이 노동자들에 대한 착취와 매우 밀접하게 연관되어 있기 때문에 노동자와 자본가의 물질적 이익은 본래 적대적이라고 주장한다. 따라서 노동자들이 그들의 이익을 위해 투쟁하고 이를 실현시킬 수 있는 능력을 강화하는 것은 모두 자본가들의 이익에 부정적인 영향을 미치게 된다. 신고전파 경제학자들의 관행적인 주장은 이런 마르크스주의 관점처럼 단순하지만은 않은데, 그들은 경쟁균형 상황에서도 노동자들이 자본가에게 착취당한다는 점을 부정하기 때문이다. 그럼에도 불구하고 그들은 노동계급의 단결력이 임금을 하향 조정하는 것이나, 고용주가 노동자를 해고하는 것을 어렵게 만듦으로써 필요시 노동시장의 효율적인 작동에 지장을 줄 수 있다고 간주한다. 노동조합과 노동계급의 힘을 드러내는 다른 형태들은 시장 내에서의 독점적 권력이므로, 이는 모든 독점적 관행들이 그런 것처럼 독점지대와 비효율적인 배분을 발생시킨다. 그 결과, 노동조합 조합원들은 자본가와 비조합원 노동자 양자 모두에게 손해를 끼치면서 고임금 형태로 독점지대를 갈취하게 된다.

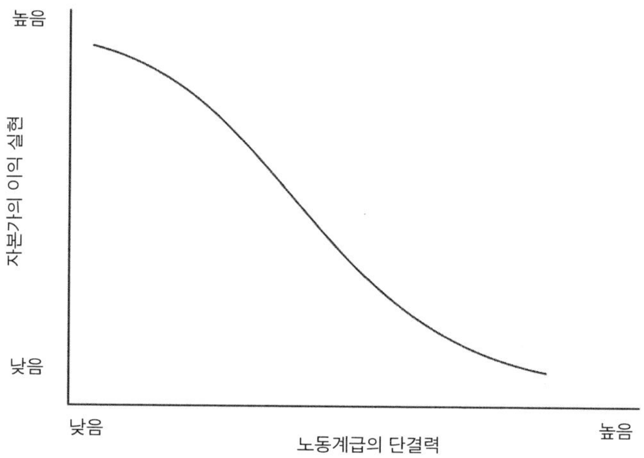

그림 11-1. 노동계급의 단결력과 자본가의 이익 사이의 관계를 관행적으로 해석하는 관점

이번 장에서는 노동자들의 힘과 자본가들의 이익 사이의 관계를 대안적으로 이해하는 방식에 대해 살펴보는데, 이 방식에서는 양자 사이의 관계를 역관계가 아니라, 역 J자형 관계라고 상정한다(그림 11-2 참고).[2] 앞서 제시한 관행적인 해석들처럼 이 대안적 설명에서도 자본가계급의 이익은 노동계급이 매우 와해되어 노동자들이 원자화된 방식으로 서로 경쟁하고, 실효성 있는 단결력을 결여했을 때 가장 잘 충족된다. 하지만 노동계급의 힘이 커짐에 따라 자본가계급의 이익은 초반에는 역으로 낮아지지만, 일단 노동계급의 힘이 일정한 한계값을 넘게 되면 그들의 단결력은 자본가들의 이익에 긍정적인 영향을 미치기 시작한다. 밑에서 좀 더 상세히 논의하

2) 나는 노동계급의 힘과 자본가의 이익 사이의 역 J자형 관계를 조엘 로저스(Joel Rogers)의 1990년 논문에서 처음 접했다. 이에 대해서는 "Divide and Conquer: Further 'Reflections on the Distinctive Character of American Labor Law,'" *University of Wisconsin Law Review* 13, 1990, pp.1-147을 참고하라.

겠지만, 이런 조건들은 노동자와 자본가가 합의한 높은 수준의 협력, 합리적인 기술 향상 및 직업훈련 시스템, 거시적인 경제문제에 대한 해결 능력, 그리고 과학기술 변화에 대한 노동자들의 호응(이는 노동자들이 노동조합을 통해 성취한 상대적인 직업 안정성에서 비롯된다)으로 말미암아 생산성과 이윤율의 상당한 증가를 가져온다. 노동계급의 강화된 힘이 자본가계급의 이익에 긍정적인 영향을 미치는 역 J자형 곡선의 위로 굽은 부분은 적극적인 계급타협이 이루어지기 위한 조건들을 형성한다. 따라서 이번 장의 목표는 그림 11-2에 제시된 관계들에 내재하고 있는 인과과정들의 일반적 이론 모델을 상세히 설명하는 것이다.

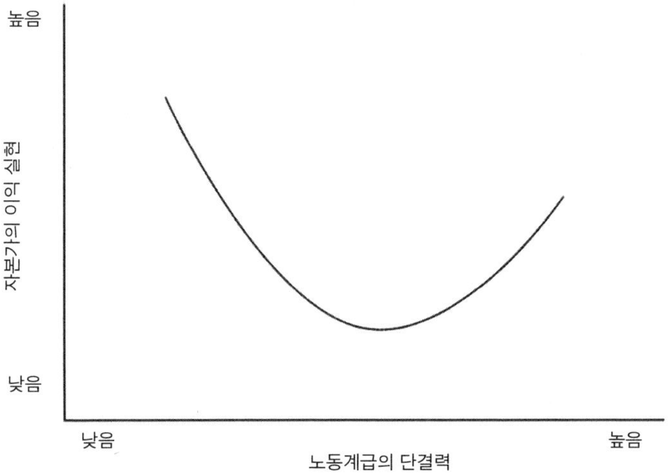

그림 11-2. 노동계급의 단결력과 자본가의 이익 사이의 역 J자형 관계

이어지는 1절에서는 이 분석에서 사용되는 핵심 개념들을 정의하고, 이 분석에 내재한 많은 방법론적 쟁점들을 다룬다. 2절에서

는 적극적인 계급타협의 문제를 계급 간 협력과 노사관계, 경제적 지배를 다룬 광범위한 문헌들과 관련지어 살펴본다. 3절에서는 계급타협 문제를 노동자와 자본가의 상호작용에 적용될 수 있는 다양한 게임이론 모델들과 연관시켜서 살펴본다. 그리고 마지막 4절에서는 이런 게임이론을 토대로 적극적인 계급타협의 일반적 이론 모델과 역 J자형 모델에 내재한 적극적인 계급타협 메커니즘들을 상세히 설명한다.

1. 핵심 개념과 방법론적 쟁점들

이 분석에 사용된 어떤 개념도 그 의미가 명쾌하지 않다. 특히 계급, 이해관계, 권력 같은 개념은 개념 정의를 둘러싼 논쟁을 유발한다. 나는 여기에서 이 개념들에 대해 완벽한 정의를 내리지는 않겠지만, 몇 가지 필요한 간략한 설명을 덧붙여두고자 한다.

계급

계급 및 그와 관련된 개념들—계급구조, 계급투쟁, 계급형성, 계급타협—은 다양한 추상수준에서 분석될 수 있다. 몇 가지 목적을 위해서는 계급구조 내의 복잡한 구체적 위치들을 매우 분화된 계급 개념을 사용하여 상술하는 것이 필요하다. "중간계급"과 "계급관계 내 모순적 위치들"에 관한 나의 연구 작업이 그런 예 중 하나다.[3] 몇몇 문제들에 있어서는 활동분야, 지위, 젠더, 인종과 같은 것에 기초해 계급들을 세밀하게 구별하지 않고서는 문제들의 인과과

3) Wright, *Classes*, London: Verso, 1985; *Class Counts: Comparative Studies in Class Analysis*, Cambridge: Cambridge University Press, 1997.

정들이 제대로 분석될 수 없는 경우도 있다. 하지만 또 다른 목적, 즉 자본가와 노동자 같이 자본주의에서 중심적인 양극화된 계급관계를 다룰 때에는 훨씬 추상적이고 단순한 계급 개념을 사용하는 것이 적절하다. 이것이 내가 이번 장에서 사용하려는 계급 개념이다.

나는 전형적인 마르크스주의 방식에 따라 자본가를 생산자본을 소유하고 통제하는 사람들로, 노동자를 그런 소유와 통제에서 배제된 모든 피고용인들로 규정한다. 나는 계급구조에 대한 추상적인 분석에서 자본가와 노동자를 이렇게 상호 배타적인 범주로 상정하기 때문에, 그런 분석에서는 중간계급을 다루지 않는다. 어떤 노동자도 주식을 보유하지 않기 때문에 기업의 경영자, 관리자, 전문직들은 그들이 보유한 주식 및 생산에서의 지휘권으로 인해 자본가계급으로 포섭된다. 아니면 단순히 피고용인이기 때문에 "노동계급"의 일부로 분류된다. 물론 이는 비현실적이다. 하지만 계급관계에 대한 이런 추상적이고 양극화된 서술이 실제 행위자들이 직면하는 실제 메커니즘들을 밝혀내는 데 있어 여전히 유용하기 때문에, 이런 접근이 계급타협 이론을 발전시키는 유용한 출발점이 된다는 것이 나의 견해다.[4)]

---

4) 이런 양극화되어 있고 추상적인 계급 개념이 분석적으로 유용하다는 주장은 논란이 많을 것이다. 복잡한 전략들과 관련되어 있고 그들의 피고용자들과 교섭을 하는 실제 자본주의 기업들은 현실적으로 상당한 혼잡성에 부딪히게 되는데, 이런 혼잡성이 기실 이윤을 극대화하려는 기업의 전략에 문제를 야기한다는 점을 고려해야 한다. 자본과 노동에 대한 단순한 모델을 지지하면서 그런 복잡성에는 괄호를 쳐버리는 일은 정당하지 않아 보인다. 이론적 모델을 정교화하려는 많은 시도들을 봤을 때, 적절한 추상 수준은 언제나 논쟁거리가 된다.

이익

이번 장에서는 무엇이 좁은 의미로 사람들의 계급위치에서 발생하는 "물질적 이익"이라고 불릴 수 있는지, 혹은 내가 짧게 "계급적 이익"이라고 부르는 것이 될 수 있는지를 집중적으로 다룬다.[5] 일반적으로 나는 이런 이익의 본질에 대해 다음과 같이 두 가지 단순한 가정을 세운다. 첫째, 계급적 이익은 단일한 양적 수치로 바꿀 수 있어서 한 계급에 속한 성원의 이익이 실현되는 정도를 알 수 있다. 둘째, 어떤 한 계급에 속한 사람들은 모두 동일한 계급적 이익을 공유한다. 이 두 가지 가정 모두는 구체적인 자본주의 사회를 분석할 때에는 지나치게 단순하여 문제가 되지만, 단순한 양극화 계급구조 개념을 사용하는 계급분석에서는 분석의 목적에 부합하는 유용한 단순화라고 할 수 있다.

힘

"힘"은 "이익"과 동일하게 사회이론에서 매우 다양한 방식으로 사용된다. 계급분석 맥락에서 힘은 **계급적 이익을 실현하는 개인 및 조직의 능력**으로 간주될 수 있다. 이는 서로 다른 계급에 속한 사람들—현재 분석에서는 노동자와 자본가—의 이익이 서로 반대라면, 노동자들의 계급적 이익을 실현하는 능력은 자본가의 힘에 대항할 수 있는 그들의 능력에 어느 정도 의존하게 된다는 것을 보여준다. 따라서 이 맥락에서 힘은 하나의 관계적 개념이다.

---

5) 내가 "계급적 이익"이라고 말할 때에는 항상 계급구조에서 사람들이 차지하는 위치에 따라 결정되는 이익만을 말한다. 말 그대로 하나의 집단체로서의 계급이 "이익"을 갖는다고 간주하는 것이 아니다. 물론 개인들은 그들이 속한 집단적인 계급조직의 힘에 이해관계를 갖겠지만, 개인의 계급적 이익은 같은 계급에 속한 사람들의 이익이 보장되는 것에 따라 달라질 것이다. 하지만 이도 역시 계급이라는 집단성 자체가 이익을 갖는다는 것을 의미하지 않는다.

이번 장에서 다루고자 하는 것은 내가 노동계급의 "단결"력이라고 부르는 것인데, 이는 집단적인 노동자조직이 형성되면서 발생하는 다양한 힘의 형태들을 말한다. 이런 노동자조직에는 노동조합과 정당뿐만 아니라, 노동자협의회나 공동결정체제에서 노동자가 대표권을 행사하는 제도적 형태들, 더 나아가 특정한 지역사회 조직까지 포함된다. 단결력은 단순히 경제체제 내에서 노동자가 차지한 위치로부터 발생하는 "구조적 힘"과는 다르다. 경직된 노동시장으로부터 직접적으로 초래되었거나, 아니면 핵심 산업부문 노동자들의 전략적 위치에서 비롯되는 노동자 개인들의 힘이 구조적 힘에 해당한다. 이런 구조적 힘 자체가 단결력에 영향을 줄 수는 있겠지만, 여기에서 행할 분석은 이런 구조적 힘이 아닌 단결력에 초점을 맞춘다.

내가 살펴보려는 모델에서는 자본가의 단결력이 계급타협의 성립과정에서 어떤 역할을 하는지에 직접적인 관심을 두지 않는다. 신조합주의를 다룬 문헌들이 지적한 바 있듯이 고용주들의 단결력이 계급타협에서 중추적인 역할을 하는 어떤 제도적 환경이 존재하지만,[6] 나는 그와 같은 고용주들의 단결 역할을 분석에 적용할 뿐, 이를 직접적으로 분석하지 않는다. 왜냐하면 나는 그와 같은 자본가의 단결력에는 관심이 없고, 노동계급의 단결력이 자본가들의

---

6) 이에 대해서는 Wolfgang Streeck and Philippe Schmitter, "Community, Market, State—and Associations? The Prospective Contribution of Interest Governance to Social Order," *European Sociological Review* 1:2, September 1985, pp.119-38; Wolfgang Streeck, *Social Institutions and Economic Performance: Studies of Industrial Relations in Advanced Capitalist Economies*, Newbury Park, CA: Sage, 1992; Jonas Pontusson, "Between Neo-Liberalism and the German Model: Swedish Capitalism in Transition," in *Political Economy of Modern Capitalism: Mapping Convergence and Diversity*, Colin Crouch and Wolfgang Streeck, eds., Thousand Oaks, CA: Sage, 1997을 참고하라.

이익 실현에 잠재적으로 어떻게 영향을 미치는지에 관심이 있기 때문이다.

이와 같은 분석에서는 노동자들의 단결력이 조사하려는 과정에 대해 완전히 외재적이라고 전제하지 않는다. 나는 노동자들의 힘의 증가가 자본가의 이익에 어떻게 긍정적인 영향을 줄 수 있는지 분석하는 데에만 집중하지만, 노동자의 단결력에 대한 설명 중 일부는 이런 이로운 효과가 존재한다거나, 역으로 이런 이로운 효과의 약화가 그 자체로 노동자의 힘의 감소에 영향을 미치게 된다는 내용을 포함하고 있다. 자신들의 단결력을 형성하고 유지하려는 노동자들의 시도에 자본가들이 개인적 · 집단적으로 저항을 하는 정도가 노동자들의 힘이 자본에게 주는 잠재적 이익에 달려 있는 한, 노동자들의 힘의 범위는 일정 정도 자본가의 이익으로 작동할 것이다. 어떤 경우든지 이번 장에서는 노동계급이 갖는 힘의 원인을 밝히는 동태이론은 개발하지 않고, 노동계급의 힘이 자본가계급의 이익에 미치는 영향에 초점을 맞춰 분석을 진행한다.

계급타협의 장소

계급투쟁과 계급타협은 무정형의 "사회"가 아니라, 기업이나 시장, 국가와 같은 특정한 제도적 환경 안에서 일어난다. 그림 11-2에 나타난 역 J자형 곡선을 발생시키는 실재 메커니즘들은 그런 제도적 환경에 내재되어 있다. 계급투쟁이 일어나고, 계급타협이 맺어지는 세 가지 제도영역이 특히 중요하다.

교환영역. 이 영역은 무엇보다 노동시장과 그 밖에 다양한 종류의 상품시장들과 관련되어 있지만, 어떤 상황에서는 금융시장 역시 계급갈등이 일어나고 계급타협이 맺어지는 무대가 될 수 있다.

생산영역. 이 영역은 일단 노동자들이 고용되고 자본이 투자되었을 때, 기업 내에서 일어나는 일들과 관련되어 있다. 노동과정과 기술을 둘러싸고 벌어지는 갈등이 특징적인 예다.

정치영역. 계급갈등과 계급타협은 국가 정책의 입안과 시행, 그리고 국가의 다양한 규칙들을 집행하는 것을 둘러싸고 국가 내에서 발생하기도 한다.

계급갈등과 계급타협이 일어나는 제도영역 각각은 노동계급이 결성한 특유의 집단조직 형태와 개괄적으로 조응한다. **노동조합**은 교환영역에서 일어나는 갈등 혹은 타협을 위해 만들어진 특유의 결사 형태이고, **노동자협의회**와 그와 관련된 결사체들은 생산영역에서, **정당**은 정치영역에서 형성되는 특유한 결사 형태이다.

따라서 우리의 핵심적인 분석 과제는 노동조합, 노동자협의회, 정당과 같은 노동계급 단결력의 서로 다른 형태들이 교환, 생산, 정치영역에서 적극적인 계급타협을 맺게 되는 메커니즘들을 고찰하는 것이다.

2. 계급타협 개념의 고찰

가장 추상적이고 일반적인 측면에서 봤을 때 계급타협은—적극적인 계급타협이든, 소극적인 타협이든 상관없이—갈등하는 계급들 사이에 일종의 **대가를 치르는 관계**가 형성된 상황으로 정의될 수 있다. 이는 각 계급에 속한 사람들이 대립하는 계급에 속한 사람들의 이익을 위해 양보를 했다는 것을 의미한다.[7] 계급타협에서 "타협"은 각 계급의 성원들이 각자의 이익에서 어떤 가치 있는 것을 포기했다는 의미의 타협을 말한다. 따라서 계급타협은 그와 같은 양보가 이루어진다는 조건적 서술에 기반하여 항상 정의될 수 있다. 전형적으로 계급타협은 위협과 힘, 저항이 계급 간 상호작용에서 매우 적극적인 역할을 수행하는 상황이다.

이렇게 계급타협을 정의하는 방식은 안토니오 그람시(A. Gramsci)의 헤게모니 개념과 매우 밀접하게 관련되어 있다.[8] 그람시는 헤게모니 개념을 자본주의 사회의 두 가지 일반적 조건을 구분하기 위해 사용한다. 비헤게모니적 체제에서 자본주의 계급관계는 주로 직접적이고 전제적인 강제를 통해 재생산된다. 이와 반대로 헤게모니적 체제에서 계급관계는 주요하게 피지배계급에 속한 사람들의 적극적 동의에 의해 유지된다. 그람시의 유명한 구절처럼 헤게모니는 "강제의 갑옷으로 보호되기" 때문에 강제는 여전히 헤게모니의 배경조건이지만, 이는 사람들의 행위를 통제하는 적극적이고 지속적인 수단은 아니다. 쉐보르스키(Przeworski)를 인용하면 "그람시에게 있어 헤게모니 체제는 자본가들이 피착취자의 동의를 얻어 착취를 하는 자본주의 사회다."[9] 쉐보르스키가 적절히 표현한 바 있듯이 헤게모니가 계속 유지되기 위해서는 "동의의 물질적 토대"가 반드

7) 실제 "계급타협"이라는 용어는 사회이론의 마르크스주의 전통에서 주로 나타나지만, 그에 대한 실질적 주장들은 매우 폭넓게 통용되고 있다. 따라서 여기에서 다루는 계급타협에 대한 논의는 그 용어가 명확하게 사용된 경우로만 국한되지 않는다.

8) 이에 대해서는 Antonio Gramsci, *Selections from the Prison Notebooks*, ed. and trans. Quintin Hoare and Geoffrey Nowell Smith, New York: International Publishers, 1971을 참고하라.

9) Adam Przeworski, *Capitalism and Social Democracy*, Cambridge: Cambridge University Press, 1985, p.136.

시 존재해야 한다. 이는 다시 일종의 계급타협을 필요로 한다. "사실 헤게모니는 헤게모니가 행사될 집단들의 이익과 경향을 고려해서 신조합주의 같은 어떤 타협적인 균형을 만들어야 한다는 것, 다시 말해 지도 집단이 경제적으로 희생해야만 한다는 것을 전제로 한다."[10)]

그람시는 계급타협 개념을 개략적이고 단편적으로만 발전시켰다. 이번 장에서 다루는 쟁점과 관련되어 있는 이런 계급타협 개념을 가장 체계적이고 엄밀하게 정교화한 학자는 아담 쉐보르스키이다. 쉐보르스키는 계급타협의 핵심적인 측면인 대가를 치르는 관계를 다음과 같이 명확하게 설명한다.

> 자본가의 이윤 투자 여부나 방법이 불확실하다는 점을 감안한다면, 모든 계급타협은 다음과 같은 요소들로 구성되어야 한다. 첫째, 노동자들은 하나의 제도로서 자본가의 이윤에 동의한다. 즉, 그들은 이윤율의 향상이 가능하도록 행동한다. 둘째, 자본가들은 스스로 이윤이 임금 상승으로 전환되는 비율과 투자로 전환되는 비율을 밝힌다.[11)]

위와 같은 쉐보르스키의 정식화는 내가 "소극적인 계급타협"이라고 부른 것과 가까운데, 자본가의 물질적 양보에 대한 대가로 노동자들이 이윤 생산을 저해할 수 있는 투쟁성을 포기한다고 강조하기 때문이다. 그는 제2차 세계대전 이후, 선진자본주의 국가들에서 조직된 노동과 사민주의 정당들이 지지한 케인즈주의가 어떻게

10) Gramsci, *Prison Notebooks*, p.161.

11) Przeworski, *Capitalism and Social Democracy*, p.182.

최종적으로 노동뿐 아니라 자본에게도 이득이 될 수 있도록 총수요를 증가시켰는지 분석하면서 적극적인 계급타협 개념을 발전시킨다.[12] 이번 장에서 내가 주장하려는 계급타협 모델은 계급타협의 이런 적극적인 측면을 정교화하여 쉐보르스키의 주요 주장을 확장하고 재정식화하는 시도라고 할 수 있다.

이 모델을 상세하게 살펴보기에 앞서, 이 모델을 계급행위자들 사이의 협력과 타협 문제를 다룬 광범위한 다른 논의들 내에 위치시켜보는 것도 좋을 것이다. 표 11-1은 두 가지 차원으로 이런 개념 공간을 구조화하고 있다. 첫째, 계급타협의 전략적 기초가 **개인적 전략**에 있는지, 아니면 **집단적 단결력**에 있는지, 둘째는 계급타협의 형태가 **소극적**인지 아니면 **적극적**인지에 따라 개념 공간이 구성된다. 이런 두 가지 차원의 교차로 만들어진 네 가지 범주들은 다양한 계급 사이의 협력 및 타협 방식이 된다.

		계급타협의 형태	
		소극적	적극적
계급타협의 전략적 기초	단결력 없는 개인적 전략	노동추출을 용이하게 만드는 능률급	충실성을 고취하는 내부 노동시장
	집단의 단결력 전략	상호 양보하는 집단 간의 협상	상호 승자가 되는 사회적 계약: 케인즈주의와 신조합주의

표 11-1. 계급타협의 개념 구분

개인적 전략에 기초를 둔 소극적인 계급타협의 전형적인 예는 소위 "능률급"이라 불리는 것이다.[13] 이미 제7장에서 서술한 것처

12) Ibid., pp.205-11.

13) 능률급을 **소극적**인 계급타협보다는 **적극적**인 계급타협의 형태로 다루는 몇몇 연구들이 있다. 가령, 애커로프는 능률급을 개인적 저항(근무 태만)에 대응하

럼 능률급은 고용주가 피고용인들의 태만을 줄이는 전략을 사용하기 위해 지불하는 임금 프리미엄으로, "시장청산 임금"보다 높다. 보울즈와 진티스가 상술한 바 있듯이 노동계약이 있는 그대로 시행되거나 이에 비용부담이 발생하지 않는 것이 아니기 때문에, 고용주는 노동자들이 자발적으로 일하기 원하는 것보다 더 일하게 만들어야 하는 "노동의 추출" 문제에 직면하게 된다.[14] 고용주는 감시의 효과를 높이는 데에 더 많은 돈을 쓰거나, 아니면 고용지대를 더 높게 지불하는 것 사이에서 결정해야 한다. 고용주가 개인노동자의 저항(태만) 전략에 직면했을 때, 고임금이 다른 훨씬 강압적인 전략들보다 나은 대안이 된다면, 그런 능률급은 소극적인 계급타협의 한 형태가 된다.[15]

기 위한 자본가의 양보로 간주하기보다는, 일종에 "선물교환" 원리에 규범적 기초를 두면서 전반적 사기를 높이는 방식으로 간주한다. 이는 능률급이 적극적 협력을 보장한다는 의미를 함축한다. 이에 대한 자세한 내용은 George Ackerlof, "Labor Contracts as Partial Gift Exchange," *Quarterly Journal of Economics* 97:2, 1982, pp. 543-69를 참고하라.

14) 이에 대해서는 Samuel Bowles, "The Production Process in a Competitive Economy: Walrasian, Neo-Hobbesian, and Marxian Models," *American Economic Review* 75: 1, March 1985, pp.16-36; Samuel Bowles and Herbert Gintis, "Contested Exchange," *Politics & Society* 18: 2, June 1990, pp.165-222; Samule Bowles and Herbert Gintis, *Recasting Egalitarianism: New Rules for Communities, States and Markets*, vol. 3 in *The Real Utopias Project*, ed. Erik Olin Wright, London: Verso, 1990, pp.36-9를 참고하라.

15) 특히 경제학자들이 능률급과 같은 제도적 장치를 연구할 경우 일반적으로 이를 계급적 측면에서 명확히 분석하지 않는다. 일반적인 신고전주의 경제학의 관점에서는 그런 제도적 장치를 인간의 내재된 성향과 관련되어 있는 거래비용을 최소화하기 위한 고용주의 이윤 극대화 전략으로 간주한다. 올리버 윌리엄슨(Oliver Williamson)의 표현에 따르자면, 사람들에게는 "꾀를 부리게 만드는 자기이익"이 존재한다(Williamson, *The Economic Institutions of Capitalism*, New York: Free Press, 1985, p.47). 이와 대조적으로 보울즈와 진티스는 능률급의 문제를 자본주의 생산을 둘러싼 계급관계 내에 명확히 위치시켜서, 노동자들이 소유주

적극적인 계급타협 또한 고용주와 노동자 사이에서 일어나는 개인적 전략의 상호작용으로 생겨날 수 있다. 내부 노동시장이 가장 좋은 예일 것이다.[16] 능률급의 경우에는 내부 노동시장이 고용주가 가하는 소극적 제재의 효과를 증진시키는데, 이는 내부 노동시장에 속한 노동자들이 처벌받거나 해고되었을 때 더 많은 것을 잃게 되기 때문이다.[17] 하지만 내부 노동시장에 관한 대부분의 분석들은 내부 노동시장이 충실성에 기반한 적극적인 협력과, 조직의 이익에 대한 개인의 헌신을 이끌어낸다는 점을 강조한다. 이는 일본 기업조직을 연구한 광범위한 논문들의 핵심적인 연구주제지만,[18] 또한 자본주의 기업들의 내부 조직을 연구한 광범위한 분석

인 공장에서는 상호 감시가 능률급 시행의 욕구를 상당 정도 대체하게 된다고 밝힌다. 나는 능률급에 대한 일반적 논의에서 한발 더 나아가 노동자들이 소유주인 공장에서는 상호 감시받지 않을 호혜주의를 위한 규범적 조건들도 발전할 것이라고 본다.

16) 내부 노동시장에 관한 몇몇 논의들은 내부 노동시장을 대개 소극적인 계급타협의 사례로 다루고, 내부 노동시장이 노동계급을 분할하고 노조를 약화시키며 노동에 대한 자본의 통제를 강화시키기 위해 이용되는 방식에 연구의 초점을 맞춘다. 이런 연구에 해당하는 것으로는 David M. Gordon, "Capitalist Efficiency and Socialist Efficiency," *Monthly Review* 28: 3, 1976, pp.19-39; and Richard Edwards, *Contested Terrain: The Transformation of the Workplace in the Twentieth Century*, New York: Basic Books, 1979를 들 수 있다. 이와는 달리 내부 노동시장이 전형적으로 정보비용과 관련되어 있는 내부의 효율성 문제와, 이런 효율성이 고려된 체계적인 계급적 특성을 참조하지 않고 숙련된 피고용인을 뽑는 문제를 해결한다고 간주하는 입장들도 있다. 이런 연구에 해당하는 것으로는 Peter Doeringer and Michael Piore, *Internal Labor Markets and Manpower Analysis*, 2d edn., Lexington, MA: D.C. Heath, 1985; Bruce Greenwald, *Adverse Selection in the Labor Market*, New York: Garland Press, 1979; Michael Waldman, "Job Assignments, Signaling, and Efficiency," *Rand Journal of Economics* 15: 2, 1984, pp.255-67을 들 수 있다.

17) Randall Bartlett, *Economics and Power*, Cambridge: Cambridge University Press, 1989, pp.135-7.

18) 일본 기업조직들을 분석한 연구 자료들은 다음과 같다. Ronald Dore, *British Factory, Japanese Factory: The Origins of National Diversity in Industrial Relations*,

들과[19] 심지어 그와 같은 계급관계를 좀 더 추상적으로 분석한 연구들조차 다루고 있다.[20]

계급갈등과 계급타협을 다룬 대부분의 논의들은 개인들의 전략에서 발생하는 계급 간 타협(소극적인 혹은 적극적인 계급타협)의 형태에는 상대적으로 별로 관심을 두지 않는다. 그보다는 계급적인 단결력에 근간을 둔 계급투쟁에서 계급 간 타협이 이루어지는 방식에 연구의 초점을 맞춘다. 계급투쟁에서 발생하는 소극적인 계급타협에 관한 분석은 마르크스주의 전통에서 특히 두드러진다.[21] 만

Berkeley: University of California Press, 1973; W. G. Ouchi, *Theory Z: How American Business Can Meet the Japanese Challenge*, Reading, MA: Addison-Wesley, 1981; Masahiko Aoki, *Information, Incentives, and Bargaining in the Japanese Firm: A Microtheory of the Japanese Economy*, Cambridge: Cambridge University Press, 1988.

19) 자본주의 기업들의 내부 조직을 분석한 연구 자료들은 다음과 같다. Oliver Williamson, *The Economic Institutions of Capitalism*, New York: Free Press, 1985; F. K. Foulkes, *Personnel Policies in Large Non-Union Companies*, Englewood Cliffs, NJ: Prentice Hall, 1980; Aage Sörensen, "Forms, Wages and Incentives," in *Handbook of Economic Sociology*, ed. Neil Smelser and Richard Swedberg, Princeton, NJ: Princeton University Press, 1994, pp.504-28.

20) 존 골드소프(John Goldthorpe)의 서비스계급 개념은 피고용인들이 단순히 "노동"이 아니라 "서비스"를 팔 때 고용주가 직면하게 되는 문제들을 중심으로 삼아 개념 정의된다.(Goldthorpe, "On the Service Class," in *Social Class and the Division of Labor*, Anthony Giddens and Gavin Mackenzie, eds., Cambridge: Cambridge University Press, 1982, pp.162-85.) 그런 피고용인들을 장기간 헌신하게 만드는 장래의 보상을 기반으로 하여 만들어진 직업 사다리는 이런 고용관계를 분석하는 골드소프의 연구에서 핵심이다. 경영계급의 위치를 분석하기 위한 나의 "충성지대" 개념(Wright, *Class Counts*, p.21) 역시 이런 직업 사다리에 특정 범주의 피고용인들 식업을 위치시켜봄으로써, 그들에세 만들어지는 깊은 헌신의 문제를 집중적으로 다룬 개념이다. 골드소프와 나의 이런 계급관계 분석에서는 내부 노동시장이 공장 내에서 개인들이 취하는 전략들에 대한 대응으로 만들어진다.

21) 하지만 그런 관점이 마르크스주의로만 국한되는 것은 아니다. 가령, 존 코먼스(John R. Commons)에게는 단체협상이 상호 간의 파괴적인 "계급 전쟁"을 피하기 위해 필수적으로 요구되는 것으로 간주되어 소극적인 계급타협의 한 개념이

약 노동자와 자본가의 이익이 본래 적대적이고 양극화되어 있다면, 계급투쟁에서 발생하는 모든 계급타협은 서로 겨루는 힘들 사이에 힘의 균형이 이루어진 상태를 단순히 반영한 것으로 간주될 수 있을 것이다.[22)]

조직 간 계급투쟁에 의해 일어나는 적극적인 계급타협이라는 개념은 마르크스주의 전통에 잘 들어맞지 않지만, 사회민주주의와 신조합주의에 관한 수많은 연구들에서는 이것이 핵심 연구주제이고,[23)] 서로 다른 자본주의 경제들의 경제성장 문제에 초점을 맞춘 경제사회학에서도 주요한 주제로 다뤄진다.[24)] 로저와 스트리크(Rogers and Streeck)가 밝힌 것처럼, "민주좌파당은 노동자의 물질적

된다. 노동조합은 일반적으로 "공공 이익집단"이라 할 수 있지만, 코먼스는 조직화와 단체협상 자체가 자본가에게 직접적으로 이익이 된다고는 주장하지 않는다. "노동조합과 위원회들은 공공의 이익집단이지만, 개인에 대한 기업의 권력 남용을 막음으로써 기업들을 저지하도록 조직되어 있다."(John R. Commons, *The Economics of Collective Action*, Madison: University of Wisconsin Press, [1950] 1970, p.132)

22) 이에 해당하는 실제 사례에 대해서는 David Kotz, "Interpreting the Social Structure of Accumulation Theory," in *Social Structures of Accumulation*, eds. David Kotz, Terrance McDonough, and Michael Reich, Cambridge: Cambridge University Press, 1994, p.55를 참고하라.

23) 다음 연구물들을 참고하라. Walter Korpi, *The Democratic Class Struggle*, London: Routledge and Kegan Paul, 1983; David Soskice, "Wage Determination: The Changing Role of Institutions in Advanced Industrialized Countries," *Oxford Review of Economic Policy* 6:4, 1990, pp.36-61; Gøsta Esping-Andersen, *Three Worlds of Welfare Capitalism*, Princeton, NJ: Princeton University Press, 1990.

24) 다음 연구물들을 참고하라. Streeck and Schmitter, "Community, Market, State"; Lane Kenworthy, *In Search of National Economic Success: Balancing Competition and Cooperation*, Thousand Oaks, CA: Sage, 1995; David M. Gordon, *Fat and Mean: The Corporate Squeeze of Working Americans and the Myth of Managerial "Downsizing,"* New York: Free Press, 1996; Crouch and Streeck, *Political Economy of Modern Capitalism.*

복지를 향상시키고, 자본가 스스로 풀지 못하는 문제를 해결할 때에 자본주의하에서 발전한다. 이 두 가지를 해내는 민주좌파당은 '보편적 이익'을 명확히 표현하면서, 자본주의 독점에 문제를 제기할 수 있는 만족할 만한 정치적 지위를 얻게 된다."[25)]

이런 고전적 형태의 논의는 거시경제이론 중 하나인 케인즈주의 학파에 뿌리를 두고 있다. 완전고용이 높은 수준의 설비 가동률과 자본주의 기업 상품에 대한 높은 총수요를 함의하고 있다면, 이는 잠재적으로 자본가들의 이익에 기여할 것이다. 하지만 완전고용은 빠르게 상승하는 임금과 인플레이션의 높은 상승 수준에서 나온 이윤을 위태롭게 만들기도 한다. 케인즈는 이 문제를 두고 "나는 우리가 단체협상과 완전고용을 결합시킬 때 어떻게 임금을 억제할 것인가를 두고 심각한 문제가 발생할 것이라고 확신한다"[26)]라고 쓰고 있다. 20세기 후반 수많은 국가들에서 노동자와 고용주 모두에게 임금 억제를 강요할 수 있는 강력하고 중앙집권화된 노동조합이 출현해 강화된 것은 이런 문제를 가장 성공적으로 해결한 사례에 속한다. 이런 의미에서의 강한 노동운동은 노동자를 위해 자본을 위협하여 이익을 뽑아내는 그런 소극적 계급타협의 기초를 구성할 필요가 없다. 만약 노동운동이 충분히 발달되어 있다면, 특히 노동에 호의적인 국가들에서 일어나는 노동운동의 경우는 거시경제 문제를 해결하는 것을 도움으로써 자본가의 이익 실현에 적극적으로 기여할 수 있다.

---

25) Joel Rogers and Wolfgang Streeck, "Productive Solidarities: Economic Strategy and Left Politics," in David Miliband, ed. *Reinventing the Left*, Cambridge, MA: Polity Press, 1994.

26) Andrew Glynn, "Social Democracy and Full Employment," *New Left Review* 1:211, May/June 1995, p.37.

노동자들의 힘과 자본가의 이익 사이의 곡선 관계를 탐구한 가장 잘 알려진 경험적 연구는 노동조합의 중앙집권화가 경제성장에 미치는 효과를 분석한 캄포스와 드리필(Calmfors and Driffill)의 1988년 연구이다.[27] 그들은 맨커 올슨(Mancur Olson)의 "조직의 이익은 그것이 주요한 분열을 일으킬 만큼은 강하지만, 그들 자신의 이익 안에 사회를 위해 행동하는 비용을 충분히 포괄하고 있지 못할 때 대체로 해롭다"[28]라는 주장을 토대로 삼아 다양한 방법을 통해 1963~85년 동안 18개 OECD 국가들의 경제성장을 비교해보았다. 그 결과, 매우 중앙집권적이거나 아니면 분권화된 임금교섭 구조를 가진 국가들에서는 경제성장률이 높은 반면, 그 중간에 있는 국가들의 경제성장률은 낮은 것을 알 수 있었다. 히크와 켄워시(Hicks and Kenworthy)는 이와 다른 종류의 지표를 사용하였지만, 다양한 형태의 협력 제도들이 경제성장에 미치는 영향을 분석한 연구에서 이와 유사한 결과를 도출하였다.[29] 그들은 1960~89년 동안 18개

27) 엄밀하게 말해 캄포스와 드리필은 자본가의 이익 자체보다는 노동자의 힘과 일반적인 경제성장을 나타내는 다양한 지표들 사이의 관계를 분석하였다. 하지만 그들의 이런 연구에서도 경제성장이 자본가의 이익을 나타내는 지표로 충분히 간주될 수 있다. 이에 대해서는 다음 연구물들을 참고하라. Lars Calmfors and J. Driffill, "Bargaining Structure, Corporatism and Macroeconomic Performance," *Economic Policy* 6, April 1988, pp.13-61. See also Matti Pohjola, "Corporatism and Wage Bargaining," in *Social Corporatism: A Superior Economic System?*, eds. Jukka Pekkarinen, Matti Pohjola, and Bob Rowthorn, Oxford: Clarendon Press, 1992; Richard Freeman, "Labour Market Institutions and Economic Performance," *Economic Policy* 6, 1988, pp.64-80; Lars Calmfors, "Centralization of Wage Bargaining and Macroeconomic Performance—a Survey," *OECD Economic Studies* 21, Winter 1993, pp.161-91; Geoffrey Garrett, *Partisan Politics in the Global Economy*, Cambridge: Cambridge University Press, 1998; Bob Rowthorn, "Corporatism and Labour Market Performance," in Pekkarinen, Pohjola, and Rowthorn, *Social Corporatism*.

28) Calmfors and Driffill, "Bargaining Structure," p.15.

29) Alexander Hicks and Lan Kenworthy, "Cooperation and Political Economic

OECD 국가들의 노조 조직률과 1인당 실질 GDP 성장률 사이의 관계를 조사하였는데, 조직률이 낮거나 높은 국가들은 조직률이 그 중간인 국가들에 비해 이삼십 년 동안이나 높은 경제성장률을 보였다.

이번 장의 남은 부분에서는 이런 적극적인 계급타협의 곡선 모델을 이론적으로 정교화해보고자 한다. 다음 절에서는 노동자와 자본가 사이의 전략 갈등 문제를 게임이론의 관점에서 정리해보고, 그다음으로 노동자의 힘과 자본가의 이익 사이의 관계를 곡선으로 만드는 메커니즘들을 살펴본다.

3. 전략적 게임과 계급타협

노동계급의 단결력이 자본가계급의 이익과, 더 나아가 계급타협과 맺는 관계를 분석하기 위해서는 우선 노동자와 자본가 사이에서 벌어지는 이익갈등의 전략적 맥락을 좀 더 엄밀히 이해해야 한다. 우리는 이를 계급타협에 대한 매우 간략한 그림, 즉 노동자와 자본가 각각이 취하는 이원화된 전략적 선택—다른 계급과의 **협력** 혹은 이런 이해관계에 대한 **적대**—에 직면한다는 가장 기본적인 게임이론 모델을 분석함으로써 달성할 수 있다. 이런 게임의 행위주체들은 생산체제에서 질적으로 다른 역할을 하기 때문에, "협력"과 "적대"의 의미가 노동자와 자본가 모두에게 다르게 나타난다.

표 11-2에 요약되어 있듯이 노동자에게 있어 자본가와 협력하는 것은 그들이 자본가의 이윤율을 최대화하기 위해 열심히 일한다는 것을 필요로 한다. 노동자들은 임금이나 노동조건 때문에 이

Performance in Affluent Democratic Capitalism," *American Journal of Sociology* 103: 6, 1998, pp.1631-72.

직할 때 주로 노동시장 메커니즘에 의존한다. 노동자들이 집단적 단결력(노동조합)을 갖고 있더라도, 그들이 임금이나 노동조건을 향상시키기 위해 자본가들을 집단적으로 압박하는 자발적 투쟁에 참여하지 않을뿐더러, 자본가들의 이익에 반하는 노동자들의 이익을 향상시키기 위한 정치투쟁에도 참여하지 않는다. 자본가와 적대하는 것은 노동자의 수입을 올리고, 노동자들이 그들 자신의 노동을 통제할 수 있는 힘을 향상시키기 위해 개인적 · 집단적으로 자본가에게 투쟁한다는 것인데, 이는 자본가들이 노동자를 착취하고 통제하는 힘을 최소화한다. 노동자의 권리와 그들이 단결할 수 있는 힘을 확대시키는 정치투쟁도 이에 포함된다. 한편, 자본가에게 있어 노동자와의 협력은 기업의 재생산을 충족시킬만한 이윤율을 유지하는 것과 비교해봤을 때 노동자에게 가능한 한 많은 것을 지불해야 한다는 것을 의미한다. 노동자들의 조직화(노조와 정당)를 수용하고, 노동조건을 둘러싼 노동자들의 요구에 따르며, 투자를 발생시키기 위해 고용의 측면에서 자본가 자신의 소비를 조정해야 한다. 노동자와 적대한다는 것은 시장 상황과 기술 제약을 고려하여 자본가들이 노동자들에게 가능한 한 적게 지불한다는 것을 말한다. 노동자들로부터 가능한 한 많은 노동을 얻어내고, 노동자들의 조직화에는 반대하는 것이 이에 속한다. 노동자 측에서 봤을 때 기대임금을 올리는 실업급여 및 복지안전망에 대해 문제를 제기하고, 노동조합 결성을 방해하는 제한된 노동법을 지지하는 것과 같은 정치활동이 이런 자본가들의 적대에 속한다. 이렇게 각 계급에게 가능한 두 가지 선택지들을 나열하면 표 11-2에 제시된 4가지 가능한 계급갈등 배치가 이루어진다. 이런 선택 가능한 배치에서 "적극적인 계급타협"은 두 계급 모두가 협력에 동의한 상태(협, 협)를 말

한다.[30)]

		노동자: 자본가와의 협력	노동자: 자본가 이익에 반대
자본가	노동자와의 협력	C, C(협, 협)	O, C(적, 협)
자본가	노동자 이익에 반대	C, O(협, 적)	O, O(적, 적)

서로 다른 계급에게 협력과 적대의 의미

노동자

협력	자본가의 이윤을 최대화하기 위한 근면 성실한 노동
적대	자본가가 노동자를 착취하고 지배하는 힘을 최소화

자본가

협력	노동자에게 가능한 한 많은 임금 지불, 노동현장에서 노동자를 공정하게 대우, 노동자들의 조직화 수용
적대	노동자에게 가능한 한 적게 임금을 지불하면서 가능한 한 많은 노동을 얻기, 노동자들의 조직화 반대

표 11-2. 노동자와 자본가의 전략적 선택

그림 11-3은 다양한 전략 게임에서 노동자와 자본가의 선택 가

30) 분명 현실 세계에서 이루어지는 선택은 이런 극명한 교차보다 훨씬 더 복잡하게 이루어질 것이다. 적대와 협력의 다양한 정도 차이뿐 아니라, 질적으로 구분되는 다양한 형태가 존재할 것이기 때문이다. 그럼에도 불구하고, 상호 협력적인 계급타협이 이루어지기 위한 전략적 맥락의 일반화된 목록을 개발하기 위해서는 그런 복잡성에서 물러나 각 계급 성원들이(개인들과 단결한 구성원들 모두가 고려된다) 단순하고 이분법적인 선택을 하는 그런 게임을 살펴보는 것이 도움이 된다.

능한 전략들의 조합이 낳는 결과를 나타낸다. 이런 게임들은 노동자와 자본가 사이의 서로 다른 알력관계 및 사회적 상호작용 규칙을 반영하는 것으로 볼 수 있고, 또 노동자와 자본가가 직면하는 전략적 환경에 대한 서로 다른 이론들을 반영하는 것으로도 볼 수 있다. 모델 1은 **자본가의 일방적 지배게임**으로 부를 수 있다. 이 모델에서 자본가를 위한 가장 최상의 결과는 (협, 적)에서 나온다. 노동자는 자본가에게 협력하고(열심히 일하지만, 조직화하지는 않는 상태 등), 자본가는 노동자와 적대한다(시장에서 규정하는 만큼만 노동자에게 지불하고, 집단적 조직화를 반대하는 상태 등). 이 모델에서 자본가를 위한 두 번째 좋은 결과는 상호 적대(적, 적)에서 나온다. 이 게임에서 자본가들의 힘은 노동자들에 비해 비교적 훨씬 강한데, 그들은 노동자들이 그들에게 대항하여 조직화할 때 상대적으로 적은 비용으로 노동자들을 처벌할 수 있다. 따라서 노동자들은 그들의 일방적인 협력(협, 적)하에서보다 상호 적대(적, 적)하는 상황하에서 더욱 어려워진다. 투쟁은 이득이 되지 않는다. 그러므로 이런 게임에서 노동자의 일방적 협력(협, 적)은 상호 균형적인 결과를 낳을 것이다. 자본가들은 그들과 적대하는 노동자들보다 항상 더 나은 상황에 있고, 한편 자본가가 항상 노동자와 적대한다고 가정해봤을 때 노동자들은 자본가와 협력하는 것이 더 나은 결과를 낳을 것이기 때문이다.

모델 2는 계급갈등에 대한 마르크스주의 관점으로, 노동자와 자본가의 이익이 제로섬 게임처럼 순수하게 반비례한다고 보는 **순수 갈등게임**이다. 이 모델에서 자본가에게 최상의 상황은 노동자들이 자본가에게 협력하는 반면, 그들은 노동자의 이익과 적대를 하는 것이다(협, 적). 자본가에게 두 번째로 좋은 상황은 노동자와 자본가가 상호 협력하는 것인데(협, 협), 이것은 노동자와 자본가가 상

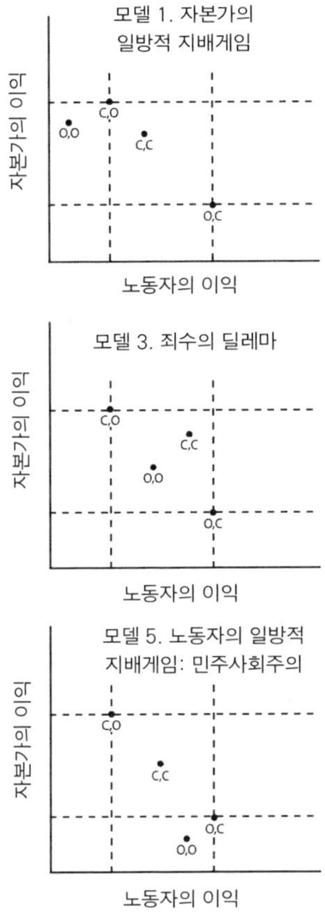

전략적 쌍		
노동자의 전략	자본가의 전략	표시 방식
자본가에게 적대적	노동자에게 협력적	O,C(적, 협)
자본가에게 협력적	노동자에게 적대적	C,O(협, 적)
자본가에게 협력적	노동자에게 협력적	C,C(협, 협)
자본가에게 적대적	노동자에게 적대적	O,O(적, 적)

그림 11-3. 노동자와 자본가 사이에서 얻을 수 있는 전략 게임의 결과

호 적대하는 것(적, 적)보다 노동자에게 이득이 **적다**. 전통적인 마르크스주의 관점에서는 노동자와 자본가의 이익이 엄격히 양극화되어 있기 때문에, 노동자들이 자본가에게 협력하는 것보다 자본가들의 이익에 반대하여 투쟁하는 것이 노동자들에게 항상 득이 된다. 기실 이 모델에서 (협, 협) 상황을 설명해보면 이렇다. "협력적인" 자본가들은 노동자와 격하게 적대하는 것보다는 조금 낫게 노동자

들을 대할 뿐이지만, 협력적인 노동자들은 적대적인 노동자들에 비해 그들의 고용주를 양보하게 만들 힘이 매우 부족하다. 무엇보다 노동계급의 단결력이 적극적으로 자본가계급과 협력하게 되면, 노동자들은 자신들의 동원력을 약화시키게 되고, 그들의 약해진 힘은 궁극적으로 자본가가 노동자의 이익에 적대하게 만들어 (협, 협)이 (협, 적)이 되어버린다. 그러므로 (적, 적)을 선택하는 것은 (협, 협)을 선택하는 것보다 노동자들에게 장기적으로 나은 결과를 보장한다. 이런 투쟁의 결과로 자본가들은 노동자들에게 임금 인상과 노동조건의 개선과 같은 양보를 하는 순간이 생길 수 있다. 하지만 이런 자본가의 양보는 투쟁에 직면해서 이루어진 양보이기 때문에 기껏해야 소극적인 계급타협에 그치고 만다. 이 순수 갈등게임에서는 다른 계급이 무엇을 하는지에 상관없이 두 계급 모두에게 적대가 협력보다 나은 결과를 준다. 따라서 균형은 상호 적대의 상황(적, 적), 즉 적극적인 계급투쟁에서 이루어진다.[31] 그 계급투쟁은 이따금씩 승리하고 개별 전투부대가 하나씩 패배하는 장기적인 참호전과 매우 흡사하며, **소극적인** 계급타협에 동의하여 상대적으로 안정된 힘의 균형이 이루어진 시기라고 할 수 있다.

모델 3은 일반적인 **죄수의 딜레마 게임**이다. 이는 두 계급에게 대칭적인 결과를 낳는 게임으로, (협, 협)은 각 계급에게 두 번째로 좋은 결과를, (적, 적)은 세 번째로 좋은 결과를 낳는다. 모델 1과 다르게 이 모델에서는 상호 적대가 자본가에게 큰 대가를 치르게 한다. 이는 노동자가 계급투쟁 내에서 자본가를 처벌할 충분한 힘을 갖는다는 것을 의미한다. 하지만 모델 2와 달리 노동자들은 상호 적

---

31) 비록 상호 적대가 노동자와 자본가 모두에게 균형적인 결과를 주는 방안이라고 해도, 노동자에게 모델 2는 죄수의 딜레마 게임이 아니다. 왜냐하면 죄수의 딜레마 게임에서는 행위자가 상호 적대보다는 상호 협력을 더 선호하기 때문이다.

대하는 상황보다 상호 협력하는 상황에서 형편이 더 나아진다. 따라서 두 계급은 서로 적대할 때보다 상호 협력할 때 더 좋은 결과를 얻는다. 그러나 만약 게임이 한 번에 끝나는 것이라면, 이런 죄수의 딜레마 게임방식에서 균형 잡힌 결과는 (적, 적)을 통해 얻을 수 있다. 왜냐하면 두 계급은 상호 협력에서 벗어나야만 그들 각자의 이익을 향상시킬 수 있기 때문이다. 만약 게임이 반복되는 것이라면, 계급 간 상호작용이 이루어지는 실제 세계에서는 결과가 확실하지 않다. 액설로드(Axelrod)와 다른 많은 연구자들이 보여주었듯이, 반복되는 죄수의 딜레마 게임에서는 앞으로 이어질 라운드에서 적대를 하여 상대가 이전 라운드에서 취한 적대를 처벌할 수 있기 때문에 상호 협력이 안정적인 해법으로 기능할 수 있다.[32] 안정적인 해법인 (협, 협)이 일어날 가능성이 있으면 **적극적인** 계급타협 또한 가능해진다.

모델 4는 일반적인 **확신게임**이다. 두 계급에게 최상의 해법은 상호 협력하는 것이며, 일방적인 협력은 상호 적대보다 나쁜 결과를 낳는다. 그러므로 타 계급이 협력할 것이라는 합리적 확신이 없다면, 상호 협력은 일어나지 않을 것이다. 만약 계급갈등이 일종의 확신게임이라면, 협력의 실패는 게임주체 측의 이해 부족 때문에, 즉 어떤 선택이 그들에게 이로운 것인가를 단순히 이해하지 못했기 때문에 발생할 것이다. 이는 일종의 소박한 자유주의 관점과 일치하는데, 갈등은 항상 정당들 사이의 오해를 반영하기 때문에, "윈-윈" 해결책은 상호 이해가 적실히 이루어지면 언제나 가능하다.

이런 엄격한 형태의 확신게임은 자본주의 경제에서 일어날 개연성이 매우 낮은데, 자본가들이 어떤 양보도 하지 않은 채 노동자들

32) Robert Axelrod, *The Evolution of Cooperation*, New York: Basic Books, 1984.

로부터 완전한 협력을 얻어내는 방법(협, 적)이 상호 협력을 했을 때보다 결과가 아주 나쁘지 않기 때문이다. 그럼에도 불구하고, (협, 협)의 결과가 확신게임 쪽으로 이동하는 상황과, 두 계급에게 (협, 협)과 (적, 적) 사이의 차이가 매우 커지는 상황도 틀림없이 발생할 수 있다.

마지막으로 모델 5는 모델 1과 대칭하는 **노동자의 일방적 지배게임**이다. 이 모델에서는 노동자가 자본가를 일방적으로 협력하게 만들 수 있을 만큼 노동자의 힘은 강하며 역으로 자본가의 힘은 약하다. 이는 노동자의 미래 수입을 늘리는 데에 자본가들이 투자하게 만드는 것까지 포함하는데, 따라서 노동자에게는 (적, 협)이 (협, 협)보다 나은 결과를 낳는다. 이는 민주사회주의의 이론적 주장, 즉 노동자들이 효과적으로 자본가를 지배하는 경제와 일치한다.[33]

그림 11-3에 제시된 모델들에 내재되어 있는 것은 바로 힘의 문제다. 노동자와 자본가 사이의 힘의 균형은 이런 전략적 게임들 가운데 어떤 게임을 할 것인가를 결정하는 것으로 간주될 수 있다. 그림 11-4에서 설명하였듯이 노동계급의 권력이 극히 낮은 수준에서 증가하게 되면(그래서 노동자들이 자본가들의 힘의 증가를 제재할 수 있게 되면), 모델 1의 (적, 적)은 오른쪽 밑으로 이동하게 될 것이다. 이는 모델 2의 배치도 바꾸는데, 노동계급의 투쟁성이 계속 유지되면서 소극적인 계급타협의 가능성—힘의 균형에 기초한 계급타

33) 비록 소유권이 축소되더라도 사회주의와 자본주의에 대한 이런 이론적 개념은 그것이 마치 봉건사회 초기에 계속 존속하였듯이 사회주의 경제에도 존재할 수 있다. 하나의 계급구조가 얼마나 안정적이고 재생산이 가능한가 하는 문제는 또 다른 문제다. 자본가들이 여전히 일부 경제적 공간을 점유해도 사회주의 사회가 지속가능한 형식 모델은 Roemer, *A Future for Socialism*, Cambridge, MA: Harvard University Press, 1994; and *Equal Shares: Making Market Socialism Work*, vol. 2 of *The Real Utopias Project*, ed. Erik Olin Wright, London: Verso, 1996에 제시되어 있다.

협—이 일어난다. 노동계급의 권력이 더 증가하게 되면, (협, 협)은 오른쪽으로 이동하기 시작하고, 모델 3의 죄수의 딜레마 게임이 시작된다. 이는 **적극적인** 계급타협이 이루어질 수 있는 장을 마련한다. 노동계급의 단결력이 모델 3의 (협, 협)을 사분면의 오른쪽 상단으로 밀어 올리면, 확신게임인 모델 4에 가까워지고 **적극적인** 계급타협의 가능성은 증가한다. 즉 안정된 상호 협력으로부터 얻는 이득이 증가하는 것이다.[34)]

만약 노동계급의 단결력 증가가 실제 (협, 협)의 결과를 이런 이익 매트릭스의 오른쪽 상단으로 끌어올릴 수 있다면, 노동자들의 힘과 자본가들의 이익 사이의 전반적 관계는 역 J자형이 아닌 그냥 J자형 곡선이 될 것이다. 즉 자본가에게 게임모델 모두를 총괄해서 가장 높은 균형적 이익을 얻을 수 있는 것은 자본가의 일방적 지배게임에서의 (협, 적)을 통해서가 아니라 확신게임의 (협, 협)을 통해 얻어지기 때문에, 확신게임이 일어날 수 있는 조건을 만들기 위해 노동자의 강한 힘을 수용하는 것(심지어 고무하는 것)은 자본가의 이익에 속하게 된다. 자본주의 계급관계에 내재한 적대적이고 착취적인 특성 때문에 이런 상황은 발생하지 않는다고 보는 것이 이번 장에서 다룬 마르크스주의 틀의 핵심적 가정이다. 이 가정에 따르면 안정적인 상호 협력은 일어날 수 있지만, 이는 상호 협력이 자본가에게 가능한 이익들 중 최고의 결과를 주기 때문이 아니라, 충분한 힘을 지닌 노동자들이 가하는 적대의 위협이 (협, 적)이 균형적인

34) 그림 11-4에 제시된 바 있듯이, 노동계급의 힘은 (적, 적)과 (협, 협) 곡선에만 영향을 미친다. (협, 적)과 (적, 협) 곡선은 변동이 없다. 물론 그림 11-3 모델들의 변화에서 핵심은 4가지 결과의 상대적인 위치 변화인데, 원칙상 이것은 상호 적대 혹은 상호 협력뿐만 아니라 (협, 적) 혹은 (적, 협) 위치의 변화 때문에도 발생한다.

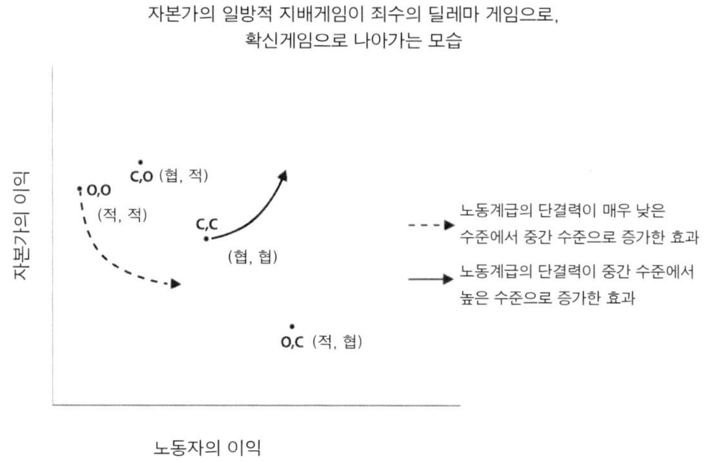

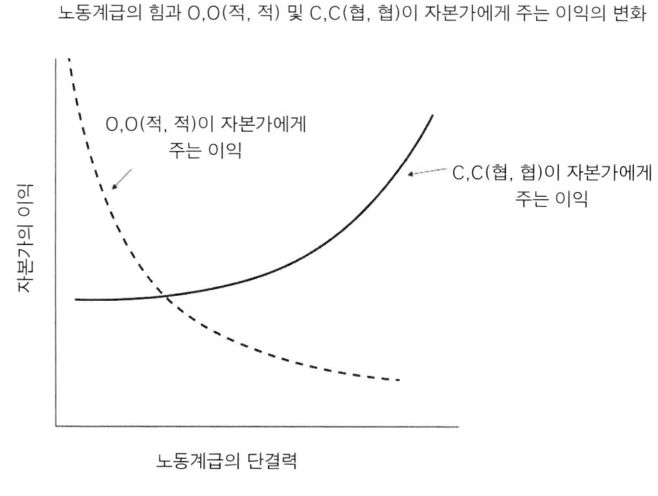

그림 11-4. 노동계급의 힘과 계급타협의 전략적 맥락 변화

결과가 되는 것을 막기 때문이다.[35)]

35) 이 곡선의 모양이 역 J자형인 이유, 즉 자본가의 일방적인 지배게임에서 (협,

그림 11-4에 제시된 두 그래프는 모두 직선이 아니다. (적, 적) 그래프는 감소하는 곡선인 반면 (협, 협) 그래프는 증가하는 곡선이다. 이런 비직선 형태의 관계는 이미 제시된 바 있는 계급타협의 역 J자형 모델에서 중요한 것인데, 만약 이 두 곡선 그래프 각각이 직선이었다면 이 둘은 노동자의 힘과 자본가의 이익 사이의 관계를 전반적으로 직선이 되게 만들었을 것이다. (적, 적) 그래프는 상대적으로 보통 수준인 노동자의 힘이 자본가의 이익에 상당한 손해를 끼칠 수 있지만, 노동자에게 매우 지속적인 이득을 주는 데에는 부족하기 때문에 아래로 경사진 곡선 모양을 띠게 된다. 따라서 노동자의 권력이 아주 미약한 데에서 중간 정도로 상승하는 것은 노동자가 자본가를 처벌할 수 있는 능력을 증가시킨다. 하지만 일단 어느 정도의 값을 넘게 되면 노동계급의 힘의 증가는 자본가들의 피해 정도에 덜 영향을 미치게 된다. 가령 노동자들이 자본가가 독단적으로 그들을 해고하는 것을 막을 정도로 충분히 강해지면, 더 증가한 노동자들의 힘은 고용 안정에 어떤 부가적인 이득을 가져오지 못할 것이다. 반면 노동자들의 힘 때문에 자본가들이 실현할 수 있는 상호 긍정적인 이익은 노동자들이 매우 잘 조직화되어 연대할 때에, 즉 노동자들의 단결이 노동자와 자본가 집단 모두에서 상호 협력에 이탈하는 사람들을 효과적으로 제제할 수 있을 때에만 생겨날 수 있기 때문에, (협, 협) 그래프는 위로 향하는 곡선 모양을 띠게 된다. 노동자들의 단결이 최소한 중간 정도로 강해질

적)이 가장 최선의 균형인 이유를 뒷받침해주는 직접적인 경험적 증거를 찾기는 어렵다. 미국과 같이 상대적으로 조직화가 덜된 노동계급이 존재하는 나라들을 살펴보면, 자본가계급과 최고경영자들이 노동계급의 조직화가 잘된 국가들의 자본가 및 최고경영자들보다 개인적으로 훨씬 부유하다는 것을 알 수 있다. 하지만 이런 경향이 역 J자형 곡선 논의와 부합하더라도 다른 많은 요인들에 의해 명확히 복잡해진다.

때까지는 노동자들이 이런 이중의 통제 능력(노동자와 자본가 모두가 협력에서 이탈하는 것을 막기 때문에 이중의 통제다-역자)을 갖지 못하기 때문에, 노동자들의 단결은 자본가들의 이익에 거의 긍정적인 영향을 미치지 못한다.

이는 지금까지 발전시킨 논의에 잠재되어 있는 게임이론의 핵심 논리다. 즉 노동계급의 힘이 증가함에 따라 자본가의 일방적인 지배게임은 우선 순수 갈등게임으로 변하고, 이에 따라 소극적인 계급타협의 가능성이 만들어진다. 노동계급의 단결력이 좀 더 증가하게 되면 그 게임의 전략적 배경은 반복되는 죄수의 딜레마 게임으로 변하고, 적극적인 계급타협의 전망이 열리게 된다. 그 게임이 확신게임의 방향으로 좀 더 이동하면 할수록—비록 실제로 일어날 가능성이 적지만—적극적인 계급타협이 안정적으로 일어날 가능성이 커진다. 따라서 이 두 번의 변화에 내재되어 있는 문제는 노동계급의 단결력이 자본가계급의 이익과 갖는 관계라고 할 수 있는데, 지금부터 이 문제에 대해 살펴보도록 한다.

4. 적극적인 계급타협의 곡선 모델

노동계급의 힘의 증가가 단지 그들의 물질적 이익 실현에 기여할 뿐만 아니라 일부 자본가계급의 이익 실현에도 기여한다면, 계급타협은 노동자들에게 더욱 안정적이고 이롭게 될 가능성이 커진다. 노동계급의 힘의 증가가 전적으로 자본가계급의 이익을 위협한다면, 자본가들의 저항은 더욱 격렬해질 것이고 심지어 이미 성사된 계급타협마저 위태로워질 수 있다. 따라서 계급투쟁의 강도는 단순히 서로 다른 계급들의 상대적인 힘의 균형만으로 결정되는 것이 아니라, 종속된 계급의 힘이 지배계급의 이익에 가하는 위협의 강도로도 결정된다.

만약 노동자의 힘과 자본가의 이익 사이의 관계가 그림 11-1에 제시된 바 있는 단순한 역관계라면, 계급타협은 항상 상대적으로 허술하고 공격에 취약할 것이다. 왜냐하면 자본가의 이익이 항상 노동자의 힘을 약화시키는 기회로 작용할 것이기 때문이다. 이때는 소극적인 계급타협—순수 갈등게임에서 이루어지는 계급타협—이 달성할 수 있는 가장 좋은 타협이 될 것이다. 반면에 만약 노동자의 힘과 자본가의 이익 사이의 관계가 그림 11-2와 같다면, 계급타협은 일련의 제도적 장치들이 갖는 내구성을 잠재적으로 갖게 될 것이다. 일반적으로 계급갈등이 그림 11-2의 곡선에서 위로 향하는 쪽에 위치한다면, 계급타협은 노동계급에게 더욱 안정적이고 유리할 것이다. 만약 그림 11-2의 역 J자형 곡선이 좀 더 U자형에 가까운 모양을 띠게 된다면(즉 위로 상승하는 쪽이 하강하는 쪽과 대칭을 이루게 된다면), 계급타협의 조건들은 훨씬 좋아질 것이다. 반면에 역 J자형 곡선이 오직 하강하는 모양의 곡선이 된다면, 계급타협의 조건들은 그리 좋지 못할 것이다.

그림 11-2의 역 J자형 곡선에 반영된 사회적 과정들을 좀 더 심도있게 이해하기 위해서는 다양한 방식으로 그 모델을 정교화하고 확장해나갈 필요가 있다. 우선 나는 이 곡선을 발생시키는 잠재된 인과메커니즘들을 좀 더 면밀히 살펴볼 것이다. 그다음에 노동계급의 단결력이 극값일 때 어떤 일이 일어나는지 살펴봄으로써, 역 J자형 곡선의 범위를 확대해볼 것이다. 마지막으로 계급갈등의 제도적 환경이 이 곡선의 어떤 부분을 역사상 접근 가능한 전략적 목표로 만드는가를 다양한 방법을 통해 살펴보고자 한다.

역 J자형 관계에 내재하는 메커니즘들

그림 11-2에 제시된 역 J자형 곡선은 두 종류의 인과과정에서 비롯된 결과라고 할 수 있다. 첫째는 노동자들의 힘이 증가함에 따라 자본가들의 이익이 더욱 잠식되는 인과과정이고, 두 번째는 노동자들의 증가하는 힘에 의해 자본가들의 이익이 증진되는 인과과정이다. 이 인과과정들은 그림 11-5에 제시되어 있다. 개략적으로 말해보면, 하향 곡선은 노동자들의 증가된 힘이 **일방적으로 결정을 내리고 다양한 종류의 자원을 통제하는 자본가들의 능력을 저해**하는 상황을 반영한다. 반면 상향 곡선은 노동자들의 단결력 덕분에 **자본가들이 어떤 종류의 집단행동과 조정의 문제를 해결**하게 되는 상황을 반영한다. 이런 곡선들이 갖는 특유한 볼록 형태는 그림 11-4에

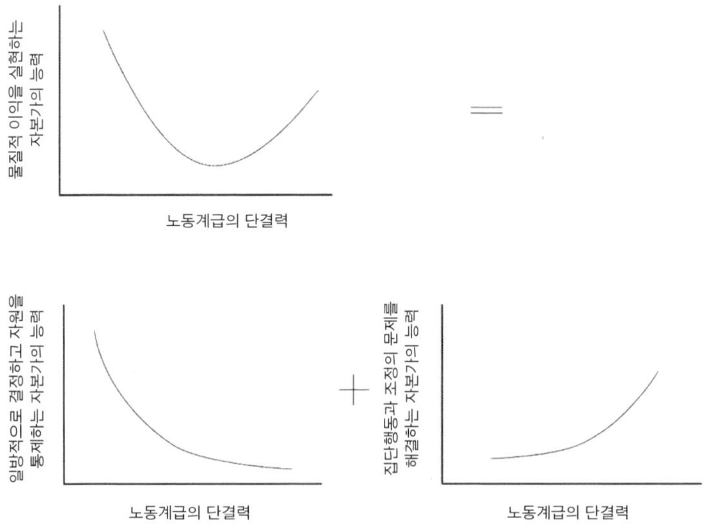

그림 11-5. 자본가의 이익과 노동자의 단결력 사이의 관계 분석

제시된 곡선 형태에서 나온다.

그림 11-5에서 서로 더해지는 두 곡선그래프를 만드는 메커니즘들은 계급타협이 맺어지는 세 가지 제도영역들, 즉 교환, 생산, 정치영역에 걸쳐 구분해볼 수 있다. 이 메커니즘들을 정리해보면 표 11-3과 같다.

	노동계급의 단결력 형태	노동계급의 단결력 증가로 위협받는 자본가계급의 이익	노동계급의 단결력 증가로 촉진되는 자본가계급의 이익
교환영역	노동조합	고용, 해고, 임금 제의를 하는 일방적인 힘	경직된 노동시장에서 임금을 통제하는 힘, 생산된 것을 파는 능력 (케인즈주의의 영향)
생산영역	노동자 협의회	노동과정과 직무구조를 통제하는 일방적인 힘	다양한 수직적 · 수평적 협력의 형태들을 이끌어내는 능력, 생산에서의 정보 문제를 해결하는 값싼 해결책
정치영역	정당	재분배 정책에 대한 일방적인 정치적 영향력	안정적인 삼자 간 조합주의 협력을 유지하는 능력

표 11-3. 정치, 교환, 생산영역에서 노동계급의 단결력과 자본가계급의 이익 사이의 관계 분석

교환영역

자본가들은 교환영역에서 노동계급과의 관계와 관련되어 있는 물질적 이익을 갖는다. 노동비용을 최소화하는 것, 방해받지 않고 마음대로 고용하고 해고할 수 있는 힘을 갖는 것, 그들이 생산한 모든 상품들을 파는 것, 노동시장에서 특정한 기술 조합을 갖춘 노동력을 사서 예측 가능하고 적당한 노동공급을 제공하는 것 등이 이에 해당한다. 마르크스주의와 비마르크스주의 정치경제학자들 모두가 종종 주장해왔듯이, 이런 이익의 일부는 서로 상충한다. 서로 상충하는 이익들 중에서 가장 두드러진 것은 다음과 같다. 상품 판

매에서 발생하는 자본가의 이익은 소비자로서의 노동자들이 많은 가처분소득을 가지는 것이 좋다는 것을 의미한다. 반면, 자신의 임금 청구금액을 최소화하여 발생하는 자본가의 이익은 피고용자로서의 노동자들에게 가능한 한 적게 지불하는 것이 이익이 된다는 것을 의미한다.

노동계급의 단결력 증가는 일반적으로 개별 자본가들이 노동시장에서 일방적으로 결정을 내리고 자원을 배분할 수 있는 능력을 약화시킨다. 노동조합이 없을 때, 자본가들은 자기 마음대로 노동자들을 고용하고 해고할 수 있으며, 그들이 가장 이윤이 많이 난다고 생각하는 수준에서 임금을 정할 수 있다. 물론 이는 고용주가 어떤 제약조건도 없이 임금을 정한다는 뜻은 아니다. 자본가들의 임금 제의는 노동시장의 경직성이나 유연성, 노동자들의 기대임금, 그리고 이전에 논의된 바 있는 노동자 개인들이 근면하게 일할 수 있도록 동기 부여할 수 있는 높은 임금의 지불 필요성 등에 의해 제한될 수 있다. 따라서 자본가들의 결정은 항상 노동자 개인의 행동과 일반적인 경제 조건들에 의해 제한된다. 하지만 이와 같은 주제는 노동계급의 다양한 단결력 형태에서 비롯되는 집단적 행동이 자본가계급에게 가하는 제약의 정도를 말한다. 그런 노동계급의 단결력은 개별 자본가들이 노동시장에서 이윤을 극대화하는 결정을 내릴 수 있는 능력을 감소시키며, 따라서 그들의 물질적 이익을 저해한다.

만약 개별 자본가들이 최소의 제약으로 사고팔 수 있을 때에만 교환영역에서의 자본가의 이익이 충족되는 것이라면, 그림 11-1에 제시된 역관계와 비슷한 관계가 성립할 것이다. 하지만 이는 그렇지 않다. 자본가들의 물질적 이익—높고 안정된 이윤율을 유지하는 자본가들의 능력—은 교환영역 내에서 다양한 조건이 제공되는 것에 따라 달라지며, 이는 조정과 집단행위를 필요로 한다. 이런 조정의 문제들 가운데 적어도 몇 가지는 비교적 높은 수준의 노동계급 단결력에 의해 해결될 수 있다.[36]

이에 대한 고전적인 예는 자본가들이 생산하는 소비재에 대한 불충분한 총수요 문제에서 찾아볼 수 있다. 이것은 전통적인 케인즈주의의 문제로서, 임금과 사회적 지출을 증가시키는 것이 어떻게 높은 수준의 총수요를 지탱하고, 그리하여 그런 경제에서 발생하는 저소비 문제를 해결하는 데 이바지할 수 있는가에 관한 문제다. 불충분한 소비자의 수요는 자본가들에게 집단행위의 문제를 제기한다. 즉 자본가들은 그들 자신의 피고용인들에게 가능한 한 낮은 임금을 지불하기를 원하는 동시에, 제품에 대한 소비자의 충분한 수요를 낳기 위해서 자기 외 다른 자본가들이 가능한 한 높은 임금을 지불하기를 원한다. 기실 높은 수준의 노조 가입률은 이런 딜레마에서 개별 기업들이 협력이라는 관계에서 이탈하는 것을 막아준다. 노동계급의 힘 또한 더 예측 가능하고 안정적인 노동시장을 만드는 데에 기여할 수 있다. 노동을 둘러싼 자본가들의 경쟁이 임금이 올라가도록 정상적으로 압박하는 경직된 노동시장하에서는(아마 임금의 증가율은 생산성 증가율보다 높아 인플레이션을 자극할 것이다) 높은 수준의 노동계급 단결력이 임금 억제에도 기여할 수 있다.[37] 임

---

36) 그렇다고 해서 노동계급의 단결력이 이런 조정문제들을 해결하는 데에 있어 필요조건이라는 것은 아니다. 그런 문제들을 해결하는 데에 대안적 전략으로 기능할 수 있는 여타의 장치들이 있을 것이다. 다만 여기서 주장하고 있는 것은 노동계급의 단결력이 이러한 문제들의 해결을 더 쉽게 만드는 메커니즘으로 작용할 수 있다는 것이다.

37) 이에 대해서는 Calmfors and Driffill, "Bargaining Structure"; Andrew Glynn, "Social Democracy and Full Employment," *New Left Review* 1:211, 1995, pp.33-55; Jonas Pontusson, "Between Neo-Liberalism and the German Model: Swedish Capitalism in Transition," in Crouch and Streeck, *Political Economy of Modern Capitalism*을 참고하라.

금 통제는 특히 복잡한 집단행위 문제다. 개별 자본가들이 임금 억제 협정에서 이탈하지 못하도록 막아야 하며(즉, 노동시장에서 고용하고 싶은 노동자들이 없을 경우, 다른 고용자들이 고용한 노동자들을 꾀어내기 위해 자본가들이 임금을 앞다투어 올리는 것을 막아야 하며), 개별 노동자들(그리고 노동조합들)도 경직된 노동시장 조건 하에서 임금을 극대화하기 위해 이 협정에서 이탈하는 것을 막아야 한다. 경직된 노동시장에서의 임금 억제는 장기적인 경제성장과 인플레이션 방지를 위해 중요한데, 이는 노동계급이 매우 잘 조직화되어 있을 때, 특히 중앙집권적인 조합일 때 일반적으로 더 달성하기 쉽다.

물론 북유럽의 신조합주의 역사가 보여주듯이, 강력하게 조직된 노동계급 운동은 이에 상응하는 고용자들의 조직 발전을 자극하는 경향이 있다. 하지만 교환영역에서 노동계급의 집단적 힘이 자본가들의 이익에 이렇게 긍정적인 영향을 미친다는 것이 자본가들 역시 이와 마찬가지로 강한 연합으로 잘 조직화되어 있다는 것을 의미하지 않는다. 여하튼 노동자들의 힘이 거시경제문제들을 해결하는 데 기여할 수 있는 능력은 자본가들도 조직되어 있을 때 향상된다.

케인즈주의와 노동계급의 힘이 노동시장에 미치는 긍정적인 영향이 임금 비용과 해고할 수 있는 재량이 미치는 부정적인 영향보다 일반적으로 더 약하다고 한다면, 이 과정들의 조합은 표 11-3처럼 교환영역에 역 J자형 관계를 만들 것이다.

생산영역

노동자와 관련하여 자본가들의 이익이 갖는 모순적 특성은 생산영역에서도 나타난다. 한편으로, 자본가들은 노동과정(기술을 선택하고 바꾸는 것, 상이한 업무에 노동을 배치하는 것, 노동의 속도를 바꾸는 것 등)을 일방적으로 통제할 수 있게 되는 것에서 이익을 얻는다.

하지만 다른 한편으로는 피고용자들로부터 협동, 솔선수범, 책임성을 안정적으로 이끌어낼 수 있게 되는 데에서 이익을 얻는다.

생산 내에서 노동계급의 단결력이 증가함에 따라, 노동과정에 대한 자본가들의 일방적인 통제는 감소한다. 그렇다고 해서 자본가들이 직무 규정 및 분류 같은 것들이 변경 불가능해지는 상황에 반드시 직면하게 되는 것은 아니지만, 노동과정 상의 변화는 자본가들의 일방적인 강요보다는 노동 대표자들과의 협상 및 교섭을 필요로 한다. 특히 급속한 기술 변화의 조건 속에서는 자본가의 강요가 그들 자신의 이익을 도리어 해칠 수 있다.

다른 한편, 생산의 일정한 사회적 · 기술적 조건하에서는 생산 내에서의 노동계급의 단결력이 최소한 노동과 경영 사이에 더 복잡하고 안정적인 협력을 만들어낼 가능성을 높인다. 노동계급의 힘이 일자리의 안정성을 높이고 노동자들에게 가해지는 관리 처우의 자의성을 줄여주는 한, 노동자들이 자신의 일자리를 유지하는 시간 지평은 길어지고, 이와 함께 그들의 미래 전망은 기업의 번영과 연결되어갈 것이다. 이런 자각은 충성심을 갖고 협력에 자진하는 태도에 다양한 방식으로 기여하게 된다.

노동협의회 및 공동결정을 중심으로 하는 독일의 강력한 현장 기반 노동조직이 이에 속하는 가장 좋은 예일 것이다. 스트리크(Streeck)는 공동결정과 노동협의회가 어떻게 자본가들이 특정 문제를 풀 수 있게 돕는지를 다음과 기술한다.

> 그렇다면 공동결정은 무엇이 특별한가? 고용의 변동성을 제한해온 여타 다른 요인들과는 다르게 공동결정은 기업에게 문제만 제기한 것이 아니라 해결책도 제시해왔다. 공동결정은 한편으로 조직의 경직성을 심화시킨 반면, 다른 한편으로는 효율성을 크게 손

> 상시키지 않으면서 이러한 경직성에 대처할 수 있는 조직적 수단을 제공해왔다...[38]
>
> 노동협의회는 한때 경영의 특권이었던 것을 공유할 뿐만 아니라, 노동협의회의 참여 아래 이루어진 결정을 이행하고 집행하는 책임도 진다. 이런 형태는 대개 경영에서 이루어진 노동 혹은 조직된 노동과의 "통합"이나 "새 회원의 선출"로 묘사되어왔다. 하지만 이것은 동일한 이유에서 노동 대표자들이 경영, 특히 인력 관리를 "식민화"한 것으로 간주할 수 있다. 가장 적절한 비유는 아마 자본이 노동의 이익을 내면화한 것처럼, 노동도 자본의 이익을 내면화한다는 **자본과 노동의 상호 결합**일 것이다. 그 결과, 노동협의회와 경영진은 하나의 통합되고 내적으로 분화된 산업 운영체제의 하위체제가 되고, 전통적인 다원주의적-대립적 노사관계 체제는 이런 상호 결합된 체제로 점차 대체되어간다.[39]

노동과 자본의 이익 사이의 이런 긴밀한 결합은 계급 사이에 한층 강화된 협력을 낳게 되는데, 이는 작업장에서 일어나는 일련의 구체적인 조정 문제를 고용주들이 해결하게 돕는다. 예를 들어, 생산 내에는 더 효율적인 정보 흐름이 생겨난다(왜냐하면 노동자들이 경영 정보에 더 쉽게 접근할 수 있고, 일자리 보호 전략의 일환인 정보 미공개에서 오는 인센티브가 적어지기 때문이다). 그리고 급속한 기술 변화 시대에 맞춰 노동과정의 조정이 더 효율적으로 이루어진다(노동자들이 의사결정 과정에 참여하기 때문에, 기술 변화가 그들에게서 일자리를 빼앗아 갈 걱정을 줄일 수 있고, 따라서 그들은 새로운 기술 도입에 적

38) Streeck, *Social Institutions and Economic Performance*, p.160.
39) Ibid., p.164.

극적으로 협력할 수 있게 될 것이다). 기술 연마 전략이 더 효율적이 된다(왜냐하면 기술의 병목 현상과 기술 요건들에 대해 가장 잘 숙지하고 있는 노동자들이 훈련 프로그램을 설계하는 데 참여하기 때문이다). 대체적으로 작업장에서 노동자들이 갖는 강한 단결력은 다양한 형태의 문제를 창조적으로 해결하는 데 노동자들이 더 효율적으로 참여할 가능성을 열어놓는다.[40)]

이러한 협력 제도들이 갖는 수많은 긍정적 이점들을 고려해봤을 때, 노동자들이 작업장에서 갖는 강한 단결력이 선진자본주의 국가들에서 매우 드문 것은 놀라운 일일지 모른다. 내가 이번 장에서 계속 논의해온 것처럼, 그 이유는 이러한 협력의 이점이 자본에게 비용을 발생시키기 때문이다. 스트리크는 독일에서조차 이런 비용이 발생한다는 것을 인정한다.

> 무엇보다 공동결정은 경영상의 재량권과 특권에 상당한 비용을 발생시킨다... 통합은 양날의 칼이어서 그것이 노동과 관련하여 효과적이려면 자본 역시 구속해야 한다. 공동결정이 그 모든 이점에도 불구하고 자본에게 철저히 양날의 칼로 여겨지는 것은 바로 이런 득과 실의 양면성 때문이다... 단기적인 경제적 비용뿐만 아니라 권위와 지위에서 발생하는 장기적인 비용 역시 자본가계급에게 공동

---

40) 특정한 사회적 · 문화적 조건하에서는 노동자들이 작업장에서 단결력을 갖지 않아도 이러한 몇 가지 협력 형태가 등장해 유지되는 것이 가능하다. 일본의 비교적 협동적인 고용관계 체제가 이런 사례로 묘사되어왔지만(e.g., Chie Nakane, *Japanese Society*, London: Weidenfeld & Nicolson, 1970), 여타 연구자들은 이러한 문화적 견해를 비판해왔다(e.g., Masahiko Aoki, *Information, Incentives, and Bargaining in the Japanese Firm*, Cambridge: Cambridge University Press, 1988, P.304ff). 아무튼 일반적으로 일정한 형태의 의미 있는 단결력이 전제되지 않고서는 생산 내에서 이루어지는 높은 수준의 노동자 간 협동은 유지되기 어려울 것이다.

결정의 이점이 값비싼 것이 되게 만들며, 공동결정권의 확대를 둘러싸고 벌어지는 기업들의 이해할 수 없는 저항도 이를 통해 설명할 수 있다.[41]

이런 비용 때문에 자본가들은 일반적으로 그들이 생산에서 노동자들의 강한 단결력과 겨룰 필요가 없는 생산체제를 선호할 것이다. 따라서 생산 내에서의 노동자들의 힘과 자본가들의 이익 사이의 함수관계는 역 J자형 모양을 띠게 된다.

정치영역

노동계급의 단결력과 자본가의 이익 사이의 역 J자형 관계를 구성하는 두 가지 요소는 아마 정치영역에서 가장 분명하게 드러날 것이다. 수많은 비교역사 연구가 보여준 바 있듯이, 노동계급의 정치권력이 증가하면 할수록 자본주의 국가는 재분배를 더 강화하는 경향이 있다. 예를 들어, 사회적 임금이 상승하면서 노동자들의 기대임금은 높아지고, 조세 및 이전정책이 소득불평등을 감소시킨다. 그리고 다양한 방식에서 노동력은 부분적으로 탈상품화된다. 이런 모든 정책은 일반적으로 고소득자의 물질적 이익, 특히 자본가들의 물질적 이익에 부정적인 영향을 미친다. 또한 노동계급의 정치권력은 생산영역뿐만 아니라 교환영역 내에서도 노동계급의 힘을 증가시키는 제도적 장치를 뒷받침하는 경향이 있다. 그러므로 정치영역에서 노동계급이 단결하는 것은 교환 및 생산영역에서 나타나는 하향 곡선에도 영향을 미칠 것이다.

정치영역에서 상향하는 계급타협 곡선은 사회민주주의의 주요

---

41) Streeck, *Social Institutions and Economic Performance*, p.165.

관심사다. 1980년대와 1990년대 초 발간된 국가중심 삼자조합주의에 관한 많은 연구물들은 사실상 노동계급이 고도로 조직화되어 있는 상황에서 자본가들의 이익이 어떻게 번영할 수 있는가를 다룬다.[42] 1980년대 중반까지는 스웨덴이 보통 모범적인 사례로 다루어졌다. 스웨덴에 대한 사회민주당의 통제는 중앙집권적인 노동조합과 그에 상응하는 고용자 연합 사이에 일련의 조합주의 체제가 들어서게 만들었으며, 이는 길고 안정적인 협력 및 성장의 시기를 가능하게 하였다. 노동운동과 사회민주당 사이의 조직적 연결이 이런 안정성에서 결정적인 것이었는데, 왜냐하면 이 조직적 연결은 성사된 거래에 훨씬 정당성을 부여하였고, 이 협정의 조건이 미래에도 유지될 것이라는 데 대한 노동자들의 신뢰를 높였기 때문이다. 이는 오랜 기간 동안 스웨덴 자본주의가 높은 가동률, 매우 낮은 수준의 실업률, 그리고 비교적 높은 수준의 생산성을 유지하게 만들었다. 정치영역에서 나타나는 노동계급의 단결력에 기초한 국가 중재의 조합주의는 이러한 결과들을 내는 데 있어 중요한 역할을 하였다.

표 11-3에 제시된 메커니즘 목록은 시공간을 가로지르는 다양한 분석단위들 속에서 계급타협의 조건을 특징짓는 일련의 선행변수들을 제공한다. 교환영역 내에서 이루어지는 계급타협은 지방, 지역, 국가 노동시장 안에서, 혹은 특정 부문들과 연결된 노동시장

---

42) 이런 연구물로는 Esping-Anderson, *Three Worlds of Welfare Capitalism*; Philippe Schmitter and Gerhard Lehmbruch, eds., *Trends toward Corporatist Intermediation*, Beverly Hills, CA: Sage, 1979; Philippe Schmitter, "Corporatism Is Dead! Long Live Corporatism! Reflections on Andrew Schonfield's Modern Capitalism," *Government and Opposition* 24, 1988, pp.54-73을 들 수 있다.

들 안에서 일어날 수 있다. 생산 차원에서 이루어지는 타협은 전형적으로 기업 내에서 일어나지만, 부문 내에서도 성사될 수 있다.[43)] 정치영역에서의 계급타협은 국민국가에서 특히 중요하지만, 지방과 지역에서 이루어지는 정치적 계급타협 또한 가능하다. 지방과 지역 자치제를 포괄하는 다양한 중간 수준의 조합주의가 등장하는 것은 국가 이하 단위에서 정치적 계급타협이 발전하고 있다는 것을 보여주는 징후일 수 있다. 그러므로 계급타협 모습을 그린 역 J자형 곡선은 국가 수준뿐만 아니라, 모든 분석단위에서 일어나는 계급타협의 분석에 적용될 수 있다.

따라서 이 세 쌍의 계급타협 곡선들은 나라들마다 서로 다른 값의 조합을 보일 수 있다.[44)] 예를 들어, 독일은 노동계급의 단결력

---

43) 생산영역과 교환영역에서 나타나는 계급타협 곡선의 모양과 노동계급의 단결력 정도는 기업과 부문에 따라 상당히 다를 수 있다. 그 결과, 한 나라 안에서도 계급타협의 조건이 여타의 다른 기업과 부문들보다 특정 기업과 부문들에게 훨씬 유리하게 나타날 수 있다. 생산영역 내에서는 상향 곡선이 특정 부문이나 심지어 기업들에게 제한되는 것을 쉽게 볼 수 있는데, 협력으로부터 얻는 이익 대부분이 이미 기업이 거두는 이익에 포함되어 있기 때문이다. 교환영역에서는 높은 수준의 조직화가 자본가에게 주는 긍정적 효과 대부분이 총체적이고 거시경제적인 효과인 반면, 노동시장의 안정화와 합리화된 기술의 연마, 경직된 노동시장에서의 임금 제한 같은 긍정적 효과들은 특정 부문들이나 지역들에 집중된다. 따라서 어떤 한 영역을 특징짓는 역 J자형 곡선 자체는 기업과 부문, 그리고 다른 하위 분석단위들에 분포하는 곡선들의 합성으로 만들어진다.

44) 물론 다양한 시공간에 걸쳐 이루어지는 실제 변화는 여기에서 묘사하고 있는 것보다 훨씬 복잡하다. 각국은 이 세 개의 곡선들 각각에서 어디에 위치해 있는가만 다른 것이 아니라, 다음과 같은 사항에 있어서도 서로 다르다. (1) 해당 사회의 전반적인 계급타협 지형을 정의하는 데 있어서 다양한 곡선들이 차지하는 상대적 비중, (2) 각국 내에서 계급타협이 가장 뿌리 깊게 자리 잡고 있는 분석단위들, (3) 각국의 총체적 곡선을 구성하는 곡선들 자체의 특정 모양. 가령, 특정한 때와 장소에서는 이 곡선들의 상향 부분이 비교적 완만할 수도 있고, 다른 경우에는 아주 가파를 수도 있을 것이다. 하지만 이 관계들에 대한 나의 이론적 이해가 이런 두 가지 변화 중 어느 한 원인이라도 충분히 설명할 수 있을 만큼

이 생산영역에서 특히 강한 반면, 교환영역에서는 다소 덜 강하며, 정치영역에서는 다소 약하다. 스웨덴의 경우—적어도 사회민주주의의 전성기에는—노동계급의 단결력이 교환 및 정치영역에서 아주 강했고, 생산영역에서는 약간 약했다고 할 수 있다. 미국의 경우, 노동계급의 단결력은 세 영역 모두에서 점차 줄어들었지만, 제한된 부문들 내의 교환영역에서는 아주 강하다. 그러므로 한 사회 내에서 나타나는 총체적인 역 J자형 계급타협 곡선은 이 각각의 영역을 구성하는 곡선들이 복잡하게 합성된 결과라고 할 수 있다.

모델의 복잡화 : 변화의 이론적 범위 확대

그림 11-2와 11-5에 나타난 변화 정도는 동시대 선진자본주의 사회들의 전형적인 스펙트럼을 반영하고 있다. 노동계급의 힘이 세 가지 계급타협 영역 모두에서 증가할 때, 즉 노동계급의 조직과 연대가 동시에 사회 전반적으로 확대되는 그런 한정된 경우에 과연 무슨 일이 일어나는지 고찰하는 것은 우리의 이어질 분석 작업에 도움이 될 수 있다. 이것은 "민주사회주의"라 불리는 것과 조응하는 것으로서, 여기에서의 사회주의는 생산수단의 소유권이 국가에 집중된 체제로 정의되지 않고, 노동계급이 자본을 집단적으로 통제하는 체제로 정의된다.[45]

견고하지는 못하다.

45) [역주] 라이트가 개진하는 계급타협 곡선을 이해하기 위해서는 '사회민주주의'와 '민주사회주의'에 대한 개념 정의가 일정 정도 필요하다. 사회민주주의 개념은 19세기 중반 독일을 중심으로 사용되기 시작하였으며, 제1인터내셔널 시기에는 모든 사회주의 운동을 총칭하는 용어로, 제2인터내셔널 시기에는 혁명적 공산주의를 대신하는 개념으로까지 사용되었다. 하지만 제1차 세계대전 이후 사회민주주의에 개량주의적 · 수정주의적 요소가 더욱 가미되면서 제3인터내

노동계급의 단결력이 이런 이론적 최대치에 다다랐을 때, 자본가계급의 이익에는 과연 어떤 일이 일어나는가? 그림 11-6은 자본가의 이익에서 결정적인 한 측면—투자와 축적(자본의 배분)에 대한 자본가들의 통제—과 노동계급의 힘 사이의 관계를 나타낸다. 아마 투자에 대한 통제는 자본주의에서 생산수단의 "사적" 소유를 구성하는 가장 근본적인 차원일 것이다. 대부분의 자본주의 사회에서는 노동계급의 힘이 증가할 때에도 자본의 이런 힘은 심각하게 약화되지 않는다. 강한 노동조합과 사회민주당이 존재하더라도 자본가들은 여전히 투자를 철회하고, 개인적인 저축률을 정하며, 이윤을 소비로 전환하거나 새로운 투자에 배분하는 것 등의 폭넓은 권력을 행사한다. 물론 모든 자본주의 국가들은 (세금, 보조금, 관세 등을 통해서) 특정한 자본의 배분을 가능하게 하는 인센티브와 반(反)인센티브를 창출할 능력을 갖는다. 그리고 특별한 상황에서는 "반인센티브"가 상당히 강제적인 성격을 가지며, 자본가들의 자본 배분 능력을 효과적으로 제약할 수 있다. 이런 상황은 종종 전쟁과 같이 극도로 위급한 시기에 발생한다. 그럼에도 불구하고, 이런 자본

셔널 시기에는 사회민주주의가 마르크스주의에 입각하지 않는 사회주의 사상을 뜻하게 되었고, 마르크스레닌주의로 대표되는 공산주의와는 완전히 다른 사상으로 자리매김하였다. 민주사회주의는 20세기 초 영국노동당과 페이비언주의의 영향을 받아 만들어진 새로운 사회주의 사상으로, 기실 사회민주주의에 비해 마르크스주의와의 관련성이 더욱 적다. 민주사회주의는 생산수단의 공유화만을 사회변혁의 수단으로 보지 않고, 민주주의를 사회의 모든 영역에서 실현하는 것을 매우 중요시하며, 협동조합식의 생산을 민주적인 사회주의 생산체제로 간주한다. 라이트는 노동계급의 단결력이 사회민주주의보다 민주사회주의에서 최고로 강해질 수 있다고 보고 있는데, 이는 그가 사회민주주의를 자본주의로, 민주사회주의를 진정한 사회주의로 간주하는 것과 맥을 같이한다. 공히 두 사상 모두 마르크스주의의 혁명론과 공산주의를 배격한 점진적 사회변혁론에 속하지만, 라이트는 두 사상 중에서도 민주사회주의의 실현을 진정한 사회주의의 실현으로, 즉 그가 말하는 리얼 유토피아의 실현으로 보고 있다.

주의적 소유권의 근본적인 측면은 노동계급의 힘이 변화하는 정상적인 범위 안에서는 일반적으로 위협받지 않는다. 하지만 노동계급의 단결력이 이론적 최대치에 다다랐을 때, 자본의 배분을 통제하는 자본가들의 권리는 의문시되어버리고 만다. 기실 이것이 민주사회주의 정의—자본의 배분에 대한 민중적 · 민주적 통제—의 핵심이다. 이것을 나타낸 것이 그림 11-6의 곡선이다. 노동계급의 힘이 최대치에 다다를 때까지는 노동계급의 힘(배분에 대한 자본의 기본적인 통제와 관련되어 있다)이 자본가들의 이익에 비교적 약하게 부정적 영향을 미치지만, 노동계급의 단결력이 최대치에 이르게 되면 자본가들의 이익은 심각한 위협을 받는다.[46)]

그림 11-6이 그림 11-2에 합쳐지면 그림 11-7과 같은 롤러코스터 모양의 곡선이 얻어진다. 이 이론적 모델에는 두 개의 최대점이 있다. 하나는 **자본주의적 유토피아**로, 여기에서는 노동계급이 매우 원자화되고 미세한 조직이어서 자본가들은 큰 집단적 저항을 두려워하지 않으면서 자유롭게 생산을 조직하고, 증가한 생산성으로부터 이익을 전유할 수 있다. 다른 하나는 **사회민주주의적 유토피아**로, 여기에서는 노동계급의 단결력이 자본주의의 기본적 소유권

46) 그림 11-6의 x축은 생산영역, 교환영역, 정치영역으로 나눠지지 않은 노동계급의 단결력을 나타낸다. 따라서 이것은 세 영역들에서 만들어지는 노동계급의 단결력이 충분히 이론화되지 못한 채 혼합되어 있다(세 영역들 자체도 각 영역을 구성하는 다양한 분석단위들에 있는 단결력을 합해놓은 것이다). 여기에서 알 수 있는 것은 우선 민주사회주의가 실현되려면 세 영역 모두에서 노동자들의 단결력이 높은 수준에 이르러야 한다는 점이다. 그리고 민주적 조건하에서 자본주의의 본질적 소유권을 **지속 가능하게** 위협할 수 있는 것은 이와 같은 통일된 단결력이 발생할 때에만 가능하다는 점이다. 그렇다고 해서 이 이론 형태에서 세 영역이 동일한 비중을 차지하지는 않는다. 전통적으로 마르크스주의자들은 국가 수준에서 이루어지는 노동계급의 단결력이 자본주의 소유권에 도전하는 가장 결정적인 열쇠라고 주장해왔지만, 무정부주의 생디칼리스트들은 생산 내에서 노동자들이 갖는 힘이 결정적이라고 주장해왔다.

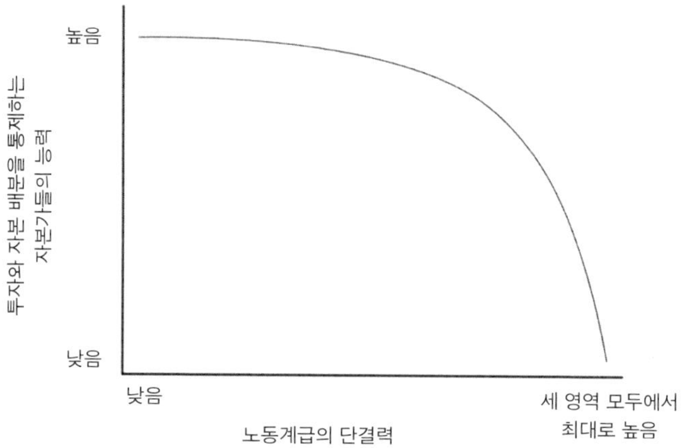

그림 11-6. 투자에 대한 통제와 관련되어 있는 자본의 이익과 노동자의 힘

을 위협할 만큼 강하지는 않지만, 노동과 자본 사이에 높은 수준의 조합주의적 협력이 이루어질 수 있게 만들 만큼은 강하다. 이 두 최대점은 노동자와 자본가들에게 아주 다른 전략적 환경이 된다. 정태적으로 보면, 자본가들은 이 그림의 수직축에서 자신들이 어디에 위치하게 될지만 신경 쓰면 된다. 만약 이 그림에 곡선의 세 군데와 교차하는 수평선을 긋는다면, 자본가들은 이 세 군데 교차지점에서 발생하는 가능성들에 차이를 두지 않을 것이다. 하지만 동태적으로 보면, 자본가들은 일반적으로 이 곡선의 왼쪽 범주에 속하는 지점을 선호할 것이다.

계급 간 세력 균형에서 범사회적으로 일어난 이런 변화가 가하는 위협 때문에, 자본가들은 최소한 노동계급의 단결력이 이 곡선의 사회민주주의적 "최고점" 왼쪽에 머무는 것을 선호하게 될 수 있다. 심지어 이 최고점이 이론적으로는 자본가의 이익에 유리할 수 있다 해도 그렇다. 이 최고점에 도달하는 것은 트로이의 목마와

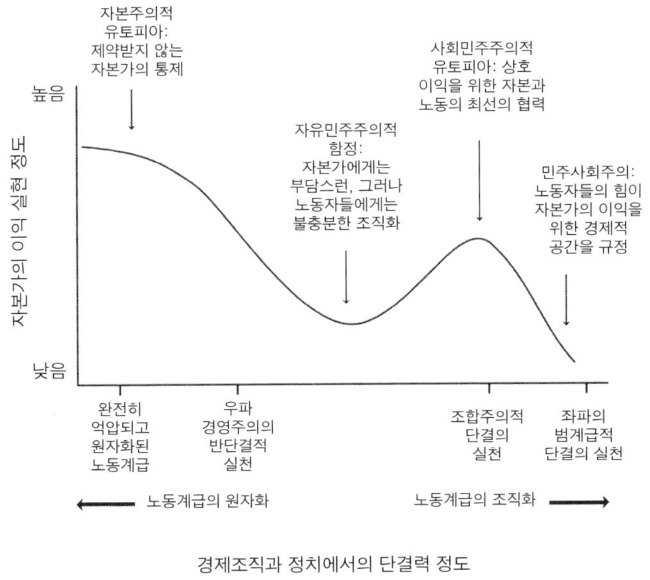

그림 11-7. 노동계급의 단결력과 자본가의 이익 사이의 관계에 대한 확장 모델

매우 흡사해 보인다. 단결력에서의 작은 변화가 자본가들이 지닌 이익과 권력에 대한 결정적 도전을 촉진할 수 있기 때문이다. 따라서 그림 11-7에 제시되어 있는 "사회민주주의적 유토피아" 지점은 자본가들이 수용하기에는 지나치게 위험한 일종의 티핑포인트(급격한 변화 지점-역자)일 수 있다. 스웨덴 자본가들이 1970년대에 임금소득자 기금 제안을 최초로 정식화하는 것에 공격적으로 반대한 것이 바로 이런 이유 때문이었다고 해석할 수 있다. 최초 계획된 임금소득자 기금은 스웨덴의 조합들이 조합 연금기금을 사용하여 스웨덴 기업들의 통제권을 사 스웨덴 경제에 대한 통제력을 증가시키자는 안이었다. 경제적 성장과 더 나아가 스웨덴 기업들의 중기적 이윤을 감안한다면, 이런 계획이 스웨덴 자본에게 이익을 줄 수도 있었지만, 이 기금은 스웨덴에서 노동의 힘을 현저히 강화하여

장기적으로는 민주사회주의로 나아갈 가능성을 높이게 될 것으로 여겨졌다. 따라서 스웨덴의 자본들은 사회민주당에게 격렬한 공격을 가하였다. 글린은 다음과 같이 쓰고 있다. "사회민주주의자들이 제안했던 정책들은 완전고용과 복지국가의 대가로 보장받았던 기업계의 권위와 행위의 자유를 침해했다. 완전고용이 핵심이었던 이 스웨덴 모델을 고용자들이 거부한 근저에는 바로 이러한 이유가 있었던 것으로 보인다."[47)]

그림 11-7 곡선의 다른 구역들은 그림 11-3에 제시된 다른 게임이론 모델들과 조응한다. "자본주의적 유토피아"는 (협, 적)이 노동자와 자본가에게 상호 균형적인 결과를 낳는 자본가의 일방적 지배게임에 조응한다. 그림 11-7 중간에서 하향하는 구역은 기껏해야 소극적인 계급타협만이 가능한 순수 갈등 모델과 조응한다. 이어지는 상향 곡선 구역은 적극적인 계급타협 관계인 (협, 협)이 나타날 수 있는 반복적인 죄수의 딜레마 게임에 상응한다. 이 상향 곡선 구역의 정점인 "사회민주주의적 유토피아"는 확신게임에 가깝다. 만약 적절한 확신게임이 실제 이루어질 수 있다면(즉, 그림 11-3에 제시된 확신게임 그래프에서 (협, 협)이 오른쪽 위 방향으로 좀 더 이동할 수 있다면), 그림 11-7의 곡선은 역 J자형이 아니라 그냥 J자형 곡선이 되었을 것이다. "사회민주주의적 유토피아"는 "자본주의적 유토피아"보다 더 높아져서 더 이상 잠재된 노동계급의 적대라는 배경 조건에 의존하지 않고도, 계급 사이의 상호 협력이 바로 각 계급을 강화하는 그런 최상의 사회민주주의적 상태에 도달할 수 있는 것이다. 마지막으로 민주사회주의는 (적, 협)이 노동자와 자본가에게 상호 균형적인 결과를 낳는 노동자의 일방적 지배게임과

47) Glynn, "Social Democracy and Full Employment," pp.53-4.

조응한다.

노동계급의 이익과 계급타협 곡선

그림 11-3에 제시된 모델은 노동계급의 이익과 자본가계급의 이익 모두를 포함하고 있다. 그림 11-8은 그림 11-7에 제시된 계급타협 곡선에 노동계급의 이익을 추가한 것이다. 이 곡선의 서로 다른 구역들은 노동계급이 가진 힘의 작은 변화가 노동자들의 이익과 자본가들의 이익 사이의 관계에 영향을 미친다는 특정 가설을 전제하고 있다.

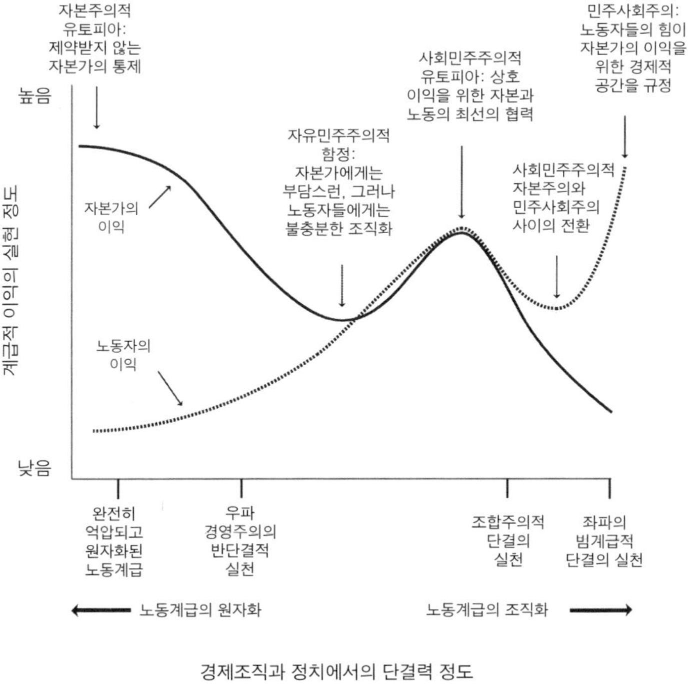

그림 11-8. 노동계급의 단결력, 노동계급의 이익, 그리고 자본가의 이익

1. 노동자의 이익과 자본가의 이익 사이의 차이는 그림 11-8의 스펙트럼에서 양 끝부분이 가장 크다. 즉, 노동계급의 단결력이 가장 약하거나(완전히 원자화된 노동계급), 혹은 가장 강할 때(민주사회주의) 차이가 크다.

2. 노동계급의 단결력 증가는 상대적으로 높은 수준에 이르기까지 지속적으로 노동계급의 물질적 이익을 더 많이 실현한다. 물론 노동계급의 힘이 증가하는 실제 역사적 과정에서는 자본가들의 저항이 노동계급의 이익 실현을 감소시키는 일이 쉽게 일어날 수 있다. 그럼에도 불구하고, 증가한 노동자들의 힘은 일반적으로 노동자들의 이익 실현을 용이하게 만들 것이다.

3. "자유민주주의적 함정" 부근의 곡선은 순수 갈등 모델(모델 2)의 상호 적대(적, 적) 결과가 죄수의 딜레마 모델(모델 3)로 변한 것, 즉 그림 11-3과 조응한다. 노동자들은 자본가들의 이익에, 역으로 자본가들은 노동자들의 이익에 반대해서 실효를 거둔다.

4. 노동자의 힘과 계급적 이익 사이의 함수관계가 노동자와 자본가 양자 모두에게서 동일한 모양으로 나타나는 구역이 한 군데 있는데, 자유민주주의 지점의 골에서 오른쪽 위로 상향하는 곡선 부분이 그렇다. 이 구역에서 최대로 안정된 적극적인 계급타협이 이루어진다.

5. 노동계급의 힘이 조합주의적 단결의 실천을 넘어서게 되면,

노동계급의 직접적인 이익 실현은 다시 감소하게 된다. 곡선에서 이 구역은 아담 쉐보르스키가 논한 바 있는 자본주의와 사회주의 사이의 "전환점(transition trough)"을 나타낸다. 자본가들은 투자의 철회, 투자처의 변경, 혹은 훨씬 조직적인 "자본 파업" 형태를 사용하여 자신들의 자본 배분에 대한 통제력을 약화시키려는 위협에 대응한다. 이런 대응은 노동자들의 물질적 이익에 피해를 입히는 경기하락을 유발하는 효과를 갖는다. 투자가 효율적 · 민주적으로 배분될 수 있는 지점(민주적으로 도입된 투자의 목적 및 배분)까지 노동자들의 단결력이 증가할 때, 노동계급의 이익 곡선은 일단 다시 상향한다. 가정된 민주사회주의가 완전히 실현된다면, 노동자와 자본가가 거두는 이익의 차이는 다시 최대로 벌어질 것이다.

또 한 가지의 복잡성 : 달성 불가능한 구역

이 이론적으로 정의된 범주 안에 있는 모든 가치들이 현실 자본주의 사회의 실제 세계에서 모두 역사적으로 실현되는 것은 아니다. 현실적 가능성의 범위를 좁히는 데 영향을 미치는 두 가지 배제 메커니즘들이 있다. 첫째는 **체제적** 배제, 둘째는 **제도적** 배제라고 부를 수 있다.

체제적 배제는 사회체계의 근본적인 구조적 특징들 때문에 가능성의 범위 밖에 있는 곡선 부분들을 규정한다. 특히 **헌법적으로 보장된 민주주의**는 곡선 중에서 완전히 억압되고 원자화된 노동계급 부분을 역사적 단계에서 제거하며, **법률적으로 보장된 자본주의의 소유권**은 곡선에서 민주사회주의 부분을 제거한다. 그렇다고 해서 이런 곡선 부분들이 전략적으로 접근 가능해지는 역사적 상황이 전혀 존재하지 않는다는 것은 아니다. 하지만 그 곡선 부분에 도달하기 위해서는 그 사회의 기본적인 사회구조적 원칙들이 근본적으로 변혁되지 않으면 안 된다.

제도적 배제는 체제적 배제에 의해 이미 결정된 범위 내에서 만들어지는 역사적으로 가변적인 다양한 제도적 장치들을 말하며, 곡선의 특정 구역으로 이동하는 것을 어렵게 만들거나 불가능하게 만드는 배제 메커니즘이다. 가령, 제한된 노동법은 노동계급의 단결력이 곡선 중에서 조합주의적 단결의 실천 구역까지 확대되는 것을 어렵게 만들 수 있다.[48] 다른 한편, 노동자를 자본에 덜 의존하게 만드는 복지국가의 각종 혜택과 노동자들의 조합화를 촉진하는 강한 단결권은 우파 경영주의의 반단결적 실천 구역 쪽으로 노동계급의 단결력이 이동하는 것을 어렵게 만들 수 있다. 물론 이러한 제도적 배제는 그 자체로 역사적 갈등의 결과이기 때문에, 외적으로 고정된 것으로 간주되어서는 안 된다. 그러나 일단 제도적 배제가 자리를 잡으면, 적어도 행위자들이 이 제도적 배제 자체에 효과적으로 도전하기 전까지는 제도적 배제가 행위자들에게 직접적으로 실행 가능한 전략 범위를 규정해준다.

이 두 가지 형태의 배제는 그림 11-9에 제시되어 있다. 곡선의 중심 구역은 전략적으로 바로 접근 가능한 공간을 나타낸다. 6장에서 살펴본 바 있는 알포드와 프리들랜드의 게임의 비유를 사용하면, 이것은 일상적인 정치의 영역이자 일련의 잘 정의된 제도적 "게임 규칙들" 안에서 벌어지는 "게임의 수"를 둘러싼 이익집단 간 갈등 영역이다. 곡선의 다른 구역들은 이따금씩만 정치의 대상이 된다. 개혁적 정치 대 반동적 정치는 제도적 배제를 정하는 게임 규칙

48) Rogers, "Divide and Conquer."

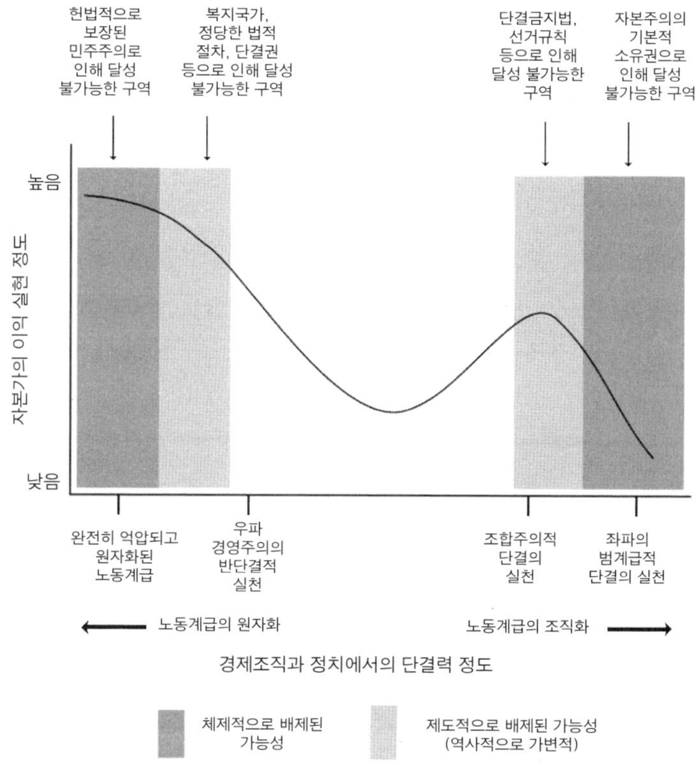

그림 11-9. 민주적 자본주의에서의 노동계급의 단결력과 자본가의 이익

상의 투쟁이다. 혁명적 정치 대 반혁명적 정치는 어떤 게임을 하게 될 것인가를 정하는 체제적 제약상의 투쟁이다.

그림 11-9에서 체제적 · 제도적 배제에 의해 정해진 "달성 불가능한 구역들"은 이론상으로는 가능한 곡선의 양쪽 끝에 대칭적으로 걸쳐 있다. 물론 실제 세계가 이렇게 깔끔할 것이라고 믿을 이유는 없다. 기실 이런 복잡성을 도입하는 이유 중 하나는 바로 이 배제에서 발생하는 시공간적 변화의 형태들을 이해하기 위한 수단을 제공하기 위해서다. 이런 역사적 가변성은 그림 11-10에 제시되어

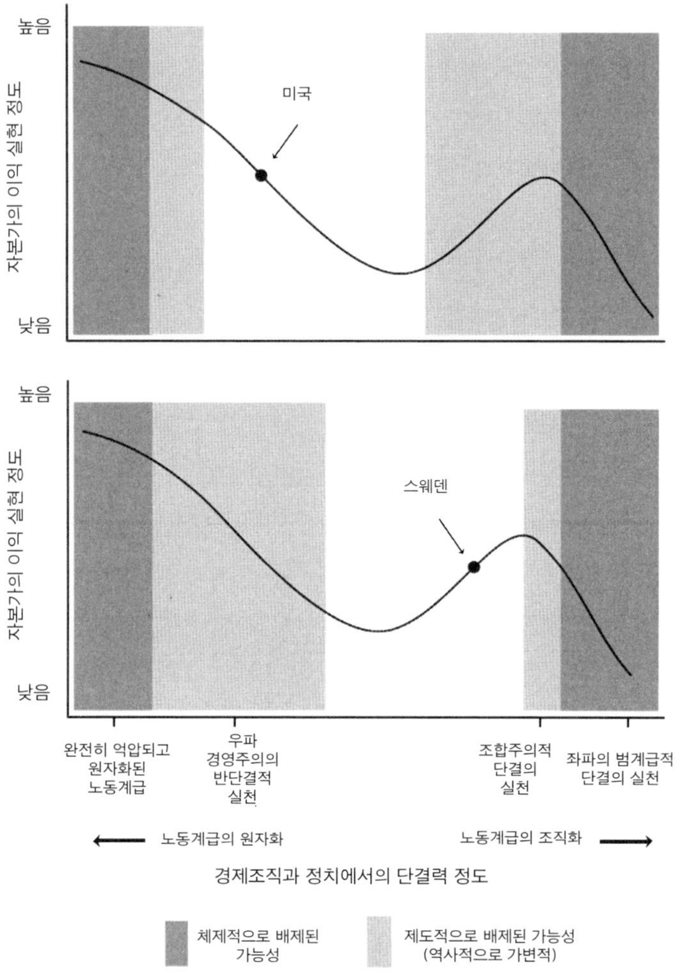

그림 11-10. 자유민주주의적 자본주의(미국)와 사회민주주의적 자본주의(스웨덴)에서의 노동계급 단결력과 자본가의 이익

있는데, 이 그림은 스웨덴의 사회민주주의와 미국의 자유민주주의가 가장 안정적이었던 시기에 미국과 스웨덴을 비교한 것이다.

미국과 스웨덴의 체제적 배제는 대략 비교할 만하다. 두 나라 모두 구조적으로 안정된 민주 국가이며, 자본주의적 소유권을 안정적으로 보장한다. 두 나라가 상당히 다른 부분은 양 국가에서 노동계급에 맞서 취하고 있는 역사적으로 가변적인 제도적 배제들의 특성이다.

미국의 경우에는 다양한 제도적 규칙들이 곡선의 중앙 저점 오른쪽으로 상당히 넓은 제도적 배제 구역을 만든다. 중도정치의 양당체제를 확고히 하는 선거 규칙과 노동의 조직화에 심한 장애가 되는 반(反)노동조합적 규칙은 모두 이런 제도적 배제 구역의 경계를 왼쪽으로 이동시킨다.[49] 다른 한편으로, 약한 복지국가, 노동자에게 제공되는 매우 제한된 일자리 보호, 그리고 경영의 자율성을 보장하는 법 등은 제도적 배제를 우파 경영주의의 반단결적 실천 주위로 좁히는 효과를 갖는다. 따라서 미국에서 접근 가능한 전략 구역은 노동에게는 전술의 여지가 거의 없으며, 노동계급의 단결적 실천을 중앙 저점의 왼쪽에 있는 하향 곡선 부분에 계속 머무르게 만든다.

사회민주주의가 가장 안정적인 시기에 스웨덴의 제도적 배제는 노동계급의 단결력을 촉진하는 쪽으로 작용한다. 노동조합을 만들고 노조가입을 확장시키는 것을 매우 용이하게 만드는 노동법, 지원이 충분한 복지국가, 그리고 확실한 일자리 보호는 우파 경영주의의 전략 범위를 현저하게 축소시킨다. 그 결과, 스웨덴의 노동운동은 오랫동안 중앙 저점의 오른쪽에 있는 상향 곡선 부분에 머물러 있었다.

물론 이 체제들 안에 있는 사람들은 이런 전체적인 그림을 직접적으로 보지 못한다. 제도적 배제 메커니즘들이 확고하게 자리

49) 로저스(Rogers)가 "Divide and Conquer"에서 행한 분석을 보라.

잡아 오랜 시간 동안 도전을 받지 않는다면, 이 메커니즘들은 전혀 가시화되지 않고, 메커니즘에 포함된 곡선 부분들은 거의 상상도 할 수 없는 것이 되어버린다. 따라서 체제 안에 있는 행위자들의 관점에서 보면 "현실적인" 가능성의 범위는 그림 11-12보다 그림 11-11에 제시되어 있는 것과 더 비슷할 것이다. 노동운동을 만성적으로 수세에 처하게 만드는 그런 가능성 영역에 미국 노동운동은 맞닥뜨려 있다. 노동자들의 힘이 조금이라도 증가하면 자본가들은 자신들의 이익에 반하는 것으로 간주하기 때문에, 자본가들은 기회가 있을 때마다 노동의 힘을 약화시키려고 한다. 반노동조합 캠페인은 흔하게 일어나며, 규칙을 위반한 선거가 정기적으로 발생한다. 스웨덴의 경우 적어도 최근까지는 제도적으로 규정된 전략적 환경이 노동자들에게 훨씬 더 유리하였다. 자본가들에게 가해진 주요한 압력은 조직된 노동과 효과적으로 협력하는 방법과, 견고한 노동자들의 단결력이 생산성 향상을 위해 활용될 수 있는 제도적 공간을 만드는 방법을 모색하라는 것이었다. 그렇다고 해서 고용주들이 노동계급의 단결력 증가를 적극적으로 장려한다는 것은 아니지만, 노동계급의 단결력을 약화시키려는 부단한 노력은 확실히 줄어들었을 것이다.

이번 장에서는 자본주의 사회에서 이루어지는 계급타협의 일반적이고 추상적인 모델을 도표로 그려보는 시도를 하였다. 이런 생각은 민주적인 자본주의 사회에서 자본가계급은 지배적이기보다 대개가 패권적이라는 그람시의 통찰을 기반으로 하고 있다. 이는 계급갈등이 폭력보다는 현실적인 상호 양보를 포함하는 현실적 타협을 통해 억제된다는 것을 의미한다. 이 주장의 핵심은 그런 타협의 안정성과 타당성이 권력과 이익의 특정한 배치 형태에 달려 있다는 것인데, 이 형태는 자본가계급과 노동계급 사이의 관계를 특

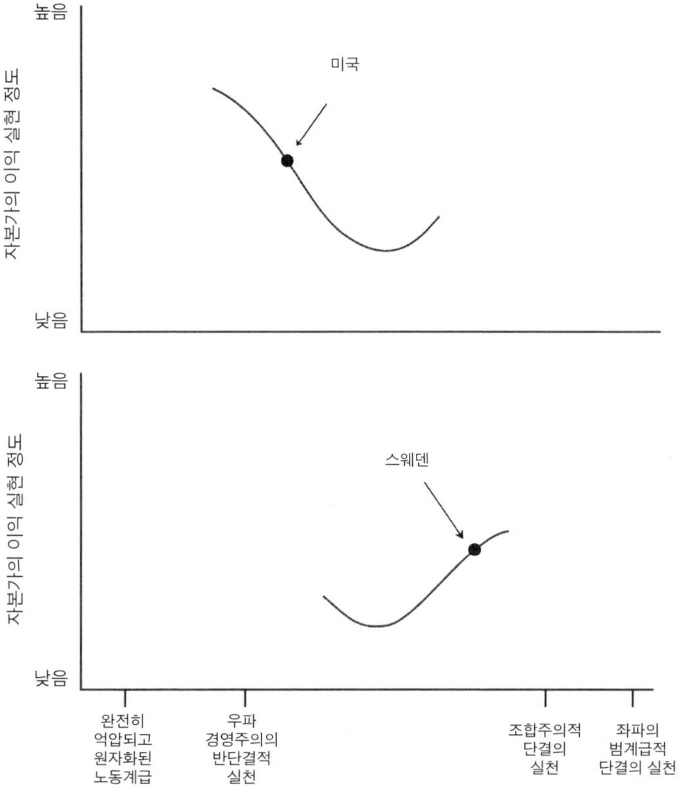

그림 11-11. 사회민주주의적 자본주의와 자유주의적 자본주의 내 행위자가 본 실현가능한 결사 정치의 전략적 환경

징짓는다. 노동계급의 단결력이 단순히 자본가들에게 비용을 부과하는 노동자들의 능력에서 나올 때보다 자본가들이 맞닥뜨린 문제를 해결하는 데에 이런 단결력이 긍정적으로 기여했을 때, 타협은 훨씬 오래 지속될 수 있다.

그러므로 여기에서 제안한 계급타협 이론은 고전 마르크스주의 이론의 핵심과 일치하는데, 권력과 투쟁이 자본주의 사회에서 나타나는 배분의 결과를 근본적으로 결정한다고 간주하기 때문이다. 그러나 제안된 모델은 고전 마르크스주의 주장과는 다르게 "계급투쟁 게임"에서 자본가와 노동자의 이익 배치는 단순히 자본주의 그 자체에 의해서만 결정되는 것이 아니라, 다양한 경제적, 제도적, 정치적 요인들에 의해서도 결정된다고 주장한다. 무엇보다 이 모델은 계급의 힘이 계급투쟁 결과에 영향을 미칠 뿐만 아니라, 게임 자체의 성격에도 영향을 미친다고 주장한다. 자본과 노동의 대립은 뚜렷하게 양극화된 제로섬 갈등, 반복되는 죄수의 딜레마, 혹은 적극적인 계급타협에 도움이 되는 유의미한 확신게임이라는 전략적 상황을 취하는 것이다.

현재는 강력하고 적극적인 계급타협이 이루어질 전망이 희미하다. 우리가 탐색한 모델들은 자본주의 초기에는 적절한 것이었지만, 위기와 침체, 긴축의 조건하에서는 적극적인 계급타협이 많은 사람들에게 매우 설득력이 없는 것으로 간주될 수 있다. 그러므로 적극적인 계급타협의 달성 가능 정도는 제도적 배제를 바꾸려는 의식적인 정치 계획과, 행위자의 "배후에서" 작용하는 동적인 사회적 · 경제적 힘의 결과로 변할 수 있다는 점을 기억하는 것이 중요하다. 제도적 배제는 역사적인 특정 투쟁에서 거둔 승리와 패배에 의해 만들어지며, 유사한 방식에 의해 변할 수 있다. 하지만 동일하게, 경제구조 안에서 이루어지는 동적인 변화는 곡선 자체의 모양을 바꿀 수 있다. 우리가 지금부터 논의할 12장 내용은 바로 이 주제와 관련되어 있다.

12

침체와 위기시대의 계급투쟁과 계급타협*

제2차 세계대전 이후 수십 년 동안, (폭넓게 이해되는) 사회민주주의는 세 가지 주요한 성과를 내며, 이를 강화해왔다.[1)]

1. 사람들이 삶에서 겪는 위험들, 특히 건강, 고용, 소득을 둘러싼 문제들에 대처하기 위한 다양한 형태의 공적 사회보험 시스템.

2. 기초교육과 고등교육, 직업기술의 양성, 대중교통, 문화활동, 후생시설, 연구개발, 거시경제의 안정성 등을 포함한 상당히 광범위한 공공재에 국가가 기금을 댈 수 있게 해주는 조세 제도.

3. 부정적인 외부효과와 자본주의 회사의 유해한 행위들—오염, 생산과정과 작업장에 내재하는 위험요소, 시장에서의 약탈 행

* 제12장은 그리스 아테네에 있는 니코스 풀란차스 협회에서 2011년 12월에 발표한 내용을 기초로 한다. 이 발표문은 이후 *Transform!: European Journal for Alternative Thinking and Political Dialogue* 11/2012, pp.22-44에 게재되었다.

1) 나는 자본주의적 민주주의 내에 존재하는 진보 정치정당들의 광범위한 스펙트럼을 일컬어 "사회민주주의"라고 한다. 이는 미국의 뉴딜 자유주의, 영국의 노동당, 유럽 대륙의 다양한 사회주의 정당과 사회민주주의 정당 등을 포괄한다.

동 등—을 줄여주는 자본주의 경제의 규제제도.

이러한 성과들은 부분적으로 자본가계급과 대중사회세력 사이에 맺어진 적극적인 계급타협으로 만들어졌다.[2] 자본가들은 기본적으로 시장에서의 이윤창출 기회에 기반하여 자본을 자유롭게 할당할 수 있지만, 국가는 자본주의 시장원리의 세 가지 실패, 즉 다양한 위험에 대한 개인의 취약성, 공공재의 공급부족, 사적 이윤을 최대화하는 경제행위의 부정적 외부효과를 바로잡을 책무를 갖는다. 이러한 성과들에 대해 논쟁의 여지가 없다고 말하면 과장일 것이다. 가장 기반이 탄탄한 사회민주주의에서도 이들 각 요소의 규모와 범위를 놓고 갈등이 일어난 바 있다. 그럼에도 불구하고, 이런 책무들은 국가의 정당한 활동이며, 국가의 이런 활동은 견고한 자본주의 경제와 대체로 양립할 수 있다는 데 대한 느슨한 합의가 이루어졌다.

그러나 지금은 사회민주주의의 심장부라고 할 수 있는 북유럽에서조차 더 이상 이러한 합의를 찾아볼 수 없다. 어디에서든지 사회보험과 관련된 "재정지원 혜택"의 축소, 세금과 공공재 공급의 축소, 많은 공공재의 사유화, 자본주의 시장에 대한 탈규제화를 요구하고 있다. 적극적 국가에 대한 이런 공격은 최근 세계 자본주의에 경제위기 국면이 드리워지면서 더욱 심화되고 있다. 위기의 주기와 강도는 국가마다 다른데, 미국에서는 경제위기가 2008~2009년 사이에 가장 심각했고, 그리스와 유럽의 다른 주변부 국가들에서는 2012년에 가장 심각했다. 이러한 경제적 혼란의 세부적인 양상들

2) 나는 여기에서 "노동계급"이라는 용어 대신에 다소 모호한 "대중사회세력(popular social forces)"이라는 용어를 사용코자 한다. 이것은 이러한 타협의 광범한 대중적 기반을 강조하기 위한 것이다. 대중사회세력은 엄밀한 의미의 노동계급 범위를 넘어서는 보다 광범위한 사람들을 일컫는다.

또한 자본주의 국가들마다 상당히 다양하게 나타난다. 하지만 경제 전망이 암울하다는 점, 자본주의하에서 사람들의 삶은 더 불안정해지고 이런 상태가 한동안 지속될 것이라는 점, 이런 연이은 위기 속에서 국가는 이전의 광범위한 역할을 수행했던 위치에서 물러나야 할 것이라는 점 등에 대해서는 공감대가 존재한다.

지금까지 정치적 좌파는 그 어디에서도 이 위기에 일관성 있고 힘 있게 대응하지 못하였다. 물론, 때로는 이에 대응하기 위해 거대한 시위가 일어났고, 그 시위들 중 일부는 분명 공론에 중요한 영향을 미치기도 했다. 몇몇 시위는 심지어 엘리트에게 중대한 영향을 미쳐서, 그들이 자기들만의 방식으로 위기에 대처하려는 전략을 지연시키게도 했다. 하지만 그 시위들은 대체로 방어적인 것이었다. 즉, 위기를 극복하기 위해서 사회민주주의 이상에 맞는 경제적 · 정치적 조건을 재구성하거나 변화시키는 그런 적극적인 시도였다기보다, 사회적 안전망, 연금, 건강, 교육, 그 밖에 다른 공적 지원들이 가혹하게 축소되는 것에 문제를 제기한 저항이었다.

이 장에서 나는 새로운 진보정치를 실현하기 위한 적극적 계획에 대해 살펴보고자 한다. 이는 다음과 같은 두 가지 조건 사이의 대비를 통해 이루어진다. 한 가지 조건은 제2차 세계대전 이후 수십 년 동안, 가장 선진적인 자본주의 국가들에서 자본주의적 발전의 "황금기"라고 불린 시기에 진보정치가 마주했던 조건이다. 이 기간 동안에는 위에서 제시한 바 있는 사회민주주의의 성과들이 충분히 달성되었다. 두 번째 조건은 현재와 같은 침체와 위기의 시대에 진보정치가 마주하게 되는 조건이다. 이전 장의 분석내용을 기초로 해보면, 좌파는 자본주의 내에서 적극적인 계급타협을 맺을 수 있었을 때, 가장 크고 오래 지속되는 성공을 거두었다. 그렇다면 여기서 중요한 것은 현재 그러한 계급타협을 재건하기 위해 필요한 것은 무엇인지—혹은 그런 계급타협이 가능한 것인지—를 따져 보는 것이다.

나는 1950년대부터 1970년대 중반에 이르는 상대적으로 계급타협이 이루어지기 쉬웠던 시기의 조건과, 21세기의 시작과 함께 맞이한 계급타협이 이루어지기 어려웠던 시기의 조건을 비교하는 것에서 논의를 시작해보고자 한다. 그러고 나서, 계급타협 조건들이 약화된 것에 대응하는 두 가지 전략을 살펴볼 것이다. 하나는 적극적인 계급타협이 이루어질 수 있는 물질적 조건을 회복하는 전략이고, 다른 하나는 대중세력에 대한 복지를 계급타협에 덜 의존하게 만드는 전략이다.

자본주의 발전의 황금기와 21세기 초의 계급타협 조건

그림 12-1은 이전 장의 그림 11-11과 그림 11-12를 단순화한 것이다. 이번 장에서는 곡선에서 체제적으로 배제된 부분과 제도적으로 배제된 부분을 따로 구분하지 않을 것이다. 그리고 "노동계급의 단결력"이라는 표현보다는, 좀 더 포괄적인 "대중권력"이라는 표현을 사용코자 한다. 이 표현은 계급타협을 맺게 되는 대중이 가진 민주적 권력의 힘을 지칭한다.

그림 12-1에 도식화된 관계는 시공간을 가로지르는 계급타협의 조건들을 비교하기 위한 한 가지 방법을 제공한다. 이 그림에서 많은 부분은 다양하게 변할 수 있다. 곡선에서 적극적인 계급타협 부분의 기울기가 가파른지, 가파르지 않은지에 따라(적극적인 계급타협이 어려운지, 어렵지 않은지에 따라-역자) 곡선의 모양 자체가 다양하게 바뀔 수 있다. 법적 규칙과 공공정책에 의해 제외된 곡선 부분들도 역사적으로 접근 가능한 부분이 넓은지, 좁은지에 따라 다양

하게 변할 수 있다. 한 국가에서 역사적으로 접근 가능한 특정한 위치는 세력 균형에 따라 다양해질 수 있다. 물론, 이러한 형태 변화들을 정밀하게 분석하는 것은 매우 어려운 연구 과제다. 어떤 분석 수준이든 간단하게 적용될 수 있는 측정기준은 없으며, 곡선의 형태나 배제 구역 같은 것들의 시간에 따른 변화를 간단하게 측정할 수 있는 방법도 (내가 아는 한) 없다. 그러므로 이 그림은 이런 변화에 대한 이론적 주장을 명확하게 하고, 시간의 흐름에 따른 변화를 더욱 체계적으로 진술할 수 있게 만들려는 목적에서 그려진 것이다. 지금부터는 제2차 세계대전 이후 이어진 자본주의의 황금기와, 신자유주의와 경제위기, 불황이 이어지고 있는 현 시기의 계급타협 조건을 대조하여, 적극적인 계급타협이 이루어지기 좋은 조건과 이루어지기 어려운 조건 사이의 차이를 확인해보고자 한다.

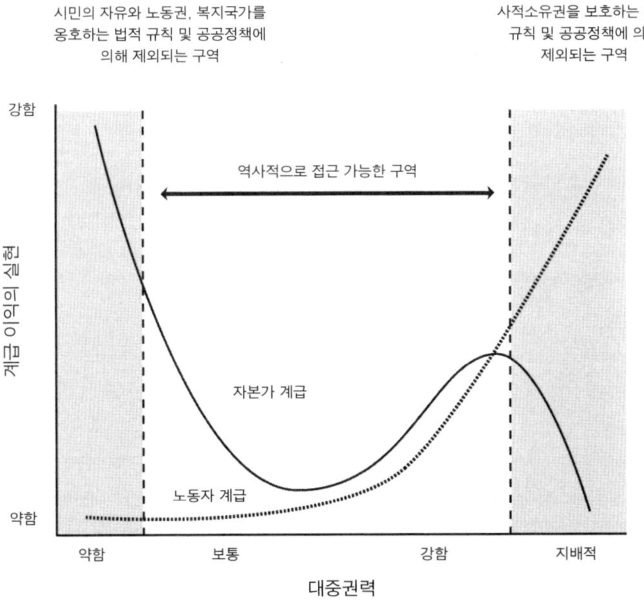

그림 12-1. 계급타협 곡선

그림 12-2는 황금기에 있는 전형적인 선진자본주의 국가들에서 볼 수 있는 계급타협 곡선이다. 노동권의 강력한 제도화와 다양한 형태의 사회민주주의로 만들어진 안정적이고 관대한 복지국가 때문에, 왼쪽에서 제외되는 부분이 상당히 넓다. 이러한 게임규칙이 일단 자리를 잡기만 하면, 상대적으로 노동운동권이나 다른 대중사회세력들은 적절한 수준의 대중권력을 쉽게 쟁취할 수 있다. 곡선의 모양을 보면, 자본주의의 성장과 수익성에 상대적으로 긍정적인 조건들이 형성되면서, 곡선에서 상승하는 경사 부분이 상당히 높은 수준까지 올라가 있다. 따라서 자본가의 이익 측면에서 봤을 때, 곡선에서 계급타협 부분은 매력적으로 보일 것이다. 자본가에게는 곡선의 아래로 처진 골 부분에 있는 것보다, 위쪽을 향하는 경사 부분에 있는 것이 확실히 더 나은 것이다. 자본가들은 여전히 왼쪽, 즉 곡선의 하강하는 경사 부분에서 높은 쪽에 머무는 것을 더 선호할 수 있지만, 이 부분은 안정적인 제도적 규칙 때문에 전략상 단기적으로라도 수용하기 힘들다. 따라서 이 모든 것들을 고려해봤을 때, 적극적인 계급타협은 나름 괜찮은 **잠정적 타협**(modus vivendi)에 해당한다. 이 타협을 통해 자본가들은 적당한 이윤을 창출하고, 동시에 국가를 통해 행사되는 대중권력은 자본주의를 강화하는 공공재를 창출하면서 고용 및 소득안정성을 제공한다. 그런 경제에서는 노동운동이 갖는 권력이 고용관계를 안정시키고, 생산성의 향상을 돕는다.

그림 12-2와 같은 관계는 자본에게 수용할 만한 것이었지만 최선은 아니었으며, 시간이 흐름에 따라 차선책으로 여겨지게 되었

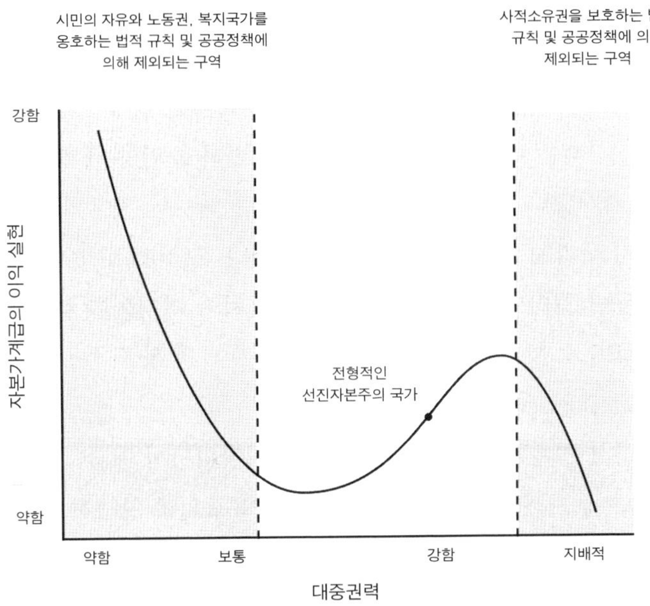

그림 12-2. 제2차 세계대전 이후 선진자본주의 국가들의 "황금기"에 형성된 자본가계급의 이익과 대중권력의 관계

다.[3] 1960년대부터 1970년대 초반에 이르는 동안 축적체제의 모순은 심화되었고, 그에 따라 적극적인 계급타협의 안정성도 점차 떨어졌다. 이런 현상은 특히 미국에서 두드러졌다. (자본가의 관점에

---

3) 제2차 세계대전 이후 수십 년에 걸쳐 형성된 계급타협들이 자본가의 이익이라는 관점에서 봤을 때 자본주의 발전에 최적이었는지, 아니면 단순히 주어진 제약들만으로도 충분했던 것인지를 답하는 것은 어려운 문제다. *Capitalists Against Markets: The Making of Labor Markets and Welfare States in the United States and Sweden*, Oxford: Oxford University Press, 2002에서 피터 스웬슨(Peter Swenson)은 이렇게 전후 이루어진 계급타협들을 보면서 자본에게는 최적이었지만, 실제로는 전혀 "타협"이 아니었다고 평가했다. 전후의 계급타협들은 자본가들이 양보를 하는 타협의 외관을 띠었지만, 이것은 단순히 그들의 타당성을 향상시키기 위한—스웬슨의 관점에서는—하나의 술책에 불과했다.

서 봤을 때) 복지국가는 지나치게 많은 사회적 잉여를 흡수하는 단계까지 확대되어 있었다. 임금은 크게 하락하였고, 이윤의 감소가 시작되었다. 일본과 유럽의 발전으로 세계적인 경쟁은 심화되었는데, 그 경쟁은 미국의 이익과 그것이 기반하고 있는 세계 금융체제를 약화시켰다. 이러한 상황에서 발생한 베트남 전쟁의 대실패는 미국의 국가재정 문제를 더욱 심화시켰다. 그 외에도 1973년에 석유파동이 일어났다. 이러한 경제적 · 정치적 과정들이 복합적으로 작용하면서, 미국과 다른 국가들이 자본주의의 황금기에 누린 안정적인 균형은 무너져 내렸다.

이러한 경제적 변화는 1980년대가 시작되면서 계급타협의 제도적 기초에 가해진 공격, 다시 말해 신자유주의로 알려진 공격을 가능하게 만드는 정치적 맥락이 형성되는 데에 일조하였다.[4] 이에 따라 신자유주의는 20세기 후반기에 가속화된 다른 많은 역동적 변화들이 이루어지게 만들었다. 현재의 맥락에서는 세계화와 금융화, 이렇게 두 가지가 특히 중요하다.

자본주의의 세계화는 무역, 외국인의 직접투자, 통화에 대한 투기, 상품사슬과 생산사슬의 통합 등 많은 차원에서 심화되었다. 이는 특정 장소나 지역의 경제적 조건이 그곳에서 발생한 사건들에 의해 자체적으로 결정된다기보다, 세계의 다른 곳에서 일어난 사건들에 더 의존하게 되었다는 것을 의미한다. 특히 중요한 것은 초국적 노동력의 등장이었다. 제조업과 몇몇 서비스 산업의 상대적으로 통합된 세계 생산체계 안에서 경쟁을 벌이는 개발도상국의 수많은

4) 나는 "신자유주의"라는 용어를 탈규제나 시장을 자유롭게 하기 위해 고안한 특정 정책보다 넓은 의미로 사용코자 한다. 평범한 시민들에게 많은 공공재와 강력한 사회보험을 제공하고, 부정적 외부효과를 체제적으로 규제하는 자본주의 국가 형태에 대한 공격까지 광범위하게 포괄하는 용어로 신자유주의를 사용한다.

최저임금 노동자들이 이에 속한다. 세계화는 또한 선진국으로의 급격한 이민 증가, 대중사회세력의 민족적 이질성 증가에도 영향을 미쳤다.

부유한 국가에서 나타난 자본주의 경제의 급격한 금융화는, 자본축적이 과거에 비해 매우 불안정한 투기 과정을 통해 이루어지고, 실물경제 성장과의 관련이 줄어들었다는 것을 의미한다.[5] 금융시장의 세계화는 그런 자본축적의 변화가 금융 부문에 미치는 불안정한 효과를 잠재적으로 더욱 심화시켰다. 세계화와 금융화의 결합은 1980년대 초반부터 많은 선진자본주의 국가들에서, 아마도 특히 미국에서, 가장 부유한 자들과 가장 강력한 자본가계급의 이익이 점점 더 세계적 금융거래 및 투기에 뿌리를 두게 되었다는 것을 보여준다, 이는 국가나 어떤 특정한 지리적 위치에 기반한 경제적 조건 혹은 변동주기들이 자본가들의 이익에 별로 영향을 미치지 못했다는 것을 방증한다.

그림 12-3에 나타나 있는 것처럼, 이러한 구조적 변화는 계급타협 곡선의 모양과, 배제되는 부분의 너비를 변하게 만들었다. 중요한 변화를 정리해보면 다음과 같다.

- 자본주의의 금융화와 세계화는 계급타협 곡선의 오른쪽 정점을 하강시킨다. 기본적으로, 자본가들의 투자에 대한 보상이

5) 많은 사람들에게 금융화라는 개념은 세계화보다 덜 친숙하다. 금융화는 실물경제에서 재화와 용역을 생산하는 것에서 다양한 종류의 금융자산을 사고파는 것으로 자본주의 경제의 이윤 창출 활동이 변화했다는 것을 보여준다. 많은 요인들이 이런 변화에 기여하였지만, 금융시장에 대한 부분적 탈규제가 분명 중요한 역할을 하였다. 금융화에 대한 포괄적인 논의에 대해서는 다음을 참고하라. Greta Krippner, *Capitalizing on Crisis: The Political Origins of the Rise of Finance*, Cambridge, MA: Harvard University Press, 2011.

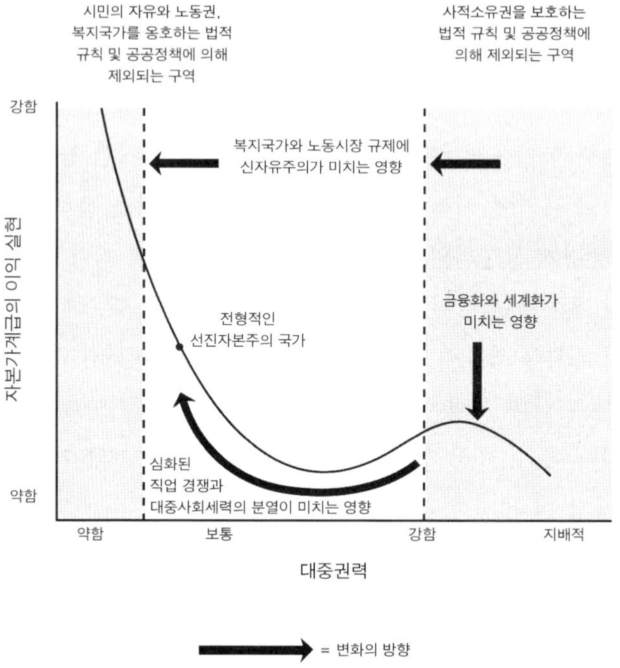

그림 12-3. 침체와 위기 시대에 자본가계급의 이익과 대중권력

어느 특정 장소의 사회적 · 정치적 조건의 영향을 덜 받게 됨에 따라, 많은 자본가들이 적극적인 계급타협에서 가져가는 가치가 줄어들었다.

- 정치적 프로젝트인 신자유주의는 계급타협 곡선에서 배제되는 양쪽 부분 모두를 변화시켰다. 오른쪽에서는, 사적 재산권에 대한 적극적 지지 및 강화가 대중권력의 확대를 저해하였다. 왼쪽에서는, 몇몇 국가들에서(특히 미국에서) 발생한 노동법의 약화와 복지국가 안정망의 부분적 해체가 곡선의 아래로 향하는 경사 부분에서 배제되는 구역을 줄였고, 전략적으로

접근 가능한 구역을 확장시켰다.

- 앞의 두 변화가 일어난 맥락에서, 전형적인 선진자본주의 국가의 대중권력 수준은 상호작용하는 수많은 요인들에 의해 감소하는데, 그 요인들을 열거해보면 다음과 같다. 실업이 증가하고 직업안정성이 감소하면서 노동계급이 직업을 얻기 위해 벌이는 경쟁 증가, 대중에 기반한 연대를 약화시키고 우익 포퓰리즘에 정치적 공간을 열어주는 대중사회세력 내의 이질성 증가, 노동자들의 위험에 대한 취약성을 심화시키고 그들을 더욱 위험 회피적으로 만드는 긴축정책, 그리고 이러한 취약성으로부터 이득을 보는 고용주가 사용하는 공격적인 반노동 전략 등이 그것이다.

종합해보면, 이러한 힘들은 계급세력의 균형을 계급타협 곡선에서 하강하는 경사 구역, 즉 계급타협에 불리한 구역으로 이동시킨다.

계급타협이 약화되는 것에 대한 대안적 대응

나는 현재와 같은 역사적 시기에 선택할 수 있는 것이 자본주의에서의 탈출이라고 상정하지 않는다. 이는 하나의 경제체제인 자본주의와의 단절이 바람직하다고 여기는 것을 꺼리기 때문이 아니라, 어떤 실행 가능한 파열적 전략이 불가능하다고 생각하기 때문이다. 이런 나의 생각은 민주적인[6] 자본주의를 혁명적으로 변화시킬 때 발생하는 주요 딜레마에서 비롯된다. 쉐보르스키가 1980년에 주장

6) [역주] 부르주아 사회의 특징적인 대의제민주주의를 말한다.

한 것처럼, 자본주의와의 파열적 단절이 개방적인 민주적 조건하에서 시도된다면, 가장 낙관적인 시나리오하에서조차 그런 사회주의적 정치 프로젝트는 거듭되는 선거 때문에 살아남을 수 없게 된다.[7] 자본주의와의 단절을 시도하는 정치세력을 선거를 통해 선출해야 하는 것과, 사회주의 경제를 안정시켜야 하는 것 사이에 괴리가 존재하기 때문에, 실행 가능한 어떤 이행도 삶의 물질적 조건을 급격하게 저하시키고 상당히 불확실한 미래전망만이 있는 "이행의 골"[8]이 될 것이다. 개방적이고 경쟁적인 민주적 조건하에서는, 애초에 파열되어 있던 이질적 연합체에서 이루어진 연대가 이행을 완성하기 위해 필요한 선거들을 거치면서 유지되기 힘들어진다. 그래서 자본주의와의 파열적 단절은 비민주적 조건하에서만 일어날 수 있다. 그러나 자본주의의 파열이 비민주적 조건하에서만 일어난다면, 이런 파열은 민주적이고 평등한 사회주의를 만들어내지 못할 것인데, 20세기에 비민주적인 방식으로 시도된 자본주의의 혁명적 파열이라는 비극적 역사가 이를 잘 보여준다. 따라서 실행 가능

---

7) Adam Przeworski, *Capitalism and Social Democracy*, Cambridge: Cambridge University Press, 1985. 이런 논의가 민주사회주의의 21세기 전망과 갖는 관련성에 대해서는 나의 책 *Envisioning Real Utopias*, chapter 9, "Ruptural Transformation."에서 논한 바 있다.

8) [역주] 이행의 골(transition trough)은 쉐보르스키가 계급타협을 통한 자본주의 사회의 변혁을 사유하는 과정에서 사용한 개념이다. 그는 "자본주의적 길과 사회주의의 길 사이에는 하나의 골이 있는데, 노동자가 어떤 임의의 시기에 사회주의로 전화하기 위해서는 그 계곡을 넘어야 한다. 그러한 조건이 실제 존재하고, 노동자가 물적 조건의 지속적 향상에 이해를 갖는다면, 그때 이 하강은 실행될 수 없거나, 혹 실행하려 의도한다면 민주주의적 조건하에서는 노동자에 의해 성취될 수 없을 것이다"(최형익 역, 1995: 231~231—최형익은 이행의 계곡이라 번역했지만 역자는 이행의 골이라 번역한다)라고 밝힌다. 그러면서 이런 이행의 골이 실제 존재할 수 있다는 것을 함수 방정식을 도입해 입증하고 있는데, 이에 대한 자세한 내용은 쉐보르스키, 최형익 역(1995), 『자본주의와 사회민주주의』, 제5장, pp.223~264를 참고하면 된다.

한 파열은 민주사회주의보다 권위주의적 국가주의로 귀결되는 자본주의의 비민주적 파열이거나, 아니면 장기에 걸친 이행기를 역행하는 미수에 그친 민주적 파열뿐이다. 그러므로 우리가 자본주의를 넘어선 세계에 대한 혁명적 열망을 가지고 있더라도, 예측 가능한 미래에는 자본주의에 의해 지배되는 경제시스템 속에 살게 될 수밖에 없는 것이다. 여기서 문제는 '우리가 살고 있는 자본주의가 누구에게 유리한 조건이고, 어떤 형태의 자본주의인가'(작은따옴표-역자)이다.

노동계급과 다른 대중사회세력들이 자본주의 세계에서 살아가는 한, 적극적인 계급타협은 대다수 사람들의 물질적 번영을 확보하는 데에 최선의 전망을 제공할 것이다. 이는 적극적인 계급협력 없이는 어떠한 성취도 가능하지 않다는 것을 의미하지 않는다. 왜냐하면 양보는 때때로 소극적인 계급타협을 초래하는 투쟁을 통해서도 성취될 수 있기 때문이다. 적극적인 계급타협이 부재한 상황에서도, 사회주의 정당이나 사회민주주의 정당은 선거에서 승리할 수 있고, 진보적인 개혁을 추진할 수 있다. 그러나 그러한 성취는 적극적인 계급타협 조건에서 얻은 것보다 항상 불안정한데, 왜냐하면 그것들은 초기에 더 큰 저항을 받으며, 이후 역공에는 약하기 때문이다. 그러므로 대중사회세력의 성취가 안정적으로 지속되기 위해서는, 일반적으로 그들의 성취가 자본가와 다른 엘리트들이 직면하는 문제를 해결할 수 있는 해법 일부를 가지고 있을 필요가 있다. 이러한 해법은 자본가들의 이익에 **최적**일 필요는 없지만, 적어도 그들의 이익과 공존할 필요는 있는 것이다.

나는 적극적인 계급타협이 이루어지기 위한 조건들이 약화된 데 대한 두 가지 일반적 대응을 살펴볼 것이다. 먼저, 그림 12-3에 나타난 경향을 잠재적으로 바꿀 수 있는 전략과, 그림 12-2에 제시된 적극적인 계급타협에 유리한 조건들을 재건할 수 있는 전략을 검토해본다. 다음으로는, 자본주의 경제에서 살아가고 있는 평범한 사람들의 물질적 번영이 자본가계급과 맺어질 적극적인 계급타협 전망에 잠재적으로 크게 의존하지 않게 만드는 방법에 대해 살펴본다.

1. 적극적인 계급타협의 조건을 재건하는 전략

그림 12-4는 적극적인 계급타협의 조건을 회복하기 위해 필요한 변화들을 대략적으로 보여준다. 여기에서 나는 곡선의 모양 자체에 초점을 맞출 것이다. 이는 다음과 같은 문제와 관련된다. 적극적인 계급타협이 안정적으로 이루어질 가능성을 높이면서, 대중권력과 엘리트의 이익 사이에 내재하는 기능적 관계에 영향을 미칠 수 있는 적절한 전략과 공공정책은 존재하는가? 혹은 현재 목도되는 계급타협을 위한 거시경제적 조건들의 악화는 단순히 행위자의 이면에서 작동하면서 전략적 개입을 받지 않는 자본주의 역학의 냉혹한 결과인가?[9] 제2차 세계대전 이후 수년 간은 운 좋은 역사적 이례로 볼 수 있는데, 선진자본주의 국가에서는 대다수 사람들의 경

9) 이러한 질문들은 혁명 관련 논의들에서 나타나는 다음과 같은 고전적 문제와 유사성을 갖는다. 혁명운동은 혁명행위가 발생하려는 절호의 순간—"조건들이 무르익을" 때—을 단순히 "붙잡는" 것인가, 아니면 적극적으로 이러한 조건들을 만들어내는 데 기여하는 것인가? 물론, 혁명조직의 앞선 준비는 그 자체로 혁명시기를 붙잡는 데 중요할 수 있지만, 이는 혁명운동 자체가 지배계급에 대한 효과적인 도전을 가능하게 만드는 사회구조적 · 경제적 조건을 만드는 데 기여한다고 간주하는 것과 상당히 다르다. 마르크스는 자본주의의 운동법칙이 기본적인 원동력을 결정하며, 이것을 통해 혁명적 조건이 발생한다고 생각했다. "역사는 판사이고, 프롤레타리아트는 사형집행인이다"(G. A. 코헨에 의해 *Karl Marx's Theory of History*에서 인용됨). 여기서 우리에게 중요한 것은 혁명적 조건을 조성하는 전략이 아니라, 계급타협에 유리한 조건을 조성하는 전략이다.

제적 안정이나 적절한 번영을 보장해주는 적극적인 계급타협이 이루어질 수 있는 유리한 조건이 조성됐기 때문이다. 우리는 지금, 자본주의의 굉장히 평균적인 조건 속에 살고 있는 것일 수 있다. 이러한 조건에서 바랄 수 있는 최상은 종종 있는 소극적인 계급타협이며, 대부분의 사람들이 할 수 있는 최선은 자본주의 내에 살면서 부딪히는 위험과 박탈에 대처하는 개인적 전략을 취하는 것이다.

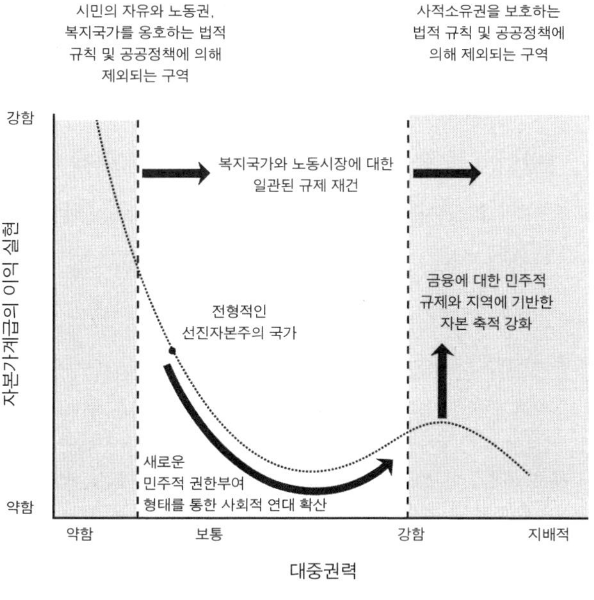

그림 12-4. 계급타협 조건의 변화

내가 여기에서 살펴보고자 하는 것은 비관적이지 않은 시나리오로, 좀 더 안정된 적극적인 계급타협을 이루기 위해 새로운 구조적 조건을 구축하는 것이 가능한 시나리오다. 나는 이러한 조건을 만드는 데 필요한 정책들을 시행하기 위해 진보적 이데올로기를 갖춘 정치세력을 어떻게 동원할 것인가 하는 어려운 정치적 문제는 다루지 않고자 한다. 그보다는 진보적인 정치세력이 그렇게 할 수 있는 위치에 서게 됐을 때, 어떤 정책이 시행될 수 있는가 하는 문제를 다룬다. 만약 계급타협 곡선의 오른쪽 정점이 세계화와 금융화에 의해 일어난 정치세력 때문에 하강할 것이라는 그림 12-3과 같은 나의 진단이 옳다면, 지역에 기반한 자본축적 형태를 촉진하고, 금융기관에 효력 있는 민주적 규제를 가할 수 있는 전략이 필요할 것이다.[10)]

지역 기반

지역 기반이라는 문제를 다룬 연구들 가운데 주목할 만한 것은 "생산민주주의"라고 불리는 조엘 로저스(Joel Rogers)의 제안이다(그는 이전에 이를 "하이로드 자본주의high road capitalism"라고 불렀다).[11)] 로

10) 현재 많은 논의들은 엘리트들 내에 존재하는 특정한 이데올로기 흐름과, 이런 흐름들이 특정한 제도적 과정을 통해 확산되어온 방식을 매우 강조한다. 예를 들어, 미국에서 시장 근본주의가 성장하고 적극적 국가에 대한 적대가 강화된 것을 다룬 논의들은 선거에서 기업자금이 차지하는 중요성, 우익 싱크탱크 이데올로기가 미치는 효과, 공화당의 교묘한 인종주의 조장 등과 같은 미국 내의 독특한 정치적 과정들을 강조하고 있다. 이러한 과정들은 미국에서 분명 상당히 중요하지만, 자본주의가 발전한 수많은 민주국가들에서 광범위하게 나타나고 있는 적극적 국가에 대한 열띤 지지 현상을 설명해주지는 않는다. 다른 많은 국가들이 미국 내에서 발생한 이데올로기 흐름의 영향을 받아온 경우를 생각해볼 수 있지만, 선진자본주의 도처에서 이러한 경향을 상당 정도 추동하는 잠재된 정치경제적 과정이 존재한다고 보는 편이 더 설득력 있다.

11) Joel Rogers, "Productive Democracy," in J. de Munck, C. Didley, I. Ferreras, and A. Jobert, eds., *Renewing Democratic Deliberation in Europe: The Challenge of Social and Civil Dialogue*, Berlin: Peter Lang, 2012, pp.71-92.
[역주] 위스콘신 전략센터(Center On Wisconsin Strategy) 소장이기도 했던 조엘 로저스는 실제 위스콘신 주의 성장전략을 모색하는 과정에서 이런 제안을 하였다. 그는 "건강한 노동, 질 높은 노동의 공급 없이는 지속가능한 성장이 불가능

저스는 국가경제보다 대도시에 기반을 둔 지역경제에 주의를 집중하는 것이 중요하다고 주장하는데, 특히 생산성이 높은 경제활동의 토대가 되는 지방공공재를 제공하는 주 정부의 역할을 강조한다. 그는 생산성을 향상시키는 고도의 사회기반시설을 구축하는 것이 중요하며, 이런 구조를 통해 점차 지역에 기반을 두게 되는 자본주의 기업들에게 인센티브를 줘야 한다고 주장한다. 대중교통, 공교육, 공공연구단지, 효율적인 에너지 소비정책 등이 이런 사회기반에 속한다고 할 수 있다. 강력한 지방공공재는 잠재적으로 보면 중소기업에게 특히 효과적인데, 중소기업은 일반적으로 지역 이동이 적으며 회사 소유주가 그 지역에 비경제적 기반을 가지고 있을 가능성이 높기 때문이다.

이러한 지방공공재를 구성하는 한 가지 핵심 요소는 훈련 및 숙련과 관련되어 있는데, 이는 자본주의 기업들이 직면하게 되는 고전적인 집단행위 문제 가운데 하나다(이 문제는 다른 회사들이 제공하는 실습교육에 무임승차하려는 유혹 때문에 발생한다). 강한 노동조합은 바로 이 문제에 있어 건설적인 역할을 할 수 있다. 왜냐하면 기술의 용이성을 높이는 데 필요한 훈련프로그램을 고안하고, 기술인증기준을 조정할 수 있기 때문이다. 이와 같이 공공재를 중시하고, 공공재와 연관된 문제를 계획적으로 해결할 수 있는 지역의 집단행위자들(특히 노동조합)과 지역발전전략은 지역에 기반을 둔 자본과 적

하다"고 보고, 노동 복지를 실현할 수 있는 '하이로드 방식'을 강조한다. 하이로드 방식이란 친노동, 친환경, 고임금, 공적이익의 극대화를 위해 각 경제주체들이 상호 협력하여 성장해나가는 방식으로, 노동시장을 가격경쟁원리에만 맡기는 로우로드 방식과 대비된다. 하이로드 방식은 시장경제원리를 존중한다는 측면에서 사회주의와는 근본적으로 다르며, 산업부문간 연관성이 높고 노사정 협력이 잘되는 지역단위에 적합한 성장모델이다. 위스콘신 주의 '하이로드' 전략 사례에 대해서는 한겨레신문 특집기사(2005년 4월)를 참고하면 된다.

극적인 계급타협을 맺을 수 있는 지역 조건을 만들어낸다.

기술변화는 자본주의 생산이 지역을 기반으로 이루어질 수 있게 만들며, 중소기업들의 생산성을 높인다. 산업자본주의 시기의 한 가지 중요한 특징은 생산과 분배의 규모에 따른 수익이 매우 증가한다는 것인데, 이렇게 급격하게 증가하는 규모수익은 대기업들이 경쟁에서 우위를 점하게 만든다. 디지털 시대에는 경제활동을 둘러싼 기술환경의 극심한 변화가 많은 부문에서 이러한 규모수익을 상당히 감소시켰다. 출판업을 생각해보자. 대형 출판사들의 영향력은 여전히 크지만, 전자책이 만들어지면서 단위당 출판비용은 불과 십년 전에 비해서도 규모에 별로 민감하지 않다. 또한 매뉴팩처에 적용될 것으로 보이는 새로운 기술들은 규모에 따른 수익을 훨씬 약화시킬 가능성이 있는데, 이 기술들은 원칙상 중소기업을 생산적이고 경쟁력 있게 만들 수 있다. 이런 모든 발전은 지방 및 지역공공재에 의해 보장된 생산민주주의의 실현가능성을 높여준다.

물론 공공재는 세금을 필요로 하는데, 국가의 과세 능력이 세계화에 의해 심각하게 약화되었다고 보는 관점도 존재한다. 이 관점은 세금이 인상되면 자본이 이동할 것이라고 주장하는데, 이 주장은 지방공공재의 가능성에 반대하는 하나의 설득력 있는 주장으로 여겨지기도 한다. 즉, 지방세가 지방공공재에 기금을 대기 위해 인상되면, 자본주의 기업은 이런 세금을 부과하는 관할지역을 그냥 떠나버린다는 것이다. 이러한 주장은 과세가 직접적이든 아니면 간접적이든 언제나 자본주의 기업이 치르는 비용을 상승시킨다고 가정한다. 이 가정은 물론 세금이 이윤에 대해 직접적으로 부과될 때 성립한다. 그러나 원칙상 과세는 공공재를 통해 단순히 임금소득자의 소비를 사적 소비와 집단적 소비로 나누는 한 가지 방식이 되고, 이럴 때 자본주의 기업의 이윤에는 거의 영향을 미치지 않는다.

물론 노동자들이 임금에 부과되는 과세를 기꺼이 받아들일지 여부는 임금소득자들 사이의 연대의 정도, 그 세금이 실제로 공공재를 위한 기금으로 쓰일 것이라는 믿음에 달려 있다. 따라서 지역에 생산기반을 둔 자본주의를 강화하기 위해 지방공공재를 위한 세금을 조성해 강제하는 것은 단순히 경제적이라기보다 정치적이고 이데올로기적인 문제라고 할 수 있다.

금융 규제

금융화와 관련해서는, 특히 두 가지를 달성하는 것이 중요하다. 그중 첫 번째는 주로 투기활동에 빠져 있는 금융을 실물경제에 대한 투자로 전향하는 것이다. 자본 할당의 이런 두 측면을 구분하는 경계선이 때로는 분명하지 않지만, 적극적인 계급타협의 가능성을 약화시키는 요인 중 하나는 평범한 사람들의 삶의 조건으로부터 투자자의 이익을 떼어내는 실물경제로부터의 투자 분리이다. 금융을 실물경제로 전향하기 위해서는 국가가 투자활동에 대해 실질적 강제를 부과할 수 있어야 하며, 이를 위해서는 자본의 세계화 흐름을 부분적으로나마 지연시킬 필요가 있다. 자본이 정치권력의 관할권에서 쉽게 벗어날 수 있는 한, 그러한 규제는 언제나 불안정하다. 다음으로 두 번째 중요한 과업은 효과적으로 금융을 규제하고, 민주적으로 책임을 지는 국가의 능력을 재건하는 것이다. 이러한 방향으로 나아가기 위해 상정된 많은 제안들이 있다. 가령, 가장 큰 규모의 금융기관을 해체하자는 제안이 있는데, 이는 규제력을 조작하는 그 기관의 힘을 약화시키고, "대마불사(too-big-to-fail)" 상태[12]

12) [역주] 일반적인 기준으로 봤을 때 기업이 도산해야 함에도 불구하고, 도산 시 발생할 부작용이 지나치게 커서 구제금융 등을 통해 존치되는 경우를 말한다.

때문에 그 기관이 과도한 위험에 뛰어드는 것을 막자는 제안이다. 금융의 공공재적 측면을 공공부문이나 협동조합형 금융기관을 활성화하는 기초로 분명히 인식해야 한다는 제안도 있는데, 신용협동조합, 협동조합은행, 지방은행 등이 이에 속한다. 그리고 토빈세와 같이 투기를 목적으로 하는 금융의 원활한 세계화 흐름을 제한하는 새로운 형태의 거래세가 제안되기도 하였다.

이러한 점들을 고려하면, 지역에 기반한 생산민주주의를 건설하고, 금융에 대한 민주적 규제가 정착할 수 있게 돕는 공공정책들은 잠재적으로 계급타협 곡선을 그림 12-3의 형태에서 그림 12-4에 나타난 황금기의 곡선 형태로 변화시킬 수 있다. 그러한 정책들, 특히 금융이 갖는 힘을 제한하는 정책들은 분명 다양한 엘리트들의 강력한 저항에 부딪치게 될 것이다. 물론 여기서 중요한 것은 그러한 반대를 충분히 극복할 수 있는 강력하고 끈질긴 정치적 힘을 동원하는 문제다. 계급타협에 불리한 곡선 형태를 발생시키는 다수의 동일한 정치 · 경제구조의 발전도 이 같은 종류의 공공정책을 추진하는 데 필요한 대중의 민주적 힘을 약화시키는 데 일조한다.

2. 비자본주의적 경제영역을 강화하는 전략

그림 12-4와 같은 계급타협 곡선을 만들기 위해 타협 조건을 변화시키는 정책들을 도입하는 것은 정치적으로 어려운 일이기 때문에, 국가에 직접 맞서는 전략을 사용하기는 힘들다. 그보다는 시민사회와 경제영역 자체에서 대안을 만드는 데 초점을 맞추면서, 계급타협의 부정적 조건에 대응할 수 있는 전략을 모색하는 것이 더 가치 있는 일일 것이다. 사회주의적 대안을 다룬 나의 책 『리얼 유

토피아』(*Envisioning Real Utopias*)에 담긴 분석의 핵심은 모든 경제들이 다양한 종류의 경제적 관계가 뒤섞여 있는 혼합 형태라는 것이다. 특히, 나는 현대자본주의 경제들이 자본주의적, 국가주의적, 사회주의적 경제구조가 뒤섞인 혼합 형태로 간주되어야 한다고 주장했다. 어떤 복합적 경제를 "자본주의"라고 대략 묘사할 수 있는 것은 이 경제에서 자본주의적 요소가 "지배적"일 때 가능하다. 적극적인 계급타협은, 자본주의 체제의 역동성으로 발생한 권력관계와 계급적 이해관계에 초점을 맞춘다. 최소한 적극적인 계급타협에 득이 되는 몇 가지 조건을 회복하는 문제는, 혼합 형태의 경제구조에서 비자본주의적인 측면을 강화하는 것을 통해 해결할 수 있다. 아래에서는 이에 해당하는 사례 몇 가지를 살펴본다.

노동자 협동조합

노동자 소유의 협동조합기업은 본질상 지역에 기반을 둔다. 기업의 주인이자 동시에 피고용자이기도 한 노동자들은 그들이 살아가는 곳에 이해관계를 두고 있어서, 지역에 적합한 경제조건을 만들고, 이것을 가능하게 만드는 공공재를 뒷받침하는 데에 깊은 이해관계를 갖는다. 자본주의 경제 내에 존재하는 대부분의 노동자 협동조합은 단지 소규모 틈새시장만을 점유하는 경향이 있으나(2015년 미국에는 400개가 못 되는 노동자 협동조합이 존재한다), 대규모로 성공한 노동자 협동조합 또한 존재하는데, 가장 유명한 것이 100개가 넘는 협동조합들의 그룹인 몬드라곤 협동조합기업(Mondragon Cooperative Corporation)이다.

경제위기에 처해 있는 스페인의 현재와 같은 상황에서 특히 주목해야 하는 것은, 스페인 경제의 다른 부문들보다 몬드라곤이 훨씬 나은 상황이라는 점이다. 몬드라곤 그룹에 속한 협동조합들 가운데 단 하나만이 해체되었다. 몬드라곤 협동조합은 위기에 직면한 상황에서조차 어떻게 지속되는가 하는 문제를 설명하는 데에는 많은 쟁점이 수반된다. 이런 쟁점 가운데 하나는 몬드라곤의 구조가 이윤을 잘 창출하지 못하는 기업의 사업을 이윤을 더 창출하는 기업의 수익으로 유지하는 체제여서, 이런 기제가 경제위기 상황에서 완충 역할을 한다는 것이다. 협동조합에서 노동자들이 갖는 공통의 이해관계와, 상대적으로 낮은 수준의 내적 불평등은 노동자들 사이에서 이루어지는 연대와 헌신의 수준이 상당히 높다는 것을 의미한다. "우리는 모두 한 배를 탔다"라는 인식이 현실에 팽배하며, 이로 말미암아 노동자들은 위기를 극복하는 데 필요한 공동의 희생에 덜 저항하게 된다. 뿐만 아니라, 몬드라곤 협동조합에는 비조합 피고용인들도 존재하기 때문에, 이들을 감원하는 것 또한 위기에 대처하는 데 도움이 될 수 있다.

성공적이고 생산적이며 대규모의 협동조합 복합체로 존재하는 몬드라곤은 노동자 협동조합이 현실 경제에서 미미한 역할을 하는 소규모의 영세기업으로 제한될 필요가 없다는 것을 보여준다. 경제활동의 많은 영역에서 자본집약도가 감소하고(디지털 기술의 발달이 특히 이에 영향을 미쳤다) 모듈화된 형태의 생산이 증대되는 상황을 감안한다면, 노동자 협동조합을 제약하는 규모의 문제는 많은 부문에서 줄어들 것이다. 노동자 협동조합의 발전과 확산을 고무하는 것이 지역에 기반한 자본축적 구조를 촉진하는 한 가지 방법이 될 것이다.

노동자 협동조합은 주로 두 가지 방식으로 설립된다. 첫째는 함께 모여 다진 협력을 기반으로 기업을 새로 시작하려는 사람들에 의해 설립되거나, 둘째는 설립되어 있는 자본주의 기업을 소유주로부터 인수하는 노동자들에 의해 설립되는 것이다. 후자의 전략은 가족기업에서 젊은 세대가 기업의 승계를 원하지 않고, 잇따른 경제위기에 직면하고 있는 경우에 특히 적절하다. 그러한 상황에서 노동자들이 선택할 수 있는 것은 기업을 사는 것이다. 그러나 문제는 노동자들이 일반적으로 기업을 살 수 있을 만큼 충분한 저축을 하고 있지 못해서, 기업을 사려면 빚을 져야 한다는 것이다(만약 은행이 그들에게 대출을 해준다면 말이다). 이는 회사의 차후 생존능력에 상당한 부담을 줄 수 있다. 이 문제는 거시적 수준의 경기침체 상황에서 더욱 심화된다.

그러므로 중소규모 가족기업들이 성공적으로 노동자 협동조합으로 전환되기 위해서는 기업의 미래 생존능력을 약화시킬 정도의 과도한 빚을 지지 않으면서, 집단에 기반한 기업 소유권을 행사할 수 있는 방법을 찾아야 한다. 이런 방법은 노동운동에서 비롯될 수 있다. 전통적으로 노동조합은 노동자 협동조합에 비교적 적대적이었는데, 이는 협동조합을 노동자들의 충성을 두고 겨루는 경쟁자로 간주했기 때문이다. 그런데 최근 들어 이러한 입장이 변화될 조짐이 보이고 있다. 미국에는 "노조 협동조합"—노동조합이 배양하고 뒷받침하는 협동조합—이라고 불리는 새로운 시도가 모색되었는데, 신시내티(Cincinnati)와 다른 다수의 도시들에서 처음 시도되었다. 클리블랜드(Cleveland)에서는 시정부와 다른 대형 공공기관이 촉진한 일군(群)의 협동조합을 만드는 시도가 이 지역 노동조합으로부터 지지를 받고 있다. 노동자 협동조합은 노동조합의 경쟁자라기보다, 노동자의 힘으로 집단 조직을 구성하는 상호보완적인 기초일 수 있는 것이다. 노동운동이 상대적으로 강력하게 남아 있는 곳에서는, 중소기업을 인수하기 위해 필요한 자본을 노동자들이 동원할 수 있게 노동조합이 도와준다.

국가, 특히 지방정부는 협동조합화를 잠재적으로 용인하는 또 다른 요소일 수 있다. 협동조합 부문의 확대는 고용과 경제적 안정에 긍정적으로 작용하는 강력한 외부효과를 발생시킬 수 있기 때문에, 지방이나 국가정부가 이러한 목적을 위해 특화된 신용기관을 만드는 것이 필요하다고 인식할 수 있다. 국가와의 협력과 협동조합형 소유권을 포함한 재산권의 새로운 형태는 협동조합식 생산의 역동적인 확산을 촉진하는 데 기여할 수 있다.

신용시장의 실패와 협동조합의 과소출자 문제가 해결된다면, 시간이 흐름에 따라 상당수의 협동조합들이 성장하여 마침내는 협동조합간의 조밀한 네트워크, 메타 협동조합(협동조합들의 협동조합), 그리고 협동조합형 시장경제라고 이름붙일 수 있는 다른 제도들로 이어질 수 있을 것이다. 몬드라곤 협동조합은 하나의 지역 규모에서 이미 이를 달성하였다. 몬드라곤 협동조합 그룹 내에는 개별 협동조합과 특화된 연구개발기관의 생존능력을 향상시키는 다양한 제도적 장치들이 존재한다. 채산성이 낮은 협동조합을 고이윤을 내는 협동조합의 수익으로 유지하는 법적 절차, 협동조합식 경영을 지향하고 협동조합 네트워크에 속한 기업들의 요구에 부응하는 훈련 및 교육기관 등이 존재한다. 특화된 제도들이 정교화되어 있는 이런 제도적 환경하에 있는 조밀한 협동조합 네트워크는 넓은 자본주의 경제 안에 협동조합형 시장경제라는 작은 경제영역을 만들어낼 수 있다.

피고용자가 다수를 점하는 종업원지주제도(우리사주제도-역자)

종업원지주제도(Employee stock ownership plans, ESOPs)는 자본주의적 요소와 참여민주주의적 요소가 다양한 정도로 결합된 혼합형태다. 미국에는 100% 노동자 소유의 종업원지주제로 운영되는 기업이 대략 4,000여 개 존재한다.[13] 종업원지주제도를 운영하는 대부분의 기업들, 특히 대기업에서는 피고용인들이 소수의 지분만을 소유하며, 이러한 지분은 대개 경영진에게 집중된다. 노동자들이 지분 100%를 소유한 종업원지주제는 대개 소규모 기업들에서 이루어진다. 이런 종업원지주제의 경우는 피고용자들이 (1주 1표의 원칙에 따라) 기업 이사회를 선출하지만, 실제 민주적 경영권은 종업원지주제에 따라 다양하다. 그럼에도 불구하고, 피고용인이 높은 비율의 지분을 차지하는 종업원지주제도는 전통적인 자본주의 기업보다 지역에 기반을 두기 쉽다. 종업원지주제도는 전통적인 자본주의 기업과 완전히 민주적인 노동자 협동조합 사이에 존재하는 이행 형태가 될 수 있지만(물론, 때로는 노동자 협동조합이 종업원지주제도로 전환되기도 한다), 민주적이고 긍정적인 상태를 복구할 수 있는 실질적인 협동조합형 시장경제 부문을 발전시키는 안정적 혼합형태가 될 수도 있다.

사회적 경제

사회적 경제는 교환과 이윤보다는 필요를 직접적으로 만족시키기 위해 구성된 공동체 및 비영리단체의 경제활동으로 운영된다. 사회적 경제를 구성하는 조직들은 주로 서비스를 생산하지만, 특정한 경우에는 재화를 생산하기도 한다. 사회적 경제는 공공재의 공급과 취약성의 축소와 관련해서는 다소 불분명한 상태인데, 대부

13) 종업원지주제도에 대한 기술 : 종업원지주제도는 다양한 방식으로 형성되는데, 일부 제도들은 여타의 이익보다 노동자-피고용자의 이익 창출에 더 유리하다. 노동자-피고용자에게 가장 이로운 종업원지주제도에서는, 노동자들이 회사의 지분을 매입하기 위해 그들 자신의 저축금을 지출하지 않는다. 대신에, 지분은 복리후생제도의 일환으로 주어지게 되는데, 이는 회사의 전문가나 경영자에게 주로 집중되기보다 모든 피고용자들에게 고루 분배된다.

분의 사회적 경제는 주로 복지국가의 후퇴로 발생한 격차를 메우는 역할을 하고 있다. 이것이 바로 보수주의자들이 종종 사회적 경제에 찬사를 보내는 이유 중 하나다(예컨대 미국에서 "신앙단체의 공공사업운영faith-based initiatives"을 지지하는 것도 이에 해당한다). 하지만 사회적 경제는 대중의 동원과 공동체의 연대에 뿌리를 둔 대안적인 경제관계 구조를 구축할 수 있는데, 이는 특히 국가로부터 재정지원을 받을 수 있을 때 그렇다. 퀘벡의 사회적 경제는 공동체에 기반한 탁아시설, 노인보호서비스, 직업훈련센터, 공공주택 등을 가진 활발한 사회적 경제의 한 사례다. 퀘벡에는 민주적으로 선출된 협의회인 **사회적 경제 샹티에**(chantier de l'economie sociale)[14)]가 존재한다. **샹티에**는 퀘벡의 사회적 경제를 구성하는 모든 부문들에서 온 대표자들로 구성되는데, 이 협의회는 사회적 경제를 향상시킬 수 있는 실행계획들을 구성하고, 사회적 경제를 구성하는 부문과 지방정부와의 관계를 매개하며, 이 부문들의 역할을 지역경제 전반으로 확대시킨다. **샹티에**는 필요에 기반하여 조직된 경제활동을 육성하고, 사회적 경제를 위한 민주적 대의제와 협동의 새로운 형태를 개발하여 민주주의적-평등주의적 원리를 향상시킨다.

연대기금

자본주의 경제 안에서 비자본주의적 요소를 강화하는 또 다른 방법은 대중조직들이 자본 할당에 관여하는 방식을 확대하는 것이다. 노동조합과 여타 시민사회 조직들은 대개 구성원을 위한 연금기금을 운영한다. 이 연금은 사실상 집단적으로 통제받는 자본이어서, 다양한 원칙에 따라 할당될 수 있다. 노동운동에 의해 1980년

---

14) [역주] 사회적 경제 협의체들의 네트워크를 말한다.

대에 처음으로 조성된 퀘벡의 "연대기금"은 이에 속하는 흥미로운 사례다. 이 기금의 목적은 단순히 퇴직자에게 돌아가는 보상을 최대화하는 것에 있는 것이 아니라, 일자리를 보호하고 창출하기 위해 계획적으로 투자기금을 사용하는 것에 있다. 퀘벡의 연대기금은 사모투자나 대부를 통해 중소기업에게 직접 투자하여 이를 달성하였다. 이러한 투자는 일반적으로 지역에 확실히 기반해 있고, 사회감사[15]의 다양한 기준을 만족시키는 기업들을 대상으로 하여 이루어진다. 퀘벡의 연대기금은 이사회에 대표를 파견하는 방식을 통해 자신이 투자한 기업에서 이루어지는 경영에도 참여한다. 투자는 전형적으로 영향력 있는 노조가 존재하는 기업들에 한하여 이루어지는데, 왜냐하면 그렇게 하는 것이 그 기업의 경제적 생존가능성에 대한 정보문제를 해결하는 데 도움을 주고, 투자의 부수적 조건을 회사가 준수하는지를 감시할 수 있게 만들기 때문이다. 이와 같이 연대금융은 사회적 우선순위에 근거하여 자본을 할당하는 방식에 더 적극적·직접적으로 참여함으로써, 보통의 "사회적 선별 투자"[16]를 훨씬 넘어선다.

연대기금은 지역에 거주하는 사람들과 투자를 매우 밀접하게 연결시켜 지역에 기반한 시장경제를 발전시키는 하나의 부분 모델로 간주될 수 있다. 이 모델이 상당한 차이를 가져올 정도의 규모가 되려면, 중요한 것이 국가에 의한 각종 지원이다. 퀘벡의 연대기금은 이 기금을 통해 투자한 사람들에게 후한 세금 인센티브를 제공했지

---

15) [역주] 기업이 사회적 책임을 어떻게, 그리고 어느 정도 수행했는가를 측정하고 평가하는 일로서, 경제적 책임, 법적 책임, 도덕적 책임 등의 완수를 평가한다.

16) [역주] 투자자가 자신의 윤리적 가치나 종교적 신념을 기준으로 기업의 사회적 성과를 평가하고, 이를 바탕으로 주식 채권 등에 선별적으로 투자하여 사회적 책임을 지는 기업활동을 유도하는 투자 방법이다.

만, 더욱 활발한 연대기금 형태에서는 지방정부에서 중앙정부에 이르는 각종 정부가 제공한 직접보조금이 기금에 포함될 수 있다. 이러한 직접보조금은 유동적으로 이동하는 자본보다 지역에 기반을 둔 자본이 공공재라는 사실에 의해 정당화될 수 있는데, 지역에 기반을 둔 자본은 부정적 외부효과를 쉽게 규제하게 만들고, 소유주와 노동자, 시민의 이익을 연결시킬 수 있는 더 큰 공간을 창출한다.

물론 연대기금을 노동조합만이 통제할 필요는 없다. 시민사회 내의 여러 연합들과 지방자치단체까지도 연대기금을 조성할 수 있다. 여기서 중요한 것은 지역에 기반을 두면서 원활한 지역경제를 통해 장기적으로 지속되는 경제활동에 직접 투자가 이루어지게 하는 탈중심화된 제도적 장치를 개발하는 것이다. 그러므로 연대기금은 국가가 편성하는 광범위한 지역경제개발 전략의 보완물로 간주될 수 있다.

전통적으로 사회민주주의는 경제조직의 비자본주의적 형태를 강화하는 것에 크게 집중하지 않았다. 사회민주주의의 핵심 이데올로기는 자본주의가 유연하게 기능하는 것을 뒷받침하여, 자본주의 안에서 발생하는 잉여의 일부를 사회보험과 공공재를 위해 사용하는 것이었다. 자본가들은 사적 이윤을 최대화하는 것이 기준이 되길 원했던 만큼 투자에 있어서는 상대적으로 자유로웠다. 국가는 투자의 우선순위를 정하기 위해 다양한 종류의 인센티브를 제공하였고, 공공재와 자본축적에 적절한 규제 환경을 만들어내기 위해 분명 노력하였지만, 일반적으로 비자본주의적 부문과 실천을 육성하려고 하지는 않았다. 선진자본주의 세계의 주류 좌파들은 이러한 흐름에 대체로 동의하였다.

자본주의 내에서 적극적인 계급타협이 정치경제적 평형을 재건할 수 있을지는 불투명하다. 이런 평형상태는 사회적 잉여가 사적 수익(자본가의 투자에서 발생)과 집단적 수익(적극적 국가의 복리 향상에 사용)에 할당되는 조건이 통제되어야만 가능하다. 하지만 적극적인 계급타협을 위한 조건이 형성될 수 있더라도 자본주의 구조가 갖는 장기적 불확실성을 고려한다면, 좌파는 자본주의 경제 안에서 비자본주의적인 대안을 마련할 수 있는 공간을 확장해나가는 것이 얼마나 이롭고 가능한 것인지를 진지하게 고민하기 시작해야 할 것이다.

부록

에릭 올린 라이트의 계급분석 틀과 사회변혁 전략, 그 의미와 한계

라이트 스스로가 밝히고 있듯이, 본서 대부분의 장은 다른 연구자들의 계급 접근법을 평가하는 내용으로 구성되어 있다. 그는 실용적 실재론에 입각하여 비마르크스주의 이론에서도 계급분석에 필요한 부분을 받아들이고 있는데, 각 이론에 대한 그의 평가에 대해서는 본 해제에 별첨된 "라이트가 본 비마르크스주의 계급이론의 의미와 한계"로 정리·대체한다. 본 해제에서는 라이트가 오랜 기간에 걸쳐 변화시켜온 계급분석 틀과 그 속에서 도출한 자본주의 변혁전략에 대해 정리해보고, 라이트가 본서에서 행한 바 있는 이론 비평을 그에게도 적용해 라이트 이론의 의미와 한계를 살펴본다.

라이트의 계급분석 틀 변화

아마 라이트만큼 계급분석을 위해 마르크스주의 이론 틀을 재구성하는 문제에 오랜 시간 매진한 이론가는 없을 것이다. 그는 마르크스주의가 기세를 떨치던 1970년대에 계급분석 연구를 시작하였는데, 당시 그는 계급과 소득 간의 관계를 밝히는 통계분석 과정에서 마르크스주의 계급 개념을 양적 데이터 분석에 유용하게 만들 필요성을 느꼈다. 그는 박사학위 논문을 쓴 1970년대 초부터 1990년대에 이르기까지 계급 개념을 둘러싼 논쟁들, 대표적으로 사회구조적 산물로서의 계급 vs 역사적·문화적 산물로서의 계급 논쟁, 중간계급 논쟁, 계급 죽음 논쟁 등에 적극적으로 참여하며 계급분석 틀, 더 정확하게 말해 마르크스주의 전통에 토대를 둔 계급분석 틀 고안에 힘써왔다. 항간에서는 라이트의 이런 작업을 두고 개념상의 계급지도를 그린 후 그 칸 안에 사람들을 집어넣는 일에 불과하다고 폄훼하였지만, 그는 이 작업이 '이데올로기적 범주인 중간계급을 과학적 개념으로 바꾸는' 계급론 내의 중요한 이론적 과제에 해당한다고 주장하였다.

	모순적 계급위치 분석 ➡	착취 중심의 계급분석 ➡	통합적 계급분석
시기	1970년대	1980년대 ~ 90년대	2000년대 ~ 현재
이론적 기반	전통 마르크스주의 이론	로머의 착취 이론에 기반한 분석 마르크스주의	계층이론, 베버주의 이론, 마르크스주의 이론
계급 구분 기준	생산수단의 소유와 통제	자산(생산자산, 조직자산, 기술자산)의 소유 → 조직자산은 권위로, 기술자산은 기술로 변경	게임의 비유를 이용한 개인의 특성, 기회 독점, 착취의 결합
계급 구분	자본가, 경영자, 하급경영자와 감독자, 프티 부르주아, 소고용주, 반자율 피고용인, 노동자(7계급)	자본가, 소고용주, 프티 부르주아, 전문 경영자, 전문 감독자, 비경영 전문가, 반전문 경영자, 반전문 감독자, 숙련노동자, 비전문 경영자, 비전문 감독자, 프롤레타리아(12계급)	자본가계급, 중간계급, 노동자계급(각 계급 내 부문 존재)

라이트가 자신의 계급분석 틀을 변화시켜온 과정을 개괄적으로 정리해보면 위 표와 같다. 내적으로 일관되지 않은 복수의 계급적 성격을 갖는 중간계급의 위치를 모순적이라고 명명한 1970년대에는 자본주의 생산양식의 소유 구조 및 통제 형태가 중시되었지만, 이후 라이트는 통제마저도 일종의 소유될 수 있는 자산(조직자산)으로 간주하고 기술과 학력까지 계급 구분 기준에 포함시켰다(1980~90년대). 라이트의 이런 변화는 몇 가지 원인에 근거하고 있는데(자세한 내용은 『계급론』 2장을 참고하라), 이 중 가장 큰 원인은 모순적 계급위치 개념이 착취보다 지배에 지나치게 의존한다는 점이었다. 지배 중심의 계급 개념은 물질적 이익에 기초한 착취 중심의 계급 규정을 약화시켜 계급이 여타의 억압들(성, 인종, 민족 등의 차별)과 크게 다르지 않게 만든다고 보았다. 따라서 첫 번째 변화 시기에 라이트는 착취를 복원하는 것만이 마르크스주의 계급분석에 필요하다고 판단하였다.

여기서 특기할 점은, 라이트가 착취 개념을 복원하면서 마르크스가 아닌 존 로머(J. Roemer)의 착취 이론으로부터 많은 영향을 받고 있다는 사실이다. 로머는 마르크스의 가치론에 입각한 착취 개념이 착취관계를 노동시장이 존재하는 특정한 제도적 환경에만 국한시켜 역사상 존재한 다양한 착취 형태를 설명하지 못했으며, 생산에 투입된 서로 다른 노동의 가치는 정확하게 계산될 수 없다고 주장한 이론가이다. 라이트 역시 이 관점을 공유하며 가치론을 수용하지 않은 채 착취 개념을 사용하는데, 그가 착취를 정의하면서 '노동력(labor power)'이라는 용어 대신 '노동(Labor effort)'의 전유를, '잉여가치(surplus value)'나 '잉여노동(surplus labor)' 대신에 단순히 '노동성과(fruits of labor)'나 '노동생산물(products of labor)'의 전유라는 용어를 사용하는 것도 바로 이 때문이다. '조직 및 기술자산'

은 90년대 들어 '권위'와 '기술'로 변경이 되는데, 이때 라이트는 지대 개념을 사용하여 권위는 충성지대를, 기술은 기술지대를 발생시키는 배제 메커니즘으로 작용한다고 주장한다(자세한 내용은 『계급 구분하기*Class Counts*』 1장을 참고하라). 80년대의 자산 중심 접근법에서는 조직이나 특히 기술이 계급 구분 기준이 될 수 있는 것인가에 대한 라이트 자신의 확신이 분명하지 않았지만, 이들을 지대를 발생시키는 배제 메커니즘으로 위치 지우게 되면서 중간계급을 구분할 기준에 대한 자기 확신이 강해진다.

본서에서 라이트가 제시한 통합적 계급분석 틀은 기본적으로 이런 착취 중심의 계급분석 틀을 계속 유지하면서, 이에 계층이론까지 포섭시킨 형태라고 할 수 있다. 사실 라이트는 상당히 오랜 기간 동안 계층이론 및 베버주의 계급이론을 비판하며 이들과 대결하는 태도를 취해왔지만, 시간이 흐르면서 그는 이들을 중간계급과 미시계급을 분석하는 메커니즘으로 간주하여 자신의 계급분석 틀에 통합시킨다. 물론 그가 두 이론에 전향적 태도를 취한 시기는 일정 정도 차이가 있다. 즉, 조직자산과 기술자산이 권위와 기술로 가다듬어지고, 두 기제가 지대를 통한 착취로 명료하게 정의되는 90년대에는 그가 베버주의를 긍정적으로 수용한다고 볼 수 있고, 본서 제6장에 실린 그루스키와 위덴의 직업 분석까지 차후 계급분석에 포함시키고자 '게임의 비유'를 들며 계층이론까지 수용한 것으로 볼 수 있다. '계급관계 내 모순적 위치'라는 그의 초기 개념이 본서에서 다시 긍정적으로 평가되고 있는 것도 그의 이런 이론적 지반의 변화를 반영한다.

라이트가 자신의 통합적 계급분석 틀을 제안하며 들고 있는 게임의 비유—게임은 어떤 게임을 할 것인가, 게임의 규칙은 무엇인가, 게임에서 쓰이는 수가 무엇인가에 따라 수준이 여러 가지라는 비유—는 사회 또한 체제와 제도, 상황 수준을 구분해서 분석해야 하며, 사회학 내에서 경쟁하는 거대한 세 학파, 즉 마르크스주의, 베버주의, 계층화이론 전통이 각 수준을 설명하는 이론적 틀이라는 그의 주요 주장을 성립시킨다. 그러면서도 그는 이 가운데에서 마르크스주의 계급분석에 무게 중심을 두면서, 자신을 분명히 마르크스주의 전통에 있다고 밝힌다. 라이트가 보기에 마르크스주의 전통은 착취 없는 평등한 사회를 이루려는 규범적 기초를 가지고 있어서, 이것이 바로 바람직한 사회의 방향을 모색하는 지점이 되기 때문에 중요하다. 라이트는 이런 관점에 입각해 사회변혁 전략을 모색하는데, 지금부터 이에 대해 살펴보도록 하자.

라이트의 자본주의 변혁 전략

라이트가 본격적으로 사회변혁 전략을 모색한 것은 1991년에 리얼 유토피아 프로젝트를 시작하면서부터다. 세계 전역을 돌며 토론한 이 프로젝트의 내용은 버소(Verso) 출판사에서 6권의 단행본으로 출간된 바 있는데, 국내에 완역 출간된 『리얼 유토피아』(2012)는 이를 종합적으로 정리한 책이다. 이 책에서는 다양한 사회주의적 실험과 제안들—브라질 알레그레의 참여적 시 예산 편성, 인도 케랄라 주의 자치 분권 실험, 위키피디아, 몬드라곤 노동자 소유 협동조합, 무조건적 기초소득, 주식 과세 연금기금 등—을 다루고, "사회개혁이냐 아니면 혁명이냐"라는 기로에서 서로 다른 길을 택했던 정치사조의 전략들, 즉 사민주의 전통의 공생적 전략과 아나키즘 전통의 틈새적 전략, 혁명적 사회주의/공산주의 전통의 단절적 전략을 절충하는 전략적 다원주의를 제시한다. 본서에 .실린 11장과 12장은 이 중에서도 공생적 전략의 결과인 '적극적인 계급타협'의 이론적 논리를 게임이론을 통해 제시하면서, 이 논리를 창출할 수 있는 조건들을 다시금 정리한다. 따라서 『리얼 유토피아』에서 모색한 자본주의 변혁 전략의 타당성을 게임이론을 통해 정교화하는 작업만이, 독자가 본서에서 전략과 관련해 살펴볼 수 있는 새로운 내용이라 할 수 있다.

라이트는 기본적으로 전략적 유연성을 표방함에도 불구하고, 현대 자본주의를 변혁할 수 있는 최상의 방법으로 자본가계급과 노동계급의 적극적인 계급타협을 제시한다. 그가 말하는 적극적인 계급타협이란, 자본과 노동의 일방적인 지배는 배제한 채 상호 협력을 통한 이익 창출에 두 계급 모두가 동의한 상태를 말한다. 그의 게임이론 논리에 따르면, 노동계급의 단결력 증가는 '자본가의 일방적인 지배게임 → 순수 갈등게임 → 반복되는 죄수의 딜레마 게임 → 확신게임'으로 게임의 전략적 배경을 변화시키게 되고, 이런 변화를 통해 적극적인 계급타협이 안정적으로 이루어질 가능성이 높아진다. 특히 라이트는 이 과정에서 자본가의 이익과 노동자의 단결력 사이에 역관계가 성립한다는 마르크스주의의 갈등 모델을 대체하는 역 J자형 모델—자본가의 이익과 노동계급의 단결력은 일정 지점을 지나면 상호 같이 증가한다는 모델—을 강력하게 제안하는데, 노동계급의 단결력 증가가 자본가계급의 이익을 일정 정도 상승시킬 수 있다면 적극적인 계급타협의 타당성을 높일 수 있기 때문이다. 노동과 경영 사이의 안정적 협력이 가져오는 기업 번영에 대한 상호 연대감, 이 연대감을 통한 합리적인 기술 향상 및 직업훈련 시스템의 고착화, 과학기술 변화에 대한 노동자들의 호응 증가, 경직된 노동시장에서 인플레이션을 낳는 경쟁적 임금 상승을 억제하는 거시경제적 효과, 그리고 스웨덴으로 대표되는 국가 중심의 삼자조합주의가 생산성 및 이윤율 향상에 미치는 긍정적 효과등이 역 J자형 모델, 즉 노동계급과 자본가계급의 상호 이익을 높이는 인과메커니즘으로 제시된다. 라이트는 국가별 혹은 역사적 시기별로 체제적 · 제도적 배제 메커니즘이 다르기 때문에 곡선에서 달성 가능한 지점이 시공간에 따라 다를 수 있다는 점을 인정하지만, 자신이 그린 계급타협 곡선의 일반적인 통용성에 대해서는 매우 강한 확신을 가지고 있다.

라이트가 『리얼 유토피아』와 본서에서 개진한 사회변혁 전략은, 계급타협에 의한 사민주의 전략을 우위에 두면서 아나키즘적인 공동체(대표적으로 협동조합)의 실현을 부수적으로 병행하는 전략이라고 간략히 정리할 수 있다. 혁명적 사회주의/공산주의 전통의 단절적 전략에 대해서는 공생적 · 틈새적 변혁 전략의 누적적 효과로 발생할 수 있는 혁명적 상황을 감안해 가능성은 열어두어야 하지만(『리얼 유토피아』), 실행 가능한 단절은 분명 민주적 사회주의보다 권위주의적 국가주의 혹은 미수에 그친 민주적 단절로 귀결될 공산이 크다는 점을 분명히 한다. 다시 말해 라이트는, 대안사회를 위한 사회변혁 전략을 고안하는 단계에서는 자본주의 체제를 인정하며, "우리가 살고 있는 자본주의가 누구에게 유리한 조건이고, 어떤 형태의 자본주의인가"를 따지는 것이 중요한 문제라고 인식한다. 이는 그가 지향하는 사회주의가 자본주의와의 완전한 단절을 의미하는 것이 아니라, 자본주의의 성격을 변화시키는 것과 관련되어 있다는 것을 방증한다. 이렇게 봤을 때 라이트의 사회변혁 전략은 자신이 속한다고 밝힌 마르크스주의 전통보다는 민주사회주의 전통, 즉 민주주의를 사회 전 영역에서 실현하고 협동조합식 생산을 이상적인 생산체제로 간주하는 사회주의 전통과 더 깊은 관련이 있다.

라이트 계급론의 의미와 한계

계급이론의 융성기부터 쇠퇴기를 거치며 활동한 라이트의 계급론에는 계급 관련 논쟁에서 불거진 쟁점들에 대한 한 이론가의 고민과 그에 따른 판단이 고스란히 담겨 있다. 특히 계급 개념을 둘러싼 메타이론적 접근과, 구체적인 변수를 투입한 실증적인 계급분석까지 담고 있는 그의 연구들에는 계급이론과 계급분석 사이의 간극이 점차 벌어지면서 발생한 사회학 내의 소통 불능 문제를 해결하려는 그의 각고의 노력이 담겨 있다. 일각에서는 그가 복잡한 계급배치를 경험적 연구를 통해 설명하는 과정 속에서 계급을 늘려야 한다는 압박을 받게 됐고, 이는 결국 그의 계급분석이 베버주의 계급분석과 같아지는 결과를 초래했다고 비판하였다. 하지만 그가 본서에서 제시한 통합적 계급분석 틀은 베버주의로의 귀착이 아니라 특정 학파에 구애됨 없이 사회계급과 각종 불평등을 분석할 수 있는 방법론으로 볼 수 있으며, 그가 이런 통합적 틀을 만드는 토대이자 동시에 다른 계급이론들을 평가하는 기준으로 작용한 '게임의 비유'는 사회분석의 추상수준(체제-제도-상황)을 이해하는 데에 많은 도움을 준다. 한 사회를 분석하는 추상수준은 설명 주제에 따라 달라질 수 있는데, 이때 투입할 설명 변수를 다양한 이론적 전통을 통해 모색해보는 것은 분명 자본주의 사회에 존재하는 계급 및 다양한 분파들의 관계와 상호작용을 이해하는 기초가 될 수 있기 때문이다.

역자가 보기에 라이트 계급론의 문제는 크게 두 가지로 집약된다. 첫째는 그가 최종적으로 권위와 기술 개념을 적용해 입증하려고 한 중간계급의 존재가 사회변혁 전략을 모색할 때에는 전혀 고려되고 있지 않다는 점이다. 둘째는 라이트가 계급분석의 중심으로 본 착취 개념이 시기를 불문하고 지나치게 포괄적으로 사용되고 있다는 점인데, 이는 그가 자본주의에서 작동하는 착취메커니즘을 모든 사회유형의 계급관계에 적용하려 할 때와, 중간계급의 계급 구분 기준을 착취 개념과 관계 지을 때 모두 나타난다.

앞서 살펴본 바 있듯이, 라이트는 생산수단의 소유와 통제에서 시작해 종국에는 개인의 특성과 기회의 독점까지 계급 구분 기준으로 상정하는데, 이런 변화의 직접적 원인은 자본가계급과 노동계급이라는 양대 계급으로 설명될 수 없다고 판단한 위치, 즉 중간계급의 고유한 특징을 설명하기 위해서였다. 라이트는 현대 자본주의 사회의 계급 복잡성을 설명하지 못하는 이론들에 강력한 문제제기를 하며 자신의 계급분석 틀을 발전시켜나간 것이 사실이다. 하지만 정작 그의 이런 계급분석은 자본주의 변혁 전략을 사유할 때 사상되어버려 양대 계급론 외에 그런 계급분석 틀이 도대체 왜 필요한 것인지, 그리고 중간계급을 왜 굳이 '계급'으로 규정하면서 분석해야 하는 것인지에 대한 의구심을 자아낸다.

라이트는 적극적인 계급타협을 최상의 자본주의 변혁 전략으로 도출하면서 그의 분화된 계급분석 틀이 아닌 지나치게 단순화된 역 J자형 곡선에만 기대고 있다. 따라서 경제적 황금기가 아닌 위기 시대의 계급타협 조건을 논하면서도 그가 인정한 것처럼 정치세력의 동원이 아닌, 진보적 정치세력이 이미 그렇게 할 수 있는 위치에 있을 때 시행할 수 있는 정책—지역에 기반한 자본축적의 촉진, 금융기관에 대한 민주적 규제 강화—만을 제시하는 것에 그치고 있다. 자본가계급의 이익과 노동계급의 동시 성장이라는 추상수준이 높은 역 J자형 곡선 모델에서는 두 계급만을 기초로 한 전략이 수립될 수밖에 없지만, 이보다 추상수준을 낮춘 계급분석을 토대로 한다면 보다 복잡한 계급 분파까지 고려된 전략이 수립될 수 있다.

두 번째 문제인 착취 개념의 지나친 확대는 라이트가 전통 마르크스주의의 가치론을 폐기하고 착취 개념을 재규정하면서부터 나타난다. 그는 필요노동 외 잉여노동이 낳는 잉여가치를 계산하지 않고도 자본주의 사회의 구조적 모순을 설명할 수 있다고 주장하면서, 착취를 노동 혹은 노동생산물의 전유로 간단히 정의한다. 이때 라이트가 도입한 로머의 착취 이론에서는 단순한 시장관계의 성립만으로도 착취관계가 형성된다고 간주하는데, 이럴 때 착취는 자본주의 생산양식의 특수성에서 개념 규정되는 것이 아니라, 생산양식을 불문하고 작동하는 일종의 불평등 기제로 확대 정의될 여지가 커지게 된다. 이는 소유 자산을 기준으로 한 착취 중심 계급분석 시기에 라이트가 봉건제, 자본주의, 국가주의, 사회주의의 계급관계를 일관된 착취 기제로 도식화하려는 시도에서, 그리고 통합적 계급분석 시기에 기회 독점 메커니즘을 착취 메커니즘과 다른 추상 수준에 놓으면서도 중간'계급'을 설명하는 기준으로 삼으려고 한다는 점 등에서 잘 나타난다.

라이트가 중간계급의 구분 기준으로 삼은 권위와 기술은 분명 불평등을 야기하는 지대를 발생시킬 수 있지만, 이는 자본가계급과 노동계급을 구분하는 착취 개념과 동일한 것이 아니다. 이는 그가 경제지대와 착취 개념을 동일시한다고 비판한 오게 쇠렌센과 동일한 오류를 저지르는 것이다. 라이트는 추상수준을 낮췄을 때 두 양대 계급의 분화된 분파로 충분히 설명될 수 있는 집단을 하나의 '계급'으로 규정하여 착취 개념의 외연을 지나치게 확대하였고, 이렇게 정의한 중간'계급'을 자본주의 변혁 전략을 사유할 시 배제해버려 자신의 계급분석과 변혁 전략 사이의 연결고리를 희미하게 만들어 버렸다. 역자가 보기에 라이트의 중간계급 개념은 그가 가이 스탠딩을 비판하며 지적한 문제, 즉 노동계급의 한 부문인 프레카리아트를 하나의 계급으로 상정한 문제와 매우 유사한 문제점을 갖고 있다. 자본가계급의 분파와 노동계급의 분파가 혼재되어 현상하는 사회적 집단을 정확하게 분파로 규정해 분석하는 것이 아니라 계급으로, 다시 말해 중간계급으로 범주화해 분석하는 것은 계급의 개념 자체를 매우 모호하게 만들어버린다.

라이트가 마르크스의 가치론을 폐기하면서 정의한 착취 개념은 자본주의의 문제를 '바람직함'이라는 도덕적 근거에 기초해 도출하면서 과학이 아닌 공상적 사회주의로 후퇴하는 면모를 보여주었다. 그가 자신에 대한 비판을 반비판하며 목표로 삼았던 '과학적 개념으로서의 중간계급'은 착취 개념의 외연을 지나치게 확대하게 되면서 충분히 달성되지 못하였다. 라이트의 통합적 계급분석 틀을 적용하여 중간계급을 독립된 계급이 아닌 자본가계급과 노동계급의 분파로 분석할 때, 자본주의 변혁 전략은 라이트 자신도 매우 실현하기 힘들다고 본 양대 계급의 '타협'에서가 아니라 각 계급 내 분파들의 구체적인 연대전략으로 도출될 수 있을 것이다. 이것이 바로 라이트 자신의 이론적 정합성을 높이는 길이자, 동시에 그가 재구성하려한 마르크스주의 전통의 계급분석이 나아가야 할 방향이라는 역자의 생각을 덧붙이는 것으로 라이트 계급론에 대한 비평을 마무리한다.

※ 별첨 : 라이트가 본 비마르크스주의 계급이론의 의미와 한계

막스 베버 (Max Weber)	
의미	▶ 마르크스주의와 유사하게 계급을 관계적, 소유 중심적으로 분석하여 물질적 이해관계 측면에서 계급을 규정하고, 계급의 공간(구조)과 행위자(형성) 측면을 구분하여 분석. 마르크스주의와 함께 현대 계급분석 이론에 막대한 영향을 미침 ▶ 노동 규율과 통제 문제를 다루면서 착취라는 주제에 접근
한계	▶ 착취를 일반적인 계급 개념에 통합시키지 못하고, 단지 시장을 기반으로 한 생활기회 측면에서만 계급을 정의 ▶ 노동 추출 문제를 자본주의 계급관계의 핵심이자 계급갈등의 주된 결정요인으로 사고하지 않음. 이를 형식적 합리성과 실질적 합리성 사이의 긴장을 반영한 기술적 비효율성의 문제로 다루어 노동 추출을 둘러싼 계급투쟁을 단지 기술의 효율화 과정에서 발생하는 갈등 정도로만 규정
찰스 틸리 (Charles Tilly)	
의미	▶ 착취로부터 기회독점을 구분하여 젠더, 인종, 민족, 그리고 불평등의 다른 모든 형태들을 통합적인 개념 틀로 포괄하여 설명 ▶ 착취 개념을 일반적인 범주적 불평등 이론의 일부로 재구성하여 광범위한 경험적 연구를 계획하는 데에 기여
한계	▶ 방법론적 개인주의와 원자론을 혼동하여 실용적 차원에서 도입할 수 있는 개인 특성 접근을 전면 거부 ▶ 범주적 불평등의 네 가지 유형과 이 유형들의 안정성 비교를 보편화할 수 없는 문제가 있음
오게 쇠렌센 (Aage Sørensen)	
의미	▶ 착취 개념을 노동가치론을 사용하지 않고도 정밀하게 정의 ▶ 경제지대 개념을 도입하여 계급이론에서 착취가 강화되거나 중화되는 메커니즘의 범위를 밝히는 데에 기여

한계	▸ 착취와 경제지대를 단순히 동일시하여 양자 사이의 복잡한 관계를 분석하지 못함. ▸ 착취를 규정하는 기준에서 노동의 전유를 배제함으로써, 착취적 억압과 비착취적 억압을 구분하지 못함.
마이클 만 (Michael Mann)	
의미	▸ 계급에 대한 실제 경험적 연구(19세기 중간계급 분석)에서 사회적 관계의 구조와 집단적 행위자의 형성 모두를 정확하게 설명 ▸ 계급분석의 층위를 나누고(사회구조, 사회집단, 조직된 사회적 행위자 측면에서 계급을 분석), 각 층위 간의 관계 규정이 필요하다는 점을 상기시킴.
한계	▸ 계급분석은 전적으로 권력을 둘러싼 집단적 행위자로서 기능하는 계급만을 분석해야 한다고 주장하여 자신의 경험적 연구와 계급분석 계획 사이에 괴리가 존재 ▸ 구조적으로 정의된 계급과 집단적 행위자로서의 계급 사이의 관계를 적절히 규명하지 못함.
데이비드 그루스키와 킴 위덴 (David Grusky and Kim Weeden)	
의미	▸ 생활방식, 기호, 정치적 · 사회적 태도 등에서 개인의 특성을 가로지르는 미시적 변화들을 설명 ▸ 부유한 자본주의 국가에서 작동하는 인과메커니즘을 밝혀주는 '신자유주의 부흥 시대의 계급분석'으로 역할
한계	▸ 직업분석을 계급분석으로 규정하여 계급의 의미를 희석시킴. ▸ 자본주의 내에서 목전의 경제적 이익을 두고 벌어지는 이익집단 간 갈등만을 분석하여 체제적 수준, 제도적 수준에서 일어나는 갈등을 간과함.
토마 피케티 (Thomas Piketty)	
의미	▸ 국민소득에서 소득분배 최상위층에게 가는 몫을 정확하게 보여주어 경제적 불평등 정도를 알 수 있게 해줌. ▸ 최고위 경영자들의 폭발적인 임금 증가가 국민소득의 최상위층 집중 현상을 유발하는 주요 요인이라는 점을 밝혀, 경영자의 위치와 그들의 소득 원천을 면밀히 밝힐 필요가 있다는 점을 명시

한계	▸ 계급이라는 용어가 단순히 소득이나 부의 분배상의 차이(최상위, 상위, 중위, 하위)를 나타내는 것으로 사용되어, 계급개념의 관계적 속성을 배제함. 자본가들은 자본에 대한 보상을 받는 것일 뿐 노동자들의 노동을 착취하는 것으로 그려지지 않음. ▸ 경영자의 초고도 급여를 자본에 대한 보상이 아니라 노동으로부터 나온 소득으로 간주하여 경영자의 계급위치를 제대로 설명하지 못함. ▸ 소득발생 자산목록에 자본주의 생산관계와 무관한 부(가령, 자가소유 부동산)까지 포함시켜 자본에 대한 보상을 발생시키는 사회적 메커니즘을 모호하게 함.
잔 파쿨스키와 말콤 워터스(Jan Pakulski and Malcolm Waters)	
의미	▸ 계급 죽음론자(파쿨스키와 워터스)와의 대결은 계급분석의 성격, 계급분석의 설명적 주장들이 갖는 지위, 계급분석이 직면한 과제들을 명확히 하는 데에 생산적으로 기여
한계	▸ 자본주의 사회에서 계급관계의 복잡성이 증가하는 것을 두고 계급이 완전히 소멸했다고 잘못 진단 ▸ 계급분석을 '계급을 특권화하는 연구 프로그램'으로 잘못 규정하여 계급이 관련성을 갖는다는 것과 계급의 우위를 주장하는 것 사이의 차이를 인식하지 못함. ▸ 계급죽음을 뒷받침하기 위해 제시한 증거들을 반박할 증거들이 다수 존재
가이 스탠딩(Guy Standing)	
의미	▸ 노동계급의 한 부문으로 존재하는 프레카리아트가 처한 조건을 상세하게 분석 ▸ 〈프레카리아트 헌장〉에 제시된 행동지침 29개 조항이 노동계급 내에 확산되고 있는 불안정성 문제를 적극적으로 사고할 수 있게 만드는 데에 기여 ▸ 국가와의 관계(시민권)를 계급구조에 대한 정의 자체에 포함시키는 새로운 시도를 함.
한계	▸ 현대 자본주의 사회를 구성한다고 밝힌 7계급 사이의 불명료한 경계와 부정확한 설명 ▸ 노동계급 내에 존재하는 '계급관계 내 모순적 위치'를 하나의 독자적인 계급으로 분류한 오류 ▸ 게임의 비유로 봤을 때, 프레카리아트와 노동계급은 게임의 규칙 수준(제도적 수준)에서조차 이해관계가 대립하지 않음. 게임의 수 수준(상황적 수준)에서는 양자의 이해관계가 대립하지만, 이런 수준에서 구분되는 것을 두고 계급이라 규정할 수 없음.

볼프강 스트리크 (Wolfgang Streek)	
의미	▶ '복잡한 사회조건들 없이 구성되는 시장은 없다'라는 경제사회학의 기본 전제에 입각하여 시장경제에서 나타나는 경제성과의 가변적 측면을 조명 ▶ 진정한 자유시장이라는 신고전주의적 환상을 무력화시킴.
한계	▶ 시장경제에 대한 그의 뒤르켐주의적 관점에서는 좋은 경제성과가 시장경제 내의 서로 다른 계급(자본가계급과 노동자계급)에게 다른 의미를 갖는다는 점을 밝히지 못함. ▶ 시장에 대한 제약 수준은 경제성과만이 아니라 노동자와 자본가 사이의 상대적 권력에도 영향을 미치는데, 스트리크는 이를 간과하여 제약과 경제성과 사이의 관계를 지나치게 단순화시킴.

표·그림 목차

참고문헌

Ackerlof, George, "Labor Contracts as Partial Gift Exchange," *Quarterly Journal of Economics* 97(2), 1982, pp.543–569.

Ackerloff, George and Janet Yellen, *Efficiency Wage Models of the Labor Market*, New York: Cambridge University Press, 1986.

Alford, Robert and Roger Friedland, *The Powers of Theory: Capitalism, the State, and Democracy*, Cambridge: Cambridge Unviersity Press, 1985.

Antonio, Robert J. and Ronald M. Glassman, eds., *A Weber–Marx Dialogue*, Lawrence: University of Kansas Press, 1985.

Aoki, Masahiko, *Information, Incentives, and Bargaining in the Japanese Firm: A Microtheory of the Japanese Economy*, Cambridge: Cambridge University Press, 1988.

Atkinson, Will, "Beck, Individualization and the Death of Class: A Critique," *British Journal of Sociology* 58(3), September 2007, pp.349–366.

Axelrod, Robert, *The Evolution of Cooperation*, New York: Basic Books, 1984.

Bartlett, Randall, *Economics and Power*, Cambridge: Cambridge University Press, 1989.

Beck, Ulrich, "Beyond Class and Nation: Reframing Social Inequalities in a Globalizing World," *British Journal of Sociology* 58(4), 2007, pp.679–705.

Beckert, Jens, "What Is Sociological about Economic Sociology? Uncertainty and the Embeddedness of Economic Action," *Theory and Society* 25(6), 1996, pp.803–840.

Bendix, Reinhard, "Inequality and Social Structure: A Comparison of Marx and Weber," *American Sociological Review* 39(2), 1974, pp.149-161.

Bendix, Reinhard and Seymour Martin Lipset, eds., *Class, Status, and Power: Social Stratification in Comparative Perspective*, New York: Free Press, 1966.

Blasi, Joseph, Freeman, Richard and Douglas Kruse, *The Citizen's Share*, New Haven, CT: Yale University Press, 2013.

Bowles, Samuel, "The Production Process in a Competitive Economy: Walrasian, Neo-Hobbesian, and Marxian Models," *American Economic Review* 75(1), March 1985, pp.16–36.

______________, "Social Institutions and Technical Choice," in *Technological and Social Factors in Long-Term Economic Fluctuation*, M. DeMatteo, A. Vercelli, and R. Goodwin, eds., Berlin: Springer Verlag, 1988.

Bowles, Samuel and Herbert Gintis, "Contested Exchange: New Microfoundations for the Political Economy of Capitalism," *Politics & Society* 18(2), June 1990, pp.165–222.

______________, *Recasting Egalitarianism: New Rules for Communities, States and Markets*, vol. 3 of the *Real Utopias Project*, London: Verso, 1998.

Bowles, Samuel and Juliet Schor, "The Cost of Job Loss and the Incidence of Strikes," *Review of Economics and Statistics* 69(4), November 1987, pp.584–592.

Bourdieu, Pierre, *Distinction: A Social Critique of the Judgment of Taste,* Cambridge, MA: Harvard University Press, 1984.

______________, "The Social Space and the Genesis of Groups," *Theory and Society* 14(6), November 1985, pp.723-744.

Burris, Val, "The Neo-Marxist Synthesis of Marx and Weber on Class," in *The Marx–Weber Debate*, vol.2, Norbert Wiley, ed., Beverly Hills, CA: Sage, 1987, pp.43–64.

Calmfors, Lars, "Centralization of Wage Bargaining and Macroeconomic Performance—a Survey," *OECD Economic Studies* 21, Winter 1993, pp.161–91.

Calmfors, Lars and John Driffill, "Bargaining Structure, Corporatism and

Macroeconomic Performance," *Economic Policy* 6, April 1988, pp.13–61.

Cohen, Gerald. A., *Karl Marx's Theory of History: A Defense*, Oxford: Oxford University Press, 1978

______________, *History, Labour, and Freedom: Themes from Marx*, Oxford: Clarendon, 1988.

Collins, Randall, *Weberian Sociological Theory*, Cambridge: Cambridge University Press, 1986.

Commons, John R., *The Economics of Collective Action*, Madison: University of Wisconsin Press, [1950] 1970.

Crompton, Rosemary and John Gubbay, *Economy and Class Structure*, London: Macmillan, 1977.

Crouch, Colin and Wolfgang Streeck, eds., *Political Economy of Modern Capitalism: Mapping Convergence and Diversity*, Thousand Oaks, CA: Sage, 1997.

Doeringer, Peter and Michael Piore, *Internal Labor Markets and Manpower Analysis*, 2d edn., Lexington, MA: D.C. Heath, 1985.

Dore, Ronald, *British Factory, Japanese Factory: The Origins of National Diversity in Industrial Relations*, Berkeley: University of California Press, 1973.

Edwards, Richard, *Contested Terrain: The Transformation of the Workplace in the Twentieth Century*, New York: Basic Books, 1979.

Ellenberg, Jordon, "The Summer's Most Unread Book Is ...," http://www.wsj.com/articles/the-summers-most-unread-book-is-1404417569.

Elster, Jon, "Marxism, Functionalism and Game Theory," *Theory and Society* 11(4), July 1982, pp.453–482.

______________, *Making Sense of Marx*, Cambridge: Cambridge University Press, 1985.

Esping-Andersen, Gøsta, *Three Worlds of Welfare Capitalism*, Princeton, NJ: Princeton University Press, 1990.

Fotopoulos, Takis, "Class Divisions Today: The Inclusive Democracy Approach," *Democracy & Nature* 6(2), July 2000, pp.211–252.

Foulkes, F. K., *Personnel Policies in Large Non-Union Companies*, Englewood Cliffs, NJ: Prentice Hall, 1980.

Freeman, Richard, "Labour Market Institutions and Economic Performance," *Economic Policy* 6, 1988, pp.64 – 80.

Garrett, Geoffrey, *Partisan Politics in the Global Economy*, Cambridge: Cambridge University Press, 1998.

Giddens, Anthony, *The Class Structure of the Advanced Societies*, New York: Harper and Row, 1973.

Giddens, Anthony and David Held, eds., *Classes, Power and Conflict: Classical and Contemporary Debates*, Berkeley: University of California Press, 1982.

Glynn, Andrew, "Social Democracy and Full Employment," *New Left Review* 1(211), May/June 1995, pp.33-55.

Goldthorpe, John, "On the Service Class," in *Social Class and the Division of Labor*, Anthony Giddens and Gavin Mackenzie, eds., Cambridge: Cambridge University Press, 1982, pp.162 – 185.

______________, "Social Class and the Differentiation of Employment Contracts," in *On Sociology*, vol. 2, *Illustration and Retrospect*, 1st edn., Oxford: Oxford University Press, 2000, pp.206 – 229.

Gordon, David M., "Capitalist Efficiency and Socialist Efficiency," *Monthly Review* 28(3), 1976, pp.19 – 39.

______________, *Fat and Mean: Corporate Bloat, the Wage Squeeze and the Stagnation of Our Conflictual Economy*, New York: Free Press, 1996.

______________, *Fat and Mean: The Corporate Squeeze of Working Americans and the Myth of Managerial "Downsizing,"* New York: Free Press, 1996.

Gramsci, Antonio, *Selections from the Prison Notebooks*, Quintin Hoare and Geoffrey Nowell Smith, eds. and trans., New York: International Publishers, 1971.

Greenwald, Bruce, *Adverse Selection in the Labor Market*, New York: Garland Press, 1979.

Grusky, David, "Foundations of a Neo-Durkheimian Class Analysis," in *Approaches to Class Analysis*, Erik Olin Wright, ed., Cambridge: Cambridge University Press, 2005, pp.51–81.

Grusky, David, ed., *Social Stratification: Class, Race, and Gender in Sociological Perspective*, Boulder, CO: Westview, 2001.

Grusky, David B. and Jesper B. Sørensen, "Can Class Analysis Be Salvaged?" *American Journal of Sociology* 103(5), March 1998, pp.1187–1234.

_____________, "Are There Big Social Classes?" in *Social Stratification: Class, Race, and Gender in Sociological Perspective*, 2nd edn., David B. Grusky, ed., Boulder: Westview Press, 2001, pp.183–194.

Grusky, David B. and Kim A. Weeden, "Decomposition without Death: A Research Agenda for a New Class Analysis," *Acta Sociologica* 44(3), 2001, pp.203–218.

Grusky, David B., Kim A. Weeden, and Jesper B. Sørensen, "The Case for Realism in Class Analysis," *Political Power and Social Theory* 14, 2000, pp.291–305.

Hahnel, Robin and Erik Olin Wright, *Alternatives to Capitalism: Proposals for a Democratic Economy*, New Left Project, 2014.

Hicks, Alexander and Lan Kenworthy, "Cooperation and Political Economic Performance in Affluent Democratic Capitalism," *American Journal of Sociology* 103(6), 1998, pp.1631–1672.

Holton, Robert J. and Bryan S. Turner, *Max Weber on Economy and Society*, New York: Routledge, 1989.

Jones, Bryn "Max Weber and the Concept of Social Class," *The Sociological Review* 23(4), November 1975, pp.729–757.

Käsler, Dirk, *Max Weber: An Introduction to His Life and Work*, trans. Philippa Hurd, Chicago: University of Chicago Press, 1989.

Kenworthy, Lane, *In Search of National Economic Success: Balancing Competition and Cooperation*, Thousand Oaks, CA: Sage, 1995.

Kingston, Paul, *The Classless Society*, Stanford, CA: Stanford University Press,

2000.

Krippner, Greta, *Capitalizing on Crisis: The Political Origins of the Rise of Finance*, Cambridge, MA: Harvard University Press, 2011.

Korpi, Walter, *The Democratic Class Struggle*, London: Routledge and Kegan Paul, 1983.

Kotz, David, "Interpreting the Social Structure of Accumulation Theory," in *Social Structures of Accumulation*, David Kotz, Terrance McDonough, and Michael Reich, eds., Cambridge: Cambridge University Press, 1994.

Levine, Donald, *The Flight from Ambiguity: Essays in Social and Cultural Theory*, Chicago: University of Chicago Press, 1985.

Levine, David and Lara d'Andrea Tyson, "Participation, Productivity and the Firm's Environment," in Alan Binder, ed., *Paying for Productivity*, Washington, DC: Brookings, 1990, pp.183–244.

Löwith, Karl, *Max Weber and Karl Marx*, Hans Fantel, trans., London: Allen & Unwin, [1932] 1982.

Mann, Michael, *The Sources of Social Power*, vol. 1, *A History of Power from the Beginning to A.D. 1760*, Cambridge: Cambridge University Press, 1986.

______________, *The Sources of Social Power*, vol. 2, *The Rise of Classes and Nation States*, Cambridge: Cambridge University Press, 1993.

______________, *The Sources of Social Power*, vol. 3, *Global Empires and Revolution, 1890–1945*, Cambridge: Cambridge University Press, 2012.

Marx, Karl and Friedrich Engels, *The Communist Manifesto*, in Selected Works in One Volume, London: Lawrence and Wishart, [1848] 1968.

Marx, Karl, *Capital*, New York: International, [1867] 1967.

Mishel, Lawrence and David Frankel, *The State of Working America*, New York: M. E. Shape, 1991.

Mommsen, Wolfgang J., "Capitalism and Socialism: Weber's Dialogue with Marx," trans. David Herr, in Robert J. Antonio and Ronald M. Glassman, eds., *A Weber–Marx Dialogue*, Lawrence: University of Kansas Press, 1985.

Nakane, Chie, *Japanese Society*, London: Weidenfeld & Nicolson, 1970.

Noble, David, "Social Choice in Machine Design," *Politics & Society* 8(3/4), September 1978, pp.313-347.

Ossowski, Stanislaw, *Class Structure in the Social Consciousness*, London: Routledge, 1963.

Ouchi, W. G., *Theory Z: How American Business Can Meet the Japanese Challenge*, Reading, MA: Addison-Wesley, 1981.

Pakulski, Jan and Malcolm Waters, "The Reshaping and Dissolution of Social Class in Advanced Society," *Theory and Society* 25(5), 1996, pp.667-736.

______________, *The Death of Class*, London: Sage, 1996.

Parijs, Philippe van, "A Revolution in Class Theory," in Erik Olin Wright, ed., *The Debate on Classes*, London: Verso, 1989, pp.213-241.

Parkin, Frank, *Class Inequality and Political Order*, New York: Praeger, 1971.

______________, *Marxism and Class Theory: A Bourgeois Critique*, New York: Columbia University Press, 1979.

Piketty, Thomas, *Capital in the Twenty-First Century*, Cambridge, MA: Harvard University Press, 2013.

Piketty, Thomas and Emmanuel Saëz, *The World Top Incomes Database* (http://topincomes.g-mond.parisschoolofeconomics.eu).

Pohjola, Matti, "Corporatism and Wage Bargaining," in *Social Corporatism: A Superior Economic System?*, Jukka Pekkarinen, Matti Pohjola, and Bob Rowthorn, eds., Oxford: Clarendon Press, 1992.

Pontusson, Jonas, "Between Neo-Liberalism and the German Model: Swedish Capitalism in Transition," in *Political Economy of Modern Capitalism: Mapping Convergence and Diversity*, Colin Crouch and Wolfgang Streeck, eds., Thousand Oaks, CA: Sage, 1997.

Przeworski, Adam, *Capitalism and Social Democracy*, New York: Cambridge University Press, 1985.

Roemer, John, *A General Theory of Exploitation and Class*, Cambridge: Cambridge

University Press, 1982.

______________, *A Future for Socialism*, Cambridge, MA: Harvard University Press, 1994.

______________, *Equal Shares: Making Market Socialism Work*, vol. 2 of *The Real Utopias Project*, ed. Erik Olin Wright, London: Verso, 1996.

Rogers, Joel, "Divide and Conquer: Further 'Reflections on the Distinctive Character of American Labor Law,'" *University of Wisconsin Law Review* 13, 1990, pp.1－147.

______________, "Productive Democracy," in *Renewing Democratic Deliberation in Europe: The Challenge of Social and Civil Dialogue*, J. de Munck, C. Didley, I. Ferreras, and A. Jobert, eds., Berlin: Peter Lang, 2012, pp.71－92.

Rogers, Joel and Wolfgang Streeck, "Productive Solidarities: Economic Strategy and Left Politics," in David Miliband, ed. *Reinventing the Left*, Cambridge, MA: Polity Press, 1994.

Roth, Guenther, "The Historical Relationship to Marxism," in Reinhard Bendix and Guenther Roth, eds., *Scholarship and Partisanship*, Berkeley: University of California Press, 1971.

Rowthorn, Bob, "Corporatism and Labour Market Performance," in *Social Corporatism: A Superior Economic System?*, Jukka Pekkarinen, Matti Pohjola, and Bob Rowthorn, eds., Oxford: Clarendon Press, 1992.

Savage, Mike, et al., "A New Model of Social Class? Findings from the BBC's Great British Class Survey Experiment," *Sociology* 47(2), 2013, pp.1-32.

Sayer, Derek, *Capitalism and Modernity: An Excursus on Marx and Weber*, London: Routledge, 1991.

Saez, Emmanuel and Gabriel Zucman, "Wealth Inequality in the United States since 1913," *NBER Working Paper 20625*, October 2014.

Schmitter, Philippe, "Corporatism Is Dead! Long Live Corporatism! Reflections on Andrew Schonfield's Modern Capitalism," *Government and Opposition* 24, 1988, pp.54－73.

Schmitter, Philippe and Gerhard Lehmbruch, eds., *Trends toward Corporatist Intermediation*, Beverly Hills, CA: Sage, 1979.

Schroeter, Gerd, "Dialogue, Debate, or Dissent: The Difficulties of Assessing Max Weber's Relationship to Marx," in Robert J. Antonio and Ronald M. Glassman, eds., *A Weber-Marx Dialogue*, Lawrence: University of Kansas Press, 1985.

Scott, John, *Stratification and Power: Structures of Class, Status and Command*, Cambridge: Polity, 1996.

Soskice, David, "Wage Determination: The Changing Role of Institutions in Advanced Industrialized Countries," *Oxford Review of Economic Policy* 6(4), 1990, pp.36-61.

Sørenson, Aage, "Forms, Wages and Incentives," in *Handbook of Economic Sociology*, Neil Smelser and Richard Swedberg, eds. Princeton, NJ: Princeton University Press, 1994, pp.504-528.

______________, "Toward a Sounder Basis for Class Analysis," *American Journal of Sociology* 105(6), May 2000, pp.1523-1558.

Standing, Guy, *The Precariat: The New Dangerous Class*, London: Bloomsbury, 2011.

______________, *The Precariat Charter: From Denizens to Citizens*, London: Bloomsbury, 2014.

Stiglitz, Joseph E. and Andrew Weiss, "Credit Rationing in Markets with Imperfect Information," *American Economic Review* 71, 1981, pp.393-410.

Stinchcombe, Arthur, *Constructing Social Theories*, New York: Harcourt, Brace & World, 1968.

Streeck, Wolfgang, *Social Institutions and Economic Performance: Studies of Industrial Relations in Advanced Capitalist Economies*, Newbury Park, CA: Sage, 1992.

______________, "Beneficial Constraints: On the Economic Limits of Rational Voluntarism," in *Contemporary Capitalism: The Embeddedness of Institutions*, J. Rogers Hollingsworth and Robert Boyer, eds., Cambridge: Cambridge

University Press, 1997.

Streeck, Wolfgang and Philippe Schmitter, "Community, Market, State—and Associations? The Prospective Contribution of Interest Governance to Social Order," *European Sociological Review* 1(2), September 1985, pp.119–138.

Swenson, Peter, *Capitalists Against Markets: The Making of Labor Markets and Welfare States in the United States and Sweden*, Oxford: Oxford University Press, 2002.

Tilly, Charles, *Durable Inequality*, Berkeley: University of California Press, 1999.

Waldman, Michael, "Job Assignments, Signaling, and Efficiency," *Rand Journal of Economics* 15(2), 1984, pp.255–267.

Weber, Max, *The Protestant Ethic and the Spirit of Capitalism*, trans. Talcott Parsons, New York: Scribner's, [1904] 1958.

______________, *General Economic History*, Frank H. Knight, trans., New York: Collier, [1927] 1961.

______________, "Speech for the General Information of Austrian Officers in Vienna," D. Hÿrch, trans., in *Max Weber: The Interpretation of Social Reality*, J. E. T. Eldridge, ed., London: Michael Joseph, [1918] 1971.

______________, *Economy and Society*, ed. Guenther Roth and Claus Wittich, Berkeley: University of California Press, [1924] 1978.

______________, *The Agrarian Sociology of Ancient Civilizations*, trans. R. I. Frank, London: Verso, 1988.

______________, "The Social Causes of the Decline of Ancient Civilization," in *The Agrarian Sociology of Ancient Civilizations*, trans. R. I. Frank, London: Verso, 1988, pp.387–411.

______________, "Developmental Tendencies in the Situation of East Elbian Rural Labourers," in *Reading Weber*, Keith Tribe, ed., New York: Routledge, 1989, pp.158–187.

Weeden, Kim A. and David B. Grusky, "Are There Any Social Classes at All?" *Research in Social Stratification and Mobility* 22, 2005, pp.3–56.

______________, "The Three Worlds of Inequality," *American Journal of Sociology* 117(6), May 2012, pp.1723-1785.

Wiley, Norbert, ed., *The Marx-Weber Debate*, Beverly Hills, CA: Sage, 1987.

Williamson, Oliver, *The Economic Institutions of Capitalism*, New York: Free Press, 1985.

Wright, Erik Olin, *Class, Crisis and the State*, London: New Left Books, 1978.

______________, *Class Structure and Income Determination*, New York: Academic Press, 1979.

______________, *Classes*, London: Verso, 1985.

______________, *The Debate on Classes*, London: Verso, 1989.

______________, "The Permeability of Class Boundaries to Friendships: A Comparative Analysis of the United States, Canada, Sweden, and Norway", *American Sociological Review*, February 1992.

______________, *Interrogating Inequality*, London: Verso, 1994.

______________, "The Continuing Relevance of Class Analysis," *Theory and Society* 25(5), October 1996, pp.693-716.

______________, *Class Counts: Comparative Studies in Class Analysis*, Cambridge University Press, 1997.

______________, "Metatheoretical Foundations of Charles Tilly's Durable Inequality," *Comparative Studies in Society and History* 42(2), April 2000, pp.458-74.

______________, "Class, Exploitation and Economic Rents: Reflections on Sørenson's 'Towards a Sounder Basis for Class Analysis,'" *American Journal of Sociology* 105(6), May 2000, pp.1559-71.

______________, "Working Class Power, Capitalist Class Interests, and Class Compromise," *American Journal of Sociology* 105(4), January 2000, pp.957-1002.

______________, "The Shadow of Exploitation in Max Weber's Class Analysis," *The American Sociological Review* 67(6), December 2002, pp.832-53.

_____________, *Approaches to Class Analysis*, Cambridge: Cambridge University Press, 2005.

_____________, "Beneficial Constraints: Beneficial for Whom?," *Socio-economic Review* 2(3), 2004, pp.407–14.

_____________, "Understanding Class," *New Left Review* 2(60), November/December 2009, pp.101–116.

_____________, *Envisioning Real Utopias*, London: Verso, 2010.

_____________, *Transform!: European Journal for Alternative Thinking and Political Dialogue*, November 2012, pp.22–44.

_____________, "Class and Inequality in Piketty", Contexts, 14(1), Winter 2015, pp. 58–61; "Stay Classy, Piketty," Books&Ideas.net, November 3, 2014.

Wright, Erik Olin, Levine, Andrew and Elliott Sober, *Reconstructing Marxism: Essays on Explanation and the Theory of History*, London: Verso, 1992.

Wright, Erik Olin and Mark Western, "The Permeability of Class Boundaries to Intergenerational Mobility: A Comparative Study of the United States, Canada, Norway and Sweden," *American Sociological Review* 59(4), June 1994, pp.606–629.

Wright, Erik Olin and Rachel Dwyer, "Patterns of Job Expansion and Contraction in the United States, 1960s–1990s," *Socio-Economic Review* 1(3), 2003, pp.289-325.

찾아보기

인명

문헌

사항

계급 이해하기

초판 1쇄 발행 2017년 1월 24일

지은이 에릭 올린 라이트
옮긴이 문혜림 곽태진
펴낸이 강수걸
편집장 권경옥
편집 윤은미 정선재 문윤호
디자인 권문경
펴낸곳 산지니
등록 2005년 2월 7일 제333-3370000251002005000001호
주소 부산시 해운대구 수영강변대로 140 부산문화콘텐츠콤플렉스 613호
전화 051-504-7070 | 팩스 051-507-7543
홈페이지 www.sanzinibook.com
전자우편 sanzini@sanzinibook.com
블로그 http://sanzinibook.tistory.com

ISBN 978-89-6545-400-7 93300

* 책값은 뒤표지에 있습니다.
* 이 도서의 국립중앙도서관 출판예정도서목록(CIP)은 서지정보유통지원시스템 홈페이지(http://seoji.nl.go.kr)와 국가자료공동목록시스템(http://www.nl.go.kr/kolisnet)에서 이용하실 수 있습니다.(CIP제어번호: CIP2017000596)

::산지니에서 펴낸 책::

인문

탈학습, 한나 아렌트의 사유방식 마리 루이제 크노트 지음 | 배기정·김송인 옮김
베트남 전쟁의 유령들 권헌익 지음 | 박충환·이창호·홍석준·옮김 ***제12회 경암학술상 인문사회 부문 수상도서**
가상현실 시대의 뇌와 정신 서요성 지음 ***제34회 한국과학기술도서상 수상도서**
고슴도치시대의 여우 조규형 지음 ***2016 한국영어영문학회 YBM저술상 수상도서**
사포의 향수 주세페 스퀼라체 지음 | 김정하 옮김
조공과 사대: 춘추전국 시대의 국제정치 이춘식 지음
중국 민족주의와 홍콩 본토주의 류영하 지음
한 권으로 읽는 중국문화 공봉진·이강인·조윤경 지음 ***2010 문화체육관광부 우수학술도서**
무중풍경 다이진화 지음 | 이현복·성옥례 옮김 ***2006 영화진흥위원회 학술도서 *2009 대한민국학술원 우수도서**
단절 쑨리핑 지음 | 김창경 옮김 ***2007 한국간행물윤리위원회 11월의 책 *2008 대한민국학술원 우수도서**
한나 아렌트와 마틴 하이데거 엘즈비에타 에팅거 지음 | 황은덕 옮김
진화와 윤리 토마스 헉슬리 지음 | 이종민 옮김
파멸의 묵시록 에롤 E. 해리스 지음 | 이현휘 옮김
표절의 문화와 글쓰기의 윤리 리처드 앨런 포스너 지음 | 정해룡 옮김
사회생물학, 인간의 본성을 말하다 박만준 외 지음 ***2008 문화체육관광부 우수학술도서**
정신분석적 발달이론의 통합 필리스 타이슨, 로버트 타이슨 지음 | 박영숙·장대식 옮김
반대물의 복합체 헬무트 크바리치 외 지음 | 김효전 번역
동양의 이상 오카쿠라 텐신 지음 | 정천구 옮김
차의 책 오카쿠라 텐신 지음 | 정천구 옮김
차와 선 이토 고칸(伊藤古鑑) 지음 | 김용환·송상숙 옮김
침묵의 이면에 감추어진 역사 우르와쉬 부딸리아 지음 | 이광수 옮김
빼앗긴 사람들 우르와시 부딸리아 편저
힌두교, 사상에서 실천까지 가빈 플러드 지음 | 이기연 옮김
인도의 두 어머니, 암소와 갠지스 김경학·이광수 지음
인도사에서 종교와 역사 만들기 이광수 지음
무상의 철학 타니 타다시 지음 | 권서용 옮김
다르마키르티의 철학과 종교 키무라 토시히코 지음 | 권서용 옮김
인도인의 논리학 카츠라 쇼류 지음 | 권서용 외 옮김
불교의 마음사상 요코야마 고이츠 지음 | 김용환·유리 옮김
대한민국 명찰답사33 한정갑 지음
불교와 마음 황정원 지음
흩어진 모래 이종민 지음 ***2014 대한민국학술원 우수학술도서**

근대 동아시아의 종교다원주의와 유토피아 장재진 지음 ***2012 문화체육관광부 최우수학술도서**
근대 서구의 충격과 동아시아의 군주제 박원용·박장배·신명호·이근우·조세현 지음
한국의 사랑채 윤일이 지음
제갈량과 21세기 동양적 혁명을 논하다 유원표 지음 | 이성혜 옮김
맹자독설 정천구 지음
삼국유사, 바다를 만나다 정천구 지음
한비자, 제국을 말하다 정천구 지음
논어, 그 일상의 정치 정천구 지음
중용, 어울림의 길 정천구 지음
맹자, 시대를 찌르다 정천구 지음
한비자 한비 지음 | 정천구 옮김
논어 김영호 지음
사람 다치지 않았느냐 윤현주 지음
고전시가, 사랑을 노래하다 황병익 지음
해양풍경 구모룡 지음
바다가 어떻게 문화가 되는가 곡금량 지음 | 김태만·안승웅·최낙민 옮김
방법으로서의 중국 미조구치 유조 지음 | 서광덕·최정섭 옮김
혁명과 역사 아리프 딜릭 지음 | 이현복 옮김
부채의 운치 저우위치 지음 | 박승미 옮김
차의 향기 리우이링 지음 | 이은미 옮김
요리의 향연 야오웨이쥔 지음 | 김남이 옮김
도서관 인물 평전 이용재 지음
김범부의 건국사상을 찾아서 범부 김정설 지음 | 김정근 풀어씀
최성묵 평전 차성환 지음
발트3국에 숨겨진 아름다움과 슬픔 이상금 지음
발트3국의 역사 · 문화 · 언어 이상금·박영미·윤기현·이현진·허남영 지음
독일발트문학과 에스토니아문학 이상금 지음
에스토니아어 알기와 공부하기 이상금·허남영·성지혜 지음
브라질 광고와 문화 이승용 지음
브라질 흑인의 역사와 문화 이광윤 지음
사막의 기적? 조경진 지음 ***2015 대한민국학술원 우수도서**
라틴아메리카의 언어적 다양성과 언어정책 김우성 지음
라틴아메리카의 과거청산과 민주주의 노용석 지음
멕시코를 맛보다 최명호 지음
여러 겹의 시간을 만나다 구경모·서성철·안태환·정이나·차경미 지음

로마인 이야기 찰스 스완 편저 | 장지연 옮김
지중해의 영화 박은지 지음
지중해 다문화 문명 김정하 지음
시칠리아 풍경 아서 스탠리 리그스 지음 | 김희정 옮김
지중해 문화를 걷다 부산외국어대학교 지중해지역원 지음
지중해 언어의 만남 윤용수·최춘식 지음 ***2015 세종도서 우수교양도서**
지역에서 행복하게 출판하기 강수걸 외 지음 ***2015 출판문화산업진흥원 우수출판콘텐츠 제작지원 선정도서**
역사의 블랙박스, 왜성 재발견 신동명·최상원·김영동 지음
라틴아메리카 원주민의 어제와 오늘 구경모 외 지음

중국근현대사상총서
인학 담사동 지음 | 임형석 옮김
구유심영록 량치차오 지음 | 이종민 옮김
과학과 인생관 천두슈 외 19명 지음 | 한성구 옮김
신중국미래기 량치차오 지음 | 이종민 옮김

정치·사회
계급 이해하기 에릭 올린 라이트 지음 | 문혜림·곽태진 옮김
바이마르 헌법과 정치사상 김효전 지음
아메리칸 히로시마 데이비드 J. 디오니시 지음 | 정성훈 옮김
들어라 미국이여 강문구 옮김
이데올로기와 미국 외교 마이클 H. 헌트 지음 | 권용립·이현휘 옮김 ***2010 시사인 올해의 책**
추락하는 제국 워런 코헨 지음 | 김기근 옮김
하이재킹 아메리카 수전 조지 지음 | 김용규·이효석 옮김
수전 조지의 Another world 수전 조지 지음 | 정성훈 옮김
팔루자 리포트 빙 웨스트 지음 | 이종삼 옮김
만들어진 점령서사 조정민 지음
르포, 절망의 일본열도 가마타 사토시 지음 | 김승일 옮김
폭력 우에노 나리토시 지음 | 정기문 옮김
우리 옆의 약자 이수현 지음
나는 시의회로 출근한다 김영희 지음
진보와 대화하기 김석준·김외숙·송성준 지음 | 이광수 엮음 ***2006 문화관광부 우수학술도서**
만화로 보는 노무현 시대 이창우 글·그림
범죄의 재구성 곽명달 지음
절망사회에서 길 찾기 현장 편집부 엮음

차이나 인사이트 김동하 외 지음
글로벌 차이나 이종민 지음
21세기 중국! 소통과 뉴트렌드 공봉진 외 지음
변방이 중심이 되는 동북아 신 네트워크 이창주 지음
여성학 이메일 수업 김선경 지음
이주민과 함께 살아가기 이주노동자와 연대하는 전일본 네트워크 지음 | 이혜진·이한숙 옮김
***2007 한국간행물윤리위원회 청소년도서**
미국 대학의 힘 목학수 지음 ***한국출판문화산업진흥원 선정 청소년 권장도서 *2014 한국연구재단 우수저서**
공학자의 눈으로 본 독일 대학과 문화 목학수 지음
문제는 교육이야 김석준 지음
부산언론사 연구 채백 지음 ***2013 대한민국학술원 우수도서 *2013 한국언론학회 학술상**
신문화지리지 김은영 외 지음
부산화교의 역사 조세현 지음
부산의 오늘을 묻고 내일을 긷다 장지태 지음
부울경은 하나다 강병중 지음
강수돌 교수의 나부터 마을혁명 강수돌 지음 ***2010 환경부 우수환경도서**
반송사람들 고창권 지음
대천마을, 사진을 꺼내 들다 맨발동무도서관 엮음
우리가 만드는 문화도시 문화도시네트워크 지음
귀농, 참 좋다 장병윤 지음
폐교, 문화로 열리다 백현충 지음
수다, 꽃이 되다 임숙자 엮음 | 백복주 사진
SNS시대 지역신문기자로 살아남기 김주완 지음
현미경으로 들여다본 한국사회 정영인 지음
촌기자의 곧은 소리 장동범 지음 | 안기태 그림
사람이 희망이다 : 파워인터뷰 42 손정호 지음

환경

아파트키드 득구 이일균 지음 ***2012 환경부 우수환경도서**
황금빛 물고기 김규정 글·그림 *** 2013 학교도서관저널 추천도서 * 2013 문화관광부 우수교양도서**
습지와 인간 김훤주 지음 ***2008 환경부 우수환경도서**
기후변화와 신사회계약 김옥현 지음
한반도 환경대재앙 샤샤댐 진재운 지음 ***2008 환경부 우수환경도서**
백두산에 묻힌 발해를 찾아서 진재운 지음
도시, 변혁을 꿈꾸다 정달식 지음 ***지역신문발전위원회 지원도서**